"十二五"国家重点图书

城镇化与区域协调发展

肖金成 著

经济科学出版社

图书在版编目（CIP）数据

城镇化与区域协调发展/肖金成著．—北京：经济科学出版社，2013.9（2014.11 重印）
（中国区域与城市发展丛书）
ISBN 978-7-5141-4178-8

Ⅰ.①城… Ⅱ.①肖… Ⅲ.①城市化-研究-中国②区域经济发展-协调发展-研究-中国 Ⅳ.①F299.21②F127

中国版本图书馆 CIP 数据核字（2013）第 314539 号

责任编辑：柳　敏　孙丽丽
责任校对：刘　昕
版式设计：齐　杰
责任印制：李　鹏

城镇化与区域协调发展
肖金成　著

经济科学出版社出版、发行　新华书店经销
社址：北京市海淀区阜成路甲 28 号　邮编：100142
总编部电话：010-88191217　发行部电话：010-88191522
网址：www.esp.com.cn
电子邮件：esp@esp.com.cn
天猫网店：经济科学出版社旗舰店
网址：http://jjkxcbs.tmall.com
北京汉德鼎印刷有限公司印刷
三河市华玉装订厂装订
710×1000　16 开　32.5 印张　500000 字
2013 年 12 月第 1 版　2014 年 11 月第 2 次印刷
ISBN 978-7-5141-4178-8　定价：58.00 元
（图书出现印装问题，本社负责调换．电话：010-88191502）
（版权所有　翻印必究）

中国区域与城市发展
丛书编辑委员会

顾　问
　　成思危　袁宝华　陈宗兴　周道炯　陈栋生
　　胡兆量　陆大道　胡序威　邬翊光　曹玉书
　　刘世锦　刘福垣　范恒山　程必定

主　编
　　肖金成

编　委（按姓氏笔画为序）
　　王青云　叶裕民　孙久文　史育龙　申　兵
　　陈秀山　陈　耀　刘　勇　李国平　李　青
　　李　忠　李　娟　李军培　张军扩　曹广忠
　　张可云　高国力　汪阳红　袁　朱　刘　通
　　欧阳慧　邱爱军　杨朝光　杨开忠　柳忠勤
　　候景新　董锁成　周海春　魏后凯　樊　杰

总序一：

促进区域协调发展
加快城镇化进程

陈崇兴

  区域和城市发展问题关系到我国经济社会发展的大局。作为一个地域辽阔、人口众多的发展中大国，由于区位、资源禀赋、人类开发活动的差异，我国各区域之间、城乡之间经济社会发展水平存在较大差距，近年来还有不断扩大的趋势。从东部、中部、西部及东北四大区域GDP占全国比重看，2001年为53∶20∶17∶10，而2005年为55∶19∶17∶9，东部地区的比重进一步升高。城乡居民收入差距也在不断扩大。1985年城镇居民人均可支配收入是农民纯收入的1.86倍，1990年为2.2倍，1995年上升到2.71倍，到2007年高达3.33倍。统筹区域和城乡发展是缩小区域、城乡发展差距的重要方式，是全面建设小康社会的必由之路。胡锦涛总书记在中共"十七大"报告中提出了推动区域协调发展，优化国土开发格局，走中国特色城镇化道路的战略方针，为推动我国区域和城市发展指明了方向。

  继续实施区域发展总体战略是统筹区域发展的重大战略举措。今后，将继续发挥各地区比较优势，深入推进西部大开发，全面振兴东北地区等老工业基地，大力促进中部地区崛起，积极支持东部地区率先发展，使区域发展差距扩大的趋势得到进一步缓解。还应当在国土生态功能类型区的自然地理基础上，按照形成主体功能区的要求，调整经济布局与结构，明确开发类型与强度，完善投资、产业、土地和人口等政策，改善生态环境质量，提高可持续发展能力。20世纪末，国家开始实施西部大开发战略，加大了对基础设施、生态保护建设、特色经济和科技教育等方面的支持力度，西部经济发展速度明显加快。按照公共服务均等化原则，在资金、政策和产业发展等方面，继续加大对西部等欠发达地区的支持，尽快使欠发达地区公共服务落后的状况得以改变，逐步形成东中西良性互动、公共服务水平和人民生活水平差距趋向缩小的区域协调发展格局。

　　城市或城镇具有区域性和综合性特点，是所在区域的政治、经济、文化中心，对区域具有辐射和带动功能。规模经济、聚集经济和城市化经济是区域社会经济发展的重要动力源，城镇化是区域城乡统筹发展的重要途径。我国尚处于工业化的中期阶段，进一步实现工业化和现代化仍是我们不懈追求的目标，而城镇化对于工业化和现代化来说具有决定性意义。分散的乡村人口、农村劳动力和非农经济活动不断进行空间聚集而逐渐转化为城镇的经济要素，城镇化也相应成为经济发展的重要动力。城镇化进程不只是城镇人口比例的提高，它还是社会资源空间配置优化的过程，它将带来城镇体系的发展和城镇分布格局的转变，按照统筹城乡、布局合理、节约土地、功能完善、以大带小的原则，促进大中小城市和小城镇协调发展。推进城镇化进程，意味着将有更多的中小城市和建制镇发展起来，构成一个结构更为合理的城镇体系，有利于产业布局合理化和产业结构高度化。因此，城镇化是21世纪中国经济社会发展的大战略，也是伴随工业化和现代化的社会经济发展的必然趋势。

　　应当合理发挥大中城市在城镇化过程中的龙头带动作用。国内外经验表明，在一定时期内城市经济效益随城市规模扩大而上升。因此，应以增强综合承载能力为重点，以特大城市为依托，形成辐射作用大的城市群，培育新的经济增长极。特别是西部地区受自然环境的限制，城镇空间分布的非均衡性非常明显。西部地区的城镇化发展必须认真考虑自然条件的差异及环境条件的制约，通过对城市主导产业培育，提高现有大中城市的总体发展水平，并促使条件好且具有发展潜力的中等城市和小城市尽快发展成为大城市和中等城市，形成区域性中心城市，从而成为带动区域发展的新的经济增长极。

　　这里，必须强调，发展小城镇也是推进城镇化进程的重要力量。我国小城镇的数量大、分布广、"门槛"低，有利于就近吸纳农村富余劳动力，减轻城镇化进程中数量庞大的富余劳动力对大中城市社会经济的剧烈冲击。因此，小城镇的健康发展也是不容忽视的大问题。应结合社会主义

总 序 一

新农村建设，在不断加强乡村建设的基础上，大力推进小城镇建设步伐。在重视基础设施建设的同时，还应不断健全和改善农村市场和农业服务体系，建立和完善失业、养老、医疗、住房等方面社会保障制度，加快建立以工促农、以城带乡的长效机制，努力形成城乡社会发展一体化新格局。

还必须指出，当前在我国（以及其他国家，特别是亚洲的不少发展中国家）的各类开发区建设已经成为一些区域和城乡发展的重要带动力量。在开发园区里的若干高新技术企业集群组成的产业园区，进行研究开发（R&D）支撑这些企业集群的科技园区，以及服务于这两类园区的居住园区，在空间上配置于一体共同推动区域社会经济快速发展，其增长极效应十分明显。这种现象也越来越多地引起包括区域经济学家在内的各方面专家、学者、官员等的关注与重视。

区域经济学是从空间地域组织角度，研究区域经济系统，揭示区域经济运动规律，探索区域经济发展途径的学科。肖金成同志主编的《中国区域和城市发展丛书》，汇集了近年来在国内有一定影响的区域经济学者对区域和城市发展等重大问题进行深入研究的一批成果，内容涵盖区域发展、城市发展、空间结构调整、城市体系建设、城市群和小城镇发展等内容。其中，有的是为中国"十一五"规划进行前期研究的课题报告，有的是作者们多年探索的理论成果，也有的是课题组接受地方政府委托完成的实践成果。这些著作既贴近现实，又具有一定的理论深度。丛书的出版，不仅可以丰富区域与城市发展的理论，而且对促进区域科学发展、协调发展以及制定区域发展规划和发展政策具有重要的参考价值。

2008 年 3 月 15 日于北京

（陈宗兴：十一届全国政协副主席　农工党中央常务副主席　陕西省原副省长　西北大学原校长　西北农林科技大学原校长）

总序二：

区域经济和城市发展的新探索

陈栋生

国民经济由区域经济有机耦合而成。区域协调发展是国民经济平稳、健康、高效运行的前提。作为自然条件复杂的多民族大国，区域协调发展不仅是重大的经济问题，也是重大的政治问题和社会问题。故此，促进区域协调发展，成为"五个统筹"的重要内容，是落实科学发展观，构建社会主义和谐社会的必然要求。

从空间角度研究人类经济活动的规律，或者说，用经济学的理论方法探寻人类经济活动的空间规律，既是科学发展不可缺少的重要领域，也是各级政府非常关心的实践课题。正因为如此，区域经济学不仅是一门不可或缺的学问，亦是目前国内发展最快的学科之一。区域经济学的兴起和发展，既促进了我国经济学和社会科学的繁荣，也为地区发展做出了重要贡献。

区域经济运动错综复杂，区域经济学必须紧紧围绕区域发展和可持续发展的客观规律，着重探讨区域发展过程中的时间过程、动力机制、结构演变、空间布局特点，剖析人口、资源、环境与经济之间的既相互制约又相互促进的复杂关系，抓住区域与城市、区域分工与合作等重大问题，揭示区域发展与可持续发展的内在规律。

国内外经验表明，一个地区经济的发展，说到底是靠内生自增长能力，但也不排斥政策扶持的作用，特别是初期启动和对某些障碍与困难的克服。西部地区和东北三省近几年的初步转变，充分证明了有针对性的政策扶持的重要作用。

中国经济布局与区域经济的大格局，20年前我概括为两个梯度差，即大范围的东、中、西部地带性的三级梯度差和区域范围内的点、面梯度差。近20多年来的快速发展，除东部沿海的部分地区（如珠江三角洲、长江三角洲、京津冀、山东半岛）工业化的高速发展，点、面梯次差距大幅度收敛以外。总的来讲，两个梯度差都呈扩大之势。除去主客观条件的差异，地区倾斜政策是重要原因。从某种意义上说，这是大国经济起飞不得不支付的成本。西部大开发的决策和实施，标志着中国经济布局指向和区域经济政策的重大调整，将地区协调发展、逐步缩小地区发展差距，作为经济发展的重要指导方针，把地区结构调整纳入经济结构战略性调整之中，使支持东部地区率先发展和加快中西部地区经济的振兴更好地结合起来。

今后东部地区要继续发挥引领国家经济发展的引擎作用，优先发展高技术产业、出口导向产业和现代服务业，发挥参与国际竞争与合作主力军的作用。东部地区要继续发挥有利区位和改革开放先行优势，加快产业结构优化升级的步伐，大力发展电子信息、生物制药、新材料、海洋工程、环保工程和先进装备等高新技术产业，形成以高新技术产业和现代服务业为主导的地区产业结构。在现有基础上，加快长江三角洲、珠江三角洲、京津冀、闽东南、山东半岛等地区城市群的形成与发展；推进粤港澳区域经济的整合。国内外大型企业集团、跨国公司的总部、地区总部、研发中心与营销中心将不断向中心聚集，加快沿海城市国际化的步伐，成为各种资源、要素在国内外两个市场对接交融的枢纽。在各大城市群内，将涌现一批新的中、小城市，它们有的是产业特色鲜明的制造业中心，有的是某类高新技术产业园区，有的是物流中心，环境优美的则可能成为休憩游乐中心等等。这些中小城市的崛起，既可支持特大城市中心城区的结构调整与布局优化，又可成为吸纳农村劳动力转移的载体。总之，东部地区今后将以率先提高自主创新能力、率先实现结构优化升级和发展方式转变，率先完善社会主义市场经济体制为前提与动力，率先基本实现现代化。

东北是20世纪五六十年代我国工业建设的重点，是新中国工业的摇篮，为国家的发展与安全作出过历史性重大贡献；同时亦是计划经济历史积淀最深的地区。路径依赖的消极影响，体制和结构双重老化导致的国有经济比重偏高，经济市场化程度低、企业设备、技术老化，企业办社会等

总 序 二

历史包袱沉重、矿竭城衰问题突出、下岗职工多、就业和社会保障压力大等问题，使东北地区经济在市场经济蓬勃发展的大势中一度相形见绌。2003年10月以来，贯彻中共中央、国务院振兴老工业基地的战略决策，在国家有针对性的政策扶持下，东北振兴迈出了扎实的步伐；今后辽、吉、黑三省和内蒙古东部三市两盟（呼伦贝尔市、通辽市、赤峰市、兴安盟、锡林郭勒盟）作为一个统一的大经济区，将沿着如下路径，实现全面振兴的宏伟目标，使东北和蒙东成为我国重要经济增长区域，成为具有国际竞争力的装备制造业基地、新型原材料基地和能源基地、重要的技术研发与创新基地、重要商品粮和农牧业生产基地和国家生态安全的可靠屏障。

1. 将工业结构优化升级和国有企业改革改组改造相结合；改善国企股本结构，实现投资主体和产权多元化，构建有效的公司法人治理结构；营造非公有制经济发展的良好环境，鼓励外资和民营资本以并购、参股等形式参与国企改制和不良资产处置，大力发展混合所有制经济；围绕重型机械、冶金、发电、石化、煤化工大型成套设备和输变电、船舶、轨道交通等建设先进制造业基地，加快高技术产业的发展，优化发展能源工业，提升基础原材料行业。

2. 合理配置水、土资源，保护、利用好珍贵的黑土地资源，推进农业规模化、标准化、机械化和产业化经营，提升东北粮食综合生产能力和国家商品粮基地的地位；发展精品畜牧业、养殖业和农畜禽副产品的深加工，延长产业链，提高附加值。

3. 积极发展现代物流、金融服务、信息服务和商务服务等生产性服务业，规范提升传统服务业，充分利用冰雪、森林、草原等自然景观，开发特色旅游产品，壮大旅游业。

4. 从优化东北、蒙东区域开发总格局出发，东部、西部和西北部长白山与大、小兴安岭地区，宜坚持生态优先，在维护生态环境的前提下科学开发；优化开发和重点开发的地区摆在松辽平原、松嫩平原和辽宁沿海地区，具体地说，以哈（尔滨）大（连）经济带和东起丹东大东港、西迄锦州湾的沿海经济带为一级轴线，同时培养若干二级轴线，形成"三纵五横"①，以线串点、以点带面，统筹区域城乡协调发展；积极扶植资源枯竭城市培育接续替代产业，实现可持续发展。

中部六省在区位、资源、产业和人才方面均具相当优势。晋豫皖三省是国家的煤炭基地，特别是山西省煤炭产量与调出量居各省之冠，其余5省都属农业大省，粮食占全国总产量近30%，油料、棉花产量占全国近40%，是重要的粮棉油基地；矿产资源丰富，是国家原材料、水、能源的重要生产与输出基地；地处全国水陆运输网的中枢，具有承东启西、连南接北、吸引四面、辐射八方的区域优势；人口多、人口密度高、经济总量达到相当规模，但人均水平低，6省城镇居民和农民的人均收入都低于全国平均值。中部6省地处腹心地带，国脉汇集的战略地位，大力促进中部地区崛起，努力把中部地区建设成为全国重要的粮食生产基地、能源原材料基地、现代装备制造及高新技术产业基地和连接东西、纵贯南北的综合交通运输枢纽，有利于提高国家粮食和能源的保障能力，缓解资源约束；有利于扩大内需，保持经济持续增长，事关国家发展的全局和全面建设小康社会的大局。

作为工业有相当基础、结构调整任务繁重的农业大省、资源大省、人口大省，要发展为农业强省、工业强省、经济强省，实现科学发展、和谐发展，需做到下述一系列"两个兼顾"：①坚持立足现有基础，注重增量和提升存量相结合，特别要重视依靠科技与体制、机制创新激活存量资产；用好国家给予中部地区26个地级以上城市比照执行东北老工业基地的政策，抓紧企业的技术改造与升级。②加快产业结构调整。既坚持产业升级、提高增长质量，又充分考虑新增就业岗位，推动高技术、重化工、装备制造业、农产品加工和其他劳动密集型产业、各类服务业和文化创意产业的"广谱式"发展；作为农业大省，要特别重视以食品工业为核心的农产品加工业，充分发挥龙头企业引领农业走向市场化、现代化的功效，使工业化、城镇化、农业现代化和社会主义新农村建设有机结合。③在空间布局上，将发展省会都市圈培育增长高地、重点突破和普遍提升县域经济相结合，用好243个县（市、区）比照执行西部大开发相关政策，扶植贫困县经济社会发展。④在企业结构上，既重视培育大型企业集

---

① "三纵"指哈大经济带、东部通道沿线和齐齐哈尔至赤峰沿线，"五横"指沿海经济带、绥芬河到满洲里沿线、珲春到阿尔山沿线，丹东到霍林河沿线和锦州到锡林浩特沿线。

团，包括跨省（区）、跨国（境）经营的大企业集团，更要支持中、小企业广泛发展，形成群众性的良好创业氛围。⑤在资金筹措上，既充分利用本地社会资本，又重视从省（市）外、境外、国外引资；充分发挥地缘优势，承接珠三角、长三角加工贸易的转移，发展相关配套产业。

"十五"期间，实施西部大开发战略，西部地区生产总值平均增长10.6%，"十一五"开局之年，增长13.1%，2006年西部地区生产总值达到3.88万亿元。在新的起点上，今后将继续加强基础设施建设，完善综合交通运输网络，加强重点水利设施和农村中小型水利设施建设，推进信息基础设施建设，抓好生态建设和环境保护，着力于资源优势向产业优势、经济优势的转化，培育包括煤炭、电力、石油和天然气开采与加工、煤化工、可再生能源（风能、太阳能、生物质能等）、有色金属、稀土与钢铁的开采和加工，钾、磷开采和钾肥、磷肥和磷化工，以及一系列特色农、畜、果产品加工的特色优势产业；进一步振兴和提升西部大中城市的装备制造业（如成渝、德阳、西安的电力装备，柳州、天水、宝鸡、包头的重型工程机械装备等）和高技术产业。充分利用西部的自然景观、多彩的民族风情、深厚的文化积淀，大力发展旅游业，培育旅游品牌。在开发的空间布局上，重点转化成渝经济区、关中天水经济区、环北部湾经济区和各省会（自治区首府）城市、地区中小城市及其周边、重要资源富集区与大型水能开发区、重点口岸城镇；及时推广重庆成都综合配套改革试验区统筹城乡发展的经验，普遍提升县域经济和少数民族地区经济，为社会主义新农村建设，提供就近的支撑；推进基本口粮田建设和商品粮基地建设，提高粮食综合生产能力，利用西部特有的自然条件，在棉花、糖料、茶叶、烟草、花卉、果蔬、天然橡胶、林纸和各种畜禽领域，壮大重点区域，培育特色品牌，延伸产业链，提高附加值，通过市场化、产业化、规模化、集约化推进西部传统农业向现代农业的转化。东西联动、产业转移是推进西部大开发的战略性途径；据不完全统计，2001年以来东部到西部地区投资经营的企业达20万家，投资总额达15000亿元。西南、西北还将分别利用中国—东盟自由贸易区建设，和上海合作组织的架构，进一步扩大对外开放，吸引东中部的优强企业，共同建设边境口岸城镇，推进西部传统农业向现代农业的转化。东西联动、产业转移是推进西部大开发的战略性途径；据不完全统计，2001年以来东部到西部地区投资经营的企业达20万家，投资总额达15000亿元。西南、西北还将分别利用中国—东盟自由贸易区建设和上海合作组织的架构，进一步扩大对外开放，吸引东中部的优强企业，共同建设边境口岸城镇，推进与毗邻国家的商贸往来和经济技术合作。

上述是我——一个从事区域研究工作50多年的学者对区域经济和中国空间布局的点滴思考，借中国区域和城市发展丛书出版之际再做一次阐述，希望和区域经济理论界的同仁、区域经济学专业的同学们共同讨论。

丛书中《中国空间结构调整新思路》、《区域经济不平衡发展论》、《京津冀区域合作论》、《中国十大城市群》、《中国城市化与城市发展》等，是肖金成等中青年区域经济学者近几年的研究成果。其鲜明的特点是聚焦中国区域发展的现实，揭示、剖析现实存在的突出问题，进而提出促进区域协调发展的政策建议。如《中国空间结构调整新思路》一书，是2003年度国家发展和改革委员会委托的"十一五"规划前期研究课题的成果。研究成果以新的科学发展观为基本指导思想，分析了我国经济空间结构存在的三大特征、五大问题，阐述了协调空间开发秩序的六大原则、八个对策和"十一五"期间调整空间结构的八大任务。提出了建立"开字型"空间布局框架、确定"7+1"经济区、中国重要发展潜力地区和问题地区等设想。并根据"人口分布和GDP分布应基本一致"的原则，提出了引导西部欠发达地区的人口向东中部发达地区和城市流动的观点。成果中的一些建议得到了区域理论界的广泛认同，有的已为"十一五"规划所吸纳。

丛书的作者刘福垣、程必定、董锁成、高国力、李娟等都是区域经济学界很有造诣、在国内很有影响的专家学者。他们的加盟使丛书的内容更加丰富和厚重。

本丛书主编肖金成是我指导的博士研究生，他大学毕业后先后在财政部、中国人民建设银行和国家原材料投资公司工作。为了研究学问，探索中国经济社会发展的诸多问题，他于1994年放弃了炙手可热的工作岗位，潜心研究区域经济，尤其是对西部大开发倾注了大量心血与汗水，提出了许多思路和政策建议，合作出版了《西部开发论》、《中外西部开发史鉴》等书籍。后来又主持了若干个重大研究课题，如《协调我国空间开发秩序与调整空间结构研究》、《北京市产业布局研究》、《天津市滨海新区发

总序二

展战略研究》、《京津冀产业联系与经济合作研究》、《工业化城市化过程中土地管理制度研究》等。特别是天津滨海新区发展战略研究课题为其纳入国家战略从理论上作出了充分铺垫，我参加了该课题的评审，课题成果获得了专家委员会的高度评价，课题报告出版后在社会上形成广泛影响。故此，我愿意将这套丛书郑重地推荐给各地方政府的领导、大专院校的师生及从事区域经济理论研究的学者们，与大家共享。

2008 年 1 月 30 日

（陈栋生：中国社会科学院荣誉学部委员，
中国区域经济学会常务副会长）

目 录

第一篇 城镇化

城市化：牵动经济社会发展的"牛鼻子" …………………… 3
疏导"民工潮"的新思路 …………………………………… 10
改革开放以来中国的城市化进程 …………………………… 25
中国特色城镇化道路的内涵和发展途径 …………………… 44
城镇化与城市可持续发展 …………………………………… 57
中国特色城镇化道路与农民工问题 ………………………… 64
解决农民工问题的基本途径 ………………………………… 73
两个转移：我国人口变化的基本趋势 ……………………… 80
人的城镇化：城镇化的本质含义 …………………………… 86
城镇化：钱从哪里来？人往哪里去？ ……………………… 91
城镇化认识的"误区" ………………………………………… 98

第二篇 城市群

中国将形成十大城市群 ……………………………………… 107
我国城市群发展研究 ………………………………………… 112
城市群：城镇化的主要载体 ………………………………… 125
京津冀城市群经济合作的基本思路 ………………………… 130
长三角城市群经济一体化研究 ……………………………… 149

珠三角城市群的产业结构调整……………………………………… 159
论长江中游城市群的构建和发展………………………………… 164

第三篇 城乡统筹

城乡统筹与新农村建设…………………………………………… 179
城乡统筹战略是加快新农村建设的现实途径…………………… 182
中国经济转型过程中的区域与城乡关系研究…………………… 185
农业产业化是解决农业问题的重要途径………………………… 204
劳动力转移：贫困地区快速脱贫之路…………………………… 216
全面建设小康社会的若干思考…………………………………… 223
县域经济发展面临的突出问题与市县关系调整………………… 230
建制镇性质、规模和改革建议…………………………………… 234
统筹城乡发展 实现城乡一体化………………………………… 239

第四篇 区域协调发展

东、中、西的经济差距与中西部的发展………………………… 247
梯度推移与区域协调发展………………………………………… 254
省域中心与边缘地区的经济发展差距研究……………………… 258
体制创新与区域经济发展………………………………………… 269
区域协调呼唤政策引导…………………………………………… 280
区域协调发展仍需多方面努力…………………………………… 283
西部大开发的战略设想…………………………………………… 287
西部大开发与全面开放…………………………………………… 299
西部大开发与基础设施投融资…………………………………… 317
西部大开发与金融深化…………………………………………… 324
西部大开发与东、西合作………………………………………… 330
抓住东北振兴机遇，加快实现三个突破………………………… 342
资源型城市的特征和经济结构转型研究………………………… 345
中部崛起的制约因素与对策……………………………………… 358

目 录

"中部崛起"战略中的发展模式选择 …………………………… 370
环渤海合作面临的机遇与挑战 ……………………………… 378
环渤海地区的区域经济发展与港口的分工合作 ……………… 386
"十一五"中国区域经济协调布局构想 ………………………… 391
完善区域政策　促进区域协调发展的思考和建议 …………… 398

第五篇　地区发展

优化北京空间布局的基本思路 ……………………………… 415
天津滨海新区：我国北方发展的战略性新亮点 ……………… 421
促进海峡西岸经济发展的基本思路 ………………………… 435
中部崛起中山西振兴之策略 ………………………………… 442
重庆渝西地区空间布局的基本思路 ………………………… 458
促进新疆经济发展的若干思路 ……………………………… 470
资源型城市如何实现可持续发展
　　——云南省个旧市调研报告 …………………………… 475
将攀枝花市建成云贵川交界地区的中心城市 ………………… 485

后记 ……………………………………………………………… 497

第一篇
城镇化

城市化：牵动经济社会发展的"牛鼻子"

城市化是人们十分熟悉的话题，它与国民经济发展和城乡居民的工作生活密切相关，曾多次成为理论界关注的热点。城市化作为农村人口从传统分散的乡村向现代先进的城市集中的自然历史过程，是一种世界性的普遍现象，是不容置疑的历史事实。城市化是解决"三农"问题的钥匙，是牵动中国经济社会发展的"牛鼻子"，因此，它是21世纪中国经济社会发展的大战略。加强城市基础设施建设既为加快城市化进程创造条件，也是市场机制下，扩大内需、启动经济的有效的手段。

一、城市化：伴随工业化和现代化发展的必然趋势

城市化是一种世界性的社会经济现象，按照权威的解释，城市化是乡村分散的人口、劳动力和非农业经济活动不断进行空间的聚集而逐渐转化为城市的经济要素，城市相应地成长为经济发展的主要动力的过程。比较利益、规模经济和聚集经济为城市的形成提供了经济动力。比较利益是建立在区域分工基础上的贸易比较优势所带来的经济利益，它是城市形成的第一源动力。比较利益的存在为市场交换提供了可能，于是就为另一类专业分工——商业的产生提供了条件。规模经济是城市形成的又一基本力量，规模经济的存在为人口和经济活动的地理集中提供了市场动力。如果说比较利益和规模经济为城市的形成创造了初始条件，那么聚集经济则为城市的形成提供了直接推动力，它是多样化的厂商、居民及相关组织单位得以聚集、推动城市形成并使之不断膨胀的根本力量。企业、人口的空间集中不仅可以节约运输、洽谈等交易费用，而且可以产生诸如道路、排水

系统、管理等方面的规模经济，从而降低有关社会经济活动的成本。众多具有不同偏好的居民的存在，会减少需求和生产波动给厂商造成的损失，众多的社会经济活动可以给具有不同工作能力的居民提供多种就业机会。地域上的聚集会产生互补利益，人口、企业及相关社会经济活动的空间集中，大大便利了信息交换和技术扩散，同时也刺激着新知识、新观念的产生。正是由于上述聚集经济效益，人口、企业不断地趋于地理上的集中，从而推动了城市的形成、发展和扩大。

20年的改革开放，解放了我国的生产力，使我国终于告别了短缺经济，但消费需求不足的阴影随之又笼罩在我们头上。计划经济时期，生产决定消费，即生产什么，居民就消费什么，生产多少，居民就消费多少。在市场经济时期，情况变得完全不同了。生产者生产出的商品，消费者不一定购买或者消费者并不一定有购买能力，有支付能力的需求制约了生产的发展。乡镇企业的异军突起，使我国消费品的生产能力成倍增大，而消费者的消费方式、消费水平、消费习惯并没有发生根本的变化。生活在农村的中国人虽绝大部分实现了温饱，但其他消费仍停留在极低的水平上。其原因是生活在农村的居民，多数人仍处于自给自足的自然经济中，商品化程度很低，种植业、养殖业收入和外出打工的收入具有很大的不确定性，相对于城市人来说，他们具有更大的储蓄倾向，此外，社交和文化生活的缺乏，也抑制了他们的诸如着装、书刊、娱乐等方面的需求。在那些供电不正常的乡村，农民们即使买得起家用电器，也很难用得上。我们曾想方设法开拓农村大市场，但总是收效甚微，其根本原因就在这里。城市化水平低，生活在农村的人过多，必然制约我国工业化和现代化的发展进程。

根据第五次人口普查资料，我国的城市化水平已达到36%，其成就被世人所瞩目。但同世界平均水平相比，我国仍落后很多，世界平均城市化水平已超过45%，世界平均发展速度每年为0.44个百分点，这意味着，我国的城市化水平落后于世界平均水平20年。发达国家的城市化水平多数超过70%，比起他们来，我国的差距就更大了。

城市化进程不只是城市人比例的提高，它还是社会资源空间配置优化的过程，它将带来城市体系的发展和城市分布格局的转变。城市体系的发展意味着将有更多的中、小城市发展起来，构成一个比例更为协调的城市体系。城市分布格局的转变意味着城市的分布将更合理地实现资源的空间配置。这两个方面的变化将使中国经济实现资源配置合理化、推进经济更快地增长，并有利于产业布局合理化和产业结构高级化。

综上所述，城市化是国民经济和社会发展的重要组成部分，是伴随工业化和现代化发展的必然趋势，城市化进程的加快也是不以人的意志为转移的客观规律，我们必须顺应这一潮流，正确处理人口、资源、环境、社会、经济等多方面的矛盾，使城市经济、城市建设积极、有序、健康地发展，并推动国民经济持续、快速、健康地发展和社会的全面进步。

二、城市基础设施建设是经济发展的重要增长点

城市基础设施落后是影响城市化进程的重要制约因素，也是一些人主张限制农村人口流入城市的基本理由。由于长期实行计划经济体制，中国的工业化和城市化畸形发展，城市化严重滞后于工业化。城市基础设施特别是社会性基础设施严重被忽视，城市基础设施投资欠账严重，而且规模越大，经济发展水平越高的城市，基础设施滞后就越严重，乘车拥挤、道路堵塞在特大城市中相当普遍，中小城市的供电、供水、供气、排水等设施多数不能满足需要。一大批小城镇中无供水设施，排水设施也很落后。城市地铁是现代城市快速公交的最有效手段，但我国只有4个城市，即北京、上海、广州、天津拥有地铁。在工业制成品普遍出现相对剩余时，城市基础设施却处于"短缺"状态。

城市基础设施是城市生产、生活最基本的承载体，也是城市经济体系中重要的产业部门，对于城市经济增长具有重要的促进作用。城市基础设施包括能源系统、水源与给排水系统、交通运输系统、邮电通讯系统、生态环境保护系统和防灾系统，还包括文化、教育、科学、卫生等部门，如此种种，与城市人民生活息息相关，是城市赖以生存和发展的物质基础。因此，加大力度完善城市基础设施，不仅能够提高城市人民的生产和生活质量，还能够吸纳更多的劳动力，使更多的农村富余劳动力在城市找到适合他们干的比较稳定的工作。

从1998年开始，我国经济中出现了市场需求不足的问题，政府采取

的一系列扩大内需、启动经济的政策措施，如发行债券，加快基础设施的投资和建设，无疑对经济增长发挥了极为重要的作用。但全国性的基础设施建设投资大、周期长，短期内发挥不了效益，尤其是市场参与度低、覆盖面小，难以迅速取得启动经济的效果。而城市基础设施建设，覆盖面大，市场主体参与度高，政府、企业和市民都有相当高的积极性，且无论是大城市，还是小城镇，均有规划已批，久拖未上的项目。如北京地铁线已规划出多条，但在建设上仍是小打小闹。加快城市基础设施建设，不仅具有推进城市化进程的意义，而且能迅速取得启动经济，扩大内需的效果。

影响城市基础设施建设的最大制约因素是资金缺乏。在计划经济体制下，城市基础设施建设多被视作福利事业，没有稳定的投资渠道和投资回收渠道，使得城市基础设施得不到发展甚至无法维持简单再生产。改革开放后，企业有了自主权，使政府集中资金的能力进一步削弱，但由政府包下来的城市基础设施建设体制却没有根本改变。城市基础设施建设的资金集中使用同社会资金的分散形成了尖锐矛盾，城市基础设施的滞后和供求矛盾更为突出。事实上，城市基础设施中除了一部分属于公共物品即具有强烈外部性的设施如城市道路、排水、绿化之外，有一部分则具有公共商品性质，主要是具有自然垄断性的设施，如供电、供水、地铁、公共交通等，并非都要由政府包揽，应以企业为供给者，通过资本市场筹集资金，利用民间资金进行城市基础设施建设。政府只起管理和规范的作用。而从运营上看，不发挥市场机制的作用也无法提高效率。从这一角度看，资金不足的问题归根结底是认识问题、体制问题和政策问题。

三、推进城市化进程的政策建议

（一）实施大中小并举的城市发展战略

1980年10月在北京召开的城市规划工作会议上，第一次提出了我国城市发展战略设想，即"控制大城市规模，合理发展中等城市，积极发展小城市"。此后，我国一直采取控制大城市的发展方针，但我国的大城市的规模一直在扩大,大城市的个数比1980年翻了将近一番。从实践中看,中小城市发展动力不足,而大城市却具有加速发展的天然优势。世界银行《1984年世界发展报告》推论,城市只有达到15万人的规模时,聚集效应才会出现。从来还不能清楚地证实城市大到什么程度会出现不经济的现象。令人恐惧的"大城市病",并非"不治之症",如英国首都伦敦,曾是"大城市病"的典型,几十年来,其人口、用地和工业生产扩大了好几倍,但城市环境不仅没有恶化,而且整治得卓有成效。我国由于人为控制大城市的发展,使城市规划普遍脱离实际,规划的人口规模不久即被突破,这是造成交通拥挤、布局混乱、城市基础设施严重不足的重要原因。因此,应吸取我国抑制大城市发展的教训,根据城市发展的规律制订城市发展战略。从目前来看,应采取大中小并举,重点发展大中城市的发展战略,摒弃控制大城市规模的城市发展方针。

(二)将投资重点转到城市基础设施上来,迅速扩大城市就业和人口容量

加快城市基础设施建设,既能有效地扩大内需,启动经济发展,又能有效减弱城市化进程的"瓶颈"制约。因此,应在政策上支持城市的基础设施建设,改革城市基础设施的投资和经营体制。

城市基础设施的投资体制改革是一个关键环节。从投资主体看,应实现投资主体的多元化。对带有自然垄断性的公共商品生产部门,应由企业投资经营或实行企业化经营,政府只进行监管和给予定额性补贴。在市场经济体制下,必须使城市基础设施行业转变机制,按经济规律办事,使之变成有效率的企业部门。国家必须下决心进行相关的公用事业价格与收费改革,保证价格、收费与成本基本相符,保证企业有自我积累、自我发展的能力。从投资来源看,必须广辟资金渠道。(1)政府应加大城市基础设施投资的比重。城市基础设施中有相当一部分是非营利性的,具有公共物品的性质或曰外部性,它们必须由政府提供,这是市场经济中政府的重要职能。(2)发行市政建设债券。城市基础设施的一次性集中投入同财政收入的分年实现存在着矛盾,国外一般采取发行市政债券来解决。我国也应创造条件,通过发行市政公司债券解决城市基础设施资金不足的问题。(3)政府和银行向市政企业发放低息贷款。城市基础设施多是微利

项目，周期长、投资大，短期的商业性贷款是不适用的，国家可通过财政信用和政策性银行向其提供低息贷款。(4) 采用 BOT 方式和 ABS 方式进行建设。城市基础设施项目具有自然垄断性，因此，市场比较稳定，风险很小，假如政府出台鼓励和支持的政策，不仅国外投资者乐意出钱，国内投资者也会愿意投资。从经营方式来看，对于可以市场化、企业化经营的部门，应该与政府脱钩，建立以市场为导向，自负盈亏的企业化经营机制。

（三）改革户籍制度，摒弃城乡二元户籍，建立城乡统一的劳动力市场

把中国公民分为城市居民和农村居民的户籍制度，曾经起过社会稳定器的作用。自从国家允许农民进城务工以后，这种作用已被削弱甚至完全消失了。但在众多的城市中，有着农民身份的人仍然受到多种歧视，如收取各种费用、就业方面的限制、子女入学的限制等，户籍制度越来越成为劳动力资源合理配置的障碍。改革户籍制度，首先要承认中国人生来是平等的，不应有"身份"的差别，在中国的国土上有生存和劳动的权利。其次是摒弃城市乡村和农业非农业户籍差别，实行出生地、居住地、职业登记制度，对居住地可以分为永久居住、长期居住和暂时居住三种，按照区域登记和管理。

（四）住房改革的重点是租金市场化

目前的住房制度改革的重点是让城市居民购买已在居住的住房，由于给予了很多优惠，不是名副其实的商品，难以进入流通市场。从加速城市化进程出发，应首先实行房租市场化。无论是城市人还是农村人，无论是高级干部还是普通职工，住房要拿同等水平的租金。房租补贴一律采取货币化方式，既增加透明度，也使多占住房的人因不堪高房租的重压而将多余住房退出来或转租给别人，增加城市住房的供给，为进城务工、经商、求学的人提供租房的来源。

实现了租金市场化之后，住房商品化才能顺利实施。住宅买卖要按照自愿原则，强买强卖，不是市场经济的原则。按照市场价格购买住房，不应分城市人还是农村人，也不应有市场价和成本价之分。价格的双轨制将

会给房地产交易带来难以估量的负面影响，使房地产市场很难活跃起来。

为了方便外地人来本市务工、经商、求学，应动员房地产商兴建一批供外地人租用的公寓楼。现在房地产商热衷于建造不论农村人还是城市人都买不起住不起的高档商品房和高级宾馆，而不去建造让外地人甚至本地人租得起的房子，确实令人不可思议。我想，如果各市政府和房地产商换一种思路，也许会发现一片"广阔天地"。

（本文写于1998年，发表于内部刊物《河北经济》1998年第5期，后公开发表于《中华锦绣》2002年第8期）

疏导"民工潮"的新思路

1992年，中国境内的流动人口，已达7000万之多，进入1995年，已突破8000万。8000万人中，绝大多数是进城务工的农民，其中，全国跨省做长距离迁徙的农民工达到2000万以上。有人说，世界第一人口打过流动着一个世界级人口大国。"民工潮"问题，关系到我国的经济发展战略，也关系到民族的兴衰。

一、"民工潮"是一股不可遏制的洪流

考察世界各国的工业化历程，一般来说，在工业化初期，劳动力资源相对丰富，资本相对稀缺，因此，一般优先发展劳动密集型产业，大量吸收从农业中分离出的廉价劳动力，以发挥其比较优势，为工业化的进一步发展积累大量资本，并以此促进城市化进程。随着城市化水平的提高，农业中剩余劳动力吸收殆尽，劳动力素质提高，不断使产业结构升级换代，向高级化发展，最终达到工业化、城市化与现代化的目的。但在我国，由于新中国成立初期特殊的国际国内环境，不得不选择一条优先发展重工业的道路。发展重工业所需的大量资金靠农业提供，所以不得不将农村人口控制在农村，城市化过程不仅没有随着工业化过程得到发展，还曾一度推行过城市青年上山下乡的逆城市化过程。20世纪50年代我国开始实行计划经济体制，逐渐形成了城乡分割的二元社会结构，实行非农业户口和农业户口分隔管理，严格限制农业户口转为非农业户口。到1978年，农业在国民生产总值中只占28.8%，但当年农村人口却占总人口的82.1%，城市化率只有17.9%。1984年，国务院通知，准许自筹资金、自理口粮、

疏导"民工潮"的新思路

在城镇有固定住所、有经营能力或在乡镇企事业单位长期务工的农民及其家属进入城镇务工经商。但他们的根仍在农村，他们的妻子和子女在农村，他们在农村拥有住房，他们成了"候鸟"，年复一年，重复着进城着"进城"、"回乡"的路，逐步演变成汹涌澎湃，且愈演愈烈的"民工潮"。一般来说，一个国家在现代化过程中，城市化率应超过工业化率。中国则相反，1992年，中国的工业化率为48%，而城市化率只有27.6%，差20.4个百分点，甚至低于发展中国家城市化率38%，相差10.4个百分点。但这还不是问题的全部，在改革开放初期的1980年，我国人均国民生产总值相当于300美元，城市化比率为19%，即城市人口占全国总人口的19%，同国际上发达国家发展的相应阶段及其他发展中国家城市化率20%的水平相比，只差1个百分点，但12年之后的1992年，我国的人均国民生产总值相当于719美元时，我国的城市化率仅为27%，与国际上相应的34.2的城市化率相比，相差7.2个百分点。改革开放十几年来，由于我们没有根本触及严重阻碍经济发展和社会进步的户籍制度，使得这一问题变得日趋复杂和难以解决。

除了户籍这一制度原因之外，形成"民工潮"问题还有更深层次的原因：

1. 城乡居民收入差距拉大，农民种粮比较效益低，是农民进城的直接原因

改革开放以前，中国农民通过工农产品剪刀差方式哺育了中国的工业，到1978年，农村与城市居民收入比为1∶2.4，在改革初期，由于农村改革先行，农民收入一度提高，到1984年，农村与城市居民收入比为1∶1.7之后，城市居民收入差距又逐渐拉大。1992年，农村与城市居民收入比为1∶2.54。我国华东、华北主要产粮区，人均耕地只有一亩稍多一点，有的地区还不到一亩，按四口之家计算，一个劳动力耕作4亩地，按每年备产原粮1000斤计算，共收获4000斤粮食，每人年消费500斤，就要吃掉2000斤。扣除农业税和各项提留摊派600斤，只剩下1400斤，按目前市场里粮价每斤0.8元计算，只能收入1200元，再扣除种子、农药、灌溉、化肥等费用，所剩无几。农民心里清楚，种粮不赚钱。但为了吃饭，也不得不种田，农村普遍出现了土地细分化、农业副业化、农民兼业化。有人调查发现，一年人均能挣2000元的村，劳动力就不出来，收入1500元的，也不出来；收入1000元以下，农村就没有什么吸引力了，到外边打工几个月就挣来这么多钱。据此可以断定，按照现在的人均耕地数量、粮食产量、粮食价格、人均收入根本不可能超过1000元。据估计，完全靠种粮为生的农户，基本上处于贫困半贫困状态。提高农民收入，解决农民种粮比较效益较低的问题，已成为理论界的共同呼声。但是，我国的市场粮价已快接近国际市场粮价。发达国家尤其是日本对农民种粮给予了高额补贴，我国有些发达地区也采取工业反哺农业的办法，但就全国来说，对种粮实行补贴，不仅技术上不可行，财政上也不可能。农业是国民经济的基础，粮食是基础的基础，粮食涨价，其他产品和服务自然会涨价，水涨船高的道理是不言自明的。因此，解决农民种粮效益较低的问题，将是刻不容缓的事情。

2. 地区经济发展不平衡是"民工潮"形成的重要原因

改革开放以来，我国东部地区的经济增长速度明显快于中西部地区，地区间经济发展的不平衡十分明显，而且差异呈增大势头。1986年，东中西三大地带的人均国民收入分别为762元、519元和395元，三者之比为1∶0.68∶0.52，东西两大地带的相对差距为48%。1991年，人均国民收入分别为2283元、1198元和1095元，三者之比为1∶0.52∶0.48，相对差距加大到52%。1992年东中西三大地带农村经济总收入的增长速度分别为35.7、30.4和23.2，继知识分子等高素质人才孔雀东南飞之后，大批的中西部农民大规模流向东部发达地区。据广东省调查，全省有外来劳动力1200万人，2/3在城市，其余的在农村种菜种果。这几年，中西部落后地区农民的收入处于停滞或下降状态，不但乡镇企业发展慢，农民非农产业收入增长慢，而且农业增产不增收的情况在这些地区也特别突出，而发达地区农民的收入，靠乡镇企业，靠非农业增长一直很快。近年来，发生了一些奇怪又不奇怪的现象，就是在大批的中西部的劳动力涌向东部的城市和农村乡镇企业的同时，大批东部农村的农民涌入城市务工经商，北京南郊的"浙江村"就是一个比较典型的例子，这是城乡比较效益规律在起作用。我国东部地区是人口密集地区，中西部地区的大批农民涌入东部，必然会把东部地区的农民挤出东部而涌入城市，这也是一个不可扼制的趋势。促进区域间经济的协调发展，国家对中西部地区实施倾斜政策，加快中西部地区的经济发展，也只能抑制区域间经济差距进一步扩大，却很难从根本上解决中西部劳动力过多流向东部地区的问题。

3. 农业剩余劳动力的大量存在是大批农民进城的基本原因

据统计，我国农村现有劳动力4.4亿多人，其中，从事种植业的约占3/4。每个劳动力可耕种的土地不足4亩。现在一般认为我国农村剩余劳动力1.2亿多人，实际上远不止此数。在现有耕作条件下，种一亩地所需工作量不到15个工作日，这样计算起来，每年的工作时间只有60天。按每年工作时间300天来计算，一个农业劳动力可耕种20亩土地，那就必须使4/5的农民让出土地，而转入第二、第三产业。劳动力耕种的土地太少，潜在失业，农产品商品化程度太低，这是农业比较效益低，农民收入太少的根本原因。现在，农业剩余劳动力还在不断增加，到20世纪末将达到2亿人左右，随着人口的增加，人多地少的矛盾将更加突出。农民的流动，是追求自身劳动力价值的实现和生产资料再分配的结果，也是中国社会经济发展的历史的合乎逻辑的必然选择。

综上所述，农民进城，农民跨区域流动，也就是"民工潮"，是由一系列原因引发的必然结果，引发这一结果的原因不消除，其问题不可能根本性解决。我们不能设想把农民重新拴在土地上，我们没有理由使他们永远处于贫困半贫困状态，我们也没有办法让农民全部回到农村去。可以说，"民工潮"是一股不可扼制的洪流。"民工潮"的存在，可能引发一系列的社会问题，决不可等闲视之。面对这一问题，我们必须冷静思考，认真研究和科学分析。

二、农民进城的正负效应分析

改革开放以后，紧闭30年的城门打开了，大批农民涌了进来，他们给原本宁静的城市带来了喧闹，使本来拥挤的交通更加拥挤，使待业的城市人找工作更难，治安恶化了，刑事案件增加了。农民进城找工作，存在着极大的盲目性，从北方走到南方，从小城市到大城市，找到工作的人，这山望着那山高，找不到工作的人到处流荡。计划生育也出了问题，流动人口中存在着数额庞大的超生游击队，这就是农民进城的负面效应。但除了负面效应之外，还有正面效应，下面我们集中分析农民进城的正面效应。

1. 农民进城加快了城市建设速度，缓解了城市基础设施与工业发展、城市发展的矛盾

众所周知，我国建筑业长期以来，十分落后，由于施工力量问题而使很多建设项目拉长了工期，提高了造价。基础设施和住宅建设更是如此，除了资金等问题之外，建筑业的劳动生产率低，建筑工人的劳动积极性不高是重要原因。农民进城，成为建筑业的一支主力军。短短几年，城市矗立起一片片高楼大厦，缓解了"住房难"问题，建起了一座座立交桥，缓解了交通问题。北京、上海、广州、深圳等大中城市的城市建设飞速发展，农民工功不可没。城市现在需要他们，将来必定也需要他们。此外，环境卫生、搬运、维修服务、家庭服务、饮食服务等行业，也都是以农民工为主体，这些行业的发展极大地方便了城市居民的生活。有人认为农民进城增加了城市就业压力，使城市居民失业增加，这不完全符合事实。不可否认，农民工干的多是城市居民不愿干的脏活、累活和危险的活。在公平竞争的劳动力市场上，农民工基本上与城市居民互为补充。农民工信息不及城市居民那么充分，社会关系不及城市居民那么广，文化素质更不及城市居民那么高，城市居民怎么会感到有来自农民工的竞争压力呢？何况，至今并不存在公平竞争的劳动力市场。许多城市制订了歧视农民工的政策，对农民工就业规定了许多限制条件。其实，农民工进城不仅没有减少城市居民就业，反而增加了许多就业机会，如城市增加了许多菜市场，也相应地增加了市场管理人员、税务人员等。饮食摊点增加了，也相应地增加了卫生管理人员。

2. 农民进城务工，降低了工业劳动力成本，将有力地促进我国工业起飞和经济起飞

根据刘易斯二部门模型，发展中国家在工业化过程中，城市工业只有不断地吸收富裕的农业劳动力，才能使劳动力成本保持不变，保证足够的利润，为工业化过程积累足够的资金，这个过程应一直延续到农业剩余劳动力吸收完毕为止，只有到那时，工业化过程才能够完成。美国哈佛大学国际发展研究所所长，著名的发展经济学家德怀特·H·帕金斯曾这样说过，有些发展中国家，实行劳动力市场分割，劳动力不能自由流动，没有公平竞争的就业机会，造成工资侵蚀利润，工业化所需的资金始终难以积累起来。从我国国民收入增长与职工工资增长比较中可以看出，我国也存在着这种情况。

从表1可以看出，整个20世纪80年代除1982年之外，工人工资增长一直远远超过国民收入的增长。正是由于劳动力市场的城乡分割，城市职工工资大量侵蚀利润而引发了严重的后果，诸如企业亏损、消费扩张、通货膨胀等。请大家注意一个事实，城市中的中小企业和农村的乡镇企业，在设备工艺落后、规模不经济的条件下，发展却很快，利润也很高，创造了经济发展的奇迹，靠的是什么？正靠的是廉价的劳动力。国营企业中，建筑业、纺织业发展很快，也与大量利用农村劳动力有关。可见，城乡分割，特别是城乡劳动力市场的分割，是中国经济不能健康发展的重要原因。让农民进城，进入公平竞争的统一的劳动力市场工业劳动力成本就会大大下降，将会有力地促进我国的工业起飞和经济起飞。

表1　　　　　我国国民收入与职工工资增长比较

年度	1981	1982	1983	1984	1985
国民收入增长率	4.9	8.2	1.0	13.6	13.5
职工工资增长率	6.2	7.6	6.0	21.3	22
年度	1986	1987	1988	1989	1990
国民收入增长率	7.7	10.2	11.3	3.7	4.8
职工工资增长率	20	13	23	13	12.7

3. 农民进城务工经商，增加了城市郊区农民的收入，繁荣了郊区经济

大批农民进城，他们把栖息地选在城市近郊。郊区农民虽有地理之优势，由于传统观念和体制上的原因，有一大部分人并不富裕，外地农民进城，租住他们的房子，使每户都有了数额不少的收入。据调查，北京近郊农村的房租，居住面积10平方米大小的房间，每月租金100~150元，年租金1200~1500元。离城区越近越接近繁华区，租金越高，如"浙江村"村民的房屋租金，每月500元左右。如一家农户租出30平方米住房，每年可获得四五千元收入。北京南郊来自浙江的农民，租住当地农民的房子，从事服装加工、批发和零售，短短几年时间，形成了具有相当规模的服装贸易城。

4. 大批农民进城，缓解了农村人多地少的矛盾，增加了农业投入，为农村经济发展积累了资金

农村的基本矛盾是人多地少的矛盾。长期以来，靠土里刨食，自给自足，商品化程度很低，农民土地越来越少，越来越分散，越来越贫困。农业中投入的活劳动越多，农业的成本也就越高，农业的比较利益更加降低。一大批农民进了城，缓解了矛盾。有人担心，青壮劳力从农村流失，会影响粮食生产，削弱农业的基础地位。其实不然，农民对土地的感情最深，最重视粮食生产。一到农忙季节，大量农民工千里返乡，形成百万民工大迁移的奇观，就是有力的证明。他们在城里取得的收入，带回家里，买种子、买化肥、买农药。为了节约劳动时间，他们摒弃了延续数千年的刀耕火种的耕作方式，租用拖拉机耕地、播种，租用收割机收割，租用柴油机灌溉。赚了钱的农民，购买了拖拉机、收割机、电动机、柴油机等农业机械，使农村社会化服务体系得到迅速建立，促进了农业机械化的实现。长期在城里务工经商的农民，观念有所改变，不愿年年农忙千里返乡，将土地或出租，或转让，或交回集体。这种做法，有利于土地集中和规模化经营。据不完全统计，1993年农民进城打工，总收入1410.6亿元。农民工6000多万人，按每人每年带回农村的资金以1000元计达600亿元，这实在不是一个很小的数目。这些人进城打工，不但赚了钱，而且还学到专业技术，掌握了外地信息，转变了陈旧的观念和落后的生活方式。有的地方出去一个人，带活一个家，甚至带动了一个村。

三、解决"民工潮"的政策选择

20世纪80年代初期，我国贯彻"离土不离乡"的政策，鼓励农民向

疏导"民工潮"的新思路

农村非农产业转移。为了消化农村剩余劳动力,我国支持和鼓励乡镇企业的发展,借助天时、地利、人和优势,沿海地区乡镇企业迅速崛起,产值、利润成倍增长,现在已有1.2亿农村劳动力在乡镇企业就业。很多人将解决农村剩余劳动力问题寄托于乡镇企业。但至80年代末期乡镇企业吸纳劳动力的速度呈递减趋势(见表2),尤其是中西部乡镇企业的发展非常缓慢。

表2　1979~1993年我国乡镇企业资本对劳动力吸纳弹性变动

年度	资本对劳动力吸纳弹性	吸纳弹性五年移动平均值
1979	0.166	
1980	0.143	
1981	0.139	0.235
1982	0.336	0.448
1983	0.386	0.631
1984	1.24	1.319
1985	1.206	1.283
1986	3.245	1.262
1987	0.156	1.012
1988	0.281	0.74
1989	-0.01	0.131
1990	-0.005	0.161
1991	0.233	0.137
1992	0.38	
1993	0.172	

资料来源:韩宝江:《乡镇企业吸纳劳动力边际递减与农村剩余劳动力反梯度转移》,载《经济研究》1995年第7期。

乡镇企业为中国经济的发展做出了不可磨灭的贡献。但也付出极其昂贵的代价。一是浪费土地。1979~1986年发展的600多万个乡镇企业解决就业6336万人,占有土地667万公顷,约1亿亩,比国家30多年来建设征地总量16万公顷还多得多。据推算,乡镇企业每一个就业机会占用土地1.58亩。二是环境污染。中国的"三废"污染20%分布于农村。由于村村点火、户户冒烟、污染面广、难以治理。三是布局分散,缺乏规模效益。1990年,平均每个乡镇企业拥有职工7.7人,产值为3.8万元。

与国有企业相比，人均用地增加1/3，管理费用增加80%，能源利用率低40%，基础设施投资高20%～30%，资本利润低20%。四是市场风险大。乡镇企业信息闭塞，"船小经不起大浪"，极有可能在市场竞争中被淘汰。在乡镇企业就业的职工处于待流动状态，他们是"民工潮"的强大后备军。

有许多人把发展小城镇作为解决农村剩余劳动力的根本途径。我国有小城镇1.9万多个，不可否认，这是吸收农村劳动力的一个重要场所。但是，小城镇具有天然的缺陷，绝大多数远离交通枢纽，基础设施不配套，不适合发展规模较大的工业项目。关键问题是来小城镇务工经商的农民一般居住在距离较近的农村，他们不会放弃农村的土地和住房。因此，发展小城镇解决不了人多地少的矛盾，反而更会加剧农民兼业化问题。同样，小城镇的收入相对于大中城市而言，存在一定差距，比较效益问题仍难以解决。从表3看出，1982～1990年间，城市人口增长了3个百分点，而小城镇人口仅增加了0.8个百分点，其中农、林、牧渔、水利业、建筑业、交通运输邮电通讯业、房地产管理、公用事业不但没有增长反而有所下降。纵观历史小城镇是自然形成的，是附近农村农产品的集散地，但它绝不是农村剩余劳动力的最终居所。小城镇量多面广，很难统一规划，统一管理。如为了吸收农村剩余劳动力，而把着眼点放在发展小城镇上，很可能是拔苗助长，无济于事。据计算，上海老城区改造可以新增的人口相当于建造1259座小城镇。据对昆山市调查，非农产业集中可以节约土地5%～10%，节约基础设施资金10%～15%，小城镇住宅容积率为800平方米/亩，而城市为1400平方米/亩。

表3　　　　　中国1982年和1990年在业人口城乡分布

行业 \ 年份	1982			1990		
	城市	镇	农村	城市	镇	农村
总计	15.7	6.2	78.1	18.7	7.0	74.3
农、林、牧、渔和水利业	5.2	1.8	93.0	6.9	1.6	1.5
工业和地质勘探业	48.2	16.9	34.5	52.6	18.4	29.0
建筑业	48.6	14.7	36.8	58.4	12.1	29.5
交通运输业和邮电通讯业	51.9	24.5	23.6	48.1	21.4	30.5
商业、饮食业、物质供销和仓储业	38.1	25.5	36.5	43.7	28.4	27.9
房地产管理、公共事业	59.1	20.7	20.2	61.7	18.3	20.2

资料来源：《中国人口普查抽样资料（1982年和1990年）》。

疏导"民工潮"的新思路

农村的根本出路是土地规模化、生产机械化、农民专业化。而达到这一目标的根本问题是如何将2/3甚至4/5的剩余劳动力转移出来"离土不离乡",固化了农业改革初期的土地细分化,农民局限在商品率较低的小块土地上,进行半封闭和半自给经营,直接阻碍了生产要素的最佳组合,影响了农业灌溉、排水、病虫害防治良种培育和推广应用,以及土地开发和整治。农民把土地仅仅当做维持生活的手段,而把增加收入的希望寄托非农产业上,因而不愿把更多的劳动和资金投入农业,限制了农业规模经济的发展和农村商品化程度的进一步提高。这种政策实施的结果和政策制订者的预期恰恰相反,就是农民"离乡不离土"。

由于长期实行城乡隔离的政策,进城的农民仍然把根深深扎在家乡的土地上。把进城务工增加的收入用于建造住房,在城市家用电器不断升级换代的同时,农民的住房也在不断升级换代。短短十几年,有些地区农民的住房几次翻新,土坯改砖木结构,砖木结构改钢筋混凝土结构。具有讽刺意味的是,城市狭窄拥挤的住房里放置着第三代、第四代高档进口彩电、冰箱和音响设备,在农村宽阔、别墅式的小楼里,住着面带菜色、衣冠不整的农民和他们失学在家的儿童。用辛苦和汗水换来的钱,甚至负债建造的住房,他们无福居住,却终年倦缩在城市工地的窝棚里。多数人过着夫妻分居的生活。据统计,从1980年到1993年,农村居民消费支出增长了3.8倍,而住房支出增长了29.1倍。1993年农村居民人均居住面积为20.8平方米,比1980年增加1.2倍,砖木结构与钢筋混凝土结构的面积分别为人均11.9平方米和2.3平方米,分别比1981年增加3.4倍和21.9倍,楼房比例从1981年的11%增加到1993年的21.9%。富裕地区的农民甚至花大笔的钱建造自己的坟墓。进城务工的农民增加了轻工纺织机械电子产品的产量,得到了上千亿元的收入,但并未进入城市消费,而把大笔资金带回农村,进入农村消费的怪圈。本该用于城市消费的资金被抽走,造成"城市失血",城市经济循环链被切断,轻工、纺织、电子产品找不到市场。农民把本该用于购买轻工纺织品的资金,用于建造住房占用了耕地,消耗了燃料和原材料,恶化了生态环境,也加剧了我国基础工业和原材料工业的"瓶颈"制约。

我们有必要而且必须不失时机地进行新的政策选择。应当鼓励进城务工经商的农民在城市里定居下来,应逐步将流动的农村人口转化为城市非流动人口。

　　早在1945年中国共产党第七次代表大会上,毛泽东就明确指出了中国城市化的道路,"农民——这是中国工人的前身,将来还要有几千万农民进入城市,进入工厂。如果中国需要建设强大的民族工业,建设很多近代的大城市,就要有一个变农村人口为城市人口的长过程。"[①] 随着国民经济的发展,农业生产效率的提高,必然会有越来越多的劳动力从农业中分离出来进入其他产业。首先是工业,这就是工业化过程。伴随着工业化的城市化,即人口、社会生产力逐渐向城市转移和集中是社会经济发展的不依人的意志为转移的必然过程。这一普遍过程在我国的现阶段又具有特殊意义。40年压制城市化或逆城市化的后果就是如今的"民工潮",而对农业、农村、农民这一系列复杂问题。而对汹涌澎湃的"民工潮",解决的根本途径就是"城市化"。

　　"城市化"即让农民进城定居是令人可怕的问题,城市能容纳得了吗?农村人会不会冲击城市人的生活?其实并不可怕,因他们已经生活在城市中,北京、天津、上海广州进城的农民已达数百万人,在改革初期,这是连想都不敢想的事。据计算每增加一个城市人口需增加基础设施投资3750元,住宅投资2250元,共6000元。我国农村"六五"期间乡村固定资产投资累计可达14507亿元,以70%计算,可以实现1.8亿农村人口的城市化。

　　进城定居的农民再不必过两栖生活逐步进入城市的主流社会,他们的消费结构必将发生巨大转变,向城市居民的消费结构、消费水平靠拢。住房面积降低,在农村人均住房面积20.8平方米,在城市户均住房面积20平方米已是非常奢侈。相对将提高饮食、服饰、文化教育医疗以及其他社会服务性消费比重,为城市产业发展提供广阔市场,相应将迅速增加城市人口的就业机会。

　　农民工进城定居,也将改变城市居民的消费结构,使其享有的服务性消费比重大大提高。亚当·斯密在他著名的著作《国民财富的性质和原因的研究》中说过:"在一个政治修明的社会里,造成普及到最下层人民的那种普遍富裕情况的,是各行各业的产量由于分工而大增"。我们传统

---

① 毛泽东:《论联合政府》,引自《毛泽东选集》,人民出版社1968年版,第978页。

理解的分工限于第一产业与第二产业，传统上理解的产量社会财富也仅限于有形的商品。实际上，分工的深化主要发生于第三产业社会财富越来越多地表现为社会服务。在墨西哥，第三产业占国民生产总值的59%，这与墨西哥的高度城市化分不开，而我国第三产业的比重不到1/4，城市经济仍以第二产业为主。发达国家城市第二产业与第三产业之比为1∶2至1∶3，我国仅为1∶1，小城镇为1∶0.5，凡社会的进步是以社会分工为标志，社会分工的深化是以第三产业高度发展为标志，当一部分城市居民特别是双职工家庭可在廉价的保姆市场雇佣保姆，它不仅可以提高城市居民的生活质量，又能提高工作效率。随着老龄人口的增加，这种消费会越来越多。城市居民从高额的储蓄存款中拿出一部分用于服务性消费，由于连锁效应，必将创造出大量的就业机会。

农民工在城市定居，还有另一深远的意义，那就是生育可得到有效的控制。"超生游击队"之所以存在，是因为在高速流动状态下，无法进行有效管理。定居下来的农民接受当地社会的统一管理，便可避免超生多生。另外，在城里生活，消费水平高，生育费用、生活费用都比较高，养育一个孩子的成本比农村高几十倍，迫使他们少生或只生一个。生活方式的改变也将根本转变他们固有的生育观念，"多子多福"的观念，"养儿防老"的观念，"重男轻女"的观念将逐步淡化，并最终消除。农民工进城定居，他们的子女入学接受教育便有了保证。现行的户籍制度和教育体制，造成大量进城农民女失学，有的10岁多还未接受启蒙。进城定居的农民，由于子女在城市就学，教育文化费用将大大增加。用于智力投资增加，用于住房的投资减少，有利于改变目前畸形的消费结构和投资结构，也必将带来教育文化事业的繁荣，从长远看，必将促进整个民族素质提高。

四、关于鼓励农民进城定居的政策措施

农民进城是无法阻挡的历史潮流，"城市化"是社会经济发展的必然趋势，它是一个渐进的过程。试图减缓或操之过急都将带来严重后果。因此，除了采取鼓励农民进城定居的政策和转变固有的观念之外，要采取相

应的措施，制订并逐步完善管理办法，创造实施这一政策的各种条件。

（一）改革户籍制度，摒弃城乡二元户籍，建立城乡统一的劳动力市场

户籍制度越来越成为劳动力资源合理配置的障碍。改革进行了十几年却忽略了这一根本制度的改革。改革户籍制度，首先要承认中国人生来是平等的，不应有"身份"的差别，在中国的国土上有生存和劳动的权利。其次是摒弃城市乡村和农业非农业户籍差别，实行出生地、居住地、职业登记制度。对居住地可以分为永久居住、长住和暂住三种，按照区域登记和管理，而不是按居民身份和户口进行登记和管理。面对巨大的农村剩余劳动力压力，某些特大城市的户籍改革，应分阶段进行，应在大城市和特大城市实行居住权制度，居住权分为永久居住权、长期居住权和短期居住权。对各种居住权分别规定相应的条件。如对有固定职业并在本市连续工作三年以上无劣迹记录的人，可获得长期居住权，享有本市公民同等的权利并承担相应的义务。连续一年以上不在本市工作或居住的人，取消其长期居住权。在城市取得长期居住权的农民，应将原居住地所承包的土地交回集体另行分配，或转让给别的农户耕种，不得撂荒。

（二）为农民工进城定居创造必要的条件，建设真正的"安居工程"

1995年国家施行计划，即建造一部分低成本住房，并以成本价出售给中低收入家庭。建议将"安居工程"建造的住房出售对象扩大至进城长期务工经商的农民。古话说"安居乐业"，只有安居才能乐业，只有安居，才会不再流动。

目前，城乡结合部，由于农民工的流入，房屋出租市场相当发达。当地村民为进城的农民提供栖息之所，简易的平房为当地人提供了丰厚的收入。短短几年房租涨再涨。随着农民工的继续流入，房租有快速上涨的趋势。房租的上涨，增大了农民从商的成本，相应会提高所经营商品的价格和劳务价格，助长了通货膨胀。同时也增加了农民工的经营风险。一旦生意亏本，他们便会铤而走险，恶化社会治安。

为平抑市郊日益上涨的房租价格，为进城农民提供相对稳定的栖息之

所，政府应划拨一部分土地，银行也应给予一定的贷款支持，让房屋建筑公司，在城郊建造一批简易住房，平房或者三层楼房，使用面积每户不超过20平方米。建成后租给进城农民，按年租金120元/平方米计算，五年即可收回投资。也可出售三年、五年和十年的房屋使用权，也就是采取预收租金的办法，建房资金可一次性收回。由于房屋是简易的，成本很低，投资可于短期内收回，不影响城市统一规划和城市现代化建设。国家实施的面对中低收入家庭而计划建造的"安居工程"住房，即使按成本价出售，中低收入家庭也未必肯买。一是买不起，二是城市居民长期以来支付低房租，而且现行房租水平仍然很低，让其拿出相当数量的资金买房恐怕比较困难。农民历来自行解决住房，进城后以比城市居高出十倍甚至几十倍的租金租赁住房，也毫无怨言。面向进城农民建造和出租出售简易住房，有可能重新启动目前不景气的房地产市场，为许多陷入困境的房地产公司开辟一条出路，也可为城市的住房制度改革积累一笔经验，促进全国的住房商品化。

（三）走中国特色的城市化道路，大中小并举，重点发展大中城市

农民进城为中国的城市发展带来了契机，将有力促进中国的城市化进程。选择一条什么样的城市化道路，是争论较多的问题。考虑任何问题，一不能离开国情，二必须顺应潮流。中国的基本国情是人口多、土地少。城市是人口集中居住生活的地方，城市比农村人均居住用地少，城市越大，人均居住用地越少，是不争的事实。根据近十几年的民工流动情况，可以发现，特大城市以及周围的城市群是流动人口主要吸纳的地区。目前，北京市流动人口有300多万，绝大多数是农民工。据统计，京、津、沪三市及周围地区吸纳的农民工占全国跨省流动的农民工的42%。这不仅反映了我国大中城市、特别是特大城市的基础设施有着巨大潜力，也表明了我国城市化的方向。小城市由于人口规模太小，社会分工难以深化，第三产业的发展受到制约，就业机会相对较少，限制了对劳动力的吸纳，很难形成良性循环的劳动力市场。经多元回归分析，城市规模与其均净产值之间正相关。城市人口多10万，职均净产值平均提高58元，其对职均净产值的影响程度高于工业专业化水平和交通条件对职均净产值的影响。

特别是，越往内地，城市规模的影响程度明显上升，在边远地区上升为解释劳动生产率差异的第一位因素。城市百元资金利税率在由大到小四个城市规模组（≥100万，50万~100万，20万~50万，≤20万）的平均值分别是30.4元、25.4元、19.4元、18.7元（1∶0.84∶0.64∶0.62），大城市级明显优于中小城市级。一般地说，基础设施相对比较落后的发展中国家，城市之间交流比较困难，对城市本身的市场规模要求大，而基础设施比较发达的国家，城市之间交通通讯发达，城市的人口经济规模相对较小。墨西哥在40年中增加了5.4倍，1990年总人口达到2000万以上，占全国人口的1/4。美国的12大城市集中了美国总人口的1/3，40%的人口集中于大城市。在韩国，仅汉城就占全国人口的20%。日本东京、名古屋、大阪三大都市圈集中了全国人口的45.6%，东京都市圈（东京、千叶、琦玉、神奈川）已超过3000万人。对世界城市的研究表明，大城市，特别是以特大城市为中心的城市群是城市发展的主要方向。由此可见，顺应人口的自然流动，依照经济发展的客观规律，选择一条以大中城市为发展重点的城市化道路，对于我国流动人口问题的解决，加速我国城市化进程，有着非常重要的意义。事实上，北京、上海等大中城市十几年来也正在不断地扩大规模，吸收人口。

鉴于我国的工业化过程正处于上升阶段，新的产业带将不断生成。新建成的铁路沿线的新的城市将迅速崛起，这些城市有可能成为中国经济的新的增长点。如京九铁路沿线、南昆铁路沿线等，小城市将很快发展为中等城市，中等城市发展为大城市。中西部地区随着交通通讯的发展，资源的开发，城市发展也会很快。我们没有理由限制其发展。何况，促进农村剩余劳动力的转移，应成为我国一项持久的经济政策，因此，理应采取大中小并举，并优先发展大中城市的方针。

（本文原载《中国市场》，1996年第2期（上）、第3期（下），合作者李保平[①]）

---

① 李保平，经济学博士，毕业于中国社会科学院研究生院，现供职于河北卓达集团。

改革开放以来中国的城市化进程

城市化是伴随工业化和现代化必然出现的社会发展趋势，它表明城市在人类社会发展中的作用在不断提高。并在很大程度上表明一个国家的发达水平。改革开放以来，中国人民在中国共产党的领导下，大力发展国民经济，对城市化道路进行了卓有成效的探索。

一、改革开放以来城市化进程加快

30年来的改革和开放，给我国城市带来了蓬勃发展的良好机遇，城市化进程加快；而城市的繁荣和发展，又大大地促进了我国现代化建设。我国的城市化进程的实践集中体现了改革开放以来我国综合国力增强的大趋势，也有力地证明了改革开放是城市化加快的基本动力。

（一）城市数量不断增加

30年来，随着城市体制改革的深化，城市作为地区性政治、经济、文化中心的作用日益加强，"地改市、市管县"的新体制实施的积极效果已明显地表现出来。在这期间，城市数量由1978年的193个发展到2007年的655个。

从城市的分布看，东、中、西部地区的城市数量都有不同程度的增长，东部沿海地区由于改革开放的先行和深入，加上原有的良好的经济基础和人文条件，经济发展速度明显比中部、西部地区为快，经济上的快速发展，既增强了整个地区城市化的动力，又大大强化了大城市的影响和辐射力，促进了城市基础设施的完善和发展，城市化在东部地区呈现出快速发展趋势和明显的地区优势。

（二）城市人口比重迅速提高

20世纪70年代以来，由于改革开放政策极大地调动了广大农民的积极性，使农业生产很快提高，相当数量的农民从种植业中分离出来，转移到其他产业，由此引起的农村工业及其他非农产业所构成的乡镇企业异军突起，推动了小城镇的迅猛发展。在城市由于调整了重工业优先发展的战略，加快发展劳动密集型的轻纺工业和各种服务业，从而加大了城市吸纳农民的能力。与此同时，为了适应经济形势发展的需要，国家在某种程度上放宽户籍管理，允许农民进城务工、经商，这样在我国大量农村剩余劳动力转移的强大推力和城市经济发展拉力的相互作用下，大批农民离开祖居的乡村，进入市镇从事第二产业、第三产业，从而使城镇人口迅速增加，由此大大加快了我国城市化进程。

与1978年前的30年相比，城市化水平有了较大幅度的增长。到2000年年末，市镇非农业人口已有30869.82万人，市镇非农业人口占全国总人口的24.96%。"十五"以来我国城镇化步伐继续加快，"十五"期间，年均增长速度高达1.4个百分点。城镇化水平已由2000年的36.2%提高至"十五"期末的43.0%，再到2007年的44.9%，年均增长1.24个百分点。据联合国人口司和美国人口咨询局的有关数据，2005年世界城市化水平也由2000年时的46%上升为48%，其中发达国家为77%，发展中国家为41%；北美洲、欧洲、大洋洲城市化水平在73%~79%之间，拉丁美洲和加勒比地区为76%，亚洲为38%，非洲为37%。我国的城镇化水平高于发展中国家和亚洲国家的水平，但低于世界平均水平。

（三）城市综合实力大大增强

改革开放极大地促进了城市综合实力的增强。城市经济、城市产业结构、城镇体系、空间布局、城市基础设施等方面都发生了明显变化，朝着合理化的方向发展。

首先，表现为城市国内生产总值（GDP）持续高速增长。据统计，城市GDP 1988~2007年年均增幅为18.6%。

其次，城市产业结构进一步合理化。改革开放以来，城市第三产业得到了充分的重视,随着市场经济体制的建设和发育,以服务业为主体的第三产业蓬勃发展,特别是信息、金融、保险、咨询以及各种中介服务业如雨后春笋,蓬勃发展,显示了信息和知识经济时代的城市特征。1988~2007年,我国城市第三产业增加值年平均增幅达21.6%。第三产业已成为城市三次产业的最重要部分,占GDP的比重由1988年的28.6%上升到2007年的40.1%。

最后,城市基础设施明显改善。改革开放后,随着经济的发展和城市中心作用的发挥,城市基础设施建设日益受到重视,基础设施条件明显改善。2007年年末,我国城市道路长度已达24.6万公里,面积423662万平方米,人均拥有0.4平方米;桥梁48100座,运营公共汽(电)车347969辆,平均每万人拥有102辆,出租车已经普及到每一个城市,城市供电、供水、供气、供热增长很快。2007年,自来水普及率达到93.8%,燃气普及率达到87.4%,集中供热面积30.1亿平方米。

二、中国城市化政策的变迁

城市化过程是与城市化政策紧密相关的。新中国成立以后,我国的经济发展指导思想、经济体制和经济政策多有变动。与此相适应,我国的城市化政策在不同时期也有相当大的差别。

(一) 改革开放前的城市化政策

新中国成立初期,劳动力的就业由国家和各地区劳动管理部门,根据经济发展的需要,进行有计划的调配。中国政府尽了最大的努力,安置了旧中国遗留下来的400万失业大军。自1951年起,实行城镇复员转业军人及毕业生由国家统一安排就业的政策。1955年后国家进一步明文规定由劳动部门对城镇劳动力进行有计划地统一分配和调配。

在城乡人口迁移方面,"一五"计划期间城镇人口增长量中,56%是迁移增长,2700万人口中约有1500万来自农村。尽管当时城市发展较快,全国总人口增长率很高,但由于工农业发展形势好,城市发展及农村人口向城市转移基本上与国民经济相适应,因此,对乡村—城市的人口流动没有采取限制措施。但后来，各部门、各地区的计划管理的范围越来越广，统得越来越死，这非常不利于发挥城市的集聚和扩散作用。在20世纪50年代后期我国实行了城市户籍的管理制度，1958年年初颁布了《中华人民共和国户口登记条例》，规定农村人口只有持有城市劳动部门的录用证明、学校的录取证明或户口管理机构准予迁入的证明，方能迁入城市。1964年国务院批转了公安部《关于户口迁移政策的规定》，再次强调严格控制人口的政策，这些政策对我国的城市化进程起了明显的阻碍作用。

在市镇设置方面，我国1955年颁布了市镇设置标准，城镇设置必须遵照标准，经上级机关审批。其后虽然根据社会经济的发展，市镇设置标准先后作了修订，但市镇设置要经过层层批准的规定没有变。1964年国家规定建制镇最低常住人口规模从2000人提高到3000人（或2500人），其中非农业人口最低比重从50%提高到70%（或85%）。因此，我国设市镇数从1961年年底的208个减少到1964年的167个，净减41个，比1957年少9个。

改革开放前尤其是1965~1978年期间的城市化政策使沿海地区城市不但得不到应有发展，反而数量有所减少，上海、北京、天津、广州等经济、技术实力雄厚的城市在"文化大革命"期间疏散了大批企业和人员，因而其综合实力受到削弱，东部沿海地区的生产潜力未能充分发挥出来。

（二）改革开放后的城市化政策

20世纪80年代以来，为适应经济体制改革和经济发展的需要，我国对原有城市化政策作了修订，并颁布了一些新的政策，这些政策对促进我国城市的发展和推进城市化进程起到了重要作用。

1. 市镇建制政策

民政部于1984年和1986年相继颁发的市镇设置标准，较之1963年的老标准有了很大的改革和创新。1984年，国务院批转了民政部《关于调整建制镇的报告》，对镇的标准重新进行了修订，恢复县级政府所在地都设镇的规定；总人口在2万人以下的乡，乡政府驻地非农业人口占全乡人口10%以上；或少数民族地区，人口稀少的边远地区、山区和小型矿区、小港口、风景旅游区、过境口岸等地，非农业人口虽不足2000人，确有必要，都可建镇。1986年起，国家适当降低了设市标准：

（1）非农业人口6万以上（包括常住的务工、经商人员和常驻的机关与部队的人员），地区生产总值超过2亿元，已成为地方经济中心的镇都可设市建制，少数民族和边远地区的重要城镇、工矿或科研基地、交通枢纽和边境口岸等城镇更可放宽条件。

（2）总人口50万人以下，县驻地非农业人口10万以上，常住人口中农业人口不超过40%，年地区生产总值3亿元以上的县，可设市撤县。大县（总人口超过55万）非农业人口要过12万，年地区生产总值超4亿元，才可设市撤县。少数民族地区的区、盟、自治州的驻地可放宽设市标准。

（3）准予辖县的城市是：市区非农业人口超25万，年地区生产总值超10亿元，已成为地区政治、经济和科技文化中心，并对周围各县有较强辐射力和吸引力的城市。

放宽市、镇设置标准，大大促进了小城镇的发展，使我国城市体系的规模等级趋向正常，基层城镇数量增加，提高了城镇对广大农村地区的服务程度。新标准突出中心城镇的作用，提出了整县设市和整乡设镇的模式，从而减少了城市机构重叠和体制上的矛盾，加强了城乡的联系，在具体标准上增加了经济指标。新标准经过几年来的实践检验，证明实际效果基本上是好的，但也存在一些问题，主要是指标不够完善、指标数据统计困难、城乡界限不清和执行标准宽严不一等。

2. 人口迁移政策

20世纪80年代以后，我国在城乡户籍方面允许农民进镇落户的政策，是一项历史性的改革，它改变了长期以来城乡封闭状态，促进了城乡人口合理流动，对城乡经济发展具有重要意义。但此项政策各地区落实不一，部分省区接纳自理口粮人口很少，农民进镇落户仅限于县以下的集镇。农民进镇后在经济收入等方面多数有了明显改善，但也存在不少问题需要解决，最突出的问题是不同户籍间仍然存在政治经济待遇的差别。

3. 城市建设方针的转变

由于"文化大革命"的影响，改革开放初期我国经济仍然缺乏活力，城市基础设施薄弱,同时还遇到人口生育高峰和知青返城而造成的巨大的就业压力。同时,对资本主义大城市种种弊端的夸大宣传使得人们对大城市的发展产生了恐惧,因此,1978年提出了"控制大城市规模,多搞小城镇"的国家城市发展总方针。1980年召开的"城市规划工作会议"提出了"控制大城市规模,合理发展中等城市,积极发展小城市"的方针。学术界为此展开了激烈争论,争论的焦点是重点发展何种规模的城市才是我国城市化道路的最佳选择。

1989年12月颁布的《中华人民共和国城市规划法》将城市化方针修改为"严格控制大城市规模,积极发展中等城市和小城市"。

(三) 中国城市化道路的探索

围绕城市化道路的问题,理论界和实际工作者进行了长期的探索,形成了比较具有代表性的观点和流派,主要有大城市重点论、小城镇重点论、中等城市重点论和多元复合论,这些观点和理论对我国城市化的实际进程产生了比较直接的影响。

(1) 大城市重点论。这种观点主张,我国应将有限的资金主要用于建设和发展大城市,形成以大城市为中心的城市群和城市带,以此推进我国城市化进程。其主要依据是:优先发展大城市和特大城市是世界各国城市发展的总趋势和一般规律;中国人口问题与土地承载力过小之间的矛盾要求大城市和特大城市的相应发展来加以缓解;大城市基础设施完善,承载力强,就业面宽。

(2) 小城镇重点论。这是与大城市重点战略相对立的观点。这种观点认为,发展小城镇是现阶段促进我国城市化进程的一条现实而有效的途径;甚至有人认为,发展小城镇,使之遍地开花,星罗棋布于全国各地,是我国城市化唯一正确的道路,也是有中国特色的城市化道路。这种战略的主要依据是:发展小城镇是转移农村人口的需要;发展小城镇是完善城乡经济体系的需要;发展小城镇是乡镇企业升级的需要。

(3) 中等城市重点论。这种观点吸取前两种观点中的合理成分,认为中等城市兼有大城市和小城镇的优点,并易于克服二者的弊端,因而主张大力发展中等城市来加快我国的城市化进程。其主要依据是:中等城市是城市体系的中间环节;发展中等城市有利于提高空间集聚效益;中等城市吸纳人口的能力更强。

（4）多元复合论。所谓多元复合型城市发展道路就是大、中、小并举，数量和质量并重，职能等级协调，建立充分体现区域特色的城镇体系，全面推进城市化进程。持这种观点的人主张，要以促进经济发展和扩大吸纳农村剩余劳动力为中心，以国家投资进行城市建设的"自上而下"的城市化和地方投资、农民投资发展小城镇的"自下而上"的城市化双向推动，各城市科学定位、合理分工、因地制宜地发展。其主要依据是：多元化的城市发展条件和要求；我国独特的国情要求选择多元复合型战略；多元化复合型战略与我国城市化发展阶段相适应。

关于城市化发展道路的探索和讨论仍在继续。有一点是一致认同的，那就是我国的城市化水平太低，不适应并制约了国民经济的发展，应采取措施促进城市化水平迅速提高。城市发展是一个连续不断的动态过程，小城镇的发展就包含着成为小城市、中等城市的可能性，小城市、中等城市的成长也孕育着成为大城市的因素，各等级城市是城市在不同成长阶段的规模表现。应根据城市发展的客观规律确定城市化发展战略，使大中小城市和小城镇根据经济发展的需要得到比较快的发展。

三、改革开放后小城镇和城市的快速发展

（一）小城镇的发展

随着乡镇企业的兴起，小城镇的发展速度明显加快。小城镇通常是指县城、建制镇、乡政府所在地及达到一定规模的集镇，其中建制镇是小城镇的主体。小城镇是我国城市体系的重要组成部分，是一个量大面广的群体。改革开放以来，我国小城镇发展速度之快、规模之大、持续之久，是中国历史上前所未有的。小城镇的大量涌现，对中国的工业化、城市化和现代化都具有重要意义。

1. 发展小城镇的重要意义

小城镇是农村的政治、经济、文化中心，也是农村一定区域范围内城

与乡、工与农的结合部，又是城市体系的基础，因此，发展小城镇具有十分重要的意义。

（1）发展小城镇是提高我国城市化水平的重要途径。我国城市化水平比较低，不仅低于世界平均水平，而且还低于近20个低收入国家的城市化水平。城市化是现代文明的标志，是生产力发展到一定阶段的必然趋势，要加速实现工业化和现代化，必须同时提高城市化水平。从我国的实际情况出发，要使大量农村人口在很短时间内进入城市既不现实也不可能，因为城市基础设施的容量和对劳动力的需求都难以满足。中国的大多数城市，基础设施都严重不足，城市的管理能力也不能适应实际的需要，因此，农民进入大中城市的速度和规模必须与城市的发展，尤其要与城市的基础设施的状况及管理能力相适应。而遍布全国的数万个星罗棋布的小城镇正可以满足这一需求。小城镇是农村之首，城市之尾，既便于接受大中小城市的经济辐射，又便于向广大农村扩散。发展小城镇，便是目前比较现实的途径。中国有2100多个县城，还有1万多个建制镇，加快这些城镇的建设，对于带动中国广大地区的经济尤其是农村地区的经济发展，意义和作用极大。从发展的趋势看，必然会有相当一批经济发展较快、自然生态条件较好的小城镇发展为中小城市，甚至发展为大城市，这既是城市发展的客观规律，也是我国社会发展的必然要求。

（2）发展小城镇是乡镇企业进一步发展的要求。乡镇企业的进一步发展，将在很大程度上取决于小城镇建设的速度和质量。我国乡镇企业的发展需要解决的问题很多，其中一个最为迫切的问题是要相对集中。集中布点搞好小城镇建设是乡镇企业进一步发展和农业劳动力转移的需要，也是我国社会、经济发展的一项重要决策。乡镇企业和小城镇建设是互为促进的关系，发展小城镇既有利于吸纳农村富余劳动力，促进乡镇企业集中连片发展，也有利于合理调整企业布局，培育和发展第二、第三产业。引导乡镇企业逐步向小城镇集中，使乡镇企业的发展与小城镇建设结合起来，既是乡镇企业进一步发展的客观要求，也是把工业化与城市化进程结合起来的重要途径。通过小城镇的发展，使目前分散地分布在乡村中的工业企业，集聚到小城镇，就可以带动小城镇中第三产业的更大发展，从而为农业剩余劳动力就近向第二、第三产业转移，提供更多的就业机会。同时这也是中国农业逐步走向现代化的需要。

改革开放以来中国的城市化进程

（3）发展小城镇是中国经济的新的增长点。到 2010 年，我国的社会生产力、综合国力、人民生活水平将再上一个大台阶，为 21 世纪中叶基本实现现代化，奠定坚实的基础。为实现这一目标，必须首先实现两个根本转变，即实现从计划经济体制向社会主义市场经济体制的根本转变和粗放型增长方式向集约型增长方式的根本转变。不断扩大市场需求，是实现经济增长的基本条件。而乡镇企业向小城镇的集聚不仅使其提高规模和集聚效益，实现集约型发展，而且大量的基础设施建设将扩大巨额的市场需求，对经济增长增加巨大的动力。

2. 发展小城镇的基本经验

我国小城镇的发展一般都是在原有基础上经历了起步、拓展、完善、提高等几个阶段，从小城镇的发展历程看，以下四个方面经验是值得重视的。

（1）产业带动，以市兴镇。选准一个产业，搞活一方经济，在不少经济发达地区，乡镇企业的发展是小城镇建设的基础。同时，小城镇发挥了凝聚效应，又带动了乡镇企业的集约发展。在长江三角洲和珠江三角洲地区，相当一部分农村开辟了许多乡镇工业区，并逐步使小区城镇化。在中西部地区，一些相对成形且具有一定规模的农村专业产销市场，逐步发展为新型小城镇，成为推进小城镇发展的一条切实可行的路子。

（2）多元筹资，综合开发。各地在发展小城镇建设过程中，充分依靠农民群众的力量和政策的吸引，发挥当地的各种优势，广辟资金渠道，创造了多种形式集资建设小城镇的经验，如"谁建谁有，谁管理谁受益"的政策，改善投资环境，吸引农民进镇投资。综合开发就是根据小城镇规划，对基础设施、生产和公用设施、居民住宅等，从征地、拆迁到设计、施工进行统一组织实施。可以采取多种形式，如成立专业开发机构进行成片开发等。近年来，一些地方在小城镇开发和建设了工业小区、商贸小区等，对促进第三产业的发展，节省耕地，集中治理环境污染等方面起了积极作用，成为小城镇综合开发的一种重要模式。

（3）统一规划，合理布局。针对一些县市在小城镇建设中一哄而起、盲目发展等问题，不少省市注重加强领导，统一规划，合理布局，在土地征用、基础设施、建筑设计、工程质量以及道路、供水、排水、电力、通信等公益和市政设施建设上，统筹安排，不断完善，力求实现规划布局合理、使用功能齐全、基础设施完善、建筑风格独特、环境清新优美的目标。科学地规划是小城镇建设的首要环节，要改变小城镇建设中盲目建设、无序发展、乱搭滥建的状况，促使其健康有序的发展。规划要有科学性和超前性，既要立足当前，又要着眼未来。要确定适度规模，要根据城镇的发展潜力和趋势，合理确定面积、人口和经济容量等。小城镇内部的工业、商业、旅游、文化、住宅等要进行功能分区，统筹安排。还要注意节约用地和保护环境。

（4）循序渐进，稳步发展。针对小城镇建设中存在的操之过急、贪大求快的现象，国家建设部从1994年开始进行小城镇建设试点，作为全国小城镇建设的引路工程，其重要经验是循序渐进、稳步发展。小城镇的发展不论在数量上，还是在规模上都要和农村经济发展水平相适应，既不能超前，也不能滞后。小城镇的基础是非农产业，而非农产业的发展要有一个渐进过程，因此，小城镇的建设也要有一个渐进过程，不可能一蹴而就。一定要避免不顾客观条件，脱离非农产业发展实际，突击发展小城镇的操之过急的做法，防止"不顾条件，盲目攀比"、"只重数量，不顾质量"、"不切实际，贪大求快"的做法。要从本地区的客观情况出发，量力而行，尽可能利用和改造现有小城镇，分层次地进行小城镇建设。

（二）中小城市的发展

中小城市是沟通大城市与小城镇及其周边地区的桥梁。如果离开了中小城市，大城市的社会经济发展的辐射影响将得不到有效传输，就不能充分地促进周边地区的发展，小城镇的发展也受到限制。中小城市又是大城市形成的基础，许多中小城市渐渐地发展为大城市，没有中小城市，就没有大城市。改革开放以前，由于存在人为地抑制发展的问题，中小城市增长缓慢，许多已经够设市条件而又需要设市的城镇没有及时设市，限制了城市发展及其作用的发挥。改革开放以来，全国上下重新认识了城市对国家经济和社会发展所起的重要作用，政府也十分重视城市在国家建设中的作用，采取各方面措施，促进城市的发展和建设。2007年非农业人口20万~25万的城市数量已达200个，20万人以下的小城市也已达283个。

"市辖县"的体制可以更好地适应城乡商品生产发展和经济联系日益

密切的需要，充分发挥中心城市的作用，带动整个区域经济的发展。我国市辖县的领导体制是从1958年开始，在许多地方实行的。当时城乡结合的经济基础还很薄弱，所以在20世纪60年代中期调整国民经济发展时，除了北京市和上海市以及辽宁省一些经济发达的城市以外，这种行政体制基本上在全国被撤销。1983年，国家在城乡经济发展良好的新形势下，提倡在全国范围推广实行这种地方的政治和经济管理体制，以改变市与其周围各县在行政体制上的分隔，促使城乡经济共同发展。实行市辖县体制，取消专区，密切了市与周围各县的行政关系，形成市、县互通邮电等网络，城市发展有了扩大用地和扩充水源的可能性，保证城市经济发展的需要，周围农村地区则便于取得城市的经济技术和文化等各方面的支持。从而使地域上接近的市、县在统一的行政区内，发挥各自的优势，形成城乡经济综合发展的新格局。

在新体制下虽然市、县关系需要进一步理顺，特别是经济力量薄弱的市，不能很好地起到带动县的作用，但总地说来，城市在发挥扩散作用，带动农村经济发展方面，收到显著成效。

(三) 大城市、特大城市的发展

现代大城市是工业、商业和服务业的主要聚集地，基础设施比较完善，交通便利，信息灵通，人才济济，市场容量大，投资效益高。所以，政府和各种社会团体的首脑机关，各大企业的总部等都纷纷设在大城市。我国大城市往往既是经济中心，又是政治、文化中心，在社会主义现代化建设事业中具有举足轻重的地位和作用。

按照城市规划法，"大城市是指市区和近郊区非农业人口50万以上的城市"，在习惯上，我国把非农业人口在100万以上的城市称为"特大城市"。尽管新中国成立以后，国家一直控制大城市的发展，如1980年全国城市规划工作会议上正式把"严格控制大城市规模，合理发展中等城市，积极发展小城市"作为国家城市发展方针。但随着经济的发展，大城市仍然保持了比较快的发展速度。1949年，我国的大城市数量仅有12个，至1997年年底，我国大城市数量已达到81个，其中100万人以上的特大城市有34个，50万～100万人口的城市47个。至2007年年底，大城市数量已达140个，其中100万人以上的特大城市有58个，50万～100

万人口的城市有82个。我国大城市数量在世界上也是属于前列的，上海、北京等大城市的规模已进入全世界十大城市行列。大城市的气化率、供水能力都是最高和最强的。

实行改革开放以来，国家为充分发挥中心城市的作用，对大中城市的经济活动实行计划单列，建立和完善以大中城市为中心的市场体系和新的以大中城市为中心的经济管理体制。从1983年起，国家为增强中心城市的作用，扩大地区经济合作，先后把沈阳、大连、哈尔滨、宁波、厦门、青岛、武汉、广州、重庆、西安、南京、深圳、长春、成都14个城市列为"计划单列城市"，赋予这些城市相当省一级的经济管理权限，从而扩大了这些城市的经济自主权，提高了它们的经济地位和作为中心城市的作用。以大中城市为中心的经济管理体制的改革，使我国大中城市的功能结构更加完善，提高了综合发展的能力。1986年，国家又进一步鼓励企业"发展横向经济联合"，以冲破部门和地区的分割与封锁，从而促进城市开放型体制形成和经济中心作用的发挥。按照"扬长避短，共同发展"的原则发展起来的跨地区、跨部门、跨行业的联合，对发挥大城市的作用具有重要意义。

（四）城市带和城市群的出现

进入20世纪90年代，我国城市之间已基本上建立起较发达的现代交通网络，既有高等级的公路，特别是一些大城市之间已建立起高速公路，又有铁路贯通和航空网络覆盖，如果再加上发达的通信系统，城市之间的经济联系和社会交往达到空前的频繁便捷。

1. 沿交通干线形成四大城市带

（1）沿海城市带。在我国1.8万公里长、50公里左右宽的沿海地区，集中了包括香港在内的16个特大城市和102个大中城市，加上小城市总数已达278个，这一地带现在和将来都是我国经济实力最雄厚、产业最为密集和对外开放程度最高的区域。

1980年开始在广东和福建的著名侨乡设立了深圳、珠海、汕头和厦门四个经济特区，实行与国内其他地方不同的特殊政策和灵活措施，对前来投资办企业的外商给予特殊的优惠和方便，国家给当地政府较多的经济

改革开放以来中国的城市化进程

活动自主权。这些特区城市发展十分迅速，特别是靠近港澳的深圳市和珠海市。两市在1982~1997年间人口规模分别从7.8万人和5.7万人达到100万人和35.6万人。

1984年国务院宣布进一步开放上海、天津、广州、大连、秦皇岛、青岛、烟台、连云港、南通、宁波、温州、湛江和北海14个沿海港口城市。这些城市在对外经济活动方面比普通城市有较多的自主权，对外商投资给予优惠待遇。为创造较好的投资环境，这些城市大多在港区附近设立了经济技术开发区。此后，这14个城市在吸收外资方面起到了重要作用。1997年，实际利用外资达1043亿美元，占全国实际利用外资额的16.19%。国内生产总值7773.9亿元，占全国的0.33%；市区人口3535.7万人，占全国城市人口的9.56%；储蓄存款余额达6376.2亿元，占全国城乡储蓄存款总额的13.78%。

(2) 长江城市带。上海至宜宾1751公里的长江沿岸地区，是我国又一条产业密集的城市带，而且是发展前景广阔的经济带。沿岸有上海、南京、武汉、重庆4个特大城市，42个大中城市，加上小城市，共有60多座，并初步形成了以上海、南京、武汉、重庆为中心的四大城市密集区。随着三峡工程的建设，长江经济带的发展速度还将进一步加快。

(3) 京广城市带。长达2300多公里的京广铁路是沟通我国南北的重要通道，沿线的京津冀地区、以郑州为中心的中原地区、以武汉为中心的长江中游地区、以长株潭为中心的湘中地区和珠江三角洲地区是我国重要的经济核心地区。铁路沿线有北京、石家庄、郑州、武汉、长沙、广州6座特大城市和大中城市20多座。

(4) 新亚欧大陆桥城市带。新亚欧大陆桥在中国境内全长4131公里，横穿东、中、西部，陇海—兰新铁路沿线有郑州、西安、兰州、乌鲁木齐等16座大城市。其中徐州、商丘、郑州、洛阳、宝鸡、兰州分别与京沪、京九、京广、焦柳、宝成、包兰等铁路干线相交或相连，正在分段建设的沿桥高速公路和由34个干、支线机场构成了沿桥的主体通道，逐步形成了淮海、中原、晋中南、关中、河西走廊、天山北坡等若干个经济区，成为我国又一条东西向的经济隆起带。

在全国性城市带迅速发展的同时，省域内城市带，如哈（尔滨）—大（庆）—齐（齐哈尔）、大（同）—太（原）—运（城）、新疆天山北坡、呼（和浩特）—包（头）—银（川）、（南）昌—九（江）工业走廊等已成为比较重要的经济发展轴线。

2. 城市群成为我国经济发展的重要支点

20世纪90年代我国城市发展的重要特点是城市群的出现，在珠江三角洲、长江三角洲、京津冀、辽中南形成了4个以特大城市为中心、大中小城市和小城镇协调发展的城镇密集区，进一步增强了区域的经济联系和整体竞争力。城市群是以中心城市为核心，由许多相互之间密切联系的城市组成的城市聚集体。城市群集中着众多的企业和庞大的城市人口，能产生出巨大的集聚经济效益，是国民经济迅速发展、现代化水平不断提高的标志之一。

（1）"长三角"城市群。长三角城市群有16座大城市和特大城市。上海、南京、杭州三个特大城市呈三足鼎立之势，构成长三角城市群的三大核心，几十座大中城市沿沪宁、沪杭以及杭甬交通干线密集分布，仅310公里的沪宁线上分布着5座大城市，彼此平均间隔距离为60公里左右。该地区已形成我国最发达的立体式交通网络，作为我国南北大动脉之一的京沪线和东西大动脉的长江贯穿其中，浙赣线将其与中国南大门相连，沪宁、沪杭甬高速公路大大缩短了城市之间的时间距离。上海港、北仑港已开通国际航运；上海、南京和杭州三大国际机场与世界五大洲建立了广泛的联系。

（2）"珠三角"城市群。珠三角城市群共有25座城市，城镇密度为每万平方公里100个，城镇平均间距不到10公里。以香港、广州、深圳为核心，包括东莞、佛山、中山、江门、肇庆、珠海等大中城市。该区域是我国机场密度最高，国际机场最多的区域，4万多平方公里的范围建有7座机场；公路、铁路、水运、海运四通八达，广深高速公路已建成投入使用；分布着大亚湾、大鹏湾、香港、妈湾—赤湾、高栏、盐田港等天然深水良港。香港是国际金融贸易中心，广州已发展成为我国南方最大的中心城市，深圳挟经济特区优势实力和规模迅速增强。这三大城市对珠江三角洲的经济发展起到主导作用，再加上东莞、佛山、珠海等城市的崛起，使珠江三角洲成为中国经济最发达的地区。

（3）京津冀城市群。京津冀城市群以北京、天津为核心，逐步形成京津、石家庄、唐山、廊坊、秦皇岛、承德、张家口、保定、沧州等城市组成的城镇密集区。北京是中国的首都，中国的政治、科学和文化中心，经济实力仅次于上海；天津是华北最大的港口工商业城市，是中国北方地区的经济中心。该地区共有城市30多座，是中国交通最发达的地区，铁路干线四通八达，京津塘、京深、京唐、京沪、京张高速公路像一条条血管将上述城市连在一起，京承高速公路即将贯通，有天津港、唐山港、秦皇岛港、黄骅港四个港口，这些都为该地区经济的快速发展创造了条件。

（4）辽中南城市群。辽中南城市群以沈阳、大连为中心，已形成沈阳、大连、抚顺、鞍山、本溪、辽阳、营口、丹东、盘锦等城市组成的城镇密集区。该地区城市高度密集，大城市所占比例最高。沈阳是东北和内蒙古东部的经济中心、交通和信息中心，全国最大的综合性重工业基地。大连是东北地区最大的港口城市和对外贸易口岸，是东北亚地区的国际航运中心。近年来，沈阳、大连充分发挥了大城市在经济、科技等方面的优势，进一步带动了中小城市和小城镇的发展，逐步形成了以沈阳、大连为中心，以长大、沈丹、沈山、沈吉和沈承五条交通干道为发展轴线的城镇分布体系，提高了区域城市化水平。

除了上述四大城市群之外，在山东半岛、闽东南、长江中游、中原、川渝、关中、湘中、江淮等经济较为发达的地区也分别出现了较为密集的城市，有希望成为新的规模较大的城市群。

四、中国城市化展望

城市化水平的高低和发展速度的快慢，最终取决于社会经济的发展。根据国际城市化的规律性，当城市化水平超过30%以后，城市化进程将进入加速发展的时期。因此，21世纪，我国的城市化将会更快发展，并逐渐缩小我国同世界平均水平的差距，城市发展也将出现多样化的态势。

（一）我国将进入加速城市化时期

经过30年的探索和实践，我国已经成功地走出一条有中国特色的城市化道路，国民经济得到持续、快速、健康发展，因此，已经具备了城市化加速发展的基础和条件。

1. 国民经济的平稳发展将有力地推动城市化进程

中共十五大报告明确提出了在 2010 年我国国民生产总值将比 2000 年翻一番的宏伟目标。21 世纪初，我国国民经济将步入平稳发展的阶段，这无疑为城市化的加速奠定了坚实的基础。

2. 改革的深入为城市化加速发展提供了巨大的空间

随着改革的深入，长期的城乡隔离的二元结构将会改变，现行的户籍制度将根本改革，影响城市化进程的重要因素将基本消除，过去在一定程度上被压抑的城市化潜能将得到释放。城市化同工业化、城市化同经济增长的关系将渐趋协调，城市在内涵发展壮大的同时，在外延上的扩张将形成城市化的主要趋势，特别是多数中等城市和小城市，随着基础设施的不断完善，经济实力和素质的增强和提高，对城市化将形成明显的扩张性推动。大城市和特大城市也将由于户籍制度的松动、社会经济规模的快速扩大，人口增长速度也会加快。此外，大城市的辐射作用，对中小城市的形成与发展会起到很大的推动作用。

3. 城市化发展规律表明我国将进入快速城市化阶段

根据发达国家走过的城市化道路来分析，城市化的发展从起步开始大体上可以划分为早期、中期和成熟期三个阶段；城市化水平在 10% ~ 30% 之间为早期阶段，城市化水平在 30% ~ 70% 之间为中期阶段，城市化水平在 70% 以上为成熟期阶段。城市化中期阶段所耗用的时间，一般比早期阶段所耗用的时间少，如英国在城市化中期所耗用的时间比早期阶段少一半，也就是说，在城市化的中期阶段将是加速发展的时期。我国的城市化水平已超过 30%，可以预料，我国的城市化水平将进一步加快。

（二）中国城市化水平的预测

城市化水平决定于经济社会发展的程度和人口城市化的各项政策，但城市化本身也具有巨大的惯性作用。根据中国的经济社会发展状况和城市化的发展趋势，许多专家进行了预测。据有关专家预测，进入 21 世纪，中国的城市化水平每年可增长1个百分点，高于1949~1997年的平均发展速度，也高于1979~1999年的平均发展速度。

到2020年，我国的城市化水平将超过60%，全国的总人口为14.76亿，市镇总人口将达到8.86亿。

城市化不仅仅是社会分工和经济发展的结果，而且也是文化扩散和融合交替发展的过程，因此，影响城市化的因素是众多的，其中有经济因素，还有自然、历史以及人文等因素，要把所有的因素都考虑其中，做出令人信服和十分精确的预测，几乎是不可能的。根据事物发展的历史趋势，综合考虑影响事物发展的重要因素，做出相对的大致的预测，是有一定意义的。

（三）中国城市发展的基本趋势

随着城市化进程的加快，城市的发展模式和功能作用将出现一些新的变化，这是因为经济全球化的大趋势和世界范围内的经济社会可持续发展战略将对城市发展带来巨大影响。因此，未来中国城市将向国际化、连绵化、生态化、现代化的方向发展。

1. 国际化

国际化大都市是世界经济发展的产物，早在19世纪初，伦敦已成为国际性的城市，近30年来，由于生产力与国际分工的进一步发展，建设国际性城市已成为世界各国大城市发展的趋势。一些发展中国家包括中国在内也迅速加入国际经济大循环；一些大的跨国公司纷纷在各国设立分支机构；国际金融业务不断扩大，促进了各国金融体系的国际化；现代化交通和通信使空间概念大大改变，为国际化都市的发展提供了物质保障。

中国的一些城市已具备建设国际化大都市的基本条件，北京、上海、天津、广州、重庆、大连、武汉、沈阳、南京、西安、成都等城市将率先进入国际化大都市的行列，2030年，将有更多的城市成为国际性城市。

2. 连绵化

城市连绵化是指一个区域内中心城市规模的迅速扩大和城市数量迅速增加，从而形成城市密集区的过程。近40年来，城市带和城市群的发展已从发达国家的北美、西欧等地区扩展到一些发展中国家，成为包括中国在内的世界各国城市密集地区发展的一个共同趋势。我国的主要城市集聚区——长江三角洲、珠江三角洲、京津冀、辽中南地区等已形成了城市连绵化的基本框架，其内部发达的交通通信网络、城市间密切的经济联系、优越的地理区位、集中的智力资源、一定规模的高新技术产业，使这些地区将迅速实现连绵化。

3. 生态化

城市自身发展孕育了城市现代文明，促进了经济文化和科技的发展，并改变了人们的传统生活观念。与此同时，也造成空气污染、噪音污染、交通拥挤、用地用水短缺等一系列环境问题。20世纪中后期，发达国家开始重视城市环境问题，遏止了随着城市规模的扩大而环境日趋恶化的势头。中国正处于城市化快速发展时期，势必吸取发达国家的教训，防止"大城市病"的出现，保护城市的生态环境，提高城市自然和环境的承载能力，真正实现可持续发展的目标，城市生态化将是未来大中城市发展的必然趋势。

首先，城市生态化是指随着城市规模的扩大和数量的增长，不但不使生态环境恶化，而且使生态环境更适宜人们的工作和生活。增加城市绿地，发展城市人工森林，提高绿化覆盖率将是实现城市生态化的首要措施。其次，在城市与城市之间或多个城市之间的中心腹地，设立生态走廊和生态保护区。再次，减少污染源、兴办污染小的公共交通设施，并积极推行垃圾无害化处理。最后，对工业废水、废气、废渣的集中处理等，将成为城市可持续发展战略的核心内容。

4. 现代化

城市化本身意味着现代化。产业现代化、基础设施现代化和人民生活现代化是城市现代化的基本内容。迅速发展的第三产业将迅速取代第二产业成为城市的主导产业。科技进步将是发展中国家的城市超越其经济、技术鸿沟，追赶发达国家城市的动力与源泉，依靠科技进步来改造城市，调整与优化产业结构，发展高新技术和资本密集型产业，推动城市转型与升级，是我国城市增强国际竞争力和实现现代化目标的关键。科技的进步、

改革开放以来中国的城市化进程

信息产业的发展，将改变传统的产业模式与管理模式，使城市经济从倚重自然资源和制造业转向倚重高新技术、信息资源和服务业。以交通通信和能源供应为基础的高效能的城市基础设施是城市发展及其现代化的物质基础。只有实现了城市基础设施的现代化，才能实现城市现代化。未来的城市规划和建设，将加快城市基础设施网络一体化建设，协调市域、市际基础设施的衔接，形成未来城乡一体化的公共客运体系和公共电信网络，大大增强城市辐射与吸引能力，并建设适应国际化需要的航空港、海港以及与之配套的高效、便捷、安全的区域交通网络。人民生活的现代化是城市现代化的本质，通过生态城市建设，人民将生活在舒适的环境里，城市将充实各种公共文化设施，以满足城市居民日益增长的精神文化需要，不断激发人们的自信心和创造力。

（本文编入叶汇主编《投资建设三十年回顾》，经济管理出版社 2009 年版）

中国特色城镇化道路的内涵和发展途径

城镇化作为人类社会现代化进程中的必由之路，各个国家都依据各自基础条件，自发或自觉地探索适合自身国情特点的发展道路。中国特定的人口规模、资源禀赋、城乡关系、区域差异以及社会经济发展的阶段性，决定了中国必须从基本国情出发，按照中国特色社会主义的根本要求，不断探索，走一条具有中国特色的城镇化道路。

一、中国国情与加快推进城镇化的重要意义

我国国土面积居世界第三位，但适合人类居住的空间有限；人口众多而素质不高；实现城镇化又面临着特定发展阶段和社会主义市场经济体制不健全等多方面因素的约束。充分认识我国的这些基本国情特点是探索中国特色城镇化道路的基础和前提。

（一）国情特点对城镇化的影响

1. 宜居土地和水资源不足，人地关系紧张

我国虽拥有960万平方公里广袤的国土，但土地资源中山地占33.3%，丘陵占9.9%，盆地占18.75%，平原仅占11.98%，适宜城镇发展的土地资源非常匮乏。通过对综合高程、年降水量、≥10℃积温、土地利用、土壤侵蚀、地形坡度、地貌等各地理因素对人类居住适宜性的影响分析，发现一类宜居土地仅占全国国土面积的19%，而且主要分布在东中部地区，又与优质农田高度重合。在这些地区既要发展农业，解决吃

饭问题，又要建设城镇，享受现代文明，人地矛盾相当突出。

受自然与人为多种因素的影响，我国的生态环境十分脆弱。国土的一大部分属于干旱和半干旱区域。西北干旱区和青藏高原区生态十分脆弱，而东部季风区因降水集中，却容易引起旱、涝、山体滑坡等自然灾害。这些地区对人类经济活动特别敏感，环境承载能力低下，极易出现生态环境退化现象。从水资源的分布看，我国水资源分布南多北少，东丰西缺，80%左右集中于长江流域及以南地区，但开发利用难度较大。目前我国城市缺水问题十分严重，尤以环渤海湾和西北地区最为突出。今后城市缺水形势会更加严峻，将从以工程型缺水为主向资源型与水质型缺水为主转变。水资源越来越成为影响城镇化道路的重要限制因素之一。

2. 人口多尤其是农村人口多，人口流动规模和空间跨度大

人口众多是我国的基本国情。2007年我国人口达到13.2亿，在占世界7.2%的国土面积上居住了占世界21%的人口。据国家人口发展战略研究课题组2007年2月公布的研究成果，21世纪中叶我国人口总量峰值将达到15亿。届时中国的城镇化水平预计将达到70%以上，总量超过10亿的城镇人口将成为全球最大的城镇人口群体，这不仅意味着空前的资源环境压力，同时也表明未来将有3亿~3.5亿的人口从农村转移到城市和城镇。

受地区发展不平衡和利益导向的影响，农村富余劳动力呈现出跨省流动，即由不发达地区向发达地区转移，从西向东流动的趋势。不仅人口流动数量大，而且由西至东的空间跨度也相当大。东南沿海地区的务工人员来自于四川、贵州、河南等中西部省份。如此规模和空间跨度的城镇化进程是人类历史上前所未有的。

3. 区域间发展水平差异较大

辽阔的地域使我国各地区在自然、经济地理和区域文化方面差异显著，经济发展水平差距较大。2006年，上海的人均GDP 7695元，北京50467元，而贵州仅为5787元，云南和甘肃也未到10000元。就城镇化而言，东部的城镇化水平远远高于中西部地区，2006年，全国平均水平为43.9%，广东为63%，辽宁为58.99%，浙江为56.5%，江苏为

51.9%，而贵州却只有27.46%，甘肃只有31.09%（见表1）。东部地区处于工业化中后期，城镇体系较为完整；西部大部分地区处于工业化、城镇化发展的初期阶段，不仅中小城市、小城镇难以得到充分发展，而且大城市发展速度也很慢。多个研究表明，随着经济全球化和信息化程度的提高，这种空间分化现象还会进一步加强。

表1　　　　不同省区的工业化及城镇化水平（2006年）　　　　单位：%

地区	二产占GDP比重	城镇化率	地区	二产占GDP比重	城镇化率
北京	27.84	84.33	河南	53.81	32.47
天津	57.08	75.73	湖北	44.39	43.80
河北	52.44	38.44	湖南	41.64	38.71
山西	57.83	43.01	广东	51.26	63.00
内蒙古	48.57	48.64	广西	38.91	34.64
辽宁	51.12	58.99	海南	27.34	46.10
吉林	44.80	52.97	重庆	42.99	46.70
黑龙江	54.38	53.50	四川	43.71	34.30
上海	48.51	88.70	贵州	42.98	27.46
江苏	56.60	51.90	云南	42.74	30.50
浙江	54.05	56.50	西藏	27.52	28.21
安徽	43.07	37.10	陕西	53.95	39.12
福建	49.17	48.00	甘肃	45.82	31.09
江西	49.69	38.68	青海	51.62	39.26
山东	57.76	46.10	宁夏	49.22	43.00
			新疆	47.92	37.94

4. 面临着发展阶段及体制机制的约束

处于工业化中期阶段是我国又一个重要的基本国情。工业化、城镇化、市场化和现代化是今后一个时期重要的发展目标。在努力发展高技术产业和知识经济，提高国际竞争力的同时，我们还必须面对每年近千万的农村人口转移所带来的就业压力问题。经过20多年的努力，我国初步建立起了社会主义市场经济体制的基本框架，市场配置资源的基础性作用不断加强，但市场经济体制仍处于发展完善阶段。同时，科学发展观作为指导今后相当一个时期经济社会发展的指南，提出的时间不长，各方面的配套工作还未完成，缺乏相应的保障机制。户籍制度（特别是附加在户口之上的社会保障制度）、土地制度、财税制度、地方政府政绩考核制度都存在着制约城镇化健康发展的因素。

综上所述，人口规模巨大，特别是需要向城镇转移的人口规模巨大，而本身的土地和水资源相对有限；处于经济社会转型和加快实现工业化、现代化的关键时期，承担着加快产业结构升级和吸纳大量人口就业的双重压力；不可能像发达国家那样通过对外大量移民减轻人口压力，也不可能像它们那样在长达百年的时间内从容地、逐个阶段地完成城镇化过程。这一切使得我国的城镇化发展面临着世界上所仅见的复杂条件和环境。

（二）中国推进城镇化进程的重要意义

城市化是促进城乡、区域协调发展的根本途径。加速农村富余劳动力向城镇地区的转移，提高我国的城市化率，是我国全面进入小康社会的必然选择。城市化进程对解决中国的人口问题至关重要。（1）城市化是解决日益严重的农村富余劳动力的唯一出路。农村经济的进一步发展和现代化进程的顺利进行，需要将滞留在农村的大量富余劳动力转移到城市的第二、三产业，摆脱目前严重失调的人口城乡分布格局对国民经济持续健康发展的制约。（2）城市化是提高总体人口素质的重要举措。城市丰富的教育资源和高效的资源利用有利于人口科学文化素质的提高。（3）城市化有利于降低人口出生率。城市人口较高的生活水平、较多的妇女就业机会、较高的教育水平，有利于改变人们的生育观念，提高孩子的养育成本，从而降低人口出生率。

城市化有利于解决生态退化问题。造成生态退化问题的根本原因主要是人类对自然资源的不合理利用。在中国西部地区，恶劣的自然环境和贫穷落后的生活方式，造成了人们对土地、草原、林地等自然资源的过度利用，加剧了生态退化。在生态脆弱区减少居住人口，依靠自然的力量恢复生态是最有效的方式。城市化为生态移民提供了条件。考虑到中国因众多的人口集中在农村地区所带来的对自然资源的过大压力，以及遍地开花的乡镇企业所造成的日趋严重的环境污染和资源浪费，城市化对中国可持续发展的重要性更为明显。随着城市化进程的不断进行和城市化率的不断提高，农村居民的数量会不断减少，农民人均收入会不断提高，对土地等自然资源的压力也随之降低，为生态退化问题的解决提供了条件。

城市化是提升中国经济发展水平的根本出路。作为一个需要迅速提高人民生活水平的发展中大国，中国需要保持持续稳定的较高经济增长率。城市作为一种伴随经济发展而出现的人类聚落形态，具有经济上的集聚功能和扩散功能，能够带动周边地区的经济发展，而且城市规模越大，功能越齐全，其辐射范围就越广。诺贝尔经济学奖获得者、美国经济学家斯蒂格利茨预言，影响未来世界经济发展的两件大事是美国的高科技发展和中国的城市化。实践表明，我国的城市化率每增加1%，就可拉动当年国内生产总值1%~2%。由此可见，城市化已经成为决定我国经济增长的关键性因素，不加快城市化进程，就难以实现农村经济的现代化，我国国民经济发展就难以跃上一个新台阶。

二、中国特色城镇化道路的基本内涵

城镇化是由农业人口占很大比重的传统农业社会，向非农业人口占多数的现代文明社会逐步转变的历史过程。人口向城镇集中或迁移的过程包含了人口、空间、经济、社会转换等多方面的内容，最终体现于现代文明和现代生活方式的传播和扩散。城镇化道路可以理解为实现城镇化这一过程的原则和方式，亦即推动城市化进程所采取的模式。它涉及城市发展与乡村发展的关系，即随着城市化推进，城市发展的同时，农村地区是否能实现农业现代化和农村繁荣；涉及人口、资源与环境的关系，即在生产和生活方式变革的同时，能否实现土地、水等资源的可持续利用和生活环境的改善；涉及对不同规模和职能城镇之间关系的处理，即不同规模和职能的城镇之间能否形成共生、互补、高效的关系，成为有机统一的整体。

从我国基本国情条件出发，总结我国城镇化的实践经验，深入贯彻落实科学发展观，遵循城镇化发展一般规律，中国特色城镇化道路的基本内涵可以概括为：与中国人口多、耕地少的基本国情相适应，以功能互补的城市群为主体形态，实现大中小城市和小城镇的合理布局与协调发展；以集约利用为导向，实现资源环境可持续发展；以城乡统筹为主线，实现与农村现代化同步发展；以区域主体功能为基础，实现适应不同区域特点的多元化发展；提高各级城市和城镇的承载能力，加快农村人口向城市和城镇的转移，按照统筹城乡、布局合理、节约土地、功能完善、以大带小的原则，形成资源节约、生态良好、经济高效、社会和谐的城镇发展新格局。

中国特色城镇化道路具有以下几个基本特点：

（一）大中小城市和小城镇协调发展，大中城市成为我国吸纳农村人口的主要载体

在城市布局上，合理布局城市群和大中小城市，形成既能适应全球化挑战，又能服务农村、农民、农业的城镇化体系网络。包括超大城市和特大城市在内的大城市，是我国参与经济全球化的主要区域，是提高我国世界产业分工体系中地位的承载体。今后需要通过大力发展高技术和知识含量的现代制造业和生产性服务业，着力提升经济的整体素质和产业结构的层次。这既是提高我国国际竞争力的必然要求，也是通过产业升级控制人口过快增长的有效手段。大中城市是我国吸纳农村人口的主要载体。大中城市绝大多数分布在交通干线上，基础设施相对比较完善，产业基础比较雄厚，服务业发展有很大的潜力，随着产业链的延伸和产业配套能力的提高，对劳动力的需求不断扩大。小城市和小城镇是城乡经济发展与交流的桥梁和纽带。随着大城市产业结构的升级和调整，小城市和小城镇应加快劳动密集型加工业和服务业的发展，从而发挥其在大量吸纳农村富余劳动力等方面的重要作用。我国目前有1.9万多个建制镇，数量众多但规模较小。按照每个县重点发展3~5个城镇估算，全国可重点建设6000~10000个有发展条件的建制镇。

（二）集约利用土地等资源，走集约型城镇化道路

宜居土地有限、水资源短缺是我国的基本国情，而中国的城镇化规模将是人类历史上空前的，如果按照传统的城镇化发展模式，将对资源环境形成巨大的压力。在未来中国城镇化发展过程中必须坚持人口、资源、环境之间相协调的原则，集约利用土地、水等资源，切实保护好生态环境和历史文化环境，走可持续发展、集约型城镇化道路，以尽可能低的物质成

本消耗和其他自然资源的高效利用，实现城镇化进程中人与自然的和谐。

（三）以城乡统筹为主线，推动城乡共同繁荣

城镇化过程中的城乡统筹就是建立城乡经济良性循环，城市特别是中小城市和小城镇要加快劳动密集型加工工业和服务业的发展，促进其对于乡村劳动力的吸纳能力。通过城镇农产品加工企业向农村地区的延伸，加快农业产业化步伐，提高农业生产率，促进农民增收。以新农村建设为依托，改善农村地区生产和生活环境。充分发挥市场机制的基础配置作用和体制创新，完善城乡之间劳动力、土地等生产要素的合理流动。

（四）因地制宜，探索适应不同区域特点的城镇化发展模式

从我国各地区发展条件和发展水平差异较大的基本国情出发，根据各地经济社会发展水平、区位特点、资源禀赋和环境基础，实施有区别的城镇化战略及相关政策措施，因地制宜地确定不同的城镇化模式和城镇发展空间形态，确定各地城镇化发展的目标，以此实现对国土空间的高效利用，把城镇化过程与重塑全国经济空间格局的过程有机结合起来。

三、中国特色城镇化道路的实现途径

中国特色城镇化道路需要依靠相关的制度建设和政策设计加以实现。

（一）切实促进人口城镇化

城镇化的本质内涵是实现人口由乡村向城镇的转移，城镇化的最终目的是要为人的全面发展创造条件，因此，城镇化的核心是人口的城镇化，城市化政策的核心也应是促进人口的城镇化。

按照"十一五"规划中提出的分类引导的原则，有两类农村人口应转变为城镇人口并享有城市人口应有的权利，一是在城市已有稳定职业的农村进城务工人员及其家属；二是因城市建设征地失去承包地的农民。对于前者，按照有关部门关于进一步深化户籍制度改革的意见，将其纳入城镇户口和享有当地居民的权利的问题并不突出。而对于后者则难度相对较

大，主要原因在于其人口数量多。据统计，我国非农建设占用耕地每年约250万~300万亩，如果按人均1亩地推算，意味着每年大约有250万~300万农民失去土地。1987~2001年，全国非农建设占用耕地共3395万亩，多数研究估计，至少3400万农民因此完全失去土地或部分失去土地。

对于这部分人口应针对不同情况，将社会保险与生活保障有机结合起来，使之成为真正意义上的城镇居民。对于失去劳动能力的人口应由征地城市政府负责实行基本保障；对于劳动年龄段人口可将其纳入城镇职工基本养老保险体系并加强就业指导和职业培训；未到劳动年龄段一次性发给征地安置补助费。近年来，一些经济发达地区和大中城市为解决失地农民的生活保障问题进行了探索，对于一些地区已取得的经验应及时加以总结和推广。此外，对于数量更加众多而只在统计意义上属于城镇人口的农民工，需要落实《国务院关于解决农民工问题的若干意见》，增加地方政府对农民工的公共管理责任和服务职能，提高其在市镇的生活质量。与此同时，增加农民在县域内的非农就业机会，引导部分农民向中小城市和小城镇转移并定居。

(二) 引导城市和城镇集约发展

我国土地综合利用程度与发达国家的城市比较，属于中高密度类型。但是在中观和微观层面看，土地的粗放利用仍很普遍。近20年来，美、英等国学者提出"精明增长"和"紧凑城市"的理论，值得我国重视和借鉴。我国也应把确定城市各种合理的建设密度作为一项重要的公共政策，在城市规划和管理方面强调紧凑、集中、高效的发展模式，充分挖掘现有城市用地的潜力，加强对现有社区的改建和对现有设施的充分利用，促进城市从外延式扩大占地规模向内涵式提高城市容积水平转变，引导城市集约化发展，形成紧凑、高效的城镇用地格局。

一是修正《城市规划建设用地标准》。参考东京、中国香港等人多地少地区的城市人均建设用地标准，适度降低我国现行的城镇综合用地总体标准，适当提高土地利用强度，并根据不同区域资源和环境的承载能力制订具体的控制标准。二是实施引导城市集约化发展的公共政策。对于盘活存量土地，加强城市土地再开发的项目给予财税和产业准入方面的支持，以从政策上鼓励走城市用地内涵式挖潜的发展道路。鼓励利用城市地下空间，如地下商场、地下停车场、地下设备间等，并大力加强地下人防工程利用，提高城市建设用地的利用率。三是推进土地市场化进程，优化配置土地资源，调整产业结构，促进老城区焕发新的活力。完善现行城镇用地制度，严格推行经营性土地使用权挂牌出让制度，形成由市场决定土地价格的机制，让价格真正反映土地的稀缺程度和成本。四是对小城市和小城镇的建设用地严格控制。小城市和小城镇由于地价低，容易出现土地粗放利用的问题。可通过规划进行控制，凡未编制规划和规划未依法批准的城市和城镇禁止非农占地，以确保全国范围内的土地集约利用。

（三）促进城市群健康发展

"十一五"规划中明确提出要以城市群作为城镇化的主体形态。城市群以经济发达的大城市为中心，通过经济集聚和扩散作用，带动周边城市和农村的发展，共同形成统一的生产和流通网络。在城市群地区，通过生产要素在城市群地区不同规模城市之间的流动和配置，促进了城乡交流和优势互补，因而城市群是一种高效配置经济资源并促进城乡统筹发展的空间组织形式。发展城市群可有效遏止相邻城市间对经济要素的激烈竞争，城市之间形成合理的功能分工，避免出现大城市过大，小城市过小的"马太效应"。目前应着力促进已初步形成的10大城市群的健康发展。一是进一步优化其空间布局。合理疏散核心城市的部分职能，引导和促进周边城市以及整个区域城镇体系空间结构的调整和优化，逐步形成合理有序的城镇空间结构。借鉴国外经验，提倡城乡相间的空间发展格局。在加强产业集聚发展形成产业和城镇密集带的同时，充分利用已有河流、林带等生态廊道以及公共绿地、防护林、自然和人工水体，构建结构完善、功能强大的生态网络，保留足够自然生态空间，提高宜居性。二是优化产业结构。加强城市群中不同规模城市、城镇之间的产业分工，增强城市群整体竞争力和可持续发展能力，形成内部结构合理、空间组织有序、资源节约、环境友好的区域产业体系。三是突破行政区界限，探讨城市群管理的体制和机制。通过建立城市群的协调机构，研究制定统一的区域政策，组织开展区域合作，形成协调对接机制，提高城市群区域的综合管理水平。

（四）逐步形成科学合理的城镇化空间格局

城镇化是落实空间开发战略布局的重要环节。我国未来区域发展和布局将按照主体功能区来组织,这就要求结合主体功能区的划分,合理组织城镇发展的空间格局。在全国城市空间布局上要以国家中心城市和区域中心城市为核心组织区域经济活动,以线串点、以点带面。在"十一五"规划纲要中明确的四条经济带（沿海、长江、陇海兰新线、京广京哈线）是我国最重要的经济发展轴线。在这四条发展轴线上分布有100座城市;所有直辖市、半数以上的省会城市、十大城市群也都分布在这四条发展轴线上。通过集中发展、集群发展、集约发展,将能吸纳和承载更多的人口,经济规模也会快速增长。通过培育具有国家战略意义和辐射带动作用的增长极,形成新的区域中心城市,带动欠发达地区的发展。对限制开发地区,采取"据点"发展模式,以做强中心城市为重点,实行"内聚外迁"的城市发展与人口政策,加快人口空间集中化进程。重点发展现有城市、县城和有条件的建制镇,成为本地区集聚经济、人口和提供公共服务的中心。对禁止开发地区,结合国家出台的就业培训、转移指导、对口支援移民、生态移民等相关政策,以多种方式大力推动人口迁出。

（五）提高城市规划建设管理水平

我国已步入城镇化快速发展阶段。今后20年,我国城镇化将持续快速发展。这一时期正是社会结构剧烈变动、利益关系深刻调整的时期,各种矛盾、问题将会在城镇得到集中反映。按照科学发展观的要求,实现我国经济社会全面、协调、可持续发展,客观上要求有效地发挥政府和市场对城镇化的调节作用,通过加强城市规划和相关政策建设,切实提高城市管理和服务水平。

为推进资源节约型城镇化发展,城市规划和城市建设要从当地地理条件出发,充分论证能源、水土资源对城市布局、功能分区及空间拓展等方面的影响,以此确定适宜的城镇规模和城市功能。明确规划实施的主体和责任,提高城市规划的科学性、权威性和约束力,城市规划要以区域发展战略和区域规划为基本依据。完善法律法规,依法加强对规划实施的监督管理,及时发现和纠正规划实施中的偏差,保证规划全面实施。通过科学规划,合理引导城市发展的规模、速度、节奏,优化产业结构和空间结构。同时,加大对于城市间和城镇间生态空间的管制,加强对生态园区和生态廊道的保护,有效发挥其在改善城市环境质量、维持生物多样性和提高城市宜居性方面的作用，形成城市发展中的生态安全格局。加强城市发展中的节能降耗工作，减少城市中废弃物排放量。加强城市在环境保护方面的基础设施建设力度，提高城市工业垃圾、生活垃圾的综合利用水平和回收处理水平。加强城市基础设施建设和管理的协调，改变目前部门分割、各自为政所带来的城市基础设施重复建设和低效运行的问题，提高城市基础设施管理和公共服务能力。

（六）进一步加快体制创新

从"十五"计划提出加快城镇化进程以来，户籍制度、土地制度、财税和投融资体制以及社会保障制度等成为促进城镇化健康发展的体制创新重点领域。适应走中国特色城镇化道路的要求，需要在上述领域加快综合配套改革的力度，以形成完整的、体系化的制度基础。

目前出现的城镇化过程中用地不集约的问题，有着深层次的制度原因；需要通过土地、财税、基础设施建设、投融资体制的综合改革加以解决，才能达到"疏""堵"结合、标本兼治的目的。在目前采取的严格控制土地的措施、规范土地出让金收支管理以及落实建设用地税费政策等"治标"政策的基础上，需要深化农村集体土地的产权改革这项"治本"的制度改革，使农村土地和城市土地产权制度尽快并轨，实现同地、同权和同价。同时，按照有利于实现人口城镇化的原则，完善城市政府财税体制；通过征收财产税等方式，使城市依靠改变居住环境、吸引人口和提升物产价值增加税收，改变目前城市财税主要来源于工业企业的状况。在此基础上，改革现行财政政策，允许城市政府通过发行市政债券等手段，扩大城镇基础设施建设的资金来源渠道。

在户籍制度改革方面，抓紧研究建立有序的准入制，进一步降低门槛，完善公安部颁布的以具有合法固定住所为基本条件的户口迁移条件准入制，允许符合具有可靠职业和稳定收入的外来人口在经常居住地落户，引导流动人口融入当地社会。鼓励家庭移民，家庭中凡有一人在城镇有固定职业者，允许其家庭成员落户。

在住房制度方面，多层面完善外来人口的住房保障制度。制订解决外来务工人员住房问题的长期政策。参照城市住房公积金制度，制订并实行外来务工人员住房公积金制度；对建立公积金账户的外来务工人员，允许其以公积金购房和支付房租。建设一批低标准的廉租房，向包括外来人口在内的无力购房的低收入群体出租。

在社会保障制度方面，主要是解决资金来源问题和流动人口社会保障的可转移问题。逐步创造条件，实现社保账户可以在全国范围内转移。在流动人员个人养老保险账户的可转移问题上，应加快在农民工输入和输出大省之间进行养老保险关系转移的对接试点工作，在取得经验的基础上向全国推广。除农村人口流入的城市政府增加投入外，对于目前在一些地区出现的"双放弃"（放弃承包权和宅基地）换社保的做法，进行总结和研究，在完善测算标准和程序的基础上，在全国推行宅基地、承包地换社保的政策。

参考文献：

1. 傅崇兰、周明俊：《中国特色城市发展理论与实践》，中国社会科学出版社2003年版。

2. 高德步：《英国工业革命时期的"城市病"及其初步治理》，载《学术研究》2001年第1期。

3. "工业化与城镇化协调发展研究"课题组：《工业化与城镇化关系的经济学分析》，载《中国社会科学》2002年第2期。

4. 顾朝林等：《经济全球化与中国城市发展》，商务印书馆1999年版。

5. 宏观经济研究院课题组：《关于"十五"时期实施城市化战略的几个问题》，载《宏观经济管理》2000年第4期。

6. 肖金成等：《打造中心城市》，中国水利出版社2005年版。

7. 景普秋：《中国城镇化与工业化互动发展研究》，经济科学出版社2003年版。

8. 李善同、许绍元：《促进城市化健康发展的若干建议》，载《中国发展观察》2008年第4期。

9. 联合国人居中心：《城镇化的世界——全球人类住区报告1996》（沈建国等译），中国建筑工业出版社1999年版。

10. 林玲：《城镇化与经济发展》，湖北人民出版社1995年版。

11. 刘景华：《城市转型与英国的勃兴》，中国纺织出版社1994年版。

12. 陆大道等：《2006中国区域发展报告——城镇化进程及其空间扩张》，商务印书馆2007年版。

13. 托达罗：《第三世界的经济发展》（上），中国人民大学出版社1988年版。

14. 王娟：《从美国城镇化运动特点看我国城镇化发展道路》，载《湖北大学学报》1998 年第 1 期。

15. 王梦奎等：《中国特色城镇化道路》，中国发展出版社 2004 年版。

16. 王旭：《美国城市史》，中国社会科学出版社 2000 年版。

17. 王一鸣等：《关于加快城市化进程的若干问题研究》，载《宏观经济研究》2000 年第 2 期。

18. 王章辉、黄柯可：《欧美农村劳动力的转移与城镇化》，中国社会科学出版社 1999 年版。

19. 周一星：《中国特色的城镇化道路刍议》，载《中国地理学会 2006 年学术年会文集》，2006 年。

20. 肖金成、高国力等：《中国空间结构调整新思路》，经济科学出版社 2008 年版。

(本文原载《改革》2009 年第 7 期。本文系国家发改委宏观经济研究院《中国特色城镇化道路研究》课题报告的一部分。课题组长：肖金成，成员：史育龙、申兵、李忠、欧阳慧)

城镇化与城市可持续发展

《关于国民经济和社会发展第十一个五年规划纲要》中明确提出，"坚持大中小城市和小城镇协调发展，提高城镇综合承载能力，按照循序渐进、节约土地、集约发展、合理布局的原则，积极稳妥地推进城镇化，逐步改变城乡二元结构。"这是对几十年来城市发展战略和城市建设方针的重大突破。城镇化作为农村人口从传统分散的乡村向现代先进的城市集中的历史过程，是一种世界性的现象。城镇化关系到经济发展、社会发展，关系到人口素质的提高，城镇化还是解决"三农"问题的"钥匙"，解决"三农"问题从根本上说要靠加快城镇化进程。城镇化和城市建设存在非常密切的关系，加快城镇化进程必须重视城市可持续发展。

一、坚定不移地推进城镇化进程

城镇化是当代世界各国经济社会发展的一个主要趋势，可以说城镇化水平高低是衡量一个国家经济社会进步状况的重要标志。中国目前的城镇化水平不仅比世界发达国家低很多，而且与许多发展中国家相比也有不小的差距。长期以来，中国实行限制农村人口流入城市的政策，这是制约城镇化发展的一个重要因素。随着改革的深入，长期的城乡隔离的二元结构将会改变，现行的户籍制度将根本改革，影响城镇化进程的主要因素将基本消除，过去在一定程度上被压抑的城镇化潜能将得到释放。

城镇化同工业化，城镇化同经济增长的关系将渐趋协调，特别是多数中等城市和小城市，随着基础设施的不断完善，以及经济实力的增强和提高，对城镇化将形成明显的扩张性推动。可以认为，城镇化将是中国未来难以遏止的大趋势，也是中国可持续发展的必由之路。

作为一个人口众多、人均收入水平较低的发展中国家，人口问题始终是一个影响可持续发展进程的重要问题。城镇化进程对解决中国的人口问题至关重要。农村经济的进一步发展和现代化进程的顺利进行，需要将滞留在农村的大量剩余劳动力转移到城市的第二、第三产业，摆脱目前严重失调的人口城乡分布格局对国民经济持续发展的制约。

城市人口较高的生活水平、较多的妇女就业机会、较高的教育水平，有利于改变人们的生育观念，提高孩子的养育成本，从而能够在很大程度上降低人口出生率。城市丰富的教育资源和高效的资源利用有利于总体人口科学文化素质的提高。随着城镇化进程的不断加快和城镇化率的不断提高，农村居民的数量会不断减少，农民人均收入会不断提高，对土地等自然资源的压力也随之降低，为生态退化问题的解决提供了条件。

城镇化有利于解决乡镇企业的环境污染问题。乡镇企业是在政府实行严格的城市壁垒的情况下，广大农民为摆脱落后状况而采取的一种工业化实现形式。市场竞争的日趋激烈，加之乡镇企业自身规模小、设备技术落后、资源利用率低、环境污染严重等缺陷，使乡镇企业遇到了前所未有的发展困难。随着城市进入门槛的不断降低和政府对乡镇企业环境污染问题的日益重视，乡镇企业的重新整合已被提到了议事日程。城镇化战略的实施，为乡镇企业向城镇集中提供了机遇，为解决乡镇企业的环境污染问题提供了条件。

作为一个需要迅速提高人民生活水平的发展中大国，中国需要保持持续稳定的较高经济增长率。城市作为一种伴随经济发展而出现的人类聚落形态，具有经济上的集聚功能和扩散功能，能够带动周围地区的经济发展，而且城市规模越大，功能越齐全，其辐射范围就越广。诺贝尔经济学奖获得者、美国经济学家斯蒂格利茨预言，影响未来世界经济发展的两件大事是美国的高科技发展和中国的城镇化。实践表明，中国的城镇化率每增加1%，就可拉动当年国内生产总值增长1%~2%。由此可见，城镇化已经成为决定中国经济增长的关键性因素，不加快城镇化进程，就难以实现农村经济的现代化，中国国民经济发展就难以跃上一个新台阶。

二、加快中心城市建设和小城镇建设

我国要提高城镇化水平，要在 20~30 年的时间，超过世界平均水平。20 年后我国将成为一个初等的发达国家，或者说是比较高级的发展中国家，城镇化水平也要在世界平均水平之上，有可能达到或超过 65%。这就是说，20 年时间，城镇化水平要提高 20 个百分点，大约有 3 亿人要从农村进入城市和城镇。如何让进城农民进得来、住得下、活得好，是需要探索的重大课题。为此，要在户籍制度、社会保障制度、农村土地制度等方面进行研究、试验并提出可行的方案。

中国城市数量已达到 660 个，但从城市规模类型来看，城市规模明显偏小。100 万人以上的大城市有 40 多个，占城市总数的 6% 左右；50 万~100 万人的城市有 60 多个，占城市总数的 8% 左右；20 万~50 万人的城市和 20 万人以下的小城市占城市总数的比重分别高达 30% 和 50%。城市规模偏小，不仅城市的规模效应和城市对周围腹地经济的带动作用难以发挥，而且会造成土地等自然资源的浪费和环境污染的加重并难以治理。

城镇化不等于城市建设，但是城镇化和城市建设有密切的关系。推进城镇化，必须要建设城市，发展城市，并把发展区域性中心城市放到十分重要的位置。所谓区域性中心城市，就是具有带动性和辐射力，能够带动周边区域尤其是农村区域的发展的城市。中央提出"工业反哺农业，城市带动农村"的方针是非常正确的。但发挥带动性，要具有带动力，也就是说自身要有实力，要具有一定的规模。城市自身不具有比较大的实力和规模，不仅带动不了农村，自身的中心地位也会受到威胁，也可能被边缘化。扩大规模和增强实力，首要的任务是集聚产业。城市是产业的载体，产业是城市的支撑。没有产业的集中和发展，城市就没有活力，就不能获得可持续发展。而要集聚产业，就要创造集聚产业的条件。优化发展环境，发挥自身优势，扩大开放，招商引资。

城市既是生产中心，也是消费中心；既是第二产业发展的集中地，也是为城市自身和周围腹地服务的第三产业发展的集中地；城市和城镇都是一个区域的中心。特大城市，多是直辖市和省会城市，是跨区域的中心，甚至是国际化的大都市；地级市或者中等城市一般是一个区域的中心；一个小城镇是几个乡所辖农村的中心。应该把各种不同等级的城市作为区域中心来看待，那么城市的发展才能够良性化。城市的发展有自己的规律。要研究合理的城市体系，要形成多大的规模、多大的区域，都需要进行论证和深入研究，在研究论证的基础上，进行城市规划。城市发展应根据自身条件进行规划，注重发挥自身优势，不仅要搞城市的整体规划，而且要搞城镇体系的规划。

小城镇是连接城市和乡村的重要环节，未来将有一部分农村人口转移到小城镇来，这既是繁荣城镇经济扩大城镇规模的难得机遇，又可以解决因农民支配的资源少而难以靠农业致富的问题。因此，政府应引导产业和人口到有条件的建制镇聚集，为进入城镇的农民解决好住房、子女就学和社会保障问题，要消除不利于城镇化发展的体制和政策障碍，引导农村劳动力合理有序流动。既要完善城镇的基础设施建设，又要解决农村农民显著减少之后所带来的居住分散、公益设施短缺、管理成本高及治安问题。小城镇位于分散的乡村和高度集中的城市中间，它既是农村区域性的经济贸易文化中心，又是城镇体系的基础层次，填补了城市地区和乡村地区的空间断层，使城、镇、乡社区联成网络，作为网络的连接点，城镇是农业、农村、农民与城市和市场连接的重要中转站。面对城镇化发展的必然趋势，城镇规划要超前，城镇建设要重视，城镇管理要加强。要以主导产业支撑城镇，以乡镇企业夯实城镇，以市场建设激活城镇，以产业结构调整提升城镇，尽快使城镇成为农村第二和第三产业的集中地、农村剩余劳动力的转移地、农村商品和生产要素的集散地。

三、加快城镇化和城市可持续发展的政策建议

城镇化进程不只表现为城市人口比例的提高，它还是社会资源空间配置优化的过程，它将带来城市体系的发展和城市分布格局的转变。城市体系的发展意味着将有更多的中、小城市发展起来，构成一个比例更为协调的城市体系。这两个方面的变化将使我国经济实现资源配置合理化，并有利于产业布局合理化和产业结构高级化。从某种程度上说，城市的发展过

程就是经济资源在不同地区之间的转移过程。

摒弃二元户籍制度,为进城农民提供公平的就业和生活环境。首先,打破城乡分割的户籍制度,农民在城市务工、就学、居住、医疗等方面应享受和城市居民同等的权利。把中国公民分为城市居民和农村居民的户籍制度,曾经起过社会稳定器的作用。自从国家允许农民进城务工以来,这种作用已被削弱甚至完全消失了。但在众多的城市中,有着农民身份的人仍然受到多种歧视,如收取各种费用、就业方面的限制、子女入学的限制等,户籍制度越来越成为劳动力资源合理配置的障碍。"农民工"的存在,既表明进城务工农民长期备受歧视,也表明中国城镇化过程的不彻底性,其根源仍在于二元户籍制度的存在。应实行出生地、居住地、职业登记制度,对居住地可以分为永久居住、长期居住和暂时居住三种方式,按照区域进行登记和管理。其次,将社会保障制度与农村土地制度改革结合起来。目前,农民的土地具有双重功能,一是生产资料功能,二是社会保障功能。因此,在农民的土地被征用的同时,必须解决农民的社会保障问题。在解决进城农民的社会保障之前,不要急于要求农民交出土地。再次,繁荣小城镇经济。通过完善功能,集聚人口,引导乡镇企业向城镇集中。要以农产品加工业和农村服务业为重点,在小城镇形成符合当地特点的支柱产业。最后,形成促进小城镇健康发展的机制。除了政府要加大投入之外,应在政府引导下主要通过发挥市场机制的作用,引导社会资金投入小城镇开发。城镇化不能简单地归结为修几条马路,盖几栋楼房,城镇化过程实际上是农村和城镇经济全面发展的过程。只是就城镇建设抓城镇建设,虽然想出各种办法修路建房,但由于经济实力不强,缺少产业支撑,最终会导致发展后劲不足,还没有兴旺就可能显示出衰落的迹象。

四、转变政府职能,加强城市管理

在市场经济条件下,市场应该在资源配置中发挥基础性调节作用,城市的发展也不例外。因此,必须转变政府职能,充分发挥市场在城市发展中对资源的基础性调节作用。政府在城市建设中的职能应该由直接参与经济资源的配置转变为为经济资源的高效配置创造条件。但强调市场在城市发展中的重要作用，并不意味着削弱政府的管理职能。城市发展过程中的政策性事务和公共性事务离不开政府的直接参与，表现为以下几个方面：第一，环境管理。环境污染一直是困扰城市尤其是大城市发展的一个重要问题，这一问题具有极强的外部性，需要政府利用经济手段、法律手段、行政手段加强管理和控制。第二，市政建设。道路、绿地等城市基础设施具有较强的公共品性质，政府应当承担起这类基础设施的建设任务。对自来水、煤气等公共品性质不强的基础设施，政府可以通过经营权的转让，由包括民间投资者和外商在内的各类经济主体建设经营。第三，产业结构调整。城市产业结构的形成尽管主要是各类经济主体自主投资行为的结果，但在宏观上需要政府加强调控。城市政府通过缜密、科学的产业规划，通过出台有利于实现城市产业规划的优惠政策和进行与产业规划有关的基础设施投资，对各类经济主体的投资行为发挥政策导向和投资导向的作用。城市第三产业的发展，离不开实力日益增强的民间经济主体的参与。目前，文化教育、医疗卫生等领域对民间投资还存有较多的进入壁垒，对民间投资开放这些领域，有利于加快城市发展的步伐和城市产业结构的调整。

五、加强城市基础设施建设，增强城市的承载能力

　　城市基础设施落后是影响城镇化进程的重要制约因素。由于长期实行计划经济体制，中国的工业化和城镇化畸形发展，城市基础设施特别是社会性基础设施严重被忽视，城市基础设施投资欠账严重；而且规模越大、经济发展水平越高的城市，基础设施滞后就越严重，乘车拥挤、道路堵塞在特大城市中相当普遍，中小城市的供电、供水、供气、排水等设施多数不能满足需要。一大批小城镇中无供水设施，排水设施也很落后。城市基础设施是城市生产、生活最基本的载体，也是城市经济体系中重要的产业部门，对于城市经济增长具有重要的促进作用。城市基础设施包括能源系统、水源与给排水系统、交通运输系统、邮电通讯系统、生态环境保护系统和防灾系统，还包括文化、教育、科学、卫生等部门，如此种种，与城市人民生活息息相关，是城市赖以生存和发展的物质基础。因此，加大力

度完善城市基础设施,不仅能够提高城市人民的生产和生活质量,还能够吸纳更多的劳动力,使更多的农村富余劳动力在城市找到适合他们的比较稳定的工作。近年来,一些城市搞了超越实际需要的"政绩工程"或"面子工程",但并不能因此认为城市基础设施薄弱的问题已经解决了。城市基础设施的滞后和供求矛盾仍很突出。在相当长时期内,城市基础设施仍是政府投资的重点领域。

城市基础设施的投资体制改革是一个关键环节。从投资主体看,应实现投资主体的多元化。对带有自然垄断性的公共商品生产部门,应由企业投资经营或实行企业化经营,政府只进行监管和给予定额性补贴。在市场经济体制下,必须使城市基础设施建设行业转变机制,按经济规律办事,使之变成有效率的企业部门。国家必须下决心进行相关的公用事业价格与收费改革,保证价格、收费与成本基本相符,保证企业有自我积累、自我发展的能力。从投资来源看,必须广辟资金渠道。从经营方式来看,对于可以市场化、企业化经营的部门,应该与政府脱钩,建立以市场为导向、自负盈亏的企业化经营机制。

六、为低收入者建设"廉租房",停止建设"经济适用房"

目前的住房制度改革的重点是让城市居民购买已在居住的住房,由于给予了很多优惠,不是名副其实的商品,难以进入流通市场。为低收入者建造经济适用房的措施在实践中已经异化,因为低收入者是没有能力购买住房的。在现阶段,在大中城市,应建立廉租房制度,即政府为低收入居民建设小户型、低租金的住宅,或收购一批房改过程中出售的户型较小的住房租给低收入者。为了方便外地人来城市务工、经商、求学,应动员房地产商兴建一批供外地人租用的公寓楼。从加速城镇化进程出发,政府应鼓励住房多的人将多余住房售出或转租给别人,增加城市住房的供给,为进城务工、经商、求学的人提供租房的来源。

(本文原载《中国金融》2007年第7期)

中国特色城镇化道路与农民工问题

以科学发展观为指导，探索中国特色城镇化道路，对于促进国民经济良性循环和区域社会经济协调发展，实现全面建设小康社会的伟大目标具有重大现实意义。中国特定的人口规模、城乡关系、区域差异以及庞大的农民工群体，决定了中国必须从基本国情出发，按照中国特色社会主义道路的根本要求，走一条具有中国特色的城镇化道路，不断探索实现中国特色城镇化的途径。在国际金融危机的影响下，东南沿海地区吸纳农民工的能力有所下降，但农民工能否大量回到农村，农村能否重新吸纳他们，值得深入考虑。

一、国情特点对城镇化的影响

我国面积博大但适合人类居住的空间有限，人口众多而素质不高，实现城镇化又面临着特定发展阶段和社会主义市场经济体制不健全等多方面约束，充分认识我国的这些基本国情特点是探索中国特色城镇化道路的基础和前提。

1. 宜居土地和水资源不足，人地关系紧张

我国虽拥有960万平方公里广袤的国土，但土地资源中山地占33.3%，丘陵占9.9%，盆地占18.75%，平原仅占11.98%，适宜城镇发展的土地资源非常匮乏。通过对综合高程、年降水量、≥10℃积温、土地利用、土壤侵蚀、地形坡度、地貌等各地理因素对人类居住地适宜性的影响分析，发现一类宜居土地仅占全国国土面积的19%。而且主要分布在东中部地区，与优质农田高度重合。在这些地区既要发展农业，解决吃饭问题，又要建设城镇，享受现代文明，人地矛盾相当突出。

受自然与人为多种因素的影响，我国的生态环境十分脆弱，国土的一大部分属于干旱和半干旱区域，西北干旱区和青藏高原区生态十分脆弱，而东部季风区因降水集中，却容易引起旱、涝、山体滑坡等自然灾害。这些地区对人类经济活动特别敏感，环境承载能力低下，极易出现生态环境退化现象。从水资源的分布看，我国水资源分布南多北少，东丰西缺，80%左右集中于长江流域及以南地区，但开发利用难度较大。目前我国城市缺水问题十分严重，尤以环渤海湾和西北地区最为突出。今后城市缺水形势会更加严峻，将从以工程型缺水为主向资源型与水质型缺水为主转变。水资源越来越成为影响城镇化道路的重要限制因素之一。

2. 人口多尤其是农村人口多，人口流动规模和空间跨度大

人口众多是我国的基本国情。2007年我国人口达到13.2亿，在占世界7.2%的国土面积上居住了21%的人口。现有农村户籍人口9亿多人，虽然高达1亿多的农民工被计入城市常住人口，但未享受城市居民的待遇与福利。据国家人口发展战略研究课题组2007年2月公布的研究成果，21世纪中叶我国人口总量峰值将达到15亿。届时中国的城镇化水平预计将达到70%，总量超过10亿的城镇人口将成为全球最大的城镇人口群体，这不仅意味着空前的资源环境压力，同时也表明未来将有3亿~3.5亿的人口从农村转移到城市和城镇。

受地区发展不平衡和利益导向的影响，农村富余劳动力呈现出跨省流动，即由不发达地区向发达地区转移，从西向东流动的趋势。不仅人口流动数量大，而且由西至东的空间跨度也相当大。东南沿海地区的务工人员来自于四川、贵州、河南等中西部省份。如此规模和空间跨度的城镇化进程是人类历史上前所未有的。

3. 区域间发展水平差异较大

辽阔的地域使我国各地区在自然、经济地理和区域文化方面差异显著，经济发展水平差距较大。2006年，上海的人均GDP 57695元，北京50467元，而贵州仅为5787元，云南和甘肃也未到10000元。就城镇化

而言,东部的城镇化水平远远高于中西部地区,2006 年,全国平均水平为 43.9%,广东为 63%,辽宁为 58.99%,浙江为 56.5%,江苏为 51.9%,而贵州却只有 27.46%,甘肃只有 31.09%(见表 1)。东部地区处于工业化中后期,城镇体系较为完整;西部大部分地区处于工业化、城镇化发展的初期阶段,不仅中小城市、小城镇难以得到充分发展,而且大城市发展速度也很慢。多个研究表明,随着经济全球化和信息化程度的提高,这种空间分化现象还会进一步加强。

表 1　　　　　不同省区的工业化及城镇化水平(2006 年)　　　　单位:%

地区	二产占 GDP 比重	城镇化率	地区	二产占 GDP 比重	城镇化率
北京	27.84	84.33	河南	53.81	32.47
天津	57.08	75.73	湖北	44.39	43.80
河北	52.44	38.44	湖南	41.64	38.71
山西	57.83	43.01	广东	51.26	63.00
内蒙古	48.57	48.64	广西	38.91	34.64
辽宁	51.12	58.99	海南	27.34	46.10
吉林	44.80	52.97	重庆	42.99	46.70
黑龙江	54.38	53.50	四川	43.71	34.30
上海	48.51	88.70	贵州	42.98	27.46
江苏	56.60	51.90	云南	42.74	30.50
浙江	54.05	56.50	西藏	27.52	28.21
安徽	43.07	37.10	陕西	53.95	39.12
福建	49.17	48.00	甘肃	45.82	31.09
江西	49.69	38.68	青海	51.62	39.26
山东	57.76	46.10	宁夏	49.22	43.00
			新疆	47.92	37.94

4. 面临着发展阶段及体制机制的约束

处于工业化中期阶段是我国又一个重要的基本国情。工业化、城镇化、市场化和现代化是今后一个时期重要的发展目标。在努力发展高技术产业和知识经济,提高国际竞争力的同时,我们还必须面对每年近千万的农村人口转移所带来的就业压力问题。经过 20 多年的努力我国初步建立起了社会主义市场经济体制的基本框架，市场配置资源的基础性作用不断加强，但市场经济体制仍处于发展完善阶段。同时，科学发展观作为指导今后相当一个时期经济社会发展的指南，提出的时间不长，各方面的配套工作还未完成，缺乏相应的保障机制。户籍制度（特别是附加在户口之上的社会保障制度）、土地制度、财税制度、地方政府政绩考核制度都存在着制约城镇化健康发展的因素。

综上所述，人口规模巨大，特别是需要向城镇转移的人口规模巨大，而本身的土地和水资源相对有限；处于经济社会转型和加快实现工业化、现代化的关键时期，承担着加快产业结构升级和吸纳大量人口就业的双重压力；不可能像发达国家那样通过对外大量移民减轻人口压力，也不可能像它们那样在长达百年的时间内从容地、逐个阶段地完成城镇化过程。这一切使得我国的城镇化发展面临着世界上所仅见的复杂条件和环境。

二、中国推进城镇化进程的意义与农民工问题

城市化是促进城乡、区域协调发展的根本途径。加速农村富余劳动力向城镇地区的转移，提高我国的城市化率，是我国全面进入小康社会的必然选择。城市化进程对解决中国的人口问题至关重要。

（1）城市化是解决日益严重的农村富余劳动力的主要出路。农村经济的进一步发展和现代化进程的顺利进行，需要将滞留在农村的大量富余劳动力转移到城市的第二、三产业，摆脱目前严重失调的人口城乡分布格局对国民经济持续健康发展的制约。（2）城市化是提高总体人口素质的重要举措。城市丰富的教育资源和高效的资源利用有利于人口科学文化素质的提高。（3）城市化有利于降低人口出生率。城市人口较高的生活水平、较多的妇女就业机会、较高的教育水平，有利于改变人们的生育观念，提高孩子的养育成本，从而能够在很大程度上降低人口出生率。

城市化有利于解决生态退化问题。造成生态退化问题的根本原因主要是人类对自然资源的不合理利用。在中国西部地区，恶劣的自然环境和贫穷落后的生活方式，造成了人们对土地、草原、林地等自然资源的过度利用，加剧了生态退化。在生态脆弱区减少居住人口，依靠自然的力量恢复

生态是最有效的方式。城市化为生态移民提供了条件。考虑到中国因众多的人口集中在农村地区所带来的对自然资源的过大压力，以及遍地开花的乡镇企业所造成的日趋严重的环境污染和资源浪费，城市化对中国可持续发展的重要性更为明显。随着城市化进程的不断进行和城市化率的不断提高，农村居民的数量会不断减少，农民人均收入会不断提高，对土地等自然资源的压力也随之降低，为生态退化问题的解决提供了条件。

　　城市化是提升中国经济发展水平的根本出路。作为一个需要迅速提高人民生活水平的发展中大国，中国需要保持持续稳定的较高经济增长率。城市作为一种伴随经济发展而出现的人类聚落形态，具有经济上的集聚功能和扩散功能，能够带动周边地区的经济发展，而且城市规模越大，功能越健全，其辐射范围就越广。诺贝尔经济学奖获得者、美国经济学家斯蒂格利茨预言，影响未来世界经济发展的两件大事是美国的高科技发展和中国的城市化。实践表明，我国的城市化率每增加1%，就可拉动当年国内生产总值1%~2%。由此可见，城市化已经成为决定我国经济增长的关键性因素，不加快城市化进程，就难以实现农村经济的现代化，我国国民经济发展就难以跃上一个新台阶。

　　城镇化是由农业人口占很大比重的传统农业社会向非农业人口占多数的现代文明社会逐步转变的历史过程。人口向城镇集中或迁移的过程包含了人口、空间、经济、社会转换等多方面的内容，最终体现于现代文明和现代生活方式的传播和扩散。城镇化道路可以理解为实现城镇化这一过程的原则和方式，亦即推动城市化进程所采取的模式。它涉及城市发展与乡村发展的关系，即随着城市化推进，城市发展的同时，农村地区是否能实现农业现代化和农村繁荣；涉及人口、资源与环境的关系，即在生产和生活方式变革的同时，能否实现土地、水等资源的可持续利用和生活环境的改善；涉及对不同规模和职能城镇之间关系的处理，即不同规模和职能的城镇之间能否形成共生、互补、高效的关系，成为有机统一的整体。

　　按照"十一五"规划中提出的分类引导的原则，有两类农村人口应转变为城镇人口并享有城市人口应有的权利，一是在城市已有稳定职业的农村进城务工经商人员及他们的家属；二是因城市建设征地失去承包地的农民。对于后者，按照有关部门关于进一步深化户籍制度改革的意见，将其纳入城镇户口和享有当地居民的权利的问题并不突出。而对于前者则难度相对较大。主要在于其人口数量多，尤其是跨区域、跨省流动的人口多，已成为一个十分庞大的群体。对于数量更加众多而只在统计意义上属于城镇人口的农民工，农民工所在地政府应加强对于农民工的公共管理责任和服务职能，提高其在市镇的生活质量。

城镇化的本质内涵是实现人口由乡村向城镇的转移，城镇化的最终目的是要为人的全面发展创造条件，因此，城镇化的核心是人口的城镇化，城市化政策的核心也应是促进人口的城镇化。城镇化的基本路径是农民工的市民化，就是让进城务工经商的农民达到一定条件后成为本市的市民，而非永远地顶着农民的帽子，事实上他们中的一大部分长期生活在城市，不可能重新回到农村。他们已经是所在城市的一部分，城市也已离不开他们。宾馆、商店、街道、建筑工地、工业区和居民区到处都有他们的身影，让他们成为城市居民是再自然不过的事。

进城的农民工子女教育问题是农民工问题的一个重要方面。粗略地统计，现在大概有2400万进城务工人员的子女，或者叫农民工子女，其中有800万进了城，还有1600多万留在农村，媒体称他们为"留守儿童"。他们长期远离父母，由祖父母抚养或寄养在亲戚家里，极不利于他们的健康成长，也为老人增加了负担。子女留在老家，实属无奈之举。其根本原因是：农民工的劳动报酬过低。据了解同样辛苦的工作，农民工的工资收入普遍要比务工地社会平均工资低很多。由于劳动力供给充裕，劳动力市场竞争激烈，农民工报酬增长极为缓慢。马克思曾经分析过，工人的报酬应包括抚养和教育子女的费用。但农民工的报酬中基本上不包括这一部分，他们没有能力将子女带在身边。党中央、国务院对这件事给予了高度重视，多次召开会议讨论这个问题。提出并采取了一系列措施，如让寄宿制学校成为他们的家，让老师成为他们的父母等。但要根本解决，还是要提高农民工的报酬，使他们既有吃饭的钱，又有在城里抚养子女和教育子女的钱。农民工输入地的政府应为他们的子女教育打开方便之门。

三、农民工权益应得到充分保障，在法律制度层面加快推进改革

农民工本地化是有中国特色的城镇化道路的主要途径。今年和去年的

两会，关于农民工权益保障问题，成了代表委员们热议的话题，如何解决当前农民工面临的各种困难也成了代表热议的话题。农民工，这一城市化过程中的特殊群体，很多主流报纸都连续进行了关注。作为"两栖人"的农民工为输入地做出了不可忽视的贡献，但当地政府却不能使他们逐步融入进来，成为城市的一分子，导致城市化不彻底。他们的收入不能化为当地的消费，影响当地第三产业的发展。提高报酬，放开户籍，健全保障，促进农民工本地化，就能使"死棋"变为"活棋"。

面对国际金融危机的冲击，一部分农民工返乡，但留下来的仍是大多数。对留下来的人应按照市民的待遇完善各种保障，力求使更多的人留下来，而非让他们一走了之。龙永图在参加中国经济50人论坛2009年年会时说，中国30年改革开放最大的成就和推动力之一就是亿万农民进城，特别是内地的农民到沿海地区打工，形成了我们中国经济的比较优势。一定要下大力气把已经转移到当地的农民工变成当地的居民，他们有意愿、有技能，有的还成了技术骨干，广东等沿海地区的产业发展需要这样的蓝领工人。我们要鼓励沿海地区把一亿农民工转化为当地居民，这样中西部地区的就业压力就会减小。他说，现在有些地方政策鼓励农民工在当地创业，心是好的，农民工在深圳、东莞打工5年、10年、20年怎么好去创业呢？少部分人可以搞些小创业建个养殖场，但是要让他们搞乡镇企业，处处点火、户户冒烟是搞不成的。

企业为了躲避世界金融危机的冲击，减少用工或解雇一部分职工，都是无奈之举。但当地政府对待被解雇的农民工应像对待本地市民一样，发放失业保险金或救济金，使他们能找到新的工作。发达地区的政府财政资金仍非常充裕，拿出一部分支助农民工，既能解决农民工的生活困难，又能够扩大内需，繁荣当地经济。如果当地政府放任不管，他们回到原籍，不仅会更加困难，而且会对劳动力输出地政府带来非常大的压力，严重的话会影响社会稳定。如果他们不回原籍，也会对当地的社会稳定形成一定影响。

中国特色城镇化道路需要依靠相关的制度建设和政策设计加以实现。从"十五"计划提出加快城镇化进程以来，户籍制度、住房制度、土地制度、财税和投融资体制以及社会保障制度等成为促进城镇化健康发展的体制创新重点领域。适应走中国特色城镇化道路的要求，需要在上述领域加快综合配套改革的力度,以形成完整的、体系化的制度基础。

在户籍制度改革方面,抓紧研究建立有序的准入制,进一步放开门槛,完善公安部颁布的以具有合法固定住所为基本条件的户口迁移条件准入制,允许符合具有可靠职业和稳定收入的外来人口在经常居住地落户,引导流动人口融入当地社会。城市应该宽容、主动、创造条件去接纳农民工成为城市居民。鼓励家庭移民,家庭中凡有一人在城镇有固定职业者,允许其家庭成员落户。

在住房制度方面,应多层面完善外来人口的住房保障制度。制订解决外来务工人员住房问题的长期政策,参照城市住房公积金制度,制订并实行外来务工人员住房公积金制度,对建立公积金账户的外来务工人员允许其以公积金购房和支付房租;建设一批低标准的廉租房,向包括外来人口在内的无力购房的低收入群体出租。解决这一问题,就等于打开了农民工入城的大门。针对农民工住宿房源极其紧缺的现状,应采取多种渠道增加农民工住房的有效供应。在招用农民工较多的企业,应该充分利用自有职工宿舍或通过租赁、购置等方式筹集农民工住房房源。在符合规划的前提下,可在企业用地范围内建设农民工集体宿舍。向农民工提供的居住场所应符合住宅安全、消防标准和基本卫生要求,远离危险源和污染源。尤其是工程施工类企业提供的宿舍,应符合建筑施工现场环境与卫生标准有关规定。同时,在集中建设的农民工集体宿舍和专供农民工租用的住房,要充分考虑农民工的居住需要和生活成本,并适当配备必要的文化、体育活动等设施设备。在农民工集中的开发区和工业园区,应按照集约用地的原则,集中建设农民工集体宿舍,由用工单位承租后给农民工住,或直接租给农民工,并强调不得按商品住房出售或出租。在农民工较多的城市,政府应出资建设符合农民工特点的住房,以农民工可承受的合理租金向农民工出租。也就是说,今后各城市建设的廉租房,应把符合进城条件的农民工考虑在内。

在社会保障制度方面,主要是解决资金来源问题和流动人口社会保障的可转移问题。逐步创造条件,实现社保账户全国性可转移。在流动人员个人养老保险账户的可转移问题上应加快在农民工输入和输出大省之间进行养老保险关系转移的对接试点工作,在取得经验的基础上向全国推广。应尽快研究社会保障全国统筹问题,以使在农民工群体全面建立社会保障制度尽快成为现实。除农村人口流入的城市政府增加投入外，对于目前在一些地区出现的"双放弃"（放弃承包权和宅基地）换社保的做法，进行总结和研究，在完善测算标准和程序的基础上，在全国推行宅基地、承包地换社保的政策。

参考文献：

1. 仇保兴：《第三次城市化浪潮中的中国范例》，载《城市规划》2007年第6期。

2. 联合国人居中心：《城镇化的世界——全球人类住区报告1996》，沈建国等译，中国建筑工业出版社1999年版。

3. 陆大道：《2006中国区域发展报告——城镇化进程及其空间扩张》，商务印书馆2007年版。

4. 王梦奎：《中国特色城镇化道路》，中国发展出版社2004年版。

5. 肖金成：《打造中心城市》，中国水利出版社2005年版。

6. 傅崇兰、周明俊：《中国特色城市发展理论与实践》，中国社会科学出版社2003年版。

7. 宏观经济研究院课题组：《关于"十五"时期实施城市化战略的几个问题》，载《宏观经济管理》2000年第4期。

8. 景普秋：《中国城镇化与工业化互动发展研究》，经济科学出版社2003年版。

9. 李善同、许绍元：《促进城市化健康发展的若干建议》，载《中国发展观察》2008年第4期。

10. 肖金成、高国力：《中国空间结构调整新思路》，经济科学出版社2008年版。

（本文原载《发展研究》2009年第5期）

解决农民工问题的基本途径

城镇化的本质是实现人口由农村向城镇的转移，城镇化的最终目的是要为人的全面发展创造条件，因此，城镇化的核心是人口的城镇化，城镇化政策的核心也应是促进人口的城镇化，城镇化战略就是加快推进城镇化。解决农民工问题就是城镇化战略的一部分，正确的选择是让进城的农民工留下来，让他们的家属进城来。解决农民工问题的基本途径就是农民工市民化、农民工本地化和农民工家庭化。

一、农民工市民化

城镇化的基本路径是农民工的市民化，就是让进城务工经商的农民达到一定条件后成为本市的永久居民，而非永远地顶着"农民"的帽子，事实上他们中的一大部分长期生活在城市，不可能重新回到农村。他们已经是所在城市的一部分，城市也已离不开他们。宾馆、商店、街道、建筑工地、工业区和居民区到处都有他们的身影，让他们成为城市居民是再自然不过的事。

农民工市民化的本质是让已进城的农民工不管是在大中城市、还是小城市小城镇都能逐步享受与城市居民同等的福利待遇，享受同等的社会保障、同等的权利与义务，不再是城市的"边缘人"。所谓"化"是一个过程，是一个"改善"的过程。即不能一蹴而就，一个晚上就告完成，也不能等到22世纪。也不能只在小城市"化"，大城市就不"化"。有人认为，农民工市民化就是让农民工回到小城市和小城镇，在那里解决户籍问题、住房问题、子女教育问题和政治权利问题，实际上这是无法实现的，因为，小城市和小城镇难以解决如此多的就业和收入问题，如果能够解决，小城市和小城镇就变成大城市和中等城市了。农民工市民化的主要任务是在大中城市而不是在小城市和小城镇。

有很多人认为，农民工市民化就是解决农民工的户籍问题，户口问题一解决，其他问题就迎刃而解了。事实上，户口是一个形式，而附着在户口上的福利和保障才是基本内容。农民工市民化可从解决农民工的福利和保障入手，等到市民的福利和保障与农民工的福利和保障没有落差了，户口问题就容易解决了。

首先应该解决也最容易解决的是农民工的社会保障问题。养老保障、医疗保障、失业保障、最低生活保障等。在社会保障制度方面，主要是解决资金来源问题和流动人口社会保障的可转移问题。农民工的社会保障是农民工自己出钱为自己保障，并不需要政府出多少钱，他领到了工资，首先应缴纳一笔社会保障资金，当然，企业也缴纳一部分，实质上也是农民工的钱，只是渠道不同而已。政府只是制定制度，进行管理而已。应逐步创造条件，实现社保账户全国性可转移。在流动人员个人养老保险账户的可转移问题上应加快在农民工输入和输出大省之间进行养老保险关系转移的对接试点工作，在取得经验的基础上向全国推广。应尽快研究社会保障全国统筹问题，以使在农民工群体全面建立社会保障制度尽快成为现实。除农村人口流入地城市政府增加投入外，对于目前在一些地区出现的"双放弃"（放弃承包权和宅基地）换社保的做法，进行总结和研究，在完善测算标准和程序的基础上，在全国推行宅基地、承包地换社保的政策。

农民工的子女教育问题是城市政府不可推卸的责任。子女能够随农民工进城，说明其报酬能够支付全家人的基本支出。儿童的教育当然应是输入地政府的责任，不应该有任何的歧视。实质上这已经不是农民工的福利而是农民工子女的权益，应追究城市政府不作为的责任。

在住房方面，其伸缩性很大，要城市政府包下来也不现实，应多层面完善农民工的住房问题。制订解决外来务工人员住房的长期政策，参照城市住房公积金制度，制订并实行外来务工人员住房公积金制度，对建立公积金账户的外来务工人员允许其以公积金购房和支付房租；建设一批低标准的廉租房，向包括外来人口在内的无力购房的低收入群体出租。针对农民工住宿房源极其紧缺的现状，应采取多种渠道增加农民工住房的有效供应。在招用农民工较多的企业，应该充分利用自有职工宿舍或通过租赁、购置等方式筹集农民工住房房源。在符合规划的前提下，可在企业用地范围内建设农民工集体宿舍。向农民工提供的居住场所应符合住宅安全、消防标准和基本卫生要求，远离危险源和污染源。尤其是工程施工类企业提供的宿舍，应符合建筑施工现场环境与卫生标准有关规定。同时，在集中建设的农民工集体宿舍和专供农民工租用的住房，要充分考虑农民工的居住需要和生活成本，并适当配备必要的文化、体育设施等。在农民工较多的城市，政府应出资建设符合农民工特点的住房，以农民工可承受的合理租金向农民工出租。也就是说，今后各城市建设的廉租房，应把符合进城条件的农民工考虑在内。

在户籍制度方面，应抓紧研究建立有序的准入制，进一步降低门槛，允许符合具有可靠职业和稳定收入的外来人口在经常居住地落户，引导流动人口融入当地社会。城市应该宽容、主动、创造条件去接纳农民工成为城市居民。鼓励家庭移民，家庭中凡有一人在城镇有固定职业者，允许其家庭成员落户。户籍制度改革的长期目标是实现城乡二元户籍向城乡一元户籍制度的转变，逐步建立统一、开放的人口管理机制，尽快改变农民工身份转换滞后于职业转换的状况。成都市早在2006年就进行了尝试，放宽入户条件帮助农民工融入城市。根据成都市制定的户籍改革政策，对取得技师以上职业资格和大学专科以上学历的农民工，以及暂住满3年、拥有合法固定住所等条件的农民工本人、配偶和未成年子女，可在成都办理常住户口。但作为农民工主要输入地的东部沿海城市却鲜有这样的动作。上海市作为中国最大的城市近日在解决外地人包括农民工的户籍问题上迈开了步伐，但门槛很高，绝大多数农民工难以逾越。

二、农民工本地化

农民工本地化是有中国特色的城镇化道路的主要途径。农民工本地化指的是将农民工留在打工的地方，实现在哪儿就业就在哪儿落户，当然这还包括将其家属转化成城市居民。我国的农民工有一个显著的特点，就是超过一半的农民工不是到就近的城市去打工，而是远离家乡，到市域、省域之外去打工。一般是中部、西部地区的农民到东部沿海地区的城市和城镇去打工。在城镇化过程中,是让他们回到家乡去,还是让其就地转为城市居民,这既是一个理论问题,又是一个现实问题。像对农民工市民化概念一样,很多人包括学者对此概念是模糊的。我们认为农民工本地化就是创造条件让其尽可能地转化为当地城市居民,这是我国城镇化战略的必然要求,不管是大城市、中等城市,还是小城市、小城镇,抑或是东部的农村。

农民工本地化就是异地城镇化。1988年以后,农民跨区域流动实现向非农产业异地转移的增长数量,超过了就地转移的增长数量。国家统计局抽样调查资料显示,2003年,我国外出务工劳动力总数为11262万人,其中跨省务工经商的农民工5620万人,占外出农民工的49.9%,比1993年跨省就业的2200万人增加了3420万人。由此可见,异地城镇化已成为城镇化的主体。

从2003~2009年农民工就业在东、中、西部分布的情况来看,农民工的流向主要集中在东部地区。2008年之前的东部地区比重在70%左右(见表1)。2009年东部地区比重明显下降和中、西部地区比重的明显上升主要是因为金融危机影响程度不同所致。可以预见,未来一段时间内,农民工流动的这种区域格局不会发生大的改变。

表1　　　　　2003~2009年部分年份农民工就业的地区分布　　　　单位:%

年份	东部地区	中部地区	西部地区
2003	69.9	14.6	15.2
2006	70.1	14.8	14.9
2008	71.0	13.2	15.4
2009	62.5	17.0	20.2

资料来源:韩俊:《农民工市民化:现状、前景与路径选择》(中国发展研究基金会研究项目、中国发展报告2010——背景报告),2010年1月;国家统计局农村司:《2009年农民工监测调查报告》,2010年3月19日。

国家统计局于2011年4月29日发布第六次全国人口普查主要数据公报(第2号),东部地区占全国人口比重比10年前上升2.41个百分点。公报显示,广东省常住人口为104303132人,是全国常住人口最多的省份,占7.79%,成为我国人口数量唯一一个过亿的省份。我国另外两个

解决农民工问题的基本途径

人口大省是山东和河南，常住人口分别为95793065人和94023567人，占全国常住人口总数的比重分别为7.15%和7.02%。国家统计局局长马建堂指出，第六次全国人口普查数据有个非常明显的特点，就是沿海发达省份的常住人口占全国人口比重增加，内陆欠发达地区常住人口比重下降。这也就是说，更多的人口从内陆西部往东部发达地区迁移、流动，这是个双赢的事情。

从农民工就业的地点来看，七成以上农民工在县级以上、省级以下城市务工，尤其以地级城市所占比重最大，而且呈现出明显的上升趋势。其中：直辖市务工农民工所占比重在经历了2004年之间的上升过程之后，近年来呈现出下降趋势；省会城市务工农民工所占比重降中有升，大体保持在20%左右；地级城市近年来所占比重大体保持在35%左右的平均水平（2004年、2006年、2009年），比2000年初期（2001年、2002年、2003年）29%左右的平均水平上升了约6个百分点；县级市务工农民工比重总体上保持下降趋势，但是2009年仍然占18.5（见表2）。

表2　　　　　农民工在不同类型地区就业的分布　　　　　单位：%

地区＼年份	2009	2006	2004	2003	2002	2001
直辖市	9.1	9.4	9.6	9.5	8.4	8.2
省会城市	19.8	18.6	18.5	19.6	21.2	21.8
地级市	34.4	36.8	34.3	31.8	27.2	27.2
县级市	18.5	20.2	20.5	20.4	21.1	21
建制镇	13.8	—	11.4	11.6	12.9	13
其他	4.4	—	5.7	7.1	9.2	8.7

资料来源：国家统计局农村司：《2009年农民工监测调查报告》，2010年3月19日；盛来运、彭丽荃：《当前农民外出务工的数量、结构及特点》，引自蔡昉主编：《中国人口与劳动问题报告 No.7——人口转变的社会经济后果》，社会科学文献出版社2006年版；国家统计局农村司：《简明统计资料》，2007年8月，转引自国家发改委国土开发与地区经济研究所研究报告，http://www.sannong.gov.cn/qwfb/nmsr/200705100028.htm。

目前，20世纪70年代和80年代出生的人口已成为我国异地城镇化的主体。他们文化程度普遍高于其父辈，对工作环境和自我发展有了更高的追求，融入城市的愿望更强烈；而我国大中城市产业结构升级换代也导致人力资源需求结构出现新的变化，低素质、低技能劳动力的需求萎缩，而新兴产业、技术资金密集型产业和现代服务业对熟练技工和高素质劳动力的需求呈增长之势，进而创造新的就业空间和机会。也就是说，异地城镇化已成为新时期城镇化的主体。

农民工在输入地落户，他们的收入就能化为当地的消费，促进当地第三产业的发展。过去，农民工将工资收入汇回原籍，在老家消费和盖房子，不在打工当地消费，打工当地服务业很难发展，城市规模很难扩大。提高报酬，放开户籍，健全保障，促进农民工本地化，就能使一盘"死棋"变为"活棋"。

三、农民工家庭化

随着时代的发展，赚钱不再是农民工外出务工经商的唯一目的，在获取更多经济收入的同时，农民工开始日益注重家庭成员的团聚、子女的教育以及家庭生活水平的提高。农民工群体正在发生结构性变化，从以前男劳动力外出"独闯"逐渐演变成现在夫妻二人同时外出务工以及携子女外出流动的形式，农民工家庭化的趋势明显。举家外出、完全脱离农业生产和农村生活环境的农民工已经占到一定比例。统计资料显示，2003年以来，举家外出的农民工占外出农民工总数的比重一直保持在20%左右（见图1）。

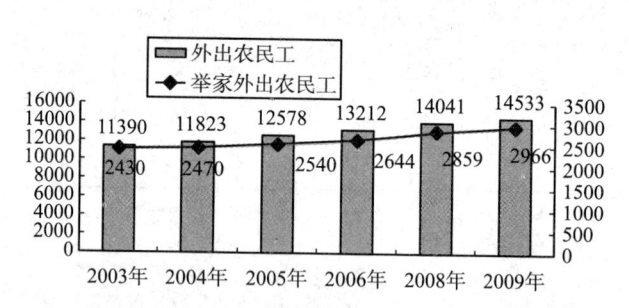

年份	外出农民工	举家外出农民工
2003年	11390	2430
2004年	11823	2470
2005年	12578	2540
2006年	13212	2644
2008年	14041	2859
2009年	14533	2966

图1 举家外出农民工规模（单位：万人）

注：2003~2006年外出农民工为到本乡镇行政管辖区域以外从业1个月及以上的人员；2008~2009年为到本乡镇行政管辖区域以外从业6个月及以上的人员，两者不完全可比，但可以反映举家外出的趋势，特别是考虑2003~2006年举家外出6个月及以上的规模比外出1个月人员的实际更低，则2008年之后规模扩大的趋势更加显著。

资料来源：2003~2005年数据来自盛来运（2008）；2006年来自中国农村调查数据；2008~2009年数据来自国家统计局农村司：《2009年农民工监测调查报告》。转引自国家发改委国土开发与地区经济研究所研究报告。

解决农民工问题的基本途径

农民工居住形态的稳定性也在不断提高,在现居住地稳定居住的持续时间逐年增加,返回户籍地老家的次数减少,融入现居住地的趋势比较明显。劳动年龄人口平均停留时间为 5.3 年,有一半的人超过 4 年,18.7%的人超过 10 年(国家人口计生委流动人口服务管理司,2010)。

农民工只身一人在城市打工,妻子和孩子留在老家农村,由此出现了很多社会问题,如留守儿童问题、留守妇女问题、留守老人问题、双重占地问题等。有人将农民工被统计为城市人口讥讽为"被城市化"或"伪城市化",不管有无理论根据,起码是不彻底的城市化,解决不好有可能出现"逆城市化"。

农民工问题已引起政府和社会各界的重视。国家"十二五"规划对"农民工"问题确定了战略与政策。即坚持因地制宜、分步推进,把有稳定劳动关系并在城镇居住一定年限的农民工及其家属逐步转为城镇居民。鼓励各地探索相关政策和办法,合理确定农业转移人口转为城镇居民的规模。对暂时不具备在城镇落户条件的农民工,要改善公共服务,加强权益保护。以流入地全日制公办中小学为主,保证农民工随迁子女平等接受义务教育,并做好与高中阶段教育的衔接。将与企业建立稳定劳动关系的农民工纳入城镇职工基本养老和医疗保险。建立农民工基本培训补贴制度,推进农民工培训资金省级统筹。多渠道多形式改善农民工居住条件,鼓励采取多种方式将符合条件的农民工纳入城镇住房保障体系。有理由相信,"十二五"期间,农民工及其家属的境遇会得到根本改善,多数农民工不再"被城市化",我国城镇化水平和质量将同步得到提高。但愿,"农民工"概念早日成为历史。

(本文原载《中国经贸导刊》2012 年第 7 期,原标题《谈谈农民工的市民化、本地化、家庭化》)。

两个转移：我国人口变化的基本趋势

《中共中央关于制定国民经济和社会发展第十一个五年规划的建议》提出：各地区要根据资源环境承载能力和发展潜力，逐步形成各具特色的区域发展格局。有条件的区域，以特大城市和大城市为龙头，通过统筹规划，形成若干个用地少、要素集聚能力强、人口分布合理的新城市群。从我国经济空间结构的现实来看，这将是我国未来人口结构变化的基本趋势。

一、人口问题：我国可持续发展面临的难题

人类社会要实现可持续发展，其实质是解决人的生存与发展问题。在人口、资源、环境与经济发展之间的关系中，人始终是一个重要的主导因素，是实现可持续发展的关键所在，特别是在我国这样一个人口基数大、结构不平衡、生态环境日趋严峻的国情状况下，人口问题就显得更为重要。不合理的人口结构，加重了社会负担，影响了人民生活水平的提高，削弱了国民经济发展的动力。（1）从空间分布结构上看，经济要素和经济产出主要集中于东部地区，并且这种趋势日趋强化，依次出现了珠三角、长三角、京津冀、闽东南、山东半岛、辽中南六大规模各异的城市群。东部地区以占全国41.6%的人口，创造了占全国约70%的GDP。东西部地区在经济发展水平和居民生活状况上存在着较大差距。（2）不合理的城乡人口分布，制约了农村经济的发展和国民经济现代化的实现。众多的人口集中在农村，一方面，加大了资源环境的压力，加剧了生态危机，严重影响了经济社会的可持续发展；另一方面，阻碍了农业现代化的

两个转移：我国人口变化的基本趋势

实现和农民收入水平的提高，限制了农村消费品市场的扩大，削弱了国内需求对国民经济增长的拉动作用。（3）人口结构老龄化趋势，给经济发展带来了不利影响。老年供养比上升，退休金支出加大，劳动人口年龄偏高影响了劳动生产率的提高，从生产和消费两个方面降低了资本积累，制约了经济的可持续发展。我国人口数量多、总体质量不高、结构不合理的现状，对我国经济社会可持续发展的影响是巨大的，分析人口问题对我国经济社会可持续发展产生的不利影响，制定有利于可持续发展的人口政策，加快解决日趋严峻的；人口问题，是坚持"以人为本"科学发展观的具体体现。因此，我国人口空间结构变化的基本趋势是实现两个基本转移：欠发达地区人口向发达地区转移，农村人口向城市和城镇转移。

二、第一个转移：努力实现欠发达地区的人口向发达地区转移

人口流动是市场经济的基本原则，我国限制人口转移的政策起源于计划经济时期。改革开放后，虽然放宽了一些限制，但至今仍局限于劳动力的流动，而未实现人口的整体转移。这既是区域差距扩大的重要原因，也是欠发达地区问题不断积攒的结果。我国人口空间分布的特点是东密西疏，人口空间流动的方向似乎应是自东往西。但是，如果考虑到我国东西部地区在生态环境、自然资源、经济发展水平、社会发展潜力、人口自然增长率等方面存在的巨大差距，则需要从地区资源承载力方面对我国东西部地区之间的人口分布特点进行重新审视。

资源承载力是在一定时期内，在保证居民一定物质生活水平的条件下，一个国家或地区的资源所能够持续供养的人口数量。或者是一个国家或地区资源的数量和质量，对该空间内人口的基本生存或发展的支撑能力。资源承载力的计算，首先确定与一定社会文化准则相符的居民物质生活水平和地区所拥有的资源状况，然后计算该地区的理论人口适度数量。根据专家研究测算得出的结论：我国西部地区相对综合资源承载力处于超载状态，而东部地区则处于富余状态，即西部地区的人口压力远远超过了东部地区。表现为人均资源占有量的降低以及由此造成的对自然资源的破坏性利用。

城镇化与区域协调发展

我国西部地区的生态环境日趋恶化已受到世界瞩目。西部地区是我国自然生态退化最为严重的地区，生态脆弱、干旱少雨、林草覆盖率低，是近年来频繁发生沙尘暴的主要发源地。西部地区日益严重的生态退化问题，不仅直接威胁到当地农业生产的可持续发展，增加了当地本已难以承受的人口压力，而且还进一步加速了生态恶化的速度，从而陷入生态恶化——人口压力增大——贫困人口增多——生态更加恶化的循环之中，进而对我国整体经济社会的可持续发展造成威胁。西部地区的生态退化问题突出地表现为生态的极度脆弱，意味着其较低的人口资源承载力和过高的人口压力。造成西部地区生退化的原因是：不利的自然条件和不合理的人类活动。不利的自然条件使得西部地区的生态脆弱性增强，为西部地区生态退化埋下了隐患，而不合理的人类活动则将这种生态退化的可能变为现实。研究表明，相当数量的沙尘暴天气是由不合理的人类经济活动引起的。事实上，西部地区过垦、过牧、过采等不合理的经济活动是造成生态退化的主要原因，而过度经济活动的最根本原因是贫困。从经济学角度分析，在极端贫困、自然环境恶劣、生活来源单一的情况下，农牧民的过度经济活动是符合经济人的理性原则的。因此，从降低人口压力的角度改善生态环境、发展经济，是解决西部地区农牧民的出路和生活问题，解决生态退化，实现区域协调发展的根本出路。今后，应逐步实行促进人口自西部地区向东部地区流动的政策。"十一五"期间，国家应重视发挥各区域的比较优势和特色功能，合理布局经济区域。目前，随着珠三角、长三角、京津冀、闽东南、山东半岛、辽中南这六大城市群经济的快速发展，吸纳人口的能力和潜力将继续增强。国家可采取措施推动西部地区的居民向六大城市群有序流动，依托城市群经济的发展和对人口的吸纳，减少生态脆弱地区的人口数量，从根本上解决区域差距问题和生态环境不断恶化问题。

东部地区经济活力的不断加强和固定资产投资的快速增长，为西部地区剩余劳动力到东部地区就业创造了条件。但传统计划经济体制遗留下的户籍管理制度和劳动用工制度，成为西部地区剩余劳动力实现向东部地区转移的极大障碍。因此，改革现行的户籍管理制度和劳动用工制度，是顺利推进西部地区人口向东部地区转移的先决条件。

三、第二个转移：农村人口向城市和城镇转移

加速农村人口向城镇地区的转移，提高城市化率，是我国全面进入小康社会、实现现代化的必然选择。

城市化有利于解决我国的人口问题。城市化是解决日益严重的农村剩余劳动力的唯一出路。农村经济的进一步发展和现代化进程的顺利进行，需要将滞留在农村的大量剩余劳动力转移到城市，摆脱目前严重失调的人口城乡分布格局对国民经济持续发展的制约。城市化是提高人口素质的重要举措。城市丰富的教育资源和高效的人才资源利用，有利于人口科学文化素质的提高。城市化还有利于降低人口出生率。城市人口较高的生活水平、较多的妇女就业机会、较高的教育水平，有利于改变人们的生育观念，提高孩子的养育成本，从而能够在很大程度上降低人口出生率。

城市化有利于解决农村地区的生态退化问题。造成生态退化问题的根本原因，主要是人类对自然资源的不合理利用。在我国西部地区，恶劣的自然环境和贫穷落后的生活方式，造成了人们对土地、草原、湿地、林地等自然资源的过度利用，加剧了生态退化。在生态脆弱区建立"无人区"，依靠自然的力量恢复生态，是最有效的生态恢复方式。城市化为生态移民提供了条件。随着城市化进程的快速推进和城市化率的不断提高，农村居民的数量会不断减少，农民人均收入会不断提高，对土地等自然资源的压力也随之降低，为生态退化问题的解决提供了条件。

城市化有利于解决乡镇企业的环境污染问题。乡镇企业是在政府实行严格的城市壁垒的情况下，广大农民为摆脱落后状况而采取的一种工业化实现形式。市场竞争的日趋激烈，加之乡镇企业自身规模小、设备技术落后、资源利用率低、环境污染严重等缺陷，使乡镇企业遇到了前所未有的发展困难。随着城市进入门槛的不断降低和政府对乡镇企业环境污染问题的日益重视，乡镇企业的重新整合已被提到了议事日程。城市化战略的实施，为乡镇企业向城镇集中提供了机遇，也为解决乡镇企业的环境污染问题提供了条件。

城市化是提升我国经济发展水平的根本出路。作为一个需要迅速提高

人民生活水平的发展中大国,需要保持持续稳定的较高经济增长率。而城市作为一种伴随经济发展而出现的人类聚居形态,具有经济上的集聚功能和扩散功能,能够带动周围地区的经济发展,而且城市规模越大,功能越齐全,其辐射范围就越广。实践表明,我国的城市化率每增长1个百分点,就可拉动当年GDP增长1~2个百分点。由此可见,城市化已成为决定我国经济增长的关键性因素。不加快城市化进程,就难以实现农村经济的现代化,我国国民经济发展就难以跃上一个新台阶。

《中共中央关于制定国民经济和社会发展第十一个五年规划的建议》提出:促进城镇化健康发展,坚持大中小城市和小城镇协调发展,提高城镇综合承载能力,按照循序渐进、节约土地、集约发展、合理布局的原则,积极稳妥地推进城镇化。这是对过去长期实施的抑制城市化发展方针的重大突破,预示着我国城市化快速推进的时期已到来。随着户籍制度的改革和劳动报酬的提高,我国将实现由劳动力转移向人口转移的转变,只有家庭人口的整体转移,才能真正地实现城市化。

从某种意义上说,城市的发展过程就是经济资源包括人口在不同地区之间的转移过程。在市场经济条件下,市场在资源配置中发挥基础性作用;同时,在城市发展过程中也将会发挥主导性作用。随着经济主体独立地位的加强和市场体制的日趋成熟,资源的趋利性会促使其向着具有规模经济效应的城市尤其是规模较大的城市集中,集中到一定程度后,城市作为一个经济体就会向周围地区释放能量,这就是城市对资源的集聚效应和扩散效应,这一过程就是城市的发展壮大过程。

要顺利实现农村人口的转移,关键是要在城市创造更多的就业岗位。尽管第三产业能够吸纳更多的劳动力,但第三产业的发展是建立在第二产业充分发展的基础上的。只有第二产业充分发展和人们的收入提高到一定水平后,第三产业才有条件得到快速发展。要在城市创造更多的就业岗位,就必须大力发展第二产业,特别是劳动密集型产业,而要使城市第二产业得到持续快速发展,除了积极开拓国外市场,还必须在提高农民收入的基础上,拓宽农村消费品市场。

伴随着工业化不断推进的城市化,尽管也一度产生了较为严重的城市环境问题,但对资源环境影响较大的人口问题和发展问题,需在城市化不断推进的过程中得到解决的。考虑到我国因众多的人口集中在农村地区所

两个转移：我国人口变化的基本趋势

带来的对自然资源的过大压力，以及遍地开花的乡镇企业所造成的日趋严重的环境污染和资源浪费，城市化对国家的可持续发展的重要性将更为明显。

(本文原载《宏观经济管理》2006年第4期，合作者李军培[①])

---

① 李军培，经济学博士，毕业于中国社会科学院研究生院，潍坊学院副教授。

人的城镇化：城镇化的本质含义

城镇化战略已得到社会各界的认同，但对城镇化的认识仍不是很一致，无论是政府官员还是一些学者，更多的还是对城镇化的外延很重视。他们认为城镇化就是加快城市和小城镇建设，也有人认为城镇化就是建设小城镇，还有人认为就是把农村建设成为城市。所以就有了"土地城镇化"、"农村城镇化"的概念，在实践上就出现了"圈地运动"和"造城运动"。凡此种种，均不同程度地忽视了城镇化的本质。笔者认为城镇化的本质可概括为四个字：农民进城，人的城镇化才是城镇化的本质含义。

一、城镇化的概念

城市化是一种世界性的社会经济现象，是乡村分散的人口向城市和城镇转移的过程，是人类社会发展的历史过程。城市化概念是"舶来品"，是从国外传入中国的。在国外谓之城市化，传入我国改称城镇化，因此，城镇化与城市化在概念上没有什么区别。城镇化水平用城镇化率来表示，城镇化率就是城市和城镇人口占总人口的比重。也就是说只有城镇和城镇人口的增长才能提高城镇化水平，城市占地的增加，城市范围的扩大，并不必然带来城镇化水平的提高。比较效益、聚集效益、规模效益为城镇化提供了经济动力。比较效益是建立在区域分工基础上的贸易比较优势所带来的经济利益，它是城市形成的第一源动力。集聚效益则为城市的形成提供了直接推动力，它是多样化的厂商、居民及相关组织单位得以聚集、推动城市形成并使之不断扩大的根本力量。比较效益的存在为市场交换提供了可能，于是就为另一类专业分工——商业的产生提供了条件。规模效益是城市形成的又一基本力量，规模经济的存在为人口和经济活动的地理集中提供了市场动力。企业、人口的空间集中不仅可以节约运输、洽谈等交易费用，而且可以产生诸如道路、排水系统、管理等方面的规模经济，从而降低有关社会经济活动的成本。众多具有不同偏好的居民的存在，会减少需求和生产波动给厂商造成的损失，众多的社会经济活动可以给具有不同工作能力的居民提供多种就业机会。地域上的聚集会产生互补利益，人口、企业及相关社会经济活动的空间集中，大大便利了信息交换和技术扩散，同时也刺激着新知识、新观念的产生。正是由于上述聚集规模经济效益，人口、企业不断地趋于地理上的集中，从而推动了城市的形成、发展和扩大。

城镇化是农村的推力和城市的拉力共同作用的结果。随着农业机械化的实现，农业需要的劳动力越来越少，农村富余劳动力越来越多。农民要改善自己的生活条件，提高自己的生活水平，必然从农业之外寻找出路。而工业和服务业大多聚集在城市和城镇。随着工业化的推进，对劳动力的需求越来越大，需要从农村吸纳大量的劳动力。因此，可以说，城镇化是伴随工业化和现代化发展的必然趋势。

二、农业转移人口市民化是我国当前推进城镇化的现实任务

党的十八大报告提出：加快改革户籍制度，有序推进农业转移人口市民化，努力实现城镇基本公共服务常住人口全覆盖。所谓农业转移人口就是"农民工"。这一称谓，在民间已使用了很多年，"十二五"规划纲要中，也使用了"农民工"这一概念。这一次，将"农民工"改称为农业转移人口，体现了对离开农村进城的人们的尊重。

改革开放以来，我国在制度上的最大突破除了实行承包制之外就是允许农民进城务工经商。到 2012 年底，全国农民工数量已超过 2.5 亿人，已经成为我国诸多行业中产业工人的主体力量。但举家外出的农民工数量仅有 3000 万人，其他的人不是全家进城，是一个人进城，这些农民工是城镇化的一部分，但是是不完全的一部分，因为夫妻不在一起，和孩子不

在一起，农村有很多"留守儿童"、"留守妇女"，将来还会有很多"留守父母"，带来很多社会问题，也给城镇化蒙上了阴影。农民工为工业化、为城市建设、为城市居民生活做出了不可估量的贡献，但并未享受与城市居民平等的社会福利和政治权益，他们没有城市户籍和社会保障。他们周而复始地在城市和农村流动，成为"两栖人"和"城市边缘人"。推进城镇化或者说提高城镇化的质量就是让农民进得来、留得下、过得好，把这三条解决了，我国的城镇化就实实在在地推进了。

党的十八大报告明确提出了农业转移人口市民化问题和城镇常住人口的公共服务均等化问题。城市常住人口既包括城市居民也包括长期在城市工作的农业转移人口。长期以来，农民虽进了城，但没有改变农民身份，没有享受市民们享受的福利和保障，没有享受或很少享受城市政府的公共服务，如子女就学、医疗保险、失业保险、养老保险等，改变户籍更是难上加难。近年来，农业转移人口受到了社会各界的关注，党中央、国务院也倍加重视，不断推出新的举措，农业转移人口的境遇得到了明显改善。

城镇化的本质含义就是将进城务工经商的农民工转化为真正的城市居民，不仅为工业化提供人力资源，而且将不断扩大市场需求，为经济增长提供新的动力。党的十八大报告明确提出了市民化、公共服务均等化全覆盖，使这一大批人看到了曙光，也将促使城乡结构调整和缩小城乡差距。

如何实现农业转移人口市民化？很多人首先考虑解决农民工户籍问题，但是户籍问题的解决确实非常难。实际上农民工的户籍不仅仅是一个户口问题，而是附着在城市户口上面的福利，这才是它的要义。户口的本质就是附着在户口本上的福利，所以笔者认为问题的关键是让农民工享受和所在城市居民同等的福利和保障。

第一是福利问题，比如说子女就学问题，比如说廉租房，其他社会福利也应和城市居民一样。第二是保障问题，有很多人认为为农民工提供保障是一个天文数字。实际上我不认为这样，因为农民工的保障是自己为自己保障，如果在进城的第一天起就缴纳他的社会保障金，比如说养老保险、医疗保险、工伤保险，都是自己和所在企业交钱，那么累积起来是自己为自己保障，但因为没有及时建立这样的社会保障制度，或曰没有建立全国统一的社会保障制度，这是一个极大的失误。第三是住房问题，这并非成为农民进城的障碍。因为买不起房子可以租房子，大房子租不起，可以租小房子，总比两地分居强，总比让老婆孩子在农村"留守"强。城市政府也应建一些廉租房面向进城农民出租，尽可能改善农民工的居住问题。这就是推进农业转移人口市民化，从解决进城农民的福利和保障开始，最后解决其户籍问题。

三、推进城镇化战略必须以人为本、城乡统筹、区域协调发展

以人为本是科学发展观的核心，更是城镇化战略的核心。全面建成小康社会是2020年的基本目标。加快农村富余劳动力向城市和城镇转移，提高我国的城镇化水平，是我国全面建成小康社会的必然选择。农业现代化的顺利推进，需要将滞留在农村的大量富余劳动力转移到城市和城镇的第二、三产业，也要有序转移一批农村人口，摆脱目前严重失调的人口城乡分布格局对国民经济持续健康发展的制约。城镇丰富的教育资源和高效的资源利用有利于人口科学文化素质的提高，也有利于减轻生态脆弱地区的压力，从而改善生态环境。

推进城镇化有利于解决长期以来难以解决的城乡居民收入差距过大的问题。我国目前农业增加值仅占1/10，但农村窝积了太多的人口，农村人口将近1/2，这是城乡差距难以缩小的根本原因。要富裕农民，必须减少农民，而减少农民的主要出路就是让农民转移出来，归根结底，我们要靠农村人口大量转移来解决农民的专业化问题和经营规模扩大问题。

推进城镇化有利于实现区域协调发展。农民工的主要来源地是河南、四川、湖南、湖北还有贵州。多数农民工是跨地区、跨省流动。现在中央非常重视农民工问题，所以在"十二五"规划里面，正式提出解决农民工的权益问题，但是难就难在这些跨省市的，比如说贵州省、四川省的农民到广东省怎么办？湖北、湖南的农民工到长三角，社会福利能不能惠及农民工，社会保障能不能惠及农民工？能不能将全家接到广东来，在广东安度晚年，这成为一个很大的难题。大城市以及东部沿海地区的政府和居民都期望年轻的农民来打工，贡献青春和活力，年老的时候再回到农

村去，一些学者也有这种想法，所以，从无让农民工全家进入城市共同生活的准备。这成为劳动力输出地和劳动力输出地的利益冲突，在认识障碍以外，存在一个利益障碍。实现区域协调发展，必须消除利益障碍。

(本文写于 2013 年 3 月 31 日，摘要发表在《解放日报》2013 年 5 月 8 日)

城镇化：钱从哪里来？人往哪里去？

推进城镇化进程成为我国缩小城乡差距和区域差距，构建扩大消费需求的长效机制的重大举措。但也有很多人担忧，就是在城镇化过程中出现的也可以说必然出现的问题如何破解，就是钱从哪里来？人往哪里去？这些问题如何破解，各地和许多学者进行了探索，提出了许多有价值有见地的办法。可以说这是绕不开躲不过的问题，笔者对此进行了思考，提出来与大家共同讨论。

一、钱从哪里来？

城镇化是农民从农村走出来进入城市务工经商，农村人口逐步减少，城市和城镇人口不断增加的过程。城市人口增加必然会带来住房需求、基础设施需求、工作岗位需求、社会保障需求。满足这些需求需要大量的资金投入，也可以说是需要巨额资金，有些人借此对城镇化战略提出质疑。

首先，分析解决住房需求所需资金问题。未来20年，进入城市的资金约有3亿人，假如按人均20平方米，需要建设住房60亿平方米，假如每平方米所需资金3000元，共需资金18万亿元，每年需资金不到1万亿元，这并不会给政府、给社会、给城乡居民带来很大的压力。这是静态地看问题，如果动态地看问题。我们发现城市居民有相当一部分有两到三套住房，如把其中一套租出去，不仅进城务工经商的农民工的住房条件将有很大改善，城市居民也可到比较可观的收入。或者可以说，未来20年，不需要再建如此多的房子。如果我们有条件建设如此多的房子，每人的居住面积可由20平方米上升至30平方米，居住条件就可大为改善。

其次，分析基础设施所需资金。有学者计算过，增加一个进城务工经商的农民需相应增加10万元的基础设施投资。3亿人需投资30万亿元，每年需投资1.5万亿。分摊到600座城市，每个城市每年投资25亿元。如果分摊到2万个城镇，每个城镇每年的投入7500万元，好像压力比较大。但仔细分析一下，进入城市的农民工，可以和原来的城市居民共走一条路，喝一个自来水厂的水，共用一条下水道和煤气管道。只有超过了设计容量之后才需要扩容或投资新建。区域经济学者曾分析并提出过，城市基础设施可以共建共享，边际投资是递减的，并不是增加一个城市居民，就需要增加等额投资。

最后，分析社会保障所需资金。农民进城务工经商，离开了家乡，离开了土地，不能再用承包地作为保障或保险。所以，从离开城市进入城市的第一天起，就应该为其建立比较完善的保障体系，养老保障、失业保障、医疗保障、最低生活保障等。没有为其建立保障体系，是政府最大的失误。我们一直把农民的二亩承包地作为进城农民的社会保障资料，一是在城市找不到工作的时候再回到农村；二是年老时回到农村养老。所以，很长时间，城市政府和农村政府都未承担起建立并完善进城农民社会保障体系的责任。事实上，建立比较完善的社会保障体系尽管数额极大，的确难度很大，但并不会给政府造成太大的资金压力。进城务工经商的农民多数是年轻人，他领到工资的一部分须缴纳养老保障金、医疗保险金、失业保险金等，企业根据国家规定也须缴纳相应数额的资金。如此看来，是进城农民和所在企业为其积累社会保障资金，不需要政府提供资金或只需要提供不足的部分，政府只是提供保障制度和进行保障基金的管理，这些资金可用来投资以保值增值，为城市建设和企业投资提供资金来源。

资金是物资的符号，只要企业能够生产出满足市场需求的产品如钢材、水泥等建筑材料，只要有充足的劳动力，我们就可以建造出满足进城农民需要的房子来。货币是市场的润滑剂，居民到银行存款，进城农民和企业将社保基金存入银行，储蓄存款便成为城市基础设施建设的资金来源，形成源源不断的现金流，便能满足城镇化的资金需求。

城镇化：钱从哪里来？人往哪里去？

二、人往哪里去？

　　随着农业机械化水平和农业技术的提高，农村富余劳动力越来越多，一大部分农民从农村走出来，是改善自身生活条件的正确选择。到什么地方去？到大城市去？还是到小城镇去？抑或到中等城市去？学者们给出了各种各样的建议，有人建议到小城镇去，故有"小城镇重点论"，有人建议到大城市去，故有"大城市重点论"，有人建议到中等城市去，故有"中等城市重点论"。

　　到小城镇去的呼声最高。小城镇的生活成本低，离农村最近。如果到离自己家附近的城镇就业，无疑是最优选择。20世纪80年代，还有人提出"离土不离乡，进厂不进城"。也就是把工厂办到农村去，其结果，浪费了土地，污染了环境，付出了巨大的代价，没有多久，绝大部分企业关闭歇业，吸纳的劳动力越来越少，事实证明这条路是走不通的。20世纪90年代，提出"小城镇，大战略"，鼓励企业在小城镇发展，吸纳了一部分劳动力。但绝大多数小城镇不通火车，不通高速公路，基础设施比较薄弱，不具有发展大工业的条件。同时，小城镇人口少，服务业链条很短，也不具有发展大商业和大物流的条件。所以，从20世纪90年代开始，小城镇吸纳的劳动力不但没有增加，还有所降低。

　　中等城市具有吸纳人口、扩大规模的巨大潜力，无疑是承接大量进城农民的主要载体，但我们发现，中等城市的数量少，由于土地指标的限制，规模扩张非常困难，产业发展既不具有小城镇成本低，也不具有大城市服务功能健全的优势，创造的就业岗位并不多。直到现在，50万~100万人的城市不到100座。中等城市多数是地级市，是所谓的区域性中心城市，由于规模不大，其对周边的辐射带动作用比较小，如中部地区的地级市，不仅数量少，而且规模小，普遍存在"小马拉大车"的状况。

　　大城市是改革开放以来发展最快的，所以吸纳进城农民最多。大城市也是户籍制度控制最严格的，20世纪80年代初期，我国的城镇建设方针的首要一条就是严格控制大城市的发展。但是，大城市越控制，发展却越快。究其原因，是因为大城市具有区位优势，基础设施健全，产业配套能力比较完善，服务链条比较容易延伸，所以，随着产业不断聚集，人口向大城市的聚集便不可遏止（见表1）。

表1　　　　　　　　　2011年不同规模城市的数量

城市规模	个数
1000万以上	5
300万~1000万	13
100万~300万	55
50万~100万	99
20万~50万	267
20万以下	218
全部	657

资料来源：《中国城市建设统计统计年鉴（2011）》。

由于我国的城镇化水平严重滞后于工业化水平，在未来的10~20年，城镇化水平的快速提高是不可避免的，所以，无论是大城市重点论还是小城镇重点论都有所偏颇，比较合理的选择是大中小城市和小城镇协调发展，积极稳妥地推进城镇化。

城镇化是一个市场化过程，农民进城不进城是他的选择，他到哪儿去也不是政府确定的。农民进大城市、小城镇、还是中等城市是他自己的决定，说到底，哪里有就业岗位他就会到哪里去。提供就业岗位有两大领域，一是工厂，哪里有工厂他就会到哪里；二是哪里有服务业他就到哪里去，服务业在哪里他就到哪里，不能说服务业在大城市，你让其到小城镇，这是做不到的。

未来，城市人口将如何分布？

1000万人以上的城市将有10个左右，承载人口一亿左右。这10个城市可能是上海、北京、天津、重庆、广州、深圳、武汉、杭州、南京、沈阳。现在上海已经超过了1000万人，北京的人口也超过了1000万。未来上海和北京很可能超过2000万人。根据现在的数据，北京的城市户籍人口（不包括农村人口）是960万，加上没有户籍的常住人口300万以上，城市人口已经超过1400万。至2020年，北京市的城镇人口会超过2000万。

城镇化：钱从哪里来？人往哪里去？

500万人左右的城市大概有20个，承载人口一亿人左右。这些城市可能是成都、西安、长沙、南昌、郑州、苏州、宁波、佛山、济南、青岛、石家庄、大连、长春、哈尔滨、南宁、兰州、温州、福州、乌鲁木齐、昆明等。这些城市有的可能超过500万人，有的可能发展到400万~500万人。

100万人左右的城市将有200个左右，承载人口2亿左右。现在的地级市的城市人口多数都将超过100万。

50万人左右的城市将有500多个，承载人口2.5亿左右。现在的城市有660个左右，除了200个超过100万人的城市，其他的都将达到50万人。一部分县城的人口也将超过50万。

未来10万人左右的城市将有1000个左右，承载的人口一亿左右。我们现在有1600多个县，其中1000个县的县城将成为10万人口左右的小城市。

现在有1.9万多个建制镇。2030年镇的数量将会减少，将保留1.7万个左右，人口数1.5万左右，承载的总人口2.55亿。现在多数建制镇的镇区人口都在5000~10000人，未来人口会有所增长，但是增长的幅度不会太大，因为建制镇的镇域人口规模多数在3万~5万之间，所以移民到镇区的人口不会太多。

这个数量加起来共10.05亿人，也就是说2030年中国城镇化水平超过70%有一定的根据。

"十二五"规划中提出：走有中国特色的城镇化道路，以大城市为依托，以中小城市为重点，逐步形成辐射作用大的城市群，促进大中小城市和小城镇协调发展，科学规划城市群内各城市功能定位和产业布局，缓解特大城市的压力，强化中小城市产业功能，增强小城镇公共服务和居住功能，推进大中小城市一体化建设和网络化发展。根据我们的研究，城市群将是城镇化的主要载体。

所谓城市群，即在一个特定地域内，分布有若干规模不等、类型各异的城市，其中有一到几个特大城市，依托便利的交通条件，城市间的经济联系越来越密切，成为一个功能互补的具有一体化趋势的城市综合体。在城市群范围内，原来单独的城市和另外的城市形成了互补关系，大城市的功能不断升级，给小城市和小城镇带来了机遇。小城市和小城镇在城市群范围内，区位劣势在弱化，而成本优势在强化。小城市之所以发展缓慢，是因为有区位劣势，产业和人口集聚不了。在城市群中，由于交通条件的改善，小城镇的区位劣势就不存在了。小城市和小城镇，各种要素成本都很低，比如零部件产业就可以在小城镇和小城市得到发展。长三角城市群、珠三角城市群中有很多小城镇集聚了很多产业，和城市群有非常密切的关系。另外，在城市群里大中小城市和小城镇有了功能分工，所以能够协调发展，而且基础设施能够共享共用。

根据城市群的定义，一个地区是否形成了城市群，需具备3个条件，第一个条件是一定要有大都市，没有大都市，都是中小城市，各自的辐射半径就很小，城市和城市之间的联系就没有那么强，功能难以互补；第二个条件，要有一定的城市数量；第三个条件，城市之间的联系不断加强，具有一体化甚至同城化的趋势。城市群不是人为圈定的，不是一个"口袋"，想装多少就装多少，而是一个历史发展过程，是城市发展到一定阶段的产物。

根据我们的研究，中国已经形成了十大城市群，即长三角城市群、珠三角城市群、京津冀城市群、辽中南城市群、山东半岛城市群、海峡西岸城市群、长江中游城市群、中原城市群、川渝城市群和关中城市群。这十大城市群的面积约占全国国土面积的11%，承载人口1/3多，GDP占全国的比重将近2/3。从这些数据，可以得出两个结论：一是城市群将是中国经济的重要支柱，十大城市群就是中国经济的十大支柱；二是区域之间的差距还很大。城市群内占全国1/3的人口享有2/3的GDP，另外2/3的人口却只有1/3的GDP，这就是区域差距的直接表现。未来要缩小区域差距，有两个途径：一个是城市群内的产业向城市群外转移，转移出来1/3；另外一个途径就是城市群外的人口转移到城市群中1/3。实际情况可能是产业向城市群之外转移，人口向城市群之内转移，不可能仅是单向流动。从难易程度来看，人口向城市群内转移成本比较低，现在很多城市群内的城市和城镇经济发展的空间还很大，所以，进城农民的主要流向是城市群。

未来还会形成六大城市群，即湘东城市群、江淮城市群、北部湾城市群、吉林中部城市群、黑龙江西南部城市群、天山北坡城市群。原来大家只听说过长株潭城市群，实际上这三个城市离得很近，实际上是一个城市

城镇化：钱从哪里来？人往哪里去？

的三个组团，它的发展会带动周边城市的发展，如益阳、衡阳、岳阳、娄底和常德，还有江西的萍乡，会形成以长株潭为核心的湘东城市群。像长沙、合肥、长春、哈尔滨、南宁、乌鲁木齐，近年来发展非常快，随着辐射半径的扩大，和周边城市的联系不断加强，城市群就有希望形成。

总之，由于我国人口众多，适宜人类生存发展的国土空间并不大，绝大多数人集中生活在东部平原地区，所以，中国的城市群不仅数量多，而且规模大。我们预测，中国将形成若干世界级城市群。现在长三角已经提出要打造世界级城市群，珠三角也提出要打造世界级城市群。未来，京津冀和山东半岛两大城市群将融合为一体，可名为京津冀鲁城市群，毫无疑问也会形成世界级城市群。这些世界级城市群将矗立在世界的东方，和美国、美加、法德、英国、日本的世界级城市群遥相辉映。

(本文摘要发表于《中国外汇》2013年第13期)

城镇化认识的"误区"

城镇化作为中国21世纪的大战略,在国家"十五计划"纲要中被正式提出来,中共"十六大"报告中提出加快城镇化进程,城镇化问题受到各级政府的重视。时至今日,实施城镇化战略,加快城镇化进程已成为全党全国的共识,但在城镇化道路的认识上以及采取的措施上还不是十分一致。从城镇化战略的提出到现在十几年来各地的做法有许多值得反思的地方。

一、"城镇化战略就是城市建设,就是城市和城镇规模的扩张"

近十年来,我国掀起了城市建设的高潮,各市纷纷建立"融资平台",圈了很多地,建了很多园区,城市和城镇的面貌发生了巨大的变化。城市规划受到前所未有的重视,规划面积动辄几十平方公里、几百平方公里。很多地方对城市建设倾注了极大的热情,尤其是县一级政府,大都提出"大拆大建出大变"的口号,都想把自己的县城尽快改变形象,把很多财力用到城镇建设上,而且标准非常高,甚至超越了大中城市的标准。许多中等城市不是完善基础设施,而是建设大广场、大马路、大办公楼,有的市的办公大楼跟宫殿一样。很多城市的基础设施并不完善,但是把大量的财力用在城市形象上去,确实是一个误区。

我们把城市规划建设得很漂亮、很美丽,城市搞得像公园一样,有的城区比公园都漂亮。毫不怀疑,城市规划院借助电脑技术可以把世界最美丽的城市搬到中国来,但这恰恰提高了城镇化的门槛,使农民很难进入到城市。我们提出加快城市建设,主要是指加强城市的基础设施建设,工业园区建设、城市道路、供水、排水、污水处理、公共交通、医院、学校等，提高城市对人口的吸纳能力和承载能力。不是说把城市建得越漂亮越好，漂亮当然大家都愿意看，但这是要花钱的、要付出高额成本，为什么一些城市的房价那么高？笔者认为这和我们把城市建设标准提高到一个不可思议的水平上有关。城镇化的本质就是农民进城。未来我们还要有几亿农村人口转移到城市和城镇。现在确实有很多农民进城务工经商，但不是全家进城，是一个人进城，农民工总数有2亿多，这些农民工是城镇化的一部分，但是是不完全的一部分，因为夫妻不在一起，和孩子不在一起，农村有很多"留守儿童"，将来还会有很多"留守父母"，这就会带来很多问题，也给城镇化蒙上了阴影。推进城镇化或者说提高城镇化的质量就是让农民进得来、留得住、活得好，把这三条解决了，我国的城镇化就实实在在地推进了。我们现在在高呼城镇化的同时，却抬高了农民进城的门槛。我国城市规划和建设确实存在"千城一面"的问题，存在"洋化美化"的问题，存在"粗放松散"的问题。中共"十八大"报告提出"生产空间集约高效、生活空间宜居适度、生态空间山清水秀"应成为城市规划建设的指导方针。城市规划和建设要注意"适度"而不能"失度"，要注重以人为本、节地节能、生态环保、安全实用、突出特色。要强化规划的约束力，加强城市公共设施建设，提高城市的承载力，预防和治理城市病。

二、"城镇化就是发展小城镇"

在城镇化战略提出之前，学者们撰文均提城市化而未提过城镇化。城市化这个概念是个舶来品，因国外没有城市和城镇之分，我国按照一定的标准分为城市和城镇，所以，将城市化的表述改为城镇化更准确，也表明城市化与城镇化在本质上没有区别。作为城镇化的本义，就是农村人口转移到城市和城镇的过程，不管转移到城市，还是转移到城镇，只要由在农村从事农业改变为在城市和城镇从事第二、三产业，均可谓之城镇化。小城镇确实是城镇化的重要载体，发展小城镇是加快我国城镇化进程的一个重要举措，或者说一个重要的途径，但是它不是唯一的途径，不是最重要的途径。一些人把城镇化和城市化对立起来，认为加快城镇化就是要发展小城镇，农村人口不要到大城市来，要到小城镇去，这样城市人可以过自己的小康生活，这种认识是十分错误的。

城镇化是一个市场化过程，农民进城不进城是他的选择，不是我们去强迫他，他到哪儿去也不是政府确定的，你说，农民应该到小城镇去，但小城镇就业岗位不多。农民进大城市、小城镇、还是中等城市是他自己的决定，哪里有就业岗位他就会到哪里去。提供就业岗位有两大领域，一是工厂，哪里有工厂他就会到哪里；二是服务业部门，哪里有服务业他就会到哪里去。不能说服务业在大城市，你让其到小城镇，这是做不到的。我们只能分析农民工的选择，要根据他们的去向做好准备，决定未来的城市规划。

现在大城市出现了人口膨胀、交通拥堵、环境恶化，不是因为主观上希望发展大城市，实际上我国一直在限制大城市的发展。我国的城市建设方针就是严格限制大城市的发展，可能正是这种限制，使大城市的规划远远落后于实际，限制建设大城市，才造成今天的局面。大城市的产业发展很快，需要劳动力，需要服务者，如果农民工不来，很多产业就发展不了，所以大城市的快速发展是一个客观的趋势，是阻挡不了的，我们只能顺应这个趋势来为其发展提供合适的平台，解决大城市发展中出现的种种问题。所以中国特色的城镇化道路就是以农民工为主体、以城市群为主要载体，大中小城市和小城镇协调发展的道路。

三、"让农民就地转化，实现农村城镇化"

20世纪80年代搞的农村工业化，大量乡镇企业在农村发展，短时间内解决了中国商品短缺的问题，但是也付出了沉重的代价，如土地粗放利用、环境污染等。只有把这些产业聚集到城镇来，或者聚集到大中小城市来，这些问题才能得到解决。一些人认为城镇化就是楼上楼下、电灯电话。只要农民安上了电灯，装上了电话，住上了小楼，即农村人过上城市人的生活就是实现了城镇化。这条路事实上是走不通的，原因是农村窝积的人口太多，农民耕种的土地太少，农业比较效益太低。住在农村的农民要达到城市的生活水平，这个成本是农民所承受不了的。根据经济学分析，产业和人口在城市集聚，各方面都是节约的，土地、能源、交通等比农村节约得多。公共设施的利用率，城市比农村要高得多，而且，城市越大，利用率越高。因此，城镇化的重要特征是产业集聚和人口的空间转移。

四、"城镇化速度越快越好"

有人认为城镇化是个好事，就想着很短时间把城镇化水平提得很高，认为城镇化速度越快越好，实际上这也是不妥的。城镇化是一个漫长的过程，之所以提城镇化是21世纪的大战略，而不是说2012年和2013年的战略，就意味着它是一个长期的过程，不是说一年两年马上就达到很高的水平。从速度来看，全世界的速度每年增长0.44个百分点，我国的速度是每年增长1个百分点左右。之所以快于世界平均增长速度，一是因为我国正处于城镇化水平快速提高的阶段（30%~70%）；二是我国长期实行逆城镇化政策，使农村窝积了太多的人口，以至于"三农"问题难以根本解决。但城镇化速度并非越快越好。更不能人为地加快增长速度，搞"拔苗助长"，一些地区想通过县改市和乡改镇来提高城镇化水平是没有意义的。有些地区鼓励农民将农村户口改为城镇户口，只是统计上的城镇化，而不是事实上的城镇化。

城镇化的动力由农村的推力、城市的拉力两种力量共同形成。所谓拉力就是承载能力和吸纳能力，现在城市的拉力到底有多大？应该说，城镇化仍存在认识上的障碍、利益上的障碍和制度上的障碍。现在农村的推力又不足了。20世纪80年代农村的推力很足，尽管我们对城镇化是抑制的，但农民主动出来了，到城市打工、到东部沿海打工，政府基本上没有做太多的工作，农民自己就去了。现在农村的推力变弱了，为什么呢？农村的状况改善了，计划生育的效果也凸显出来了，过去农民生的孩子多，三个五个，在农村没有多少事可干，就到城市了。现在呢，子女少了，有养老的原因，有当地就业扩大的原因，有农产品价格提高的原因，还有政府对农民的支持和补贴提高了，所以说无形之中农村的推力减弱了。笔者认为未来城镇化水平或城镇化速度不可能太高。全国每年提高1个百分点是合适的,因为世界各国平均水平是0.44个百分点,我们提高1个百分点已经很快了。

五、"让农民年轻时到城市打工,年老时再回到农村去"

农民工的主要来源地是贵州、四川、湖南、湖北,还有河南。多数农民工是跨地区、跨省流动。现在中央非常重视农民工问题,所以在"十二五"规划建议里面,正式提出了要解决农民工的权益问题,但是难就难在这些跨省市的,比如说贵州省、四川省的农民到广东省怎么办?社会福利能不能惠及农民工,社会保障能不能惠及农民工?能不能将全家接到广东来,在广东安度晚年,这成为一个很大的难题。大城市以及东部沿海地区的政府和居民都期望年轻的农民来打工,贡献青春和活力,年老的时候再回到农村去,一些学者也有这种想法,所以,从无让农民工全家进入城市共同生活的准备。我们最大的失误,就是农民开始进城的时候,农民工刚到城里打工的时候,没有把社会保障体系建立起来。本来在农民工领工资的时候,个人拿一点,企业拿一点,政府拿一点,把这个社会保障基金建立起来,但是我们在这几十年没有干这个事,所以累积到现在难度就很大。

西部地区处于江河的上游,即珠江的上游、长江的上游、黄河的上游。上游地区的居民垦荒种田、砍树开矿就会对下游带来巨大的影响。过去上游的人口少,生产力水平低,不会对生态有太大的影响,现在他们通过到东部打工,认识提高了,积累了一部分资金,生产力水平也提高了,他们对自然的影响会更大,对生态带来的威胁也会更大。东部地区只管自己富起来,不管从中西部来的农民工,一旦他们回去,向高山要矿,向河流要粮,恐怕东部沿海地区将遭受灭顶之灾。既然要使一大部分农村人口逐步转化为城市人口,一定要考虑转化的途径,不能让农村人到城里看一看,就算城市化了,或者到城里打打工,一天干12个小时,过年过节再回到农村去,就算城镇化了。不但农民工自己要进城,而且老婆孩子都要进城。只有这样,才能实现城乡统筹发展,实现区域协调发展,才能够建

城镇化认识的"误区"

立扩大消费需求的长效机制,西部地区的生态才能够恢复,中国才能够更加美丽。

(本文写于2013年1月20日,摘要发表在《人民论坛》2013年第2期,标题为《城镇化十年进程反思》)

第二篇
城市群

中国将形成十大城市群

进入21世纪，我国区域经济发展的重要特点是城市群的出现。国家"十一五"规划纲要明确："要把城市群作为推进城镇化的主体形态；已形成城市群发展格局的京津冀、长江三角洲、珠江三角洲等区域，要继续发挥带动和辐射作用，加强城市群内各城市的分工协作和优势互补，增强城市群的整体竞争力；具备城市群发展条件的区域，要加强统筹规划，以特大城市和大城市为龙头，发挥中心城市作用，形成若干用地少、就业多、要素集聚能力强、人口分布合理的新城市群。"这是党和国家对促进城市化进程和区域发展的重要战略决策，对我国经济和社会发展必将产生重要而且深远的影响。

一、城市群的概念

所谓城市群是在特定的区域范围内云集相当数量的不同性质、类型和等级规模的城市，以一个或两个特大城市为中心，依托一定的自然环境和交通条件，城市之间的内在联系不断加强，共同构成一个相对完整的城市"集合体"。对城市群概念的表述学者们并不一致，但认识在渐趋一致，即城市群是有很多城市组成的，彼此的联系越来越紧密，共同对区域发展产生影响。城市群是工业化、城市化进程中，区域空间形态的高级现象，能够产生巨大的集聚经济效益，是国民经济快速发展、现代化水平不断提高的标志之一。

和城市群相关的概念有很多，比如都市圈、都市连绵区、城市带、组团型城市等。由于这些概念存在着一定的共性，有时将其混用。其实城市群与都市圈的概念是有区别的，城市带与都市连绵区也各有定义。

有关都市连绵区的研究相对深入、全面，它是城市群的一种具体形态，概念上强调以都市区为基本单元，指以若干个数十万以至百万人口以上的大城市为核心，与周围地区保持强烈交互作用和密切社会经济联系，沿一条或多条交通干线大小城镇连续分布的巨型城市一体化地区。

城市带和大都市带的含义基本相同，都是指在一条交通轴线上分布了大大小小很多个城市。大都市带顾名思义是分布了很多大城市。和城市群概念不同的是，城市带所强调的是城市分布的形态，但城市之间不一定存在密切联系，而城市群强调城市之间的经济联系及相互影响。

组团型城市和城市群极为类似，在经济联系、功能互补、交通发达方面都可谓典型的城市群，但本质的区别是前者是一个呈分散状布局的城市，是现代大都市为避免交通拥堵和环境恶化通过建立新区形成的多中心格局，也有将周围的城市扩展进来，从而形成一个新的组团型城市。而城市群则是由多个城市组成的集合体，无论如何发展也不会成为一个城市。

都市圈一词出现和使用的频率极高。此概念起源于日本，日本在太平洋沿岸分布了东京、大阪、名古屋三大都市圈，共同构成太平洋沿岸东海道城市群。因此，可以认为，每个城市群都有一个或多个都市圈。都市圈属于同一城市场的作用范围，一般是根据一个或两个大都市辐射的半径为边界并以该城市命名。

城市群的出现是一个历史过程。城市是一个区域的中心，通过极化效应集中了大量的产业和人口，获得快速的发展。随着规模的扩大，实力的增强，对周边区域产生辐射带动效应。形成一个又一个城市圈或都市圈。伴随着城市规模的扩大和城际之间交通条件的改善尤其是高速公路的出现，相邻城市辐射的区域不断接近并有部分重合，城市之间的经济联系越来越密切，相互影响越来越大，就可以认为形成了城市群。

二、中国将形成十大城市群

我国拥有13亿人口，且大多居住在东中部生态环境较好的地区，这些地区的城市数量比较多，规模也比较大，随着城市化水平的提高，无论是城市数量还是城市规模将进一步扩大。近年来，高速公路的修建极大地改善了城市之间的交通状况，城市间的产业联系与经济合作不断加强，区域经济一体化的进程加快。除前述京津冀、长三角、珠三角三大城市群之外，还将涌现出新的城市群。现在已露端倪的有山东半岛城市群、辽中南城市群、中原城市群、长江中游城市群、海峡西岸城市群、川渝城市群和关中城市群。城市化速度加快、城镇体系不断完善、城市群健康发展，既是"十一五"期间区域经济发展的特征，也是国家区域经济发展的重大战略。

20世纪90年代，中国经济的显著特征是长江三角洲、珠江三角洲和京津冀三大城市群不仅发展速度快，而且经济规模占全国的比重越来越高，成为中国经济发展的引擎。未来20年，长三角的腹地将继续扩大，浙江大部、江苏大部、安徽一部分地区都将进入城市群的范围。珠三角地区将和香港、澳门实现区域经济一体化，其优势更大，辐射力更强。京津冀城市群中的各大城市特色和优势十分明显，互补作用强，北京具有政治、文化和高科技的优势、天津具有港口和制造业的优势，石家庄具有商贸业的优势。尤其是天津滨海新区的开发开放成为国家战略，对城市群发展的影响更大。一旦突破行政的藩篱，发展的潜力就会迅速释放出来。可以肯定，三大城市群在未来20年仍将主导中国经济的发展。

山东半岛城市群以济南、青岛为中心，包括烟台、潍坊、淄博、东营、威海、日照等城市。发挥临海和靠近日、韩的区位优势，制造业和农产品加工业发展势头很猛，带动了山东全省的发展。随着城市群对外辐射力的增强，城市群的范围将不断扩大。

辽中南城市群以沈阳、大连为中心，包括鞍山、抚顺、本溪、丹东、辽阳、营口、盘锦、铁岭等城市。该地区城市高度密集、大城市所占比例最高。沈阳是东北和内蒙古东部的经济中心、交通和信息中心，全国最大的综合性重工业基地。大连是东北亚地区重要的国际航运中心，东北地区最大的港口城市和对外贸易口岸。辽中南地区工业化起步已近70年，在工业化推动下形成了中部城市密集圈和沈大城市走廊。近年来，逐步形成了以沈阳、大连为中心，以长大、沈丹、沈山、沈吉和沈承五条交通干道为发展轴线的城镇布局体系，提高了地区城市化水平。

中原城市群以郑州、洛阳为中心，包括开封、新乡、焦作、许昌、平顶山、漯河、济源在内共9个省辖（管）市。中原城市群位于河南省中部地区，依托中原这块肥沃的土地，孕育了若干个中外闻名的大都市，如洛阳、开封、许昌等，几经兴废，其风韵犹存。郑州虽是后起的城市，由于其得天独厚的交通优势，得以后来居上，成为中原城市群的中心。区域内人口密度达665人/平方公里，是我国人口密度最大的区域之一。各城市发展势头强劲，经济联系日益紧密，基本形成了以郑州为中心、一个半小时通达的交通网络，具备了一体化发展的基础和条件。

长江中游城市群以武汉为中心，还包括黄石、鄂州、黄冈、仙桃、潜江、孝感、咸宁、天门、随州、荆门和荆州和河南省的信阳、江西省的九江和湖南省的岳阳，其中，12个为地级城市，3个为省直辖县级市。目前区域内部已形成一定的经济联系，随着武汉市综合经济实力的增强，区域内的经济联系将更加紧密。武汉号称九省通衢，东西有长江黄金水道，南北有京广铁路，经济实力和辐射影响力都很强。长江中游城市群将是我国具有优越的区位条件、交通发达、产业具有相当基础、科技教育资源丰富的城市群之一，在我国未来空间开发格局中，具有举足轻重的战略地位和意义。

海峡西岸城市群以福州、厦门市为中心，包括漳州、泉州、莆田、宁德四市。福州是福建省的省会，厦门则是我国改革开放后中央确定的四大经济特区之一，吸引了大量台商的投资，经济总量迅速扩大。海峡西岸城市群与台湾隔海相对，既是开展对台合作、促进和平统一的基地，又可在合作中加快发展。加快海峡西岸经济区建设，将进一步促进海峡两岸经济紧密联系，互利共赢，推进祖国统一大业。鉴于海峡西岸特殊的地理位置，国家"十一五"规划纲要明确提出："支持海峡西岸和其他台商投资相对集中地区的经济发展"。海峡西岸城市群是海峡经济区的核心地区，在国家政策的支持下，城市发展、经济合作、对台交流等都会取得更快更好的进展。

川渝城市群是以重庆、成都两市为中心，包括自贡市、泸州市、德阳市、绵阳市、遂宁市、内江市、乐山市、南充市、眉山市、宜宾市、广安市、雅安市、资阳市14个地级市和渝西经济走廊等县市。从城市等级体系来看，除了成都和重庆为特大城市以外，自贡、绵阳、南充为大城市，雅安、资阳为小城市，其他城市为中等城市。重庆市是全国四大直辖市之

中国将形成十大城市群

一，直辖后城市规模迅速扩大，经济实力不断增强，其对周边的辐射力也在增强。成都是四川省的省会城市，城市发展也很快。未来，要继续完善城市之间的交通体系建设，加大核心城市的辐射效应，使城市群的一体化程度进一步提高。

关中城市群是以西安为中心，包括咸阳、宝鸡、渭南、铜川、商州等地级城市。关中是中华民族的发祥地，周、秦、汉、唐均建都于此。关中城市群是陕西经济的核心区。经历新中国成立以来五十余年的建设开发、改革开放，而今已成为我国西部地区唯一的高新技术产业开发带和星火科技产业带，是西北乃至西部地区的比较优势区域。新中国成立以来，关中一直是全国生产力布局的重点区域，在全国区域经济战略格局中定位为陕西乃至西北地区的重要生产科研基地。形成了高等院校、科研院所、国有大中型企业相对密集且能够辐射西北经济发展的产业密集区，在全国区域经济发展中占有重要地位。

据统计，上述十大城市群的土地面积占全国总面积的9.99%，2005年，人口所占比重为35.02%，而GDP所占比重为52.83%。也就是说，十大城市群以不到1/10的土地面积，承载了1/3以上的人口，创造了1/2以上的GDP。从资源环境承载能力和未来发展潜力来看，十大城市群将聚集更多的人口，创造更多的GDP。因此可以说：十大城市群将成为我国最有发展潜力的地区，将成为我国国民经济的十大支撑点。

除了上述十大城市群之外，以长株潭为中心的湖南东部、以合肥为中心的江淮地区、以长春、吉林为中心的吉林省中部、以哈尔滨为中心的黑龙江西南部、以南宁为中心的北部湾地区、以乌鲁木齐为中心的天山北坡地区等都有希望发展成为新的规模较大的城市群。

目前世界公认的大型城市群有五个，它们是美国波士顿—纽约—华盛顿城市群、北美五大湖城市群、日本东海道城市群、法国巴黎城市群、英国伦敦城市群。有学者认为：长三角将成为世界第六大城市群。我们预测：再过若干年，全世界十大城市群，有五个可能在中国。

(本文原载《中国经济时报》2007年3月29日，合作者：袁朱[①])

---

① 袁朱，人文地理专业硕士，毕业于北京师范大学和法国保罗·瓦莱里大学，时任国家发改委国土开发与地区经济研究所区域发展室副主任，副研究员。

我国城市群发展研究

一、城市群的基本概念、特征与界定标准

随着经济全球化和区域经济一体化进程的演进，在一个区域内，资本、信息、资源、技术等逐渐形成一个相互依赖、相互作用的网络，城市便是支撑这个网络系统的关键节点。作为一种重要的空间组织形式，城市群的出现有利于解决行政区划分割造成的区域经济联系松散、产业分工不合理、生态环境治理缺乏整体性等问题。以大都市为核心的城市群已成为经济最为活跃的区域，并开始主导国家经济乃至全球经济。

（一）基本概念

城市群是在工业化、城镇化进程中出现的区域空间形态的高级现象，能够产生巨大的集聚经济效益，是国民经济快速发展、现代化水平不断提高的标志之一。对城市群概念的表述，学者们认识渐趋一致，即城市群是由许多城市组成的，彼此的联系越来越紧密，共同对区域发展产生影响。城市群是在特定的区域范围内云集相当数量的不同性质、类型和等级规模的城市，以一个或几个特大城市为中心，依托一定的自然环境和交通条件，城市之间的内在联系不断加强，共同构成一个相对完整的城市"集合体"。

（二）主要特征

城市是一个区域的中心，通过极化效应集中了大量的产业和人口，获

得快速的发展。随着规模扩大、实力增强，城市对周边区域产生辐射带动效应，形成一个又一个都市圈或城市圈。伴随着城市规模的扩大和城际之间交通条件的改善，尤其是高速公路的出现，相邻城市辐射的区域不断接近并有部分重合，城市之间的经济联系越来越密切，相互影响越来越大，就可以认为形成了城市群。城市群的出现是一个历史的嬗变过程。

1. 功能高端化

城市群往往位于交通通讯枢纽、内外联系便利的经济比较发达的区域，人口众多，腹地广大，经济强劲，新技术、新思想活跃，是连接国内、国际要素流动和资源配置的节点以及科学技术创新的孵化器和传输带。城市群多集外贸门户职能、现代化工业职能、商业金融职能、文化先导职能于一身，空间密集程度较高，成为区域政治、文化、经济核心区，对国家、区域乃至世界经济都具有不可替代的中枢支配作用。

2. 结构等级化

城市群的空间形态表现出明显的等级结构，至少有一个或多个规模较大、经济发达和辐射功能较强的中心城市，这些城市是城市群的中心和增长极点。在这些城市的周边分布了大小不等的二级城市和三级城市，并穿插了众多小城镇。还有相当大面积的农业地区和农村。

3. 分工合理化

城市群的发展使区域经济的组织与创新能力加强，产业结构与空间布局不断优化。作为有机整体，城市群内部存在着密切的联系，包括资源、金融、市场、信息以及一些集团公司控制的更紧密联系在内的要素流动，按照市场经济规律合理配置，形成城市间日趋合理的职能分工。受规模经济内在要求的驱动，大量不同等级规模的企业或一系列配套产业及相应的上下游产业等集中连片分布，形成有特色的分工与合作网络，使各城市优势互补，以实现资源的集约利用与效益的最大化。

4. 城乡一体化

由于城市功能各异，具有较强的互补性，使得中心城市与周边城市、各城市之间以及城市、城镇与农村之间存在紧密的经济联系,特别是伴随现代交换手段与频率的不断翻新,在城市群各个层次上,表现为人流、物流、资金流、信息流等多种流态的集聚与辐射形式,又进一步增强了区域内部的互动能力。中心城市的作用呈现逐级传递特征,即中心城市对区域内其他城市辐射,其他城市再对区域内其他地区辐射,有力地推动城乡协调发展。中心城市、中小城市、小城镇和农村互促互进,城乡各种要素统筹配置,公共产品共享,人口自由流动,城乡界限模糊,城镇化进程加快。

5. 交通网络化

城市群雏形一般沿综合交通走廊展开,并随着交通等基础设施的改善而不断扩大。城市群拥有由高速公路、高速铁路、航道、通讯干线、运输管道、电力输送网和给排水管网体系所组成的区域性基础设施网络。发达的交通运输、信息等网络构成城市群空间结构的骨架,将大中小城市串联一体,因此,区域性基础设施建设与城镇空间结构相互协调。以不同等级、规模、性质的城市为节点,每个城市都具有一定的集聚和辐射范围,它们相互嵌套,有机结合,共同形成千丝万缕的节点网络城市格局。以往离散型、极核型的城市空间布局向点轴型、网络型演变,日益显示城市群体从线性联系到网络联系的巨系统特征。

6. 发展动态化

城市群不是封闭和孤立的,而是一个开放系统,对内对外都保持着经济、社会、文化和技术等广泛交流。随着生产力发展和市场化水平的提高,不同层次、不同类型的区际联系强度越来越大,导致城市群的范围、结构、性质等发生改变,不断向其高级形态进化。城市群的发展是渐进的连续的过程,既包括区域内多维连续与协调发展,又要考虑与相邻区域互动互进的联合与协作,甚至发挥对更大区域范围的影响和联动效应。城市群的形成和发展始终处于动态变化之中,从简单到复杂,从低级到高级,当其范围、功能、结构、对外联系或其他相关要素发生变化,都会导致城市群内部的连锁反应乃至城市群范围的改变。

（三）城市群的界定标准

判别城市群并无单一固定的标准，因时间、空间的不同而变化，城市群的边界是渐变的，没有精确现成的模型可用。界定城市群需要有效把握其本质内涵，采用定性定量相结合的方法。

1. 有一到几个较强经济实力的中心城市

中心城市处于城市群的核心与支配地位，对整个区域经济社会活动起着组织和主导作用，促进其他城市和地区的全面发展。城市群的中心是一两个或以上的超大或特大型城市，也可以是一两个或多个规模相近的大中城市。中心城市具有开放性、服务性、创新性，具有对区域经济社会发展能量与要素进行高效、有序、合理聚集与扩散的功能．主要表现为工业生产、就业、金融、商贸、物流、人才技术信息、决策功能等极化效应，同时又向周边扩散。

2. 完善的城镇体系

城市群属于高城镇化水平区域，由于各国、各地的自然、历史、文化、经济、社会状况差异巨大，城镇化水平也难以确定单一的标准。一般来说，我国现阶段城市群区域的城镇化水平应超过全国平均水平以上较为合理。城市群具有完善的城市等级体系，在空间上与某一级城镇体系地域单元相重合，还可能包含几个较低层次的城镇体系。由少数特大、大型以上核心城市与多数中小城市及市镇相互串联而成的城市群体，层次分明，各规模等级城市之间保持金字塔结构比例关系，中间不发生断层，上下不缺层，城市的职能作用通过城市网络依次有序地逐级扩散到整个体系，产生较高的城市群体能级效应。

3. 一定规模的人口与空间

城市群内城镇数量多，分布稠密，人口规模大、密度高。虽然不同地区的差别很大，但综观国内外城市群的发展过程，并结合我国国情，人口和空间规模与密度的标准大致为：面积5万平方公里左右，区域人口2000万人以上，人口密度400人/平方公里左右，中等以上城市10个左右,城市密度 2 个/平方公里左右。

4. 较高的产业发展与分工协作水平

城市群内非农产业比重较高,特别是第三产业增加值占 GDP 的比重较高。一般来说,城市群的第二产业、第三产业增加值合计占 GDP 比重应达到 70% 以上。在市场一体化、资源配置一体化前提下,城市间、城市与区域间产业配套合理、分工互补、协作密切,产业的梯度转移顺畅,分工协作程度较高。

5. 完善的基础设施网络

城市群内基础设施网络是由公路、铁路、航空、水运与通讯等许多现代运送方式叠加而成的综合性、一体化系统。多种运输方式间相互贯通,速度快,密度高,运量大,技术领先,将核心城市、一般城市和小城镇以及相关区域连接成为一个有机整体。城市群拥有包括大型交通通讯枢纽,如规模相当的海港或空港或多条国际航线在内的成熟的基础设施网络。

二、城市群的发展阶段及空间扩展

从城市群的萌生、发展到成型,需要经历一个较为长期的过程,其在空间形态上也会呈现出一定的变化,究其实质,由企业所主导的经济活动及其由此所带来的集聚和扩散效应构成这一过程持续演进的基本动力。对城市发展的研究较多,但观点基本是一致的,大体上是将城市发展过程划分为四个阶段,而城市群是城市发展演进过程的高级阶段。

(一) 发展阶段

1. 分散发展的单核心城市发展阶段

该发展阶段为城市群发展的最初阶段,也即萌芽阶段。城市主要表现为单核心向外蔓生发展,分散的城市间规模等级差别较小,大多数城市沿交通干线分布,也有少数城市分布于远离交通沿线的地区。因此,主要城市中心的吸引范围非常有限，城市间的经济联系仅限于狭窄的交通沿线的城市之间，远离交通沿线的城市间以及这些城市与交通沿线的主要城市间仅有微弱的经济联系。城市间专业化生产联系差，各城市周围被不同的农业地带所环绕。这一阶段又可分为两个时期：低水平均衡发展时期：这是以经济活动分散孤立、小范围的封闭式循环为特征的空间结构；极核发展时期：这是形成单一中心、核心—边缘式发展为特征的空间结构时期，城市和边缘区竞争加剧，但城镇之间共生作用尚弱，城市经济结构比较简单。在这一时期，一些具有较好区位条件和基础设施发达、交通便利而且创新能力强的城市迅速发展成为区域经济的"增长极"，直接承接更大范围甚至国际化、全球化的要素转移。

2. 城市组团发展阶段

在该发展阶段，交通干线重要中心城市侧向联系的交通干线发展。起初的侧向联系首先从重要城市中心开始，并与远离交通干线的边远城市相连接，这极大地优化了两个中心城市和边远城市间的功能结构。随着交通干线的延伸以及在交通干线上较大规模城市的建立，各城市市场区域进一步扩大，城市以内城为中心继续向外扩展，而原有的联系密切的城市开始形成城市组团。在这一阶段，容易形成以多核心为特征的空间结构，基本部门体系以垂直发展为主，前后向联系纵深发展，共生作用加强，企业由极核中心向外圈扩散十分显著，形成次级核城市向较低等级城镇逐步发展的城镇体系。

3. 都市圈阶段

在这一阶段，区域内城市间相互联系通常需要相对长的时间，这取决于与交通干线间有着密切联系的支线网络的发展。那些位于交通干线上的主要城市继续接受较高级城市的辐射，自身又对次级城市扩散其部分功能，开始扮演地区中心的角色。不久，来自边远城市的交通支线得以建立，除了通过交通干线间的联系外，它们之间的直接联系开始得到发展。然后，更小的城市便通过起初的干线开始发展，不久它们也开始连接起来。这种相互联系的过程继续沿着干线和支线，与日益增加的专业化生产相对应。通过空间经济联系以及集聚与扩散作用，各城市试图改进其在交通网络中的地位。出现了以大城市为核心的不同等级城市相互依存的都市圈。

4. 城市群形成阶段

在这一阶段，都市圈综合交通走廊的发展以及城市等级系统的出现是成熟的城市群的重要特征。都市圈综合交通走廊的发展可以追溯到都市圈内城市间的联系，这种联系已经不能满足都市圈整体发展的要求，需要在更大的空间范围中发展都市圈整体与外部的经济社会联系，这种联系在很大程度上是都市圈功能空间竞争的结果。城市群内各城市间的共生互控效应逐步加强，城市功能分工日趋明确，产业结构与产品结构梯度转移的波及效应逐渐明显，不同等级城市间纵向联系的行政隶属关系逐步弱化，同一等级城市间的横向联系进一步强化，城市群地域结构的功能组织方式日益优化，城市群地域结构开始形成。

（二）空间扩展

城市群在各个发展阶段呈现出不同的空间结构特征，伴随着城市群的空间演进，城市群的空间也在不断扩展。但在实践中，由于各种条件因素的非均质性，特别是交通条件和基础设施的较大差异，城市群的空间扩展模式也会发生变形。按照城市群空间扩展的宏观形态，可以把城市群的整体外推划分为四种模式：

1. 团状空间扩展

这种空间扩展模式大多都分布在平原地区。它以核心城市为中心，向周边扩展，形成一个圆弧，城市群主体部分都在其范围之内。团状空间扩展模式的形态表现为核心城市的功能强大，城市节点和结节地域在城市群的伸展轴上均匀地分布。我国的中原城市群和长江中游城市群就是比较典型的例证。

2. 带状空间扩展

这种空间扩展模式主要分布在河谷地区，沿交通线扩展成为明确的空间指向。由于自然地理条件的限制，城市群向外均匀扩展的态势被打破，致使其回避限制条件而沿着几条主要轴线向外延伸。如果城市群向外延伸受自然地理条件的限制较小,则城市群呈现出典型的带状;如果受到的限制较大,则城市群表现为组团与廊道形式的带状。这类城市群通常规模比较小,等级较低。我国的关中城市群和海峡西岸城市群就是较典型的例证。

3. 星状空间扩展

这种空间扩展模式没有明显的地域特征。它或者是由于自然地理条件的限制,或者是受放射型城市交通网络的影响,导致城市群的伸展轴沿着三条或三条以上的轴线向外扩展,大中城市数量增加,集聚与扩散并存,城市群的圈层结构表现出不规则的变形,空间形态呈现出星状。这类城市群的规模通常较大,等级较高的东京、纽约、伦敦等一些世界级的城市群都属于该类型。我国珠三角城市群、长三角城市群和京津冀城市群的空间形态也都属于该类型。

4. 多中心网络化空间扩展

在城市群内部同时存在着几个在规模、功能等方面相当的城市,且经济要素和经济活动在空间上也表现为集中与分散相结合,在向心发展过程中,城市间的吸引范围不断袭夺、削弱或加强,城市群体内部的联系进一步密切,位移扩展和跳跃式扩展并存,两个或多个都市之间由于引力加强和影响空间的临近,会出现互为影响区、互为空间环境的局面,城市群体空间向多中心网络化的空间结构演化。沿交通走廊的扩展使它们进一步聚合,同时新生的次级交通走廊也成为城市群扩展的方向,波及至城市化发展的低谷区,形成交互式的扩展局势。人流、物流和信息流等可以便利地进入这些网络体系,从而促进多中心网络化的空间模式的形成。如辽中南城市群、山东半岛城市群和川渝城市群都具有这种特征。

综上所述,城市群空间结构实际上是点—线—面系统逐步完善的过程。不同规模等级城市"节点"是城市群地域结构形成、演化的动力源;连接各"节点"的线状交通设施(干线铁路、干线航道、公路)综合交通走廊所形成的不同级别的城市发展轴,是城市群区域城市间"流"(人物、物流、信息流、资金流)的传输线,是城市群地域结构的骨架;在城市群区域多条城市发展轴的基础上,逐步充填多条发展轴间的发展空间而形成地域结构单元——"生长面"。之后,城市发展轴进一步延伸发展,形成城市发展轴—生长面—城市发展轴的循环递进的演化过程,每次演化所产生的城市群规模更大、功能更合理、空间结构更复杂,最终形成城市群地域结构。

从动态着眼,城市群的空间结构的特征、规模层次和空间演化的趋势,主要由三个基本要素构成。第一,伸展轴。它以城市群内部、城市群与外部环境联系的交通通道为轴心(包括干线铁路、高等级公路、内河航运线等),形成产业分布带和经济发展轴,并且沿着这些交通干线向外辐射。因此,交通网络的分布、数量和密度在相当大的程度上决定着城市群的扩展方向和速度,影响城市群的形态类型和城市群对外的扩展。第二,节点和结节地域。它是城市群形态构成、集聚和扩散经济要素的主体,包括都市圈、大中小城市和小城镇。它们的结构、规模和空间分布受制于城市群的演化阶段,决定城市群类型演化的趋势。第三,轮廓线。它是指从平面和立体方面感知的城市群边缘形态,包括三个层次:城市群外缘区域(城镇集中分布区域和城镇密切联系的地区)、都市圈的外缘线、城市建成区集中连片部分的外缘线。轮廓线的变化标志着城市群向外扩散的进程。

三、城市群演进的动力机制

在城市群的形成和发展过程中,市场机制是城市群空间演变的动力源,政府机制是城市群空间演变的推动力,通过政府和市场的共同作用产生集聚和扩散效应,从而影响和改变着城市群的发展演变。

(一) 市场机制

在市场经济条件下,城市群的空间扩展主要还是依赖市场机制。市场力决定了经济活动的发生以及其中的企业行为,并且由此引发了人口的空间集聚,这些都构成了城市群空间格局的前提和内容。

经济活动在城市群演进过程中起着决定性作用。经济发展使城乡矛盾渐趋突出并最终打破城乡空间结构系统的平衡，在空间上产生了适应变化的内应力，也引起其他要素（如技术、用地结构等）的变化，增强了空间结构的适应能力，形成城市群空间的外延扩展。经济运行的规模决定城市群扩展的规模，产业发展的结构特征决定城市群结构，经济发展的周期性规律决定城市群扩展的波动性。当经济处于高速发展阶段时，带来实际收入水平的提高和建设投资的增加，促使城市群空间的加速扩展，并以外延式扩展为主；反之则导致城市群空间扩展的停滞并以内涵式扩展为主。

企业是经济活动的主体。从劳动地域分工和工业生产组织理论角度，为了获得最大效益，企业纵向联合、空间分散的生产组织方式，比横向联合、空间集聚的生产组织方式要优越，而纵向分离、空间分散的生产方式最为优越。得出这种论断的主要原因不仅与企业纵向分离的形式有关，而且与它们分离的原因有关。企业的纵向分离、空间分散除了基于成本和竞争力的考虑外，还与城市群空间扩展过程中自身市场规模不断扩大有关。为满足社会和专业化生产的需求，企业开始纵向分解生产活动，把部分加工生产向城市外转移，给予同行业别的独立厂家去生产。在经济全球化和区域经济一体化背景下，城市的国际化与开放性水平进一步提高。新的形势使得传统的决定经济集聚的因素有所削弱，城市发展产生了新的动力，出现了"生产转包"的城市发展形势。在"生产转包"过程中，城市群空间扩展变化最为显著的是，核心首位城市逐步成为公司总部、研发基地、金融中心和人才的集散地；而城市群体中的其他城市根据比较优势的原则，成为大量的分厂或占地多、技术含量低的简单加工组装企业聚集地，促进了城市空间的外延扩展。

因此，从某种意义上说，企业的纵向分离既是城市群形成的基本原因，也是城市群形成的重要结果。在"因"和"果"的相互关系中，形成了企业之间高度的分工与协作和较大的市场规模，最大限度地降低了企业内部的管理成本和外部的交易成本，赢得了城市群整体竞争优势，实现了城市群的动态演进和扩展。

（二）政府作用

一般而言，政府作用于城市群的行为主要有引导性行为和强制性行为两种。政府引导性行为是指政府通过制定相关政策、供给基础设施、建立协调机制和培养人才等方式改革和完善投资环境，提高经济要素配置的效率，促进城市和城市群发展的行为。实行引导性行为的政府主体包括城市群内所有的城市政府，实施的手段主要包括产业发展规划、空间布局规划、城市规划以及各种类型的基础设施规划等。政府的强制性行为是指通过行政管理手段决定城市的设立及其区划范围、参与城市的管理和协调城市群内部的事务等行为。实行强制性行为的政府主体不仅包括城市群内所有的城市政府及其上级政府，而且包括具有官方性质的中介机构，实施的手段基本都是行政强制手段。

（三）市场与政府的合力

尽管在市场机制的作用下经济要素能够在城市群间合理有序地流动，但如果没有政府行政、经济、法律等支撑体系作保证，没有政府对基础设施的投入，城市群的空间扩展将受到较大的制约。只有市场机制和政府机制同时发挥作用，才能最大限度地减少市场失灵和政府失灵，促进城市群规模和体系的合理化，释放城市群的整体功能。

但是在不同的发展阶段，市场和政府的合力有所差异，主要体现就是集聚与扩散的交替主导。这两种显著的机制贯穿于城市群发展的始终，即聚集与扩散这样一种既矛盾又统一的空间过程。在聚集与扩散机制双重作用下，城乡空间格局发生着演化和交替。随着相近的城市不断聚集和扩散，区域经济发展和城镇化水平不断提高，逐渐形成城市群的轮廓。在城市群形成的初期阶段集聚是主要的驱动力，在成长阶段集聚与扩散是主要的驱动力，在形成阶段扩散是主要的驱动力，在成熟阶段扩散是主要的驱动力。正是通过城市群内部不同等级城市的集聚和扩散作用，把城市群内各城市紧密地联系在一起，构成合理的城市发展体系、产业发展体系、技术扩散体系、市场组合体系和功能分布体系。

1. 以集聚为主导的空间联系阶段

集聚是城市空间存在的基本特征与形式，表现为向心聚合的倾向和人口增加的趋势。促使城市集聚的因素主要有：交往活动的需要、就业与收入、较高的可达性、经济规模效益、城市中心区地位的象征性和吸引力等。长期不断地集聚，将使集聚区突破内部张力平衡，形成向周边地区的扩散，如此循环往复。城市及其群体是经济活动、社会活动和文化活动的中心和创新源，集聚功能产生了城市经济的高效益，其根源来自于集聚经济效益和信息经济效益。

在城市群发展的初期阶段，产业在空间上集聚的动力来自于外部规模经济和外部范围经济。在城市群空间扩展过程中，随着城市"极化"作用的增强和优势产业得以确立，外部规模经济为产业发展提供了额外的边际收益。为了获得这部分收益，那些与城市优势产业关系密切的辅助性、补充性产业开始向城市内聚集。具有异质性的产业及其活动的集聚，使得任何一项经济活动都有足够的个体与之相适应，从而可以减少社会经济活动彼此的损失。由于这种不同产业间相互的关联效应和产业本身的集聚效应，形成外部规模经济和外部范围经济，据此产生了产业的集聚经济。产业的集聚吸引了人口的集中，在需求的指向下，一些相关的经济活动及人口就近选址，聚集在一起的人口和经济活动又会产生正的外部性，在人口和市场规模不断扩大的条件下，以服务社会为目标形成的第三产业甚至一些与集聚经济无关的产业随之也集聚于城市，城市集聚经济逐步形成。

2. 以扩散为主导的空间联系阶段

随着城市规模的不断扩张和城市群发展阶段向前推进，产业和人口的迅速集中，必然造成城市集聚不经济，使产业发展的成本大大提高，产业的边际产出被拥挤成本、通勤成本、土地价格和劳动力价格提高所抵消。生产要素成本和报酬发生了变化，那些产品附加值低的产业和劳动密集型产业，就会失去大城市的集聚经济效应，而不得不向城市外围地区扩散。产业扩散的结果是在中心城市的周围形成若干个中小城市，这些城市的产业之间由于存在着密切的关联效应而联系紧密，最终以中心城市为核心形成城市群。当然，产业向外扩散除了前面分析的被动扩散外，还有主动扩散。所谓产业主动扩散一般是在官方或半官方机构的组织协调下进行。如果说集聚经济为城市规模的扩大提供了拉力，集聚不经济则为城市群体系的建立提供了推力。从产业角度来分析，城市群是产业集聚和扩散所形成的结果。在产业的集聚与扩散中，基于产业链关系的城市群体系逐步建立。

由于城市群的集聚和辐射功能存在着重叠性，使城市间的竞争不可避免，加上辐射的影响及其产业同构现象比较严重，直接或间接导致内耗性的竞争。但城市群功能竞合发展是必然选择，它将贯穿于经济整合的过程中，只是在不同的发展阶段，城市功能的竞合效应是有差异的。但总的情况是，随着城市群的发展，城市之间功能的竞争将逐渐向合作过渡。

3. 以网络化为主导的空间联系阶段

随着城市群以及城市基础设施特别是城市之间交通通信基础设施的不断完善，城市群内部各城市发展相对稳定，于是便进入了复杂的相互依赖的阶段。在这一阶段，城市群内部的空间联系主要是网络化的发展联系，区域网络化组织发展成为推动城市群发展的主要动力。区域内的网络化组织包括由交通运输、通讯、电力等物质性线路组成的物质性网络和由市场中各种要素流动形成的非物质性市场网络两种。物质性网络组织对城市群的形成可以分为两种情形。在工业化发展的初期和中期，在一些交通运输业发达的港口城市，凭借其经济、发达的交通运输网络发展相应的传统产业，如石油、化工、钢铁工业等，由于规模经济的内在要求，大量不同规模的相同产业、一系列的配套产业、前后相关联产业和服务产业等兴起带动一定区域范围内若干城市的迅速发展，这些城市之间通过诸如产业关联等方式存在着紧密的联系，凭借其优越的地理位置和发达的交通运输网络而形成一定地域范围内的城市群。另外一种情形是相邻近的城市之间通过主轴线的联系而形成城市群。相互邻近的城市之间，通过空间相互作用而逐渐形成由铁路、公路、管道、通讯线路、电力等各种线路形成的网络，不同等级规模的城市均可以通过发达的交通运输网络扩大它的腹地范围，增加它和邻近城市之间的相互联系，各城市之间既可以借助网络中的主要发展轴线进行产业布局，又可以开展分工协作，形成各具特色的分工体系，从而形成城镇体系结构比较合理的城市群。

（本文全文发表在《改革》杂志2009年第9期，《新华文摘》2009年第23期摘要转载，本文系《新华文摘》转载的内容，合作者：袁朱、李娟[①]、申兵等）

[①] 李娟：经济学博士，毕业于中国人民大学，工业和信息化部综合司副处长。

城市群：城镇化的主要载体

城镇化的本质含义就是将进城务工经商的农民转化为真正的城市居民，不仅为工业化提供人力资源，而且将不断扩大市场需求，为经济增长提供新的动力。中国的城镇化战略就是把农业转移人口也就是农民工市民化，实现城市常住人口基本公共服务均等化，而城市群是城镇化的主要载体。

一、城镇化的本质是农民进城

城镇化战略在中国确实形成了共识，但是对城镇化的认识分歧却很大，笔者认为城市化的本质或者说城镇化的本质就是农民进城。

城市化的本义，就是农村人口转移到城市和城镇的过程，不管转移到城市，还是转移到城镇，由在农村从事农业改变为在城市和城镇从事第二、三产业，不管是叫城市化还是叫城镇化，表述的都是这样一个过程。城市化水平用城镇化率来表示，城市化率就是城市人口占总人口的比重，当然这个城市人口也包括建制镇和小城镇的人口。

学者们更关注的是如何提高城市化水平的问题，因为我们发现中国的城市化水平或城市化率是比较低的，而世界的平均城市化水平高于中国的城镇化水平。从2009年的统计指标来看，我们的城市化水平是46.68%，而全世界平均的水平是50%，很显然我国城镇化的水平低于全世界的平均水平，而且还低得不少，全世界每年城市化水平的提高是0.5个百分点左右，我也把多年的资料收集测算了一下，实际上是0.44个百分点。

当然我国的城镇化水平从近几年来看提高得很快，每年一个百分点还要多一点。但是，即使达到全世界平均水平，我们城镇化水平是不是合适呢？实际上我觉得还是很低的，因为什么呢？从一、二、三产业结构来看，我们的第一产业或者农业占GDP的比重10%多一点，到"十二五"末，我们第一产业的比重很可能还要降低，低到10%以下。那么50%的农村人口，只有10%的GDP，可见我国城乡的差距是很难缩小的，当然大家说农村也有富裕的户、富裕的人，但实实在在地说，多数人仅处于温饱状态，10%的GDP怎么能使50%的人口富裕起来，这是非常困难的。

缩小城乡差距，统筹城乡发展，就必须提高城镇化水平，必须大大减少农村的人口，增加城市和城镇的人口，这是城乡统筹的大问题，所以在"十二五"规划的建议里面就有这么一段话：要统筹城乡发展，积极稳妥推进城镇化，把城镇化和城乡发展联系起来。城镇化是解决"三农"问题的钥匙。不通过农村人口的转移，不大大降低农村地区的人口，增加城市和城镇的人口，中国的"三农"问题就很难解决，中国的城乡差距问题也很难解决。要缩小城乡的差距，要解决"三农"问题，必须大幅度减少农村人口。

我们预测，至2030年，城镇化水平将要提高到70%，未来将有3亿人进入城市和城镇，相当于美国的总人口，对中国来讲无疑是巨大的挑战，也是难得的机遇，但是我们现在在高呼城镇化的同时，却抬高了农民进城的门槛。我们提出城市规划和建设，要注重以人为本、节地节能、生态环保、安全实用、突出特色、强化规划的约束力，加强城市公共设施建设，提高城市的承载力，预防和治理城市病。我毫不怀疑，我们的城市规划借助电脑技术可以把世界最美丽的城市搬到中国来，但这恰恰提高了城镇化的门槛，使农民很难进入到城市，我们说城市建设，是要加强城市的基础设施建设，提高城市对人口的吸纳能力和承载能力，这才是城市建设的本质，我们不是说搞得越漂亮越好，为什么城市的房价那么高？我觉得这和我们把城市建设提高到一个不可思议的水平上有关，我们知道，我们还有几亿人要转移到城市，我们现在还不到住花园洋房的阶段，而且我认为以后花园洋房要建到农村去，而不是建到城市来。

二、城市群是城镇化的主要载体

笔者认为农民工是城镇化的主体，城市群是城镇化的主要载体。"十

城市群：城镇化的主要载体

二五"规划中提出走有中国特色的城镇化道路，即以大城市为依托，以中小城市为重点，逐步形成辐射作用大的城市群，促进大中小城市和小城镇协调发展，科学规划城市群内各城市功能定位和产业布局，缓解特大城市的压力，强化中小城市产业功能，增强小城镇公共服务和居住功能，推进大中小城市一体化建设和网络化发展。

所谓城市群，即在一个特定地域内，分布有若干规模不等、类型各异的城市，其中有一到几个特大城市，依托便利的交通条件，城市间的经济联系越来越密切，成为一个功能互补的具有一体化趋势的城市综合体。在城市群范围内，原来单独的城市和另外的城市形成了互补关系，大城市的功能不断升级，给小城市和小城镇带来了机遇。小城市和小城镇在城市群范围内，区位劣势在弱化，而成本优势在强化。原来说小城市之所以发展缓慢，因为有区位劣势，产业和人口集聚不了。在城市群中，由于交通条件的改善，区位劣势就不存在了。小城市和小城镇，各种要素成本都很低，比如零部件产业就可以在小城镇和小城市得到发展。长三角城市群、珠三角城市群中有很多小城镇集聚了很多产业，和城市群有非常密切的关系。另外，在城市群里大中小城市和小城镇能够协调发展，而且基础设施能够共享共用。

根据城市群的定义，一个地区是否形成了城市群，需具备3个条件，第一个条件是一定要有大都市，没有大都市，都是中小城市，各自的辐射半径就很小，城市和城市之间的联系就没有那么强；第二个条件，要有一定的城市数量；第三个条件，城市之间的联系十分密切，功能能够互补。

根据我们的研究，中国已经形成了10大城市群，即长三角城市群、珠三角城市群、京津冀城市群、辽中南城市群、山东半岛城市群、海峡西岸城市群、长江中游城市群、中原城市群、川渝城市群和关中城市群。根据2009年的统计数据，10大城市群的面积占全国国土面积的11%，承载人口是39.24%，GDP占全国的比重将近2/3。从这些数据，可以得出两个结论：一是城市群是中国经济的重要支柱，10大城市群就是中国经济的10大支柱。二是区域之间的差距还很大。城市群内占全国1/3的人口享有2/3的GDP，另外2/3的人口却只有1/3的GDP，这就是区域差距，未来要缩小区域差距，怎么办呢？有两个途径：一个途径是城市群内的产业向城市群外转移，转移出来1/3；另外一个途径，城市群之外的人口转移到城市群中1/3。实际情况可能是产业向城市群之外转移，人口向城市群之内转移，不可能仅是单向流动。从难易程度来看，人口向城市群内转移成本比较低，现在很多城市群内的城市和城镇产业发展的空间还很大。

10大城市群之一或者说中国最大的城市群是长三角城市群，将来要用高铁联系起来，城市群内各城市的人口集聚能力还很强，比如南通等沿海城市现在人口还很少，再增加1倍的人口是没有问题的。珠三角城市群城市最密集，人口也非常密集，加上流动人口，有将近8000万，户籍人口3000万，农民工四五千万人。京津冀城市群除了北京和天津人口很多，其他城市的人口并不是很多，未来有很大的增长潜力。长江中游城市群，只有武汉一市独大，其他城市人口都不到100万，笔者认为潜力很大，因为这里物产丰富、水资源丰富，交通也很发达。海峡西岸城市群，福州城市规模较大，其他城市规模都不大，漳州、泉州、莆田发展条件也很好，发展潜力也很大。

未来还会形成6大城市群，即湘东城市群、江淮城市群、北部湾城市群、吉林中部城市群、黑龙江西南部城市群和新疆天山北坡城市群。原来大家只听说过长株潭城市群，实际上这3个城市离得很近，笔者觉得这3个城市实际上是一个城市的3个组团，它的发展会带动周边城市的发展，如益阳、衡阳、岳阳、娄底和常德，还有江西的萍乡，形成以长株潭为核心的湘东城市群。以合肥为中心的江淮城市群，包括芜湖、马鞍山、池州、铜陵、安庆、滁州、蚌埠、淮南、六安等10个城市。以长春、吉林为中心的吉中城市群，以哈尔滨为中心的黑龙江西南部城市群、以南宁为中心的北部湾城市群、以乌鲁木齐为中心的天山北坡城市群，均已有了城市群的雏形，但是中心城市规模和实力还不够大，和周边城市的联系还不是很强。像长沙、合肥、长春、哈尔滨、南宁、乌鲁木齐，近年来发展非常快，随着辐射半径的扩大，和周边城市的联系不断加强，城市群就能够形成。

中国由于人口众多，适宜人类生存发展的国土空间并不大，绝大多数人集中生活在东部平原地区，所以，中国的城市群不仅数量多，而且规模大。根据我们的预测，中国将形成若干世界级城市群。现在长三角已经提出要打造世界级城市群，珠三角也提出要打造世界级城市群。未来，京津冀和山东半岛两大城市群将融合为一体，毫无疑问也会形成世界级城市

城市群：城镇化的主要载体

群。中原城市群、长江中游城市群和湘东城市群也会融合为一体，辽中南城市群、吉林中部城市群和黑龙江西南部城市群也会融合为一体，成为世界级城市群。这些世界级城市群将矗立在世界的东方，和北美、欧洲、日本的世界级城市群遥相辉映。

（本文原载《中国投资》2013 年第 1 期）

京津冀城市群经济合作的基本思路

京津冀是我国未来最具发展潜力的城市群之一，但长期以来，体现区域经济整体发展水平的一体化进程却步履缓慢。本文从京津冀经济合作中存在的问题出发，分别就城市群一体化、产业联系、空间布局、产业集群等提出了战略设想、合作机制及对策措施。

一、京津冀经济合作中存在的问题

京津冀地区指北京、天津和河北各市，该地区 2005 年总人口 9432 万，面积 218336.5 平方公里，分别占全国的 7.21% 和 2.27%。由于市场经济体制不完善和市场化发展水平的局限，京津冀区域经济合作缺乏有效的统筹协调机制、缺乏产业跨地区发展的政策引导机制、缺乏城市功能的互补机制和资源利益分享机制等制约因素。仍存在着区域产业分工还不够明晰，要素市场还不够发达，商品市场监管体系还不够健全，信息共享还不够充分，市场准入方面还存在着地区分割等问题。在产业转移、市场共建、环境保护、共同发展等方面存在着诸多矛盾。

1. 中心城市辐射功能不足

城市的地位在相当程度上集中反映在城市的吸引与辐射功能的发挥上，而城市之间的合作则产生于合作基础之上的专业化分工。现实中，京津冀地区中心城市相互竞争程度较高，专业化分工不足。各城市竞相出台各种优惠政策，外贸出口产品竞相压价，既损害了国家和区域的整体利益，也损害了自身的长远利益。为留住财源，各地纷纷对异地投资企业实行双重税收,严重影响了企业跨地区发展的积极性。回顾京津冀区域合作历程我们可以看出,以往京津冀区域合作的主要内容仅限于京冀和津冀之间,京津合作进展较为缓慢。最终结果是,京津在现代化功能的发挥方面与区域经济发展的现实要求相比存在较大差距。

作为京津冀区域客观存在的两大核心城市,北京与天津之间的关系确实较难协调。解放前,北京与天津的城市功能定位比较明确:北京是政治、文化中心,天津是工商业中心。解放后,尤其是计划经济时期,北京由消费型城市发展成了生产型城市,北京城市功能定位的转变,对天津形成了很大的冲击,也因如此,天津的经济地位不断下滑。

和天津相比,北京是中国的首都,是全国政治、文化中心和国际交往中心,具有特殊的区位优势,北京成为全国公路铁路枢纽,有全国最大的航空港,北京高新技术产业发达,北京资金雄厚。和北京相比,天津的优势略显逊色,但天津是国际性现代化港口城市,天津的滨海新区有1000多平方公里的土地资源,天津是老工业基地,轻工业比较发达,和北京比,天津的优势也很明显。北京、天津展现在世人面前的不是齐心协力的合力效应,而是谁也不服谁的竞争态势。在城市功能没有互补产业不能错位发展的情况下,京津发展长期各自为政、缺乏合作,包括产业项目之争、港口等基础设施之争等在内的无序竞争从某种程度上说,京津合作的缺位是导致京津冀区域与同样处于沿海开放地带的长三角和珠三角差距拉大的最主要原因之一。

2. 经济合作层次不高,产业配套水平低

虽然京津冀已经在许多领域开展了合作,但总体来看,合作层次不高,合作规模与京津的经济实力相比还很小。目前的合作仍是局部的、零散的合作,产业发展仍处于各自为政的状态,尚没有按照比较优势,形成真正意义上的区域产业联合和梯次分工。京津与河北的合作以物资协作和浅层次的垂直分工居多,深层次的产业合作较少。在第一产业内部,京津与河北之间的合作主要以围绕京津两大城市居民的菜篮子、米袋子等基础农产品供给为主。在第二产业合作中,京津以重工业和国有大企业为主的工业结构特征,使得一些重大工业项目的转移受转移成本和体制影响较大,因此较长时间内产业转移的项目主要是以能源开发或污染较重的一些

中小企业的搬迁为主,如钢材、煤炭等从事资源开发和后续生产的企业,而制造业的合作范围多局限于产业链的低收益环节,从而导致产业转移进入周边区域的产业主要以附加值低、低技术水平、重污染的产业为主,区域产业合作的成效更多地体现在就业方面而非产业结构调整和经济实力的提升上。

京津虽然有较强的产业基础,但对周边区域的辐射和带动作用却有限,区域内产业链断裂,产业配套能力低、产业联系松散,没有形成紧密的协作分工关系。北京市和天津市与周边省市产业配套能力较低,使得本应在本区域内部配套的产业和产品,却只能到江浙等区域寻求配套,增加了生产成本。在京津冀区域中存在着两类现象:一是跨行政区的产业链构筑受行政体制束缚,区域内的各地市都在自觉不自觉地搞"大而全""小而全",要求自成体系,搞区内的产业配套;二是跨区域的配套协作关系在不断加强,北京市的企业与长三角、珠三角地区的企业联系强于津冀。

3. 产业结构趋同

此处所讲的产业结构趋同是三省市未能发挥各自比较优势,争相发展附加值高和税收贡献大的产业,导致在投资、项目、资源和市场领域的恶性竞争,而非生产的是完全相同的产品。尽管京津冀各城市在经济发展中有较强的互补性,但在现有行政管理体制和财政体制下,各地区对经济增长尤其是对产业发展都有很强的内在动力,过分追求与保护地方利益,追寻自成体系的产业结构,使京津冀地区一直没有建立起有效的产业分工与合作机制,地区间产业关联比较弱,产业融合程度低,未能形成功能互补和各具优势的产业结构。

从北京、天津、河北制定的国民经济和社会发展"十一五"规划看,他们所确定的产业发展方向基本雷同,北京和天津市都以电子信息、机械制造、石油加工、化工、钢铁、旅游等行业作为主要产业。由于两市产业结构雷同,造成产业间恶性竞争,资源分散利用,产业无法做大、做强,也制约了北京、天津的产业结构升级。按照工业化发展演变规律,北京市和天津市应已进入工业化的中后期阶段,但原材料工业在工业结构中的比重仍然很高。2005年北京、天津两市39个行业中的石油加工、化学原料及化学品制造业、黑色金属冶炼及压延加工业三个行业在工业总产值中的比重高达19.81%和22.93%，这些行业比重过大，不仅与城市功能地位不相符，而且对土地、能源、水资源的消耗占用多，对环境的破坏也比较严重，不利于提升大都市的整体形象。

河北省各市之间产业同构程度也很高。河北11个地市工业总产值中位居前六位的行业多半为能源、原材料产业，其中电力、热力的生产和供应业在各城市均居前六位，黑色金属冶炼及压延加工业除了保定市外，其他城市均居前六位，化学原料及化学制品制造业有六个城市排在前六位，先进制造业在各城市中的地位较弱，只有保定的交通运输设备制造业位居第一位，秦皇岛的交通运输设备制造业位居第五位，张家口专业设备制造业位居第三位，保定和邢台的电气机械及器材制造业位居第五位。

4. 产业合作机制尚未形成

由于京津冀地区有北京和天津两大直辖市，在区域合作中，受行政体制束缚的影响较大，过去两市常就谁是经济发展"龙头"而束缚了京津冀产业合作的步伐，近年来，随着各方合作要求的加强，京津冀区域合作各方进行了许多有意义的活动，包括高层领导的互访、召开京津冀合作论坛、达成合作共识、签订合作协议等，但总地看来，京津冀的合作还处于多探讨、造舆论、重形式的阶段，关系到合作各方切身利益的可实施的具体方案和政策还没有实质性内容。冀京、冀津关于全面发展经济技术合作两个会谈纪要规定的建立高层次的合作协调委员会和召开合作协调会等制度，基本上没有落实。鼓励合作的政策尚未制订出来，合作基本停留在以县区、企业、民间合作为主。同时，在这一区域，影响产业合作的民间力量还十分薄弱，不能在产业合作中发挥主要作用。与长三角地区相比，京津冀地区产业协会、民间商会、民间资本、民间咨询机构等民间力量发展缓慢，使得依靠市场机制配置资源，引导企业间开展合作，推动生产要素自由流动、进行项目选择、资源整合、产业链形成、信息沟通等方面都缺乏相应的机构予以指导，制约了产业合作的开展。

5. 市场化进程迟缓

相对于长三角和珠三角地区，京津冀地区的市场化进程较慢，成为制约产业合作步伐缓慢的根本性因素，表现在政府对经济的干预程度较强，对外开放程度不高，要素市场流动受行政制约严重，国有企业改革步伐不快，非国有经济发展层次不高。在区域合作中，与企业行为、民间资本力量相比京津冀地区地方政府明显处于强势地位，对企业的生产活动干预较多，企业跨区域生产合作受到限制。生产要素流动受行政体制、改革进程的影响，难以在地区间充分流动，使得京津冀区域各自拥有的优势难以充分发挥，制约了产业发展水平的提高。国有企业改革步伐慢，企业包袱重，调整难度大，活力不足，难以形成与市场经济体制相适应的企业运行机制，不利于企业的合理布局与产业链的构建。多数民营企业规模还比较小，在技术层次、产品档次、竞争意识、应变能力等方面还不能与大企业建立起良好的合作与协作关系。

二、经济合作的条件和不利因素

1. 经济要素互补性较强

京津冀地区城市之间距离较近，交通方便，要素互补性强，具备产业合作的良好条件。北京是中国最大的交通枢纽和通讯中心，以北京为中心的陆空交通和通信干线连接世界各地，已基本形成综合运输网和通信网。天津港是国际性港口，形成了连接海内外的以港口为中心，海陆空一体化的交通体系。河北省有秦皇岛港、唐山港、黄骅港。使得京津冀具有了海陆空相互支撑，以北京和天津为核心的现代交通枢纽，为该区域对外联系和区内产业合作提供了良好的基础设施条件。

京津冀地区生产要素具有互补性。北京和天津是我国科技、人才和教育高度密集的区域，对促进京津冀各地市开展在科学研究、科技研发、经营管理、职工培训等方面的合作，有着先天的优势条件。北京市土地资源紧缺，而天津市和河北省具有丰富的沿海荒地资源可用作建设用地；河北省劳动力资源丰富，且成本低；旅游资源各具特色，北京市、天津市以人文景观为主，河北省以山、海自然景观为主，共同组成了吸引当地和其他地区旅游者的有利条件。区域范围内矿产资源丰富，冀东地区和渤海海域石油资源、天然气资源、盐业资源、地热资源、煤炭资源、铁矿石资源、石灰石资源等都很丰富。

2. 各具特色的产业发展格局初步形成

京津冀各地市经过多年的发展，已经形成了各具特色的产业发展格局，为进一步的产业合作打下了良好的基础。北京不仅是全国政治、文化中心和国际交往中心，而且技术研发能力较强，产业基础雄厚，现代服务业发达，集中了全国几乎各大银行的总行、中国主要的信托投资公司和保险公司以及外国银行办事机构。北京集中了全国软件开发及信息技术、精密仪器制造、计算机和通讯技术的各类优秀人才，诺基亚、摩托罗拉、惠普、松下、微软、富士通等均在北京设立了研发中心。中关村高科技园区、北京经济技术开发区、金融街等对首都经济发展具有较强拉动作用的重点产业功能区，呈现出良好的发展势头。

天津市是中国北方重要的、综合性的港口城市和经济中心，工业门类齐全，已形成了石油和海洋化工、汽车和装备制造、电子信息、生物技术与现代医药、新型能源和新型材料、现代服务业等支柱产业。在电子通讯、汽车制造等行业已具有一定的国内竞争力和市场份额。依托港口和天津港保税区以及空港物流的优势，物流以及与之相关服务业发展迅速，商贸会展、房地产等行业规模也在不断扩大。天津作为一个老工业基地，天津产业工人100%受过初等教育，工程技术人员85%以上为大专学历。高素质的人力资源和突出的科研优势为天津高新技术产业的发展和产品质量的提高以及产业结构的优化升级提供了智力支持。

河北省产业结构调整取得积极成效，主导产业带动作用增强。工业继续发挥对经济增长的主导作用，钢铁、石化、医药、建材、农副产品加工等比较优势进一步显现；服务业整体结构正在逐步优化，新兴和现代服务业发展较快；农业综合生产能力提高。石家庄的医药、唐山和邯郸的钢铁、沧州的化工、保定和廊坊的机械制造、秦皇岛的玻璃等已形成一定优势，为开展与京津地区的产业合作提供了基本条件。

3. 水资源短缺、生态环境保护的压力日益增大

目前京津冀地区产业结构以重化工业为主，农业比重相对较高，其发展对水资源的需求和环境的影响比较大。京津冀地区是我国水资源十分短缺的地区，目前北京市人均水资源量不到 300 立方米，是世界人均占有量的 1/30，是我国人均占有量的 1/8；天津市人均水资源占有量仅 180 立方米，为全国人均占有量的 1/13，世界人均占有量的 1/50；河北省人均水资源量 311 立方米，是全国人均占有量的 1/7。从发展趋势看，京津冀地区仍处于工业化的中期增长阶段，同时由于拥有沿海的区位优势和现有产业基础，重化工业的发展在短期内仍在这一区域处于主导地位，在京津冀产业合作中，必须充分认识到水资源短缺对本区域经济发展的制约和影响。

区域现有产业的发展对区域环境的影响也不断加大。以河北省为例，河北省由于重化工业比重大、增长方式粗放，资源消耗量较大，利用率较低，2005 年河北省万元生产总值综合能耗比全国平均水平高 60%，居全国第七位，单位 GDP 电耗比全国平均水平高 9%，单位工业增加值能耗比全国平均水平高 70%，工业固体废弃物综合利用率比全国平均水平低 5.8 个百分点，其二氧化硫、工业烟尘和工业粉尘的排放量分别居全国第四、第五、第二位，超出了环境的承载能力。北京市和天津市受北方城市自然生态条件和经济快速发展的影响，根本改善空气质量、治理水环境等任务仍十分艰巨。2005 年，北京市空气质量二级和好于二级的天数仅为 234 天，占全年的 64.1%。从举办奥运会，建设宜居城市、构建和谐社会等要求出发，产业发展和合作过程中对环境保护提出了更高的要求。

4. 经济发展水平落差过大不利于产业合作的展开

区域内部一定的经济梯度有利于开展区域间的经济合作，但如果差距过大，则对开展经济合作产生不利影响。京津冀与长三角和珠三角的一个明显差距就是经济发展所形成的梯度差距过大，表现在：一是北京、天津与河北各市之间经济发展差距过大，2005 年，京津冀地区只有北京、天津、唐山地区生产总值超过 2000 亿元，人均地区生产总值最高的北京是最低的张家口市的 4.6 倍，按省份算北京的人均生产总值是河北省的 3.1 倍。二是城市体系不健全，在北京、天津两个特大型城市之下，缺乏与京津匹配的二级城市，石家庄市刚刚超过 200 万人，唐山、邯郸和保定刚刚超过 100 万人。在城市体系中，也缺乏小型规模的城市，城市数量过少，不利于区域经济的发展在京津冀地区。河北省共有地县级以上城市 33 个，其中地级市 11 个，但城市规模却普遍偏小，小型城市的产业水平较低下，大城市与中小城市的产业就如同一道悬崖峭壁，中心城市的能量很难辐射和发散出来。一方面京津的产业链无法广泛的在河北延伸，另一方面周边城市也无法对其提供良好的支撑。三是城乡发展差距巨大。在京津北部有一个连绵数百里的贫困带，几十个贫困县、几百万贫困人口。河北省城镇居民人均可支配收入是农村居民人均纯收入的2.37倍，其中承德和张家口的差距高达3倍多。大面积贫困地区的存在，客观上制约着北京、天津两个中心城市的发展，也制约着京津冀一体化发展。

由于京津与河北省的经济社会发展水平存在巨大的落差，对产业合作造成一定的负面影响。一方面，产业技术水平的巨大差距，使得京津产业在升级过程中，顺利转移至周边地区；京津的企业在周边地区难以找到合适的企业与之配套，只好到江浙等地区寻求配套，科研成果也难以在周边地区转化；另一方面，经济社会发展水平差距大还造成基础设施、社会保障、消费水平、文化差异、合作观念上的落差，使得区域间进行产业合作时，产生了许多非产业本身带来的合作障碍，不利于产业合作的开展。此外，经济发展水平低下，导致消费市场狭小，影响产业生产规模的扩大。

三、加强京津冀城市群经济合作的战略设想

在经济全球化和市场化改革的双重作用下，国内各地区间的要素流动和产业转移日益加快，相互之间的经济依存和互动效应逐步加深，区域经济一体化进程步伐加快。区域经济合作作为改革开放和市场经济体制完善的重要手段，将成为未来我国经济社会发展的新趋势、新动力。为落实科学发展观，促进经济社会全面协调可持续发展，国家把天津滨海新区开发开放纳入国家区域发展总体战略，并将京津冀都市圈区域规划、长江三角洲区域规划纳入"十一五"规划体系，区域经济合作将向更深层次发展。因此，京津冀经济合作应在加强产业联系的基础上采取如下战略：

（一）增强实力竞合多赢

1. 树立共同发展，相互促进的发展理念

世界各国区域经济发展的实践证明，任何一个区域的发展壮大，都不

是一个城市孤立成长发展起来的，城市与区域之间依靠天然的地理位置上的邻近，构成了相互依托，共同发展的区域经济共同体。京津冀地区从发展条件看，已经具备了很好的产业合作基础，产业合作具有较强的互补性，为了提升京津冀在世界、在全国的经济地位，为了京津冀区域各个城市的长远发展，京津冀各市应该以促进区域快速发展为总体目标，树立起共同发展、相互促进的理念，把提升京津冀区域整体竞争力视为自身必须承担的重要任务，树立一荣俱荣、一损俱损的区域观念，在壮大自身经济的同时，更多地关注区域总体竞争力的提高。京津要放下大城市的架子，主动与河北各市展开密切合作，河北省各市要有开放的眼界和共同发展的心胸，只有各方抛开狭隘的行政区观念，才能在日益竞争的世界经济格局中使京津冀地区占有一席之地。

2. 加快产业结构调整

京津冀地区存在着较大的经济发展差距，但同时各地市又都面临着产业结构调整的任务。京津承担着率领京津冀参与全球化竞争，提升全球分工与竞争能力的任务，他们在追赶世界先进国家水平，大力发展现代服务业，提高城市集聚和辐射能力，提高制造业总体水平，提高企业自主创新能力，开发具有自主知识产权的核心技术和产品等方面还需要有大幅度的提高。河北省各市一方面要大力推进三次产业结构的调整，以产业科技创新为依托，通过重点优势产业尤其是制造业的发展，加快工业化步伐；另一方面，还要促进城镇化水平的快速提高，大幅度缩小与京津的发展差距，只有快速提高了自身经济实力，才能够更好地实现区域共同发展的目标，才能为产业合作提供一个合作平台，在这一平台之上才有能力承接京津的产业转移，才能逐步实现与京津产业链条的对接，寻求产业发展与合作更深层次的衔接。

（二）合理分工，功能互补

区域经济发展中，要素空间分布的不均衡性必然导致经济活动方式和经济内容的不同，这促使不同地区之间商品的交换和生产要素的流动，使不同地区之间结成一种互补和竞争的关系。京津冀地区生产要素存在较大的差异，所以通过地区间的合理分工与合作，可以使得各个城市和地区能以各自的经济利益的实现来获得"部分之和大于整体"的区域经济效益。依托京津冀各自特有的发展条件和比较优势，所确定的合理分工是构建区域产业合作的基本前提，也是取得未来发展持久优势的根本所在。合理分工要从区域整体发展的要求，确定每个城市的产业发展方向，具有城市特色的产业和产品，确定重点产业在不同城市的主攻方向。目前京津冀产业合作主要以垂直型分工为主，即以一个或多个制成品为核心建立相应的与之互补、依附性强的产业合作，这是发达地区与欠发达地区合作的主要方式。未来应着力推动这种垂直型分工向水平型分工转变，即按照生产要素的优劣条件，发展具有地区优势的产业和产品。

（三）促进京津冀区域经济一体化

城市群的兴起构成当前中国国民经济运行最主要的空间特征。京津冀地区是我国城市、港口和产业最为密集的区域之一，其在中国国民经济整体格局中占有重要战略地位。从总体上看，京津冀城市群建设尚处于起步阶段，目前还存在着中心城市现代化功能不足、城乡联动不足、产业分工不足、市场化水平不足、基础设施一体化不足、消费和出口作用不足等许多不利于总体发展的问题。未来，京津冀城市群合作需要以区域整体功能定位及其在空间的有效分解为前提，以产业合作为主线，以市场和企业自下而上的力量为主体，进一步发挥京津冀地区的区位、资源、科技、文化等优势，以启动京—津实质性合作和构建京津现代服务业中心为契机，以深化区域制造业分工为核心，以制造业集群发展为支撑，创建"繁荣看京津，实力看河北"的区域联动型产业结构，释放经济潜能，实现京津冀城市群各市共赢，带动中国北方经济，进一步辐射东北亚，成为支撑与联系国内外各类经济与社会活动的特大型都市圈、知识型总部经济区域和世界级先进制造基地。

未来，京津冀城市群需要以区域整体功能定位及其在城市空间的有效分解为前提，以产业合作为主线，以市场和企业自下而上的力量为主体，以政府自上而下的作用为主导，全方位开放，高标准融合，多层次创新，进一步发挥京津冀的各种优势，释放经济潜能，实现各省市共赢，以打造强大的京津冀城市群。

1. 城市群整体功能定位及其在空间的有效分解

城市群的发展在思路上得先有功能开发，再有形态开发和产业开发，用功能开发来指导形态开发和产业开发。未来京津冀城市群发展的第一步是要明确城市群总体功能定位，以此为基础再进行空间的有效分解，也即明晰京、津及河北各市的功能定位，尤其是京津的功能定位，这是一个长期的战略发展问题。如果这一问题解决不好，条块分割将使得优势不能发挥，成本大大提高。

立足于京津冀的发展现状，未来，该区域要以构建可持续的生态与社会环境，创造安全、舒适、便利的良好人居环境为前提，以具有国际、国内竞争力的现代服务业和先进制造业为支撑，带动中国北方经济，进一步辐射东北亚，成为支撑与联系国内外各类经济与社会活动的特大型都市圈、知识型总部经济区域和世界级先进制造基地。

作为区域性中心城市，每一个城市都有自身的中心区和辐射区域。但作为城市群的一部分，每一个城市都相当于城市群的一个功能区，因此，每个城市必须要有自己相对明确的功能与定位。京津冀区域合作的动因在于各城市之间功能的互补。作为城市群和联系紧密的区域，对外才能形成整体竞争力。

2. 改善投资环境，营造经济生态

对于京津冀城市群而言，长期的任务便是要注重培育创业意识和文化，弘扬独立企业家价值，营造区域创业氛围和经济生态。改进行政服务是京津冀城市群各级政府当前的首要任务，要积极支持民营企业成立各种协会、商会，依托协会、商会在同业联盟、市场开拓、技术指导、管理创新等方面为民营企业搞好服务。各省（市）政府可集体组织各类博览会、展销会、订货会，帮助民营企业开拓市场，对于大型的民营企业实行贴身服务，做好基建、设备报批、产品出口等服务工作，突出个性化服务。在现有产业基础上，针对不同行业等提出全面服务水平，维护产业的相对规模优势，继续保持市场占有的领先。

3. 建设网络型基础设施

城市群经济的整体发展要求基础设施在空间上具有连续性。区域经济合作首先要整合硬件，基础设施一体化是搞好区域合作的基础性条件。京津冀城市群当前要加速区域综合运输体系的建设与协调，构筑一体化的交通体系，打破行政区划的阻隔，促进跨区域运输发展，提升区域交通网络的便捷程度，加强区域中航空港之间、海港之间及空港和海港之间的有机联系，促进分工与协作，疏导人流、物流，在本区域内实现基础设施和公共设施的共建、共享和共赢。

4. 人才开发、使用一体化

统一人才市场、构筑人才信息平台，京津冀城市群各地区人事部门应该在专业技术职务任职资格互认、异地人才服务、博士后工作站、高层次人才智力共享、专业技术人员继续教育资源共享和公务员互派等制度层面展开合作，促进人才开发一体化。未来，京津冀城市群要充分利用本地区丰厚的科技资源优势，在原创性技术的孵化与技术应用的推广方面联手提高自主创新能力，提升本地区的产业技术能级。

5. 建设可持续性区域生态环境

整治京津冀城市群生态环境，建设并保护好生态环境，尤其是保护、开发及合理利用好土地和水资源。污水要统一治理，如统一收费、统一处理、统筹利用。要通过多种渠道，包括财政转移支付，国家投资和补贴，以及组建区域联合建设与保护基金等实现地区间的利益补偿。对于该区域的重要水源涵养区、水土保持的重点预防保护区和重点监督区、防风固沙区等重要生态功能区，建立生态补偿机制，在此基础上制订环境保护管理条例，加强对生态功能保护区建设与保护的监督。

（四）优化空间布局

京津冀虽在行政区划上分为一省两市，但在经济、文化、地理上是一个不可分割的整体。京津两市是京津冀区域的核心，河北省是两市的腹地。由于行政区划的分割，京津两市对河北省的辐射力减小，对河北经济社会发展带来不可估量的影响。空间布局的优化要淡化行政区划，从促进区域经济发展的角度，对其科学规划，合理布局。空间布局应遵循"宏观上集中，微观上扩散"的原则，即从区域角度考虑，促进"园区向轴带靠拢，工业向园区集中，人口向城市流动"，从城市角度考虑，城市功能应向外扩散，培育更多的二级城市，形成城市规模、空间布局都比较合理的城市体系和功能区。

1. 打造"一轴两带"，形成"之"字型城市和产业密集区

从整个京津冀区域来看，产业集中度是比较高的。在京津两市之间，河北廊坊近年来发展迅猛，北京亦庄、天津武清借助开发区的各种优势，集聚了大量产业，城市连绵区的雏形已经显现。随着天津滨海新区的开放开发、环保产业重心东移、曹妃甸重化工园区的建设，渤海沿岸将异军突起，临海产业的发展将带动城市的崛起。从北京到邯郸，是国家"十一五"规划中新的发展轴线的北段，如把"京广线"比作中国的"脊椎"的话，北段则是中国的"颈椎"，背依太行山，面向大平原。"一轴两带"共同构成"之"字型空间发展轴线。

（1）京津塘经济发展轴。京津塘经济发展轴西起北京中关村，东至天津滨海新区，是京津冀地区经济发展的主轴。沿线分布有中关村高科技园区、通州光机电一体化产业基地、通州国家环保产业示范园、北京经济技术开发区、廊坊高新技术产业园、逸仙国际工业园区、武清新技术产业园区、北辰经济技术开发区、宜兴埠新技术产业园区、塘沽海洋高技术园区、天津经济技术开发区，集中了京津冀地区众多的高新技术企业。该区域地处科技、人才等创新资源丰富的北京与天津两市，具有良好的发展高新技术产业的基础和条件。该区域将以高新技术产业为方向，以物流、金融等生产性服务业为纽带，重点打造高新技术产业、先进制造业，带动京津冀区域整体发展，促进生产要素优化配置，使之逐步成为世界知名的高新技术研究开发与产业化、先进制造业和现代服务业的产业密集地带。

（2）滨海经济带。滨海经济带北起秦皇岛，南至沧州，包括秦皇岛、唐山、天津滨海新区与沧州的沿海地区，处于渤海湾海岸线的中间区段，区位条件优越，拥有众多港口，腹地广阔，对外联系便捷，具有发展重化工业得天独厚的优势与有利条件。未来将依托沿海港口优势，进一步加强基础设施建设，改善投资环境，推动产业向沿海地带转移，吸引更多的企业向产业带集聚。利用国内与国外两种资源、两个市场，发展石油化工（以天津滨海新区与沧州为重点）、钢铁（以唐山为重点）、造船及装备制造（以天津滨海新区和秦皇岛等为重点）、能源（以沧州与唐山为重点）等临港型工业，以及发展进出口贸易、保税加工、物流业，形成我国北方主要的化工、能源、钢铁基地和物流基地。

（3）京广北段经济带。京广北段北起北京，经保定、石家庄、邢台到邯郸。该经济带位于京津冀中南部地区，以京深高速公路与京广铁路为纽带，与北京、天津的联系非常密切，易于接受北京、天津的辐射。该产业带具有发展以加工为主的先进制造业的科技人才优势、制造业基础和有利的区位条件。该区域要发挥加工制造业现有基础与地缘优势，积极承接京津制造业转移，大力引进京津资金、技术和人才，加强与京津在资源开发、资产联合、产品协作配套等方面的合作，加速传统产业技术进步和升级，重点发展医药、纺织服装、食品等轻制造业，积极发展汽车零部件、新能源设备等装备制造业，形成全国主要的医药生产基地、华北地区重要的纺织基地与食品及饮料生产基地，京津冀南部经济中心地带。

2. 构建"京津石"大三角，变"双城记"为"三城记"

研究京津冀的学者往往从空间距离的角度划分合作半径，而忽视了经济文化方面的联系及对区域发展的辐射力和影响力，如提出"京津唐"、"京津保"、"京张承"等空间组织概念，看起来似乎很合理，但没有什么意义。事实上，唐山、保定、张家口、承德等都已成为京津两市的卫星城，受到两市强烈的辐射和影响，其消长取决于两市的辐射力。尤其是保定和唐山，其辐射区域和京津两市几乎完全重合，本身对周边区域的辐射力和影响力已经很小，其本身的发展也受到京津两市的巨大影响。而石家庄市介于京津两市辐射区的边缘，既有接受京津两市辐射的优势，又有自身的腹地，产生极化效应，有要素集聚和规模扩大的潜力，有可能在短期内发展成为京津冀区域的二级城市，成为京津大都市的二传手，向冀中南地区辐射，带动冀中南地区的发展。石家庄市的快速发展，使京津冀区域内的"两极"或"单边"变为"三极"和"多边"，变"双城记"为"三城记"。

石家庄是河北省的省会，居京津冀的中心地带，素有"南北通衢、燕晋咽喉"之称，是以医药、纺织、商贸物流等产业为主的综合型城市。石家庄具有发达的公路、铁路、航运基础条件，是我国北方地区重要的客、货中转站，是全国三大铁路枢纽之一和环京津地区最大的货运空港，高速公路拥有量居全国第一；石家庄火车站是全国三大货物编组站之一，民航机场是国家批准的国际口岸机场。石家庄和郑州一样是连接京沪、京广、京九、同柳（大同—柳州）四条南北铁路大动脉的交通枢纽。依托优越的区位交通优势、各具特色的专业市场和发达的商贸流通业，石家庄的现代物流业表现出了良好的发展态势，占第三产业的比重持续上升。近年来，由于缺乏战略上的把握和没有抓住发展的机遇，无论城市规模和产业发展都比较缓慢，甚至赶不上西部地区的省会城市。未来，石家庄要依托省会、地理条件和交通优势，全面振兴服务业，改造提升医药、纺织服装等传统优势产业，提升城市经济能级，迅速建设成为河北最大的综合性服务业中心城市，托起京津冀区域倾斜的一角。

3. 培育四大产业区

京津冀地区目前已经初步形成以首钢和唐钢为龙头的钢铁产业集群，以摩托罗拉等为核心的电子信息产业集群，以天津滨海新区、曹妃甸、沧州等为核心的环渤海海洋经济集群也正在发育形成中。从现实优势和未来发展看，应按照大项目—产业链—产业集群—产业带的基本框架，积极培育四大产业区。

（1）环京津装备制造产业区。定位于高科技产业和外资外贸加工集群。北京的汽车、微电子、光机电一体化机械制造、生物工程与新医药四大产业是其今后的产业发展重点，但由于土地、水等资源的缺乏以及劳动力成本上升等因素的限制，北京不可能有完备的、大规模的生产加工基地、协作配套基地。廊坊、保定位于京津中心走廊，是京津经济辐射体系中的重要节点城市。应充分利用这种有利条件，吸纳和集聚京津的技术、人才和资金，重点发展技术密集型的新型接续产业，形成现代制造业的零部件配套加工基地，逐步建成环京津高新技术和外向产业集群。

（2）渤海湾重化产业区。这一区域在空间上处于渤海湾经济圈的中心地带，是北京的出海口，长期以来一直是京津冀地区的铁矿石、焦煤、建材等能源和原材料的供应基地。从区位条件和港口条件看，这一产业区正好符合临海型重化工业发展模式，并同时具有发展海洋运输、滨海旅游、海水产品、盐业及盐化工等得天独厚的优势。在这一产业区，最具绝对优势的是其拥有的海上交通与运输资源，除天津港以外，包括曹妃甸、京唐港两港区的唐山港、秦皇岛港、沧州港等港口也是北京的重要货运通道和对外口岸。曹妃甸作为中国北方最大的天然良港，将是搬迁后首钢的载体，依托曹妃甸低成本的海运，为京津冀重化工业布局向沿海转移、向临港集聚创造了重要条件。

因此，滨—唐—秦—沧临港工业发展良机不容错失，应乘势而上推进产业重型化。借助沿海港口和产业基础优势，通过有序、有效的生产力要素合理东移，促进沿海经济、海洋经济开发，逐步形成以临港工业为主体的外向型渤海能源及重化工产业集群。

（3）冀中南轻工商贸产业区。这是以石家庄为核心，南延向衡水、邢台、邯郸方向扩展而形成的冀中南部地区，定位于商贸流通区和制造业基地。这一区域既是京津核心区辐射的边缘区，又是华北平原和太行山南段的核心区。一方面应发挥石家庄的华北重要商埠优势，构筑河北南部区域的循环产业链；另一方面，以低梯度产业为主与环京津区域形成良性互补，沿京广、京九铁路和京深高速公路进行特色经济开发。京广、京九沿线重点发展医药、化工、冶金、建材等传统优势产业和电子、通信、生物工程等高新技术产业以及设施农业；京九沿线立足产业结构的轻型化和高级化，着重体现县域经济特色，建设优质农产品生产及加工基地，发展高效农业和创汇农业。

（4）张承环京津生态产业区。定位于突出生态特色，发展"绿色环保区"和"高新农业示范区"，其相应的功能定位有以下三方面：一是建成京津绿色食品生产供应基地。要发挥连接京津，沟通晋、蒙的区位优势，充分利用本地区独特的自然条件和区域内农用化学物质影响小的特点，满足京津对传统的牛羊肉、天然错季蔬菜、绿色食品、洁净食品的需求，成为京津鲜、活、绿色产品的主要来源地。二是建成京津核心区的绿色生态屏障。张承地区地处北京市的上风上水，是北京周边生态建设的重点区域，担负着京津的生态安全职责。三是大力发展文化积淀深厚的山水型生态旅游。目前，张承地区旅游业只能说是初具规模，还有较大发展潜力，应借助北京及周边地区的旅游资源，做好旅游景点的开发与整合，加快与北京旅游的项目对接、资金对接和市场对接，延伸"旅游产业带"，建成北京的后花园。四是发展和承接京津无污染、对环境要求高的产业，如装备制造业、工艺品、旅游纪念品等为旅游业服务的产业。

四、促进经济合作的政策建议和措施

推进京津冀的合作，逐步提升城市群产业分工的层次，实现产业布局的合理化，将是一个诸因素互动的长期过程。在这个过程中，各级政府应该也必须有所作为，积极发挥规划先导和政策引导作用；建设统一的要素市场，更好地发挥市场配置资源的基础性作用；创造条件，鼓励企业发挥经济主体作用，实现产业的延伸和对接。

（一）建立京津冀市长联席会议制度

京津冀城市群市长联席会议应由京津冀各市市长共同组成，建立定期或不定期的高层领导会议制度，探讨各城市发展思路的对接，协调解决基础设施、产业发展、空间布局、环境保护与污染治理等重大问题，对跨地区建设的重大项目进行决策；制定共同发展章程，形成规范的对话与协商制度。联席会议主席既可由北京市长担任，也可由北京、天津、石家庄市市长轮流担任。市长联席会议下设办公室为常设机构，负责落实联席会议所作出的各项决策。办公室设在北京或设在天津滨海新区。各市的发展改革部门是市长联席会议决策的具体执行者，要召开定期会议，沟通有关信息，及时反映合作中的问题，提出解决办法，开展联合推介活动。

（二）实现交通设施的网络化

城市群的形成和区域合作要求交通等设施在空间上具有连续性。基础设施一体化是搞好区域合作的基础条件。京津冀各市政府要加速区域综合运输体系的建设与协调，构筑一体化和网络化的交通体系，打破行政区划的阻隔，提升区域交通网络的便捷程度，加强区域中航空港之间、海港之间及空港和海港之间的有机联系，在本区域内实现基础设施和公共设施的共建、共享和共赢。

涉及区域联动的基础设施建设、生态环境保护、重大科研开发、重大水利工程项目等，需要各市政府财政予以支持或全额支付。通过这些项目的组织和建设，培植区域合作基础，有利于从根本上打破地方经济的狭隘观念。当然，财政投资只能作为一种先导性资金，要鼓励各种所有制企业参与到跨区域的经济合作项目中，使区域合作建立在市场经济的内在利益联系之中。

(三) 促进要素的合理流动

未来，京津冀区域需要统一市场，包括商品市场和要素市场，并由此保障企业资源配置的区域化。第一步需要统一商品和服务市场。在统一商品市场的基础上，再统一产权市场、资本市场、人才市场、科学技术市场等要素市场。

为促进京津冀经济一体化，未来，需要从金融一体化着手采取有效措施推进产业一体化进程。京津冀地区现实中的资本市场分割制约了产业资本的正常运转。从推进京津冀经济一体化发展的角度，需要研究如何发挥资本市场在产业一体化和产业升级中的作用，以促进该地区联动发展。北京要考虑与天津联手打造一体化的资本市场，充分发挥北京金融资源和天津滨海新区政策资源的优势，促进整个京津冀区域经济一体化。

统一人才市场、构筑人才信息平台，京津冀各市人事部门应该在专业技术职务任职资格互认、异地人才服务、博士后工作站、高层次人才智力共享、专业技术人员继续教育资源共享和公务员互派等制度层面展开合作，促进人才开发一体化。未来，京津冀要充分利用本地区丰厚的科技资源优势，在原创性技术的孵化与技术应用的推广方面联手提高自主创新能力，提升本地区的产业技术能级。

(四) 建立区域性中介机构和相关组织

应积极发挥社会中介组织和企业等非政府组织的作用，建立以政府协调合作机制为主导的包括企业和社会中介组织等多层次参与的区域发展协商与协调机制。要支持和鼓励各省市行业协会相互融合，逐步建立起区域性的行业协会，组织企业间的合作，推动相关企业共同制定区域行业发展规划、区域共同市场规则，推进区域市场秩序建立，探索区域各类市场资源的联接和整合等。通过同业企业的联合，采用自治、自律的方式规范企业，倡导企业间的良性竞争，引导产业合理分工和协调发展，促进各城市企业间进行多领域、全方位的沟通合作，加快区域间产业链条的形成。建议在各市行业协会基础上由天津市发起在天津滨海新区建立京津冀区域行业协会联合会。

建议在天津建立京津冀技术指导和管理咨询中心和设备共用中心。向技术水平较低的专业化中小企业提供技术援助，帮助他们克服专业化生产中的难题，帮助专业化中小企业健全管理制度，提高管理水平。有些专业化生产需要高效率、高精度的大型加工设备。如果由需要的企业独自购买，会由于利用不充分而增加产品成本。由设备共用中心购置高价格的大型设备，供中小企业有偿使用，有助于降低专业生产零部件摊入的不变成本。

建议在北京建立产业协作信息中心，将愿意进行专业化生产企业的技术资料存入信息中心，为企业寻找协作对象提供方便快捷的服务；组织同类生产企业间的技术交流，推动技术成果的转让；为协作产品价格的制定提供参考，减少协作双方因定价出现的争执；为专业化企业提供培训管理人员和员工的条件，促进企业素质的提高。

（五）促进银企合作，支持企业产业转移

对于产业转移项目，应加强银行与企业的沟通，定期举办银企对接活动，促进产业转移项目投资者与金融部门的沟通和合作，为产业转移项目提供贷款支持。为企业特别是中小企业提供多种形式的贷款服务。金融部门要配合当地政府加快建立和整合以财政出资设立的政策性担保机构，鼓励民营资本进入担保行业，逐步形成以政策性担保机构为主体、营利性和商业性担保机构为补充的担保体系，有效降低担保费用。同时，积极探索银行可以接受的，如产业转移项目的股东担保或有效资产抵押担保等担保方式。在转移项目中选择开展面向公众公开募股方式筹集资金的试点，建立资本一级市场，在此基础上，建立柜台交易市场。

（本文摘自肖金成等著《京津冀区域合作论》，经济科学出版社 2010 年版）

长三角城市群经济一体化研究

长江三角洲地区位于我国沿海和长江 T 型经济带的交汇处，是我国经济社会最发达、人口和产业最密集、发展最具活力的地区，也是我国具有国际竞争力和重要影响力的城市群。在不久的将来，长三角城市群也将跻身于世界级城市群，和美国的波士华、日本的东海道城市群并驾齐驱。长三角城市群的快速发展，有赖于区域经济的一体化和交通体系的改善。高铁时代的到来，不仅加速实现城市群的一体化，而且有利于推动整个城市群的同城化步伐。

一、长三角城市群的战略定位与经济一体化

长江三角洲城市群包括上海市、江苏省的 8 个地级市（南京、苏州、无锡、常州、扬州、镇江、南通、泰州）和浙江省的 7 个地级市（杭州、宁波、嘉兴、湖州、绍兴、舟山、台州），共 16 个地级以上行政区，共有大、中、小城市 50 多个，1000 多个建制镇，总面积 110115 平方公里，占全国陆地面积的 1.15%。2009 年，户籍人口 8450.70 万人，占全国 6.33%，GDP 9978.93 亿元，占全国 17.61%。上海是我国第一大城市，在上海的辐射带动下，上海都市圈的半径越来越大，逐步和南京都市圈、杭州都市圈融为一体，发展成为长三角城市群。该区域已经初步形成了以上海为核心的"一核三圈四轴"的空间结构，即以上海为核心，形成了上海、南京、杭州三个都市圈以及沿海、沿江、沪杭、宁甬四大发展轴。四大发展轴已经成为该地区最重要的产业集聚区，也是全国最密集的城镇连绵区。

（一）长三角城市群的战略定位

国务院《关于进一步推进长江三角洲地区改革开放和经济社会发展的指导意见》中提出：把长江三角洲地区建设成为亚太地区重要的国际门户、全球重要的先进制造业基地、具有较强国际竞争力的世界级城市群。世界级城市群的定位第一次在国家正式文件中出现，不仅体现了长三角城市群在全国的重要地位，也表明要在世界级城市群中占有一席之地。目前国际公认的世界级城市群有五个：一是以纽约为核心的波士华城市群；二是以东京为核心的日本东海道城市群；三是以巴黎为核心的欧洲西北部城市群；四是以芝加哥为核心的北美五大湖城市群、五是以伦敦为核心的英国中南部城市群。从经济总量看，波士华城市群是世界最大的城市群。

表1　　　　　　　　世界主要城市群基本情况（2007年）

世界城市群	总人口（万人）	总面积（平方公里）	GRP（ppp 百万美元）
波士华城市群	3720.43	71812.46	2330192.00
五大湖城市群	2993.12	72963.00	1308984.70
东海道城市群	5552.72	37591.63	1974860.46
英国中南部城市群	2018.08	15983.30	889201.20
欧洲西北部城市群	2489.26	29406.80	1150966.00
长三角城市群（2009）	8450.70	110115	882043（GDP）

资料来源：波士华、五大湖、英国南部、欧洲西北部城市群数据来自 OECD 统计数据库，网站 www.stats.oecd.org。日本数据来自日本总务省统计局，网址 www.stat.go.jp。中国数据来自《中国统计年鉴》2009年数据，统计时美元对人民币汇率为：1美元=6.8元人民币。

中国现已形成十大城市群，其中长三角城市群居十大城市群之首，无论是人口，还是经济总量，都高居第一。据统计，2009年，长三角城市群的GDP高于屈居第二位的京津冀城市群26000多亿元（见表2）。中国人口最多，经济总量已列世界第二位，作为中国第一大城市群，理当在世界城市群中榜上有名。随着中国经济继续快速发展、城市化水平提高以及城市群空间的外延拓展，长三角城市群无论是人口规模，还是经济规模，都有可能高于波士华城市群，成为世界第一。

表2　　　　　　　中国十大城市群的基本情况（2009年）

城市群名称	面积（万平方公里）	人口（万人）	市域GDP（亿元）
长三角	11.01	8450.70	59978.93
京津冀	18.25	7344.55	33532.56
珠三角	5.50	2967.02	32147.00
山东半岛	9.35	5090.47	25305.47
川渝	22.38	10102.84	18450.14
辽中南	9.69	3128.68	15033.36
长江中游	14.05	5891.89	12008.48
中原	5.68	4209.25	11002.38
海峡西岸	5.59	2623.10	9892.49
关中	7.47	2562.05	5440.32
合计	108.98	52370.55	222791.13
全国	960.00	133474.00	340506.90
占全国比重（%）	11.00	39.24	65.43

资料来源：《中国统计年鉴2010》、《中国城市统计年鉴2010》。

（二）长三角城市群的要素聚集和外延拓展

从长三角城市群与波士华城市群的比较来看，无论是经济总量，还是占全国的比重，都远低于波士华城市群，也低于其他世界级城市群。波士华城市群经济总量占美国的比重为23.1%，比长三角城市群高7.2个百分点。人口占全国比重高出11.2个百分点。可见，长三角城市群在全国的集中度并不高，还有进一步扩大的空间。像南通、宁波、湖州、嘉兴、镇江、扬州及众多县级市都有经济规模扩大和人口数量增长的空间。

表3　　　　　　　长三角城市群各城市基本情况

名称	人口（万人）	土地（平方公里）	GDP（亿元）
上海	1400.70	6340.00	15046.45
南京	629.77	6582.00	4230.26
苏州	633.29	8488.00	7740.20
无锡	465.65	4788.00	4991.72
常州	359.82	4385.00	2519.93

续表

名称	人口（万人）	土地（平方公里）	GDP（亿元）
镇江	269.88	3847.00	1672.08
扬州	458.80	6634.00	1856.39
泰州	503.98	5797.00	1660.92
南通	762.66	8001.00	2872.80
杭州	683.38	16596.00	5087.55
宁波	571.02	9817.00	4329.30
湖州	259.17	5818.00	1101.83
嘉兴	339.60	3915.00	1918.03
绍兴	437.74	8256.00	2375.78
舟山	96.77	1440.00	535.24
台州	578.47	9411.00	2040.45
合计	8450.70	110115.00	59978.93

根据日本的经验，伴随产业高度化，人口与经济要素集中的趋势更为明显。近二十年，日本经济要素继续向东海道城市群集中，尤其是加速向京滨都市圈集中。这是因为现代服务业的发展对土地的依赖性较低，对人才的依赖性强，对交通尤其是对国际交通的依赖性更强。各公司总部、各大银行、各大研究咨询机构纷纷向东京圈聚集。长三角城市群在未来很长一段时间，伴随着世界性的产业转移，经济发展方式的转变，新兴产业的发展，经济要素向长三角城市群聚集的态势不会改变。虽然，一些低附加值、耗能高、占地多的劳动力密集型产业会向中西部转移，但数量并不大。因为，相当数量的产业是外向型的，如服装、家具、日用品等，区位敏感度高。此外，在长三角已形成产业集群，除非集群整体转移，单个企业很难独立行动。

城市群的范围是动态发展的。在长三角城市群的西部，以合肥为中心的江淮城市群正在形成，范围包括合肥、芜湖、马鞍山、滁州、铜陵、池州、安庆、淮南、蚌埠、陆安。随着交通条件的改善、城市规模的扩大，与长三角城市群将融为一体。浙江南部以金华、义乌为中心，包括温州、丽水、衢州等地级市和一批县级市，苏北地区的淮安、宿迁、盐城等城市将与长三角城市群实现融合与对接。这些城市密集区与长三角城市群将共同形成"大长三角城市群"，或称"泛长三角城市群"。毋庸置疑，将超过波士华城市群和日本东海道城市群,成为世界第一大城市群。

(三) 长三角城市群区域经济一体化与功能分工

城市群的重要特征是交通发达和城市的功能分工。在城市规模较小,交通不发达的时代,每个城市都是小区域的中心,也就是说内部联系密切而对外联系薄弱。城市规模的扩大与交通越来越便捷,必然经历激烈竞争的阶段。随着都市圈的形成,与其他城市的联系越来越密切,各城市逐渐成为都市圈和城市群的功能性城市,成为城市群网络的一个节点,承担着城市群的一定功能和分工,竞争趋于弱化,合作趋于强化。这是竞争的结果,也是人们理性的选择。长三角城市群正处于城市分工逐渐明晰的阶段。在城市群中,小城市和小城镇的区位劣势在弱化,而成本优势在强化,大中小城市和小城镇的分工更加明显,有利于实现大中小城市和小城镇协调发展。

国务院批准的《长三角地区区域规划》对各城市的分工进行了初步的划分:

——上海:国际经济、金融、贸易和航运中心,国际竞争力较强的产业创新基地和科技研发中心,面向长三角、服务全国的商务中心,具有国际影响力和竞争力的大都市。

——南京:先进制造业基地、现代服务业基地,长江航运物流中心、科技创新中心,长三角辐射带动中西部地区发展的重要门户。

——苏州:高技术产业基地、现代服务业基地和创新型城市、历史文化名城和旅游胜地。

——无锡:国际先进制造业基地、服务外包与创意设计基地和区域性商贸物流中心、职业教育中心、旅游度假中心。

——杭州:高技术产业基地和国际重要的旅游休闲中心、全国文化创意中心、电子商务中心、区域性金融服务中心。

——宁波:先进制造业基地、现代物流基地和国际港口城市。

——常州:以装备制造、新能源、新材料为主的先进制造业基地和重要的创新型城市。

——镇江:以装备制造、精细化工、新材料、新能源、电子信息为主的先进制造业基地、区域物流中心和旅游文化名城。

——扬州：以电子、装备制造、新材料、新能源为主的先进制造业基地和生态人文宜居城市。

——泰州：以医药、机电、造船、化工、新材料、新能源为主的先进制造业基地，长江南北联动发展的枢纽、滨江生态宜居旅游城市。

——南通：以海洋装备、精细化工为主的先进制造业基地和综合性物流加工基地，江海交汇的现代化国际港口城市。

——湖州：高技术产业引领的先进制造业基地和文化创意、旅游休闲城市，成为连接中部地区的重要节点城市。

——嘉兴：高技术产业、临港产业和商贸物流基地、运河沿岸重要的港口城市。

——绍兴：以新型纺织、生物医药为主的先进制造业基地和国际文化旅游城市。

——舟山：以临港工业、港口物流、海洋渔业等为重点的海洋产业发展基地，与上海、宁波等城市相关功能配套的沿海港口城市。

——台州：以汽摩、船舶、医药、石化为主的先进制造业基地，成为民营经济创新示范区。

长三角城市群一体化的目标就是通过分工合作，进一步密切相互间的经济、技术、文化联系，促进要素流动和功能整合，发挥同城效应。全面加快现代化进程，构建以特大城市与大城市为主体，中小城市和小城镇共同发展的网络化城市体系，使发展更加协调，形成分工合理、各具特色的空间格局；发挥上海的龙头作用，努力提升南京、苏州、无锡、杭州、宁波等区域性中心城市国际化水平，走新型城市化道路，成为我国最具活力和国际竞争力的世界级城市群。

二、上海：长三角城市群的核心和龙头城市

上海是中国第一大城市，四个中央直辖市之一，是中国的经济、金融、贸易和航运中心。位于我国大陆海岸线中部的长江口，拥有中国最大的外贸港口、最大的工业基地。土地面积6340.5平方公里，2010年常住人口23019148人，其中户籍人口1412万。已经发展成为一个闪耀全球的

国际化大都市，并致力于建设国际金融中心和航运中心。

据《参考消息》报道：根据麦肯锡全球研究所最近一份调查，到2025年世界上经济发展最快的十个城市中，中国占有九个。[①] 上海、北京、天津、上海、深圳、广州、南京、杭州、成都。未来世界上发展最快的三个城市为上海、北京和纽约。到2025年，世界上最富裕的城市将是纽约、东京、上海、伦敦、北京、洛杉矶、巴黎、芝加哥、德国的鲁尔区、深圳、天津。

国务院《关于进一步推进长江三角洲地区改革开放和经济社会发展的指导意见》提出：继续发挥上海的龙头作用，加快建成国际经济、金融、贸易和航运中心，进一步增强创新能力和高端服务功能，率先形成以服务业为主的经济结构，成为具有国际影响力和竞争力的世界城市。《长三角地区区域规划》进一步明确：提升上海核心地位。进一步强化上海国际大都市的综合服务功能，充分发挥服务全国、联系亚太、面向世界的作用，进一步增强高端服务功能，建成具有国际影响力和竞争力的大都市。加大自主创新投入，形成一批国际竞争力较强的产业创新基地和科技研发中心，发挥自主创新示范引领作用，带动长三角地区率先建成创新型区域。

未来，上海在长三角城市群及全国的地位：

龙头：发挥自主创新示范引领作用，带动长三角地区及长江经济带经济的发展。使长三角地区成为经济总量最大、经济结构合理、国际竞争力最强的创新性区域，使长江经济带成为仅次于沿海经济带的上下游共同发展的经济发达地区。

核心：充分发挥国际经济、金融、贸易、航运中心的作用，大力发展现代服务业和先进制造业，促进区域整体优势的发挥与国际竞争力的提升。

引擎：上海市是中国经济总量最大的城市，未来，虽然主要增强高端服务功能，产业高度化水平应不断提升，但仍要形成一批国际竞争力较强的产业创新基地和科技研发中心，建成具有国际影响力和竞争力的国际化大都市。

---

① 麦肯锡全球研究院：《2025年天津将成为世界上最富裕的城市之一》，载《参考消息》2011年4月15日。

2010年，上海市生产总值（GDP）16872.42亿元。其中，第一产业增加值114.15亿元，占比0.68%；第二产业增加值7139.96亿元，占比42.32%；第三产业增加值9618.31亿元，占比57%。上海市产业结构正趋向合理化，第三产业的比重已超过第二产业，但与现代国际大都市的地位还不太相称。北京的第三产业比重已超过70%，和北京、纽约相比，上海市第三产业比重不高，第二产业比重仍然过高。全年实现金融业增加值1931.73亿元，占比11.45%，现代服务业比重仍然过低。

表4　　　　　　　上海与纽约产业结构比较（2008年增加值）　　　单位：%

	制造业	服务业	金融保险+房地产
上海	42.2	53.7	16.0
纽约	6.0	88.8	31.7

根据城市群原理的研究，城市群核心城市的主要功能是为城市群内各城市提供服务，其加工制造业逐渐转移到其他城市，这就是产业结构高度化过程。世界城市群的核心城市无一例外均是大银行、大企业的总部集中地。纽约聚集了300家美国和国际资本的大银行，比芝加哥、休士顿、洛杉矶、迈阿密和旧金山五个城市的银行总数还要多。美国十大银行的四大银行总部坐落在纽约，其中花旗银行和摩根银行分列全国第一、第二位，其资产约等于其余六家银行之和。2003年，美国财富500强公司中有42家总部在纽约，名列全国第一。东京是三大世界城市之一，1995年，世界前20家银行有8家，前100家有16家总部设在东京，世界前20家制造业企业中有3家，前100家中有17家的总部设在东京。1999年，日本全国所有机场接送旅客人数9159万人次，而东京羽田机场就有5500万人次。伦敦是仅次于纽约和东京的国际金融中心，根据2006年4月的数据，共有255家外国银行的分支机构，外汇市场日均交易量高达11090亿美元，占全球日外汇交易总量的32%，世界500强中75%的公司在伦敦有办公楼。上海要成为世界城市和世界城市群的核心城市，必须提高服务业的比重，吸引世界各大银行和各大企业总部入驻。

长三角城市群的发展及分工合作，要求上海承担起城市群CBD的功能，即由过去的为上海市的产业和市民服务转型为为整个长三角的产业和城市群所有居民服务。长三角地区的金融等现代服务业将逐步向上海集中，大企业的总部也会陆续向上海聚集，当然劳动密集型、土地依赖性强的产业会向周边小城市和小城镇转移，人口也会比现在有大幅度增加，由现在的 2000 多万人，发展到 3000 多万人，与东京都市圈的人口规模基本持平。

三、长三角城市群交通体系的完善与高铁网络建设

长三角城市群的快速发展，使其交通也呈现新的发展特征，其交通内涵将向更广更深的层次延伸。长三角是我国经济最发达的城市群，城市众多，人口密集，交通网络相对比较发达，已构筑了比较完善的民航运输、铁路网络（包括高速铁路）、高速公路网络、旅客运输网络。

长三角地区的高速公路建设先于并快于轨道（高速铁路网）的建设，在 2010 年前，长三角城市线的旅客交通流 70% 由中高速公路承担，大大加快了这一地区经济往来，对这一地区经济持续多年的高速发展起到了重要作用。

长三角高速公路网的大规模建设虽然加强了城市群之间的经济联系，随着客流、物流的不断高速增长（超过了 GDP 的增长速度），城市群交通压力逐年增加，与上海距离越近，交通压力越大，入口衔接拥堵明显，事故增加，原设想的半小时、一小时、一个半小时交通圈由于车辆拥堵变得越来越难以实现，成为城市群进一步拓展的严重制约因素。

2000 年以前，长三角地区的铁路主要由京沪铁路和沪杭铁路两大干线构成，在上海市域，从京沪铁路引出一条通上海宝钢的专用线，从沪航线上引出通金山上海石化工业区的专用线，后来又修建的杭长铁路、杭甬铁路，增加了长三角的铁路通达范围。

"十一五"以后，特别是 2008 年，铁道部规划并开始建设我国重要经济区的城际铁路建设，2001 年沪宁城际铁路通车，此后不久，沪甬温、福厦沿海铁路通车，2011 年 6 月，世界最长的高速铁路京沪高速铁路建成通车，开始了我国铁路建设的新篇章。高速铁路的建设，大大压缩了城市群交通的时空距离，强化了城市间的"同城效应"，对完善城市群交通布局，促进城镇化和区域协调发展，起到了相当重要的推动作用。

城镇化与区域协调发展

21世纪初,上海城市道路由高架快速路、主干线、次干线、一般道路和支线路组成,总里程达到11825公里,初步形成了具有一定规模的快速路系统,带动了上海郊区公路网规模迅速扩大,道路网络功能等级迅速提升。在上海经济、社会的快速发展,上海市区和人口发展主要从浦西向市区外围和浦东新区蔓延式发展,与世界其他经济中心城市相比,无论是中心区和中心城人口都过于稠密,为了满足经济迅速发展和建设世界级大城市的要求,必须进一步拓展城市空间,改进和优化人口与产业布局,建设现代化的基础设施。快速建设轨道交通是上海加快城市建设最迫切的要求。2000年,上海有关单位编制了上海市轨道交通网络规划,确定了上海市轨道交通网由城际快速轨道线、市区轻轨线、市区地铁线组成,经过优化、调整,形成了上海轨道交通系统规划。到2010年,上海已建成投运轨道线12条,运营线路里程长度约420多公里,率先成为国内首个突破400公里的城市,在世界大城市中也位居前列,中心城轨道交通站覆盖1/4的土地面积,直接服务中心城42%的人口。

国务院《关于进一步推进长江三角洲地区改革开放和经济社会发展的指导意见》提出:"完善综合交通运输体系。铁路要以客运专线和城际轨道交通建设为重点,加快区域对外通道、区域内省际通道、城际快速通道以及跨长江通道、重要枢纽客运设施等建设,优化路网结构,提高路网质量。公路要以加强关键工程和断头路段建设为重点,加快国家高速公路网建设,加强区域对外通道、区域内省际通道、重要的城际快速通道、跨海湾和跨长江通道及重要疏港高速公路建设。"除已有的京沪、沪杭铁路外,京沪、沪汉蓉、沪昆、沪杭甬厦高速铁路接入在规划区东端已建有上海虹桥高速铁路站。已修通并运行的京沪高速铁路,在2012年将修通的沪汉蓉高速铁路从北端引入上海西高速铁路客运站,已修通的沪杭甬厦城际铁路、沪杭高速铁路从南段引入上海西高速铁路客运站,加上四边已建好的四条国家、省级高速铁路,构筑成了交通能力强大、网络通达程度高的综合运输枢纽。

(本文完成于2011年,合作者:董焰[1])

---

[1] 董焰,研究员,国家发改委综合运输研究所原所长。

珠三角城市群的产业结构调整

珠江三角洲城市群（以下简称"珠三角"）是我国改革开放的先行地区，也是我国重要的经济中心区域，在全国经济社会发展和改革开放大局中具有突出的带动作用和举足轻重的战略地位。"珠三角"通过改革开放吸引了很多外资，但大进大出、两头在外的产业发展模式，使珠三角外贸依存度较高，产业结构调整任务比较重。

一、企业结构调整与产业结构升级

"珠三角"的快速发展得益于20世纪80年代的改革开放，大量外资企业入区投资设厂，尤其是港资台资居多，创造了"大进大出，两头在外"的发展模式，外资企业的进入也带动了当地民营企业的发展，不仅为我国改革开放积累了许多有益的经验，也使广东尤其是"珠三角"一跃成为中国最发达的地区。但外资企业的根并不在中国，虽然，GDP增长很快，但自主创新的动力不足，自主创新能力很低，在国际环境持续稳定的情况下，外向度越来越高。民营企业具有自主创新的动力，但实力不足。在激烈的市场竞争中，积累能力很低，没有更多的资金用于研发，长期处于产业链条的末端。"低、小、散"成为珠三角产业和企业的典型特征，以至于将民营企业等同于中小企业。所谓"低、小、散"即产业层次低，企业规模小、空间布局散。

按照企业发展规律，民营企业不等于中小企业。跨国公司及大型企业多数不是靠积累而成的，一部分是通过股份制形式集中社会资金成为大企业或跨国公司，多数是通过并购发展起来的，但在珠三角却很少看到这种现象，所以，珠三角虽然有"华为"、"容声"等大企业和品牌，但数量不够多，规模仍不够大，其原因是企业并购意愿并不强。金融危机使珠三角受到很大冲击，但很少听到企业被兼并。世界经济不景气本是企业结构调整的机遇，经营不善的企业倒闭，竞争力强的企业乘此扩大规模，获得发展的空间和市场的份额。

"珠三角"再不能以土地成本低、环境门槛低、劳动力报酬低、企业税赋低作为政府施政的纲领，否则"低、小、散"的问题根本解决不了，企业并购也无法正常进行，"腾笼换鸟"的目的也难以达到。要通过并购将附加值低的企业、市场竞争力不强的企业、自主创新能力低的企业的经济要素纳入到市场竞争力强、自主创新能力强的企业中去。政府要通过各种措施如健全产权交易市场、促进企业改制甚至提高土地税赋的办法，促进企业之间的并购，促进企业结构的大调整，然后才是产业结构的调整和升级。

二、空间布局优化与产业结构升级

空间布局优化是珠三角规划纲要中的重要内容，也是未来各级政府一项长期且艰巨的任务，比企业结构调整更困难。"珠三角"的经济发展除深圳外，是自下而上，采取"农村包围城市"的发展方式，利用外资、利用农村土地、利用廉价的农村劳动力发展外向型产业，对于刚刚开放的"珠三角"来说，这是无奈之举，但这也导致了城乡功能不清。改变这种状态是很不容易的，原因是农村级差地租低、消费水平低、企业生产成本低，企业不愿意转移出来。农民工租住农民的房屋，租金比较低，要求的劳动报酬也低，所以调整起来就非常之难。农村是集体土地，没有土地出让金，不像城市，要办征用土地手续，一次性缴纳土地出让金。但在农村办厂，占用耕地不说，也造成土地的粗放利用和环境的污染，人居环境遭到破坏，尤其是对水资源和土地的污染令人触目惊心。要利用产业结构调整之机，使空间布局得到优化。优化是一个过程，目的是阻断和遏止恶化的趋势，要搞得城市更像城市，农村更像农村。农村是农民居住的地方，农民要生产优质安全的农产品，要保证生态良好。城市和城镇要集中发展第二、三产业,要走集约发展的路,也要适合人类居住。未来,"珠三角"要走内涵式发展的道路,摒弃外延式扩张的发展方式。城市规模要扩大,城镇数量要减少,分散在农村的"低、小、散"企业要采取措施陆续关闭。要把农村的建设用地恢复为农田,腾出土地指标用于城市建设。

《珠三角规划纲要》明确指出,要按照主体功能区定位,优化珠江三角洲地区空间布局。建立以主体功能区规划为基础,国民经济和社会发展规划、土地利用规划及城乡规划相互衔接的规划体系。合理划定功能分区,明确具体功能定位,改变城乡居民区与工业、农业区交相混杂的状况,优化城乡建设空间布局。按照一体化的要求,统筹编制城乡规划,加强配套设施建设,改善农村人居环境,根本解决城乡和区域发展不平衡,生产力布局不尽合理,空间利用效率不高的问题。

三、加强区域合作与产业结构升级

"珠三角"经济一体化首先应从打造三大都市圈入手,继而实现粤港澳经济一体化。"珠三角"城市群由三大都市圈所构成,广佛肇、深东惠、珠中江三大都市圈,各有一个大都市作为都市圈的核心,带动区域发展是非常正确的选择。在三大都市圈中,珠海的城市规模较小,辐射带动能力也比较小,造成"珠三角"的倾斜。未来,随着珠港澳大桥的建成通车,珠海、中山的区位将发生根本的变化,在香港的辐射带动下,珠海、中山将会快速发展,"珠三角"也将实现平衡发展。

各都市圈内部应以同城化为目标,同城化比一体化更高一个层次。基础设施同城化、交通通讯同城化、劳动就业同城化、社会保障同城化等,实现共建共享,不仅能够大大促进要素的流动和优化配置,还能够使各市的比较优势能够充分发挥,使各市的功能实现互补。如广佛肇都市圈,广州主要发展现代服务业和高科技产业,佛山主要发展现代制造业,肇庆主要发展旅游休闲业。基于都市圈的功能分工,财政体制和管理体制也要有所调整。

三大都市圈的同城化是第一层次,"珠三角"一体化是第二层次,粤港澳合作是第三层次,要分层次进行。"珠三角"的发展,香港的作用不可忽视。内地改革开放后,香港的投资者到内地尤其是"珠三角"地区投资设厂,使"珠三角"地区获得了快速发展,"珠三角"地区成为带动全国经济发展的"领头羊",现已发展成为经济比较发达的城市群,崛起了广州、深圳、东莞、佛山等大城市,经济总量已超过香港,而与台湾大体相当。内地的改革开放,使多个沿海城市成为国际化城市,如上海、天津、青岛、大连等,对外联系越来越密切,对外贸易不再主要依赖香港,也不再仅仅依赖一、二个口岸城市,区域化格局已经形成。香港回归以后,与内地的联系越来越密切,香港相比内地的城市具有很多优势,因此,经济繁荣不会受到影响,但要获得更快的发展,就需要与"珠三角"地区加强合作,发挥优势,功能互补,互惠共赢;就需要与广东等"泛珠地区"加强合作,使香港获得必需的腹地,支撑其可持续发展。

香港有很多优势,如金融优势、物流优势、教育优势、人才优势等。这些优势对"珠三角"城市群的发展乃至更大区域的发展起到积极作用,有利于提升"珠三角"地区的经济效率和管理水平。香港的服务业比较发达,如与世界各地的港口及航运公司存在密切联系和合作,和世界金融体系接轨,有覆盖全世界的贸易网络。服务业在香港,服务的对象在内地,在"泛珠"地区,在大"珠三角",尤其是在"珠三角"。"珠三角"地区与港澳合作,有利于推进对内对外开放,全面加强与世界主要经济体的经贸关系,积极主动参与国际分工,率先建立全方位、多层次、宽领域、高水平的开放型经济新格局。

"珠三角"经济一体化要构建一定的合作架构,现在是靠广东省来推动,长期下去将形成角内角外两层皮。所以,建议成立"珠三角"市长联席会议制度,定期召开会议,讨论合作的加强问题,解决合作中的问题。粤港澳合作应由广东省及各部门协同推进,"规划纲要"中明确的合作的方向、合作的内容及合作的架构,应加快推进。"珠三角"城市群实际上应包含香港和澳门,即"珠三角"城市群九城市加香港和澳门,即新的"9+2"。坚持市场为主、政府引导的原则,进一步发挥企业和社会组织的作用,鼓励学术界、工商界建立多形式的交流合作机制。合作方式的创新、合作机制的建立有助于合作的全面展开,粤港澳经济一体化才能早日实现。

四、环"珠三角"应实施培育增长极战略

粤西、粤北在广东属于欠发达地区，之所以与"珠三角"形成较大的落差，有各方面的原因：地处内陆、交通不便、山地较多等。承接"珠三角"的产业转移不一定是最优的选择，其原因除了上述不利因素外，还有就是虽有落差，但落差并不很大，尤其是成本因素，如土地成本、原材料成本、能源成本、劳动力成本等甚至高于沿海地区。所以，中西部地区在承接沿海地区产业转移方面更具比较优势。此外，粤西、粤北地区是"珠三角"的生态屏障，甚至广西东部地区也是"珠三角"的生态屏障，产业转移应慎之又慎，避免形成成污染转移。

粤西粤北粤东的发展应根据本地区的地理区位状况，制订科学合理的发展战略，发挥比较优势，发展特色经济。比较可行的选择是加快发展现在的地级市政府所在地，这些城市处于区位条件比较好的地方，如湛江、茂名、云浮、阳江、新远、韶关、梅州等，发展与"珠三角"对接的产业，加快农村地区的人口向城市和发达地区转移，扩大城市规模，辐射带动周边区域的发展。还可以选择区位条件比较好的地方将其培育成为新的经济增长极，如罗定、乐昌、连州等，将其培育成为区域性中心城市。

粤西、粤北地区的产业尽可能发展与"珠三角"对接的产业，包括前向和后向。如湛江发展钢铁、茂名发展石化、云浮发展建材等。也可以发展后向产业，如汽车零部件等，不适合发展劳动力密集型产业，也不适合发展占地多、耗能高、污染重的产业。

（本文原载《开放导报》2010年12月第6期）

论长江中游城市群的构建和发展

长江中游城市群是以武汉都市圈为中心，向东至九江，向西至荆州，向南至岳阳，向北至信阳，包括15个城市，跨省区的城市群。长江中游城市群是我国具有优越的区位条件、交通发达，产业具有相当基础、科技教育资源丰富的城市群之一，在我国未来空间开发格局中，具有举足轻重的战略地位和意义。

一、长江中游城市群的范围

从城市群的基本理论出发，根据长江中游城市间的关系、经济联系和交通发展状况、距离远近等条件，我们将长江中游城市群的范围确定为以武汉为核心的15个城市。具体包括湖北省的武汉、黄石、鄂州、黄冈、仙桃、潜江、孝感、咸宁、天门、随州、荆门、荆州和河南省的信阳、江西省的九江和湖南省的岳阳，其中，12个为地级城市，3个为省直辖县级市。2005年该区面积33万平方公里，人口12093.8万，分别占全国的3.46%和9.25%。这一区域涵盖了距离武汉市约200公里范围的城市，目前区域内部已形成一定的经济联系，随着武汉市综合经济实力的增强，区域内的经济联系将更加紧密。在这一范围内，还存在着一个经济联系更加紧密的区域，即以武汉为核心的都市圈，范围包括武汉、黄石、鄂州、黄冈、仙桃、潜江、孝感、咸宁和天门九个城市，这个范围主要涉及湖北省内部，是以武汉为中心，距离武汉约100公里的城市，城市间经济联系非常紧密。2005年都市圈的面积为57954.7平方公里，人口3086.7万，分别占湖北省的31.2%和51.2%。这一区域是城市群发展过程中，城市化速度最快的地区，其面临的土地占用、交通网络设施建设、产业与人口转移、生态环境保护、城乡关系等问题最为突出。

二、长江中游城市群的基础条件和发展现状

长江中游城市群具有得天独厚的区位、交通和相对丰富的资源优势，经过多年的积累，形成了较为雄厚的产业和科技教育基础，城市群发展正处于工业化中期的初级发展阶段，城市规模体系不完善，是我国具有较大发展潜力的城市群之一。

（一）长江中游城市群发展的基础条件

1. 得天独厚的区位、交通优势

长江中游城市群具有得天独厚的区位优势。从自然地理条件看，城市群的中心城市武汉位于中国大陆版图的中原腹心地带，为南北9省通衢和东西8省（市）要津，由武汉到京、沪、穗、渝均在1200公里左右。铁路、公路、水运、航空及管道运输发达。京广铁路、京九铁路、汉（武汉）十（堰）铁路、武（汉）九（江）铁路，以及规划建设中的京广客运专线、京珠高速、沪汉蓉高速公路，以及106、107、316和318国道等在此地汇集，长江中游城市群还具有优越的长江和汉江航运通道。长江城市群通江达海、承东启西、连南贯北的区位，使其成为沟通我国东部与西部、南方与北方的重心地区，在我国的区域开发中具有极为重要的战略地位。

2. 相对丰富的资源优势

长江中游城市群地处长江中游，水资源保障程度较高。虽然自产水量相对较少，但客水资源丰富，武汉都市圈多年平均水资源量7169亿立方米，人均水资源量23350立方米，约为全国人均水资源量的10倍。城市群得长江和汉水之利，雨水充沛、河湖密布，人均水资源量较高。土地资源有一定优势，有洞庭湖平原、鄱阳湖平原、江汉平原，平原面积较大，

适于人类生活居住。长江中游城市群农副产品资源不仅种类较多，而且量大质优，优质稻米、棉花、双低油菜、生猪、水产品、家禽、茶叶、板栗、中药材等在全国占有一定的地位。旅游资源丰富，有三楚和三国文化遗址、江南名楼、桃花源田园山水、历史名城和革命纪念圣地等。其中包括众多世界级和国家级历史遗址、文化名城、重点文化保护单位、森林公园和自然保护区。

3. 较为雄厚的产业基础

长江中游城市群是我国开发较早，综合实力较为雄厚的地区，经过新中国成立以来50多年的发展，已经成为我国和中部地区产业最密集的地区之一。2005年GDP达6391.9亿元，占全国的3.49%。形成门类较齐全的现代工业体系，其中钢铁、汽车、光电子、有色金属、装备制造、建材、医药、纺织服装等行业在国内有一定影响，并形成了以武汉为龙头、在全国有一定影响的优势产业群或产业带。如以武汉、黄石、鄂州、九江为主的城市群东部冶金—建材工业走廊；以武汉、孝感为主，连接襄樊的汽车及汽车零部件产业带；以武汉、鄂州、黄石、黄冈、九江为主的沿江高技术产业开发带等。农业已形成了以优质粮、优质棉、油、茶叶、桑蚕和水产品为主体，农林牧副渔全面发展的格局，是我国重要的农业商品基地，为保障我国粮食安全做出了重要贡献。

4. 潜力巨大的科技教育优势

长江中游城市群经过长期的积累，具有较发达的科技与教育优势。武汉市是全国重要的科技、教育中心，其城市综合科技实力仅次于北京、上海，居全国第三位。拥有国家级重点实验室、工程技术中心21个，48所普通高校、50万在校大学生、45万各类专业技术人员，736个科研设计单位。由于科教事业相对发达，都市圈拥有较密集的人才和智力资源，其中，武汉东湖高新区是我国仅次于北京中关村的第二大智力密集区，被誉为"中国光谷"和"华中硅谷"，在通讯、生物工程与新医药、激光、微电子技术和新型材料五大领域处于全国领先地位。

（二）长江中游城市群的发展现状

1. 总体上处于工业化中期的初级发展阶段

2005年长江中游城市群GDP 6391.9亿元，占全国的3.49%，人均GDP 10542.8元（约1318美元），是全国平均水平的75%，其中武汉都市圈GDP 3999.8亿元，占湖北省的61.35%；人均GDP 12958.2元，为湖北省的1.2倍，为全国平均水平的92.3%。三次产业比重分别为17.1 : 42.44 : 39.97（全国为12.6 : 47.5 : 39.9），其中都市圈为12.8 : 43.35 : 43.85（见表1）。总体上，长江中游城市群处于工业化中期的初级发展阶段。区内经济发展差距较大，从GDP总量看，最高的武汉市是最低的鄂州市的15倍（不包括与县级市相比），从人均GDP看，最高的武汉市是最低的黄冈市的6倍（不包括与县级市相比）。

表1　长江中游城市群各市基本情况（2005年）

城市	全市面积（平方公里）	人口（万人）	GDP（亿元）	人均GDP（元）	第一产业比重（%）	第二产业比重（%）	第三产业比重（%）
武汉	8483.0	801.4	2238.0	27926.1	4.90	45.53	49.57
黄石	4576.0	252.1	343.2	13614.0	8.90	51.30	39.80
鄂州	1505.0	104.3	147.0	14091.1	16.13	47.35	36.52
孝感	8941.0	506.0	359.7	7109.3	26.27	37.49	36.24
黄冈	17453.0	726.3	348.6	4799.1	33.14	30.94	35.91
咸宁	10019.0	276.7	203.8	7366.5	26.30	38.53	35.17
荆州	14104.0	641.3	393.0	6128.8	29.75	31.64	38.61
荆门	12100.0	291.1	310.3	10659.2	25.16	36.25	38.59
随州	9636.0	252.7	193.1	7640.3	27.02	41.81	31.18
仙桃	2519.8	148.1	144.1	9727.9	23.48	42.24	34.28
潜江	1929.5	100.0	108.8	10882.0	26.76	35.12	38.12
天门	2528.4	171.8	106.6	6202.6	20.17	46.01	33.82
信阳	18819.0	788.0	431.9	5481.5	31.38	35.16	26.29
九江	18823.0	466.1	428.9	9202.3	16.80	50.09	33.11
岳阳	14896.0	536.9	634.9	11824.2	19.96	46.36	33.67
湖北省	185900.0	6031.0	6520.1	10811.0	16.60	43.10	40.31

续表

城市	全市面积（平方公里）	人口（万人）	GDP（亿元）	人均GDP（元）	第一产业比重（%）	第二产业比重（%）	第三产业比重（%）
都市圈	57954.7	3086.7	3999.8	12958.2	12.80	43.35	43.85
都市圈占湖北省（%）	31.2	51.2	61.3				
长江中游城市群	146332.7	6062.8	6391.9	10542.8	17.1	42.44	39.97
城市群占全国（%）	1.52	4.64	3.49				

资料来源：各市面积引自 http://www.xzqh.ory，其他数据引自湖北、河南、湖南、江西2006年统计年鉴。

2. 城市体系呈两头强中间弱的格局

长江中游城市群拥有1个特大城市，3个大城市，8个中等城市，18个小城市（含县级市），754个镇。从市区非农业人口看，长江中游城市群拥有一个人口超过500万的中心城市——武汉，超过50万人的有黄石、荆州和岳阳，其余均为中等城市，100万~200万人的城市几乎没有。该区域城市体系的首位度高达5.88，四城市指数达2.43，按都市圈计算首位度更是高达8.65，四城市指数达4.15，具有明显的不平衡等级规模分布特征。

3. 沿江沿路分布特征明显

长江中游城市群沿江沿路分布特征明显，主要城市均沿长江和京广铁路沿线分布，武汉、黄石、鄂州、荆州、黄冈、潜江、仙桃、九江、岳阳等沿江分布，构成了沿江城市密集带，孝感、咸宁、信阳、岳阳等沿京广线分布，构成了沿铁路分布的城市密集带，有京广铁路和高速公路、沿江航运的便利，使得各城市间的交通联系比较发达。

三、城市群发展存在的主要问题

长江中游城市群的发展仍面临着核心城市带动力弱，城市间分工定位不明确，基础设施网络不健全，资源利用和生态保护缺乏统一协调，市场壁垒和障碍仍然存在等问题。

（一）核心城市对城市群的辐射带动作用不强

武汉作为长江中游城市群的核心城市，自身发展仍处于要素集聚阶段，城市的各项功能很不完善，对区域发展的核心作用尚没有充分发挥，辐射和带动作用较弱，表现在：第三产业相对落后，目前武汉城市经济仍以第二产业为主，第三产业占GDP比重不高，仅为49.57%，低于全国超大城市平均水平。金融、贸易中心功能不突出。历史上武汉曾是与沪津穗齐名的中国四大金融贸易中心，但在长期的计划经济体制下，金融贸易中心的功能已大为弱化，与其他城市相比不具有突出的优势（见表2、图1）。

表2　　　　武汉市与其他城市三次产业结构比较（2005年）

不包括市辖市、县	建成区面积（平方公里）	人口（万人）	市区非农业人口（万人）	GDP（亿元）	人均GDP（元）
武汉	220	801.4	503.10	2238	27928
黄石	59	63.2	58.14	190.88	30203
鄂州	46	104.3	36.96	146.97	14088
孝感	44	89.3	26.18	72.23	8088
黄冈	27	37.19	23.00	38.08	10401
咸宁	31	56.57	24.15	52.91	9353
随州	81.2	161.3	37.00	129.93	8057
荆州	46	111.2	63.60	124.83	11226
荆门	51	64.59	32.27	132.33	20488
信阳	46	137.9	43.94	137.27	9956
九江	48	59.17	46.28	201.62	34075
岳阳	78	95.43	85.58	282.47	29600

资料来源：2006年中国城市年鉴。

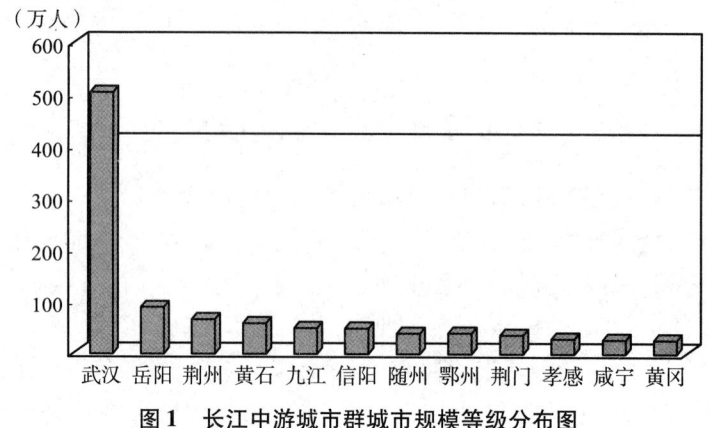

图 1　长江中游城市群城市规模等级分布图

（二）尚未形成合理的城市分工协作关系

城市群的内涵之一是城市群内部各城市间能够建立起合理的分工、协作与互补关系，由于长期的计划经济的影响和自身经济发展所处的阶段，长江中游城市群发展中尚未形成合理的城市分工、协作和互补关系，城市功能定位不清晰，低水平重复建设仍较普遍，城市间产业结构雷同，自身优势发挥不够，没有形成具有核心竞争力的城市产业基础和特色。

（三）基础设施网络体系不健全

城市群内部存在着快速交通网络体系不健全，部分交通设施不对接、功能不完善等问题，基础设施的共建共享仍存在很大制约。有些公路设施等级水平还较低，存在不少的"断头"路和"瓶颈"路，不适应新形势发展要求；城际高等级公路纵通横不通，各城市与武汉的联系基本实现高速化，但相互之间的高速连通大多需绕道武汉，城市群的公路网络尚未形成；沿江铁路还没有进入实质性建设阶段，阳逻等港口建设滞后，内河运输优势得不到充分发挥；运输管理手段落后，保障系统不完善，公共运输信息传输慢；信息网络尚未完全互联互通，信息资源的开发、共享不够，缺乏平台支撑。

（四）资源利用和环境保护缺乏统一协调

长江中游城市群具有较丰富的水资源、农业资源和旅游资源，但是区域资源的整合开发利用和保护不够，一方面，对于资源的开发利用缺乏有效的协调与合作，自然资源和旅游资源开发市场秩序混乱，无法形成区域资源开发利用的综合优势，资源开发利用效率较低；另一方面，资源开发利用中缺乏对生态环境保护的统一认识和行动，造成区域内部人水关系、人地关系、人林关系比较紧张，区域"三废"污染加剧，湖泊、河流、湿地、森林及草地等出现不同程度的萎缩和生态退化，城市群的生态空间被挤占，区域环境容量急剧下降。

（五）市场壁垒和障碍仍未完全消除

城市群内部各城市不同程度地存在市场准入、质量技术标准、行政事业性收费、户籍制度等形式的地方保护，区域市场一体化建设的总体水平不高，各城市拥有的资金、技术、人才、资源等各类生产要素的优势不能充分发挥，难以实现优劣互补，城市间合作缺乏相应的制度保障，统一的市场监管机制尚未建立。

四、长江中游城市群的功能定位

（一）我国区域经济发展的第四大经济体

我国已经进入城市化快速推进的时期，城市群成为城市化推进的主体形态，城市群的健康发展是促进我国区域经济协调发展的重要因素，目前，我国已经形成了京津冀、长三角和珠三角三大城市群，它们在我国改革开放以来的区域经济发展中发挥了重要作用，但在区域协调发展战略指导下，单靠这三大城市群是远远不够的，长江中游城市群各方面的发展基础表明，其有条件成为继这三大城市群之后带动区域经济发展的第四大经济体。

（二）我国东西互动发展的关键接力点

长江中游城市群具有承东启西、连南贯北的区位优势，位于我国空间开发的两大主轴——京广纵轴和长江横轴的交会处，是沿海地区与内陆地区交汇的重要枢纽，是东部地区技术优势和西部地区资源优势结合点，长江中游城市群对我国东中西部的合作与对接起着至关重要的作用。同时，长江中游城市群所在的长江经济带是我国国土空间开发中一条十分重要的发展轴线，长江中游城市群作为长江流域的重心区域，承担着带动长江中上游地区经济繁荣与发展的艰巨任务。

（三）带动中部崛起的战略支点

改革开放以来，中部地区经济发展相对滞后的主要因素之一是中部地区缺乏具有较强带动作用的核心城市及其以之为中心的城市群，因此在中部崛起战略的指导下，推动城市群的发展成为中部各省的重要发展战略。由于中部地区与我国其他经济区域不同，其客观的居中区位并不会自然产生向心的作用力，因为经济的发展方向是朝着有吸引力的地方转移，所以，湖南、江西与长三角和珠三角的联系更为紧密。但从空间联系和经济发展趋势看，中部地区将成为我国一个具有比较完整经济体系的区域，因此，发展能够带动中部崛起的核心城市和核心区域是十分必要的。但是如果只靠以武汉为中心的都市圈还不足以承担起支撑中部崛起的重心，长江中游城市群的建设就是要抛开以行政区来划定城市群的做法，按照城市群发展的自然规律，通过构建城市间合理的空间关系，来推动城市群的发展，从而促进中部地区的快速崛起。

五、促进长江中游城市群发展的若干建议

（一）做强做优核心城市——武汉

充分发挥武汉市的优势，做强武汉市的产业发展基础，提升城市整体竞争力，进而强化武汉市的综合服务功能，发挥在城市群发展中的核心和龙头作用，是促进长江中游城市群发展的关键。大力提升武汉的综合服务功能，强化中心城市的核心和龙头带动作用，建成长江中游城市群的产业聚集与辐射中心、要素配置中心、技术创新中心、现代化金融和信息服务中心。

要大力提高武汉市的产业整体技术水平。从建设全国重要的高新技术产业基地的定位出发，要积极发展高新技术产业，以"武汉·中国光谷"为龙头，以东湖新技术开发区、武汉经济技术开发区等国家级开发区为载体，以一批科技实力较强的企业为基础，实现高新技术产业布局集群化和发展多元化。提高制造业整体实力，集约发展钢铁、汽车及机械装备制造、电子信息、石油化工四大支柱产业，培育壮大环保、烟草及食品、家电、纺织服装、医药、造纸及包装印刷六大优势产业。

强化武汉现代服务业中心功能，提升主导服务业，发展新兴服务业，培育和引进一批实力强、规模大、知名度高的服务业企业。按照市场化、产业化、社会化的方向，加快发展生产性服务业，充实提升生活性服务业。巩固发展商贸会展、金融、房地产三大主导产业，突出发展现代物流、信息传输与计算机服务及软件、旅游、文化、社会服务五个新兴产业。创新流通业态，扩大流通总量。推进金融资源重组整合，加快金融国际化进程，促进各类金融机构聚集，优化金融发展环境。建设国家级物流枢纽城市和国际国内旅游重要目的地和集散地。

（二）优化空间结构，实现功能互补

城市化发展过程中与土地资源稀缺之间的矛盾当前日益突出，为有效解决城市化发展与土地供给的矛盾，必须对城市群实施有效的空间管制。空间管制基于城市群发展所依托的自然地理条件和经济基础，考虑未来城市拓展的方向，对整个城市群进行综合布局，在长江中游城市群内部重点划分城市化引导区域、产业集聚引导区和以农田保护区为主的生态控制区，协调城市用地、产业发展用地和生态敏感区、农田保护区的矛盾。

根据城市分布现状和未来发展趋势，长江中游城市群的空间布局将以武汉为核心，以岳阳、九江和信阳为次中心，以京广铁路、京九铁路、京珠高速和沿江铁路、沪蓉高速公路为轴线，以农田、山体、湖泊等对城市进行有机分隔的开敞空间为圈层，优化城市群空间结构。要在做大、做强武汉市的基础上，加强武汉与岳阳、九江和信阳的经济联系与合作，共同促进长江中游城市群的快速发展，带动中部地区的崛起。

城市群中的中小城市要充分发挥土地、劳动力、资源等成本较低的优势，大力发展与武汉等大城市配套服务、具有紧密的产业链上下游关系的产业及相关服务业，中小城市应发展具有特色的优势产业。城市群内各城市由于多处于具有类似发展条件的区域，因此其发展上更易形成产业结构的雷同，这与发展各具特色的城市分工产生了内在的矛盾，在城市竞争日益激烈的格局下，越来越多的城市已经认识到了提高城市核心竞争力的重要性，政府职能的转变也为城市寻求特色的发展道路提供了条件，城市功能定位的确定必须在城市群的总体范围内考虑，尽可能避免不合理的重复建设和恶性竞争。

进一步完善长江中游城市群的城镇体系，在大中小城市协调发展原则的指导下，因地制宜，分类指导，构建合理的城市规模等级结构。由于长江中游城市群城镇体系中首位度偏大、缺少次级中心城市，因此应加快发展50万~200万人口的城市，黄石、岳阳和荆州应进一步扩大规模，在提高产业实力的基础上，提高城市服务功能；合理发展中等城市，提高小城市建设质量，为聚居人口提供良好的城市生活条件。

(三) 完善区域基础设施网络建设

要发挥长江中游城市群整体优势，按照统一规划、合理布局、分步实施的原则，加快机场、公路、铁路、航道、港口、防洪等基础设施建设，建设比较发达的基础设施网。继续完善武汉通往各城市的高速通道，加快建设城市群内部各城市间的公路建设，减少"断头"路和"瓶颈"路，提高公路等级，加快沿江铁路建设，推进沿江港口建设，发挥内河运输优势，健全城市群交通网络体系，实现城市群内部不同交通运输方式的共建共享。

完善公路网。加快武汉公路主枢纽的建设，重点完成武汉市中环线向外辐射的高速公路的"环形放射状"路网；以现有京珠、沪蓉高速公路为支撑，加快区域内城市间的高速公路建设，完成各城市所辖县、市之间的高等级干线公路的改务、电子政务等信息系统，积极推进教育科研信息化进程，规划和建设城市群公用信息交换平台，大力推动城市群企业信息化、农业信息化和公共领域信息化的建设。

(四) 促进资源合理开发与生态环境保护

由于自然生态区和行政区之间内在非耦合性，使得跨行政区边界地

论长江中游城市群的构建和发展

带,往往因管理制度、政策法规、标准时序等差异,更容易造成生态分割和跨界污染,激化社会矛盾,为了协调好上下游以及相邻城市间的污染与治理的矛盾,必需对城市群的生态建设和环境保护进行统筹规划,才能保证城市群的可持续发展。

在资源开发、利用和保护方面,要建立城市群统一的开发利用和保护措施,提高资源开发利用效率。从资源合理开发、利用、保护与共享出发,共同做好长江、汉江等水资源的开发利用;加强堤防、水利和退耕还林项目的建设;以山地、河流、农业、森林生态保护区为基础,提高区域内森林绿化覆盖率,形成生态绿色城市群,采取环境保护的一致行动,切实保护城市群的生态环境。

实施一体化的旅游开发战略,培育城市群旅游经济圈。以长江黄金水道、沿江铁路、公路和汉宜、汉十高速公路为纽带,以武汉、岳阳、九江都市旅游、文化旅游、生态旅游和休闲度假旅游四大旅游产品为主线,充分发挥武汉等城市的辐射带动功能,加大城市群旅游整体开发力度,建设水上旅游航线,强化以长江旅游产品为核心的区域合作,拓展以武汉为集散中心的跨省市观光旅游线,深度开发精品观光旅游线。

(五) 推进城市群经济一体化

推进商品市场一体化建设。建设全国性粮食、棉花、油脂大型中心批发市场,巩固发展一批全国性、区域性的大型工业品批发市场,形成3～5个交易额过百亿、现代化管理程度较高的消费品市场。依托产业和产业优势,发展钢铁、汽车及零部件、纺织品及服装、光电子及其他高技术产品等重要工业产品区域性交易市场,提高石油、建材、机电、汽车等生产资料市场的规模和信息化管理水平。

推动要素市场一体化建设。建设和完善区域金融市场。充分发挥武汉金融服务功能,打破城市之间金融市场方面人为设置的各种界限,形成城市群内统一的金融市场体系,促进金融资源在群内自由、快速流动及合理、高效配置。增加票据市场交易工具和交易品种,发展票据专营机构,进而在武汉构建有形的票据市场,实现城市群内商业票据的市场集中交易;打破银行贷款发放的地域性限制,积极推动各银行开展异地贷款业务;构建健康有序的场外资金拆借市场,扩大交易规模,实现城市群内各城市商业银行间资金的及时调剂;加快武汉市商业银行资产重组的步伐,并进而推动区域内城市商业银行的联合;以长江证券为龙头,组建武汉金融控股集团,增强区域金融的核心竞争力;加速区域性资本市场和保险市场的培育,拓展同城票据清算业务范围;积极发展产业投资基金、证券投资基金和中外合作投资基金。

进一步发展人才和劳动力市场。优化整合城市群人力资源,构筑人力资源共享平台。以人才市场和劳动力市场的整合为突破口,加快人才培训和交流;增强各城市人才与劳动力市场的服务功能与辐射范围;建立健全各城市人才与劳动力市场同全国和本区域市场网络的联系制度;加强武汉科技人才对区域发展的支持,拓展周边城市劳动力资源在武汉的就业空间,同时充分利用武汉的科教资源,为周边城市培养人才和高素质劳动力资源。

加强产权交易市场建设。整合各城市产权交易市场,形成以武汉产权交易中心为主体的覆盖城市群的产权统一交易市场。扩大产权交易功能,加强产权的商品化和市场化进程,以整合国有经济资源为重点,以上市公司为核心,以资本营运和大范围资产重组为基本手段,实施"大集团"战略,打破地区封锁,实现跨地区、跨行业的资产重组,壮大城市群龙头企业。

发展一体化的技术市场。以市场为导向,建设区域性的技术创新体系,提高城市群技术创新能力。充分利用武汉较为雄厚的科研实力,向周边城市辐射。形成研究和开发网络,协同攻关关键性的科研项目,推动科技攻关,产品开发,技术改造,以提高科技成果转化率为重点,促进科技成果转让,促进城市群高新技术产业发展。

(本文原载《湖北社会科学》2008年第6期,合作者:汪阳红[1])

---

[1] 汪阳红,地理学硕士,毕业于北京师范大学,时任国家发改委国土开发与地区经济研究所区域发展室主任,副研究员。

第三篇

城乡统筹

城乡统筹与新农村建设

党的十七大报告指出："要加强农业基础地位，走中国特色农业现代化道路，建立以工促农、以城带乡长效机制，形成城乡经济社会发展一体化新格局"。"十一五"规划纲要将新农村的内涵概括为：生产发展、生活宽裕、乡风文明、村容整洁、管理民主。这是对建设社会主义新农村的准确完整的认识和阐述。提高农民的收入水平、生活水平和公共服务水平，是建设社会主义新农村的基础和前提，提高公共服务水平又是为农村和农民服务的着力点。转变城乡二元结构，实施城乡统筹战略是加快新农村建设的现实途径。

实施城乡统筹战略首先要正确处理城市发展和农村发展的关系。城乡关系是关系到和谐社会如何建立的重大问题，发展城市不能忘了农村，城市发展和新农村建设要并驾齐驱。20世纪80年代开始的"地改市"和"市管县"制度的改革，历时20年，使超过90%的地区改成了市，根本改变了市地分设，市县分割的现实，向市县一体化和城乡一体化的目标迈进了一大步。由于长期以来控制农村人口进入城市，并限制对城市基础设施的投入，使多数城市基础设施严重欠账，功能不健全，设施不完善，产业和人口规模与所在区域的人口规模不相称。近年来，各城市加大了基础设施建设的力度，使城市面貌发生了巨大的变化，城市功能也在不断健全，但对各县及各乡镇的带动作用还不强，一些地区不同程度地存在市县经济不相融合的情况。

以城市为中心，区域经济协调发展是区域经济发展的方向和必然趋势。把中心城市和县域经济人为割裂开来，不仅会强化城乡二元结构，而且会极大地影响县域经济的快速发展。市管县不是"市吃县"，而是"市带县"。各地级市不能"自顾自"独立发展，而应把各县镇统一纳入发展规划之中，实现交通一体化、通讯一体化、社会保障一体化、教育一体化、医疗卫生一体化等，在此基础上实现城乡一体化。

未来20年，农村人口的一大部分将向城市和城镇转移，城乡二元结构将彻底被打破。如何让进城农民进得来，住得下，活得好，是需要探索的重大课题，要在户籍制度、社会保障制度、农村土地制度等方面进行研究、试验并提出可行的方案。

一是要打破城乡分割的户籍制度，农民在城市务工、就学、居住、医疗等应享受和城市居民同等的权利，为进城农民提供公平和就业的生活环境。二是将社会保障制度与农村土地制度结合起来。目前，农民的土地具有双重功能，即生产资料功能和社会保障功能。因此，在农民失去土地的同时，必须解决农民的社会保障问题。三是繁荣小城镇经济，通过完善功能，集聚人口，引导乡镇企业向小城镇集中。要以农产品加工业和农村服务业为重点，在小城镇形成符合当地特点的支柱产业。四是形成促进小城镇健康发展的机制。除了政府要加大投入之外，应在政府引导下主要通过发挥市场机制的作用，引导社会资金投入小城镇建设。

城镇化不能简单地归结为修几条马路，盖几栋楼房。城镇化过程实际上是城乡经济全面发展的过程。要以主导产业支撑城镇，以市场建设激活城镇，以产业结构调整提升城镇，尽快使城镇成为农村二、三产业的集中地、农村富余劳动力的转移地、农村商品和生产要素的集散地，为农村和农民服务的中心地。

加强对农民的公共服务，是市县政府共同的责任，而不仅仅是县乡政府的责任。市财政应首先保证全市范围内的居民尤其是农民的基本教育、基本医疗、基本保障和基本设施的支出，其次才是其他方面的支出。根据新阶段、新形势和新要求，市县政府应在提高农民收入的基础之上，促进农村各项社会事业的发展，提高农民的生活质量，保证农村稳定和农民安居乐业。第一，增加农村基础设施投入。包括农田水利基础设施建设、生态环境建设和农村公共设施建设。第二，加大农业公共服务投入。完善科技推广服务体系、信息服务体系、植物病虫害防治和动物检疫防疫体系，帮助农民抵御自然灾害和市场风险。第三，支持农业产业化经营和龙头企业发展。推进农村金融体制改革和创新，增加对农民的直接补贴，包括生产环节补贴、运输环节补贴、降低农民的生产流通成本。第四，加大反贫困力度，健全最低生活保障制度。动员全社会力量参与扶贫，改善贫困村的生产生活条件和生态环境。第五，加大对农村基础教育和职业教育的支持力度。提高农民素质，培养农村人才，培育有文化、懂技术、会经营的新型农民。

（本文原载《经济日报》2007年11月13日，原题目为《新农村建设与城乡统筹》）

城乡统筹战略是加快新农村建设的现实途径

"十一五"规划纲要将新农村的内涵概括为：生产发展、生活宽裕、乡风文明、村容整洁、管理民主。这是对建设社会主义新农村的准确完整的认识和阐述。提高农民的收入水平、生活水平和公共服务水平，是建设社会主义新农村的基础和前提，提高公共服务水平又是为农村和农民服务的着力点。转变城乡二元结构，实施城乡统筹战略是加快新农村建设的现实途径。

党的十七大报告指出，"要加强农业基础地位，走中国特色农业现代化道路，建立以工促农、以城带乡长效机制，形成城乡经济社会发展一体化新格局"。

实施城乡统筹战略首先要正确处理城市发展和农村发展的关系。城乡关系是关系到和谐社会如何建立的重大问题，发展城市不能忘了农村，城市发展和新农村建设要并驾齐驱。

一、区域经济发展的方向和必然趋势

20世纪80年代开始的"地改市"和"市管县"制度的改革，历时20年，使超过90%的地区改成了市，根本改变了市地分设，市县分割的现实，向市县一体化和城乡一体化的目标迈进了一大步。由于长期以来控制农村人口进入城市，并限制对城市基础设施的投入。使多数城市基础设施严重欠账。功能不健全。设施不完善，产业和人口规模与所在区域的人口规模不相称。近年来，各城市加大了基础设施建设的力度，使城市面貌发生了巨大的变化，城市功能也在不断健全，但对各县及各乡镇的带动作用还不强，一些地区不同程度地存在市县经济不相融合的情况。

以城市为中心，区域经济协调发展是区域经济发展的方向和必然趋势。把中心城市和县城经济人为割裂开来，不仅会强化城乡二元结构。而且会极大地影响县域经济的快速发展。市管县不是"市吃县"，而是"市带县"。各地级市不能"自顾自"独立发展，而应把各县镇统一纳入发展规划之中，实现交通一体化、通讯一体化、社会保障一体化、教育一体化、医疗卫生一体化等，在此基础上实现城乡一体化。

二、城乡二元结构将彻底被打破

未来20年，农村人口的一大部分将向城市和城镇转移，城乡二元结构将彻底被打破。如何让进城农民进得来，住得下，活得好，是需要探索的重大课题，要在户籍制度、社会保障制度、农村土地制度等方面进行研究、试验并提出可行的方案。

一是要打破城乡分割的户籍制度，农民在城市务工、就学、居住、医疗等应享受和城市居民同等的权利，为进城农民提供公平的就业和生活环境。二是将社会保障制度与农村土地制度结合走来。目前，农民的土地具有双重功能，即生产资料功能和社会保障功能。因此，在农民失去土地的同时，必须解决农民的社会保障问题。三是繁荣小城镇经济，通过完善功能，集聚人口。引导乡镇企业向小城镇集中。要以农产品加工业和农村服务业为重点，在小城镇形成符合当地特点的支柱产业，四是形成促进小城镇健康发展的机制。除了政府要加大投入之外，应在政府引导下主要通过发挥市场机制的作用，引导社会资金投入小城镇建设。

三、城镇化是城乡经济全面发展的过程

城镇化不能简单地归结为修几条马路，盖几栋楼房。城镇化过程实际上是城乡经济全面发展的过程。要以主导产业支撑城镇，以市场建设激活

城镇，以产业结构调整提升城镇，尽快使城镇成为农村二、三产业的集中地、农村富余劳动力的转移地、农村商品和生产要素的集散地，为农村和农民服务的中心地。

加强对农民的公共服务，是市县政府共同的责任，而不仅仅是县乡政府的责任。市财政应首先保证全市范围内的居民尤其是农民的基本教育、基本医疗、基本保障和基本设施的支出，其次才是其他方面的支出。根据新阶段、新形势和新要求，市县政府应在提高农民收入的基础之上，促进农村各项社会事业的发展，提高农民的生活质量，保证农村稳定和农民安居乐业。第一，增加农村基础设施投入。包括农田水利基础设施建设、生态环境建设和农村公共设施建设。第二，加大农业公共服务投入。完善科技推广服务体系、信息服务体系、植物病虫害防治和动物检疫防疫体系，帮助农民抵御自然灾害和市场风险。第三，支持农业产业化经营和龙头企业发展。推进农村金融体制改革和创新，增加对农民的直接补贴，包括生产环节补贴、运输环节补贴、降低农民的生产流通成本。第四，加大反贫困力度，健全最低生活保障制度。动员全社会力量参与扶贫，改善贫困村的生产生活条件和生态环境。第五，加大对农村基础教育和职业教育的支持力度。提高农民素质，培养农村人才，培育有文化、懂技术、会经营的新型农民。

（本文原载《东方城乡报》2007 年 11 月 27 日）

中国经济转型过程中的区域与城乡关系研究

近年来，中国通过实施区域发展总体战略和一系列支农惠农政策，区域关系和城乡关系正逐步走上良性发展的轨道。但由于在计划经济体制下形成的城乡分割、区域分治的体制还没有彻底打破，城乡差距和区域差距仍然很大，严重制约了中国经济社会的健康发展。构建和谐的城乡关系和区域关系越来越受到中国政府和民众的重视。本文将在系统分析两大差距及原因的基础上，提出统筹区域发展和城乡发展的思路。

一、中国区域与城乡差距及其原因分析

进入 21 世纪以来，中国政府先后实施了西部大开发、东北振兴和中部崛起等战略措施，区域差距扩大的趋势有所缓解。但由于受自然地理、市场、政策制度等多方面因素的影响，区域差距依然在扩大。

（一）中国区域差距状况及其原因

尽管中国政府采取许多措施缩小区域差距，努力促进区域协调发展，但区域之间在经济、社会等领域的差距仍很严重。

改革开放以来，随着东部地区率先对外开放，东部沿海地区经济总量占全国的比重逐步上升，2006 年达到最高的 67.20%，2009 年依然达到 64.51%，比 1978 年高 14.6 个百分点。2009 年，中部地区 GDP 占全国的比重为 28.25%，比 1978 年的 29.21% 低 0.96 个百分点。西部地区 2009 年比 1978 年低 1.68 个百分点。从东中西之间变化的差距看，虽然 2006 年以来东中西的差距有缩小的趋势，但整体差距还是比较大。

城镇化与区域协调发展

从人均 GDP 的差距看，1992 年以前，东中西的人均 GDP 差距并不显著，但 1993 年以后东部地区与中部地区、西部地区的差距逐步拉大。2009 年，东部地区人均 GDP 是中部地区的 1.77 倍，为西部地区的 2.27 倍。2001 年以来，中部地区人均 GDP 与西部地区的差距也开始拉开。2001 年，中部地区人均 GDP 是西部地区的 1.22 倍，到 2009 年，上升到 1.28 倍。

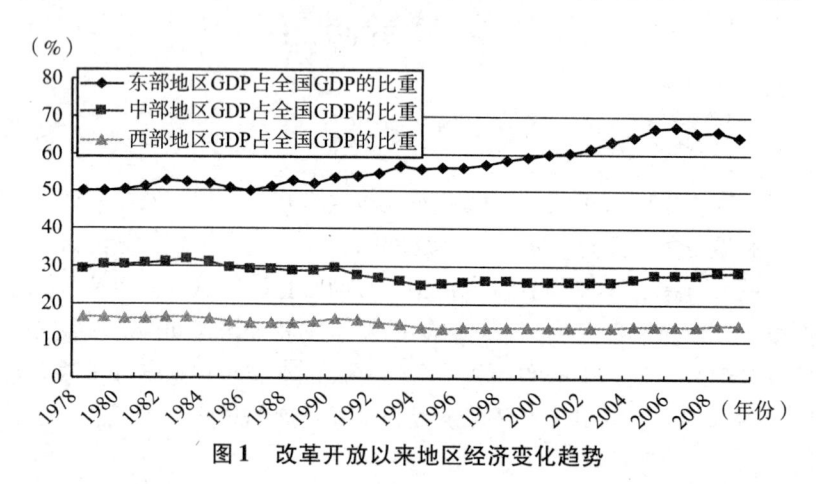

图1 改革开放以来地区经济变化趋势

地区间教育、卫生等社会事业的发展也存在较大差距。以教育为例，东部地区普通小学、普通中学不论是生均预算内教育事业费，还是生均预算内公用经费，都比中部和西部地区高（如图 2 所示），此外，医疗卫生、社会保障等方面，东部与中西部地区也有较大差异。

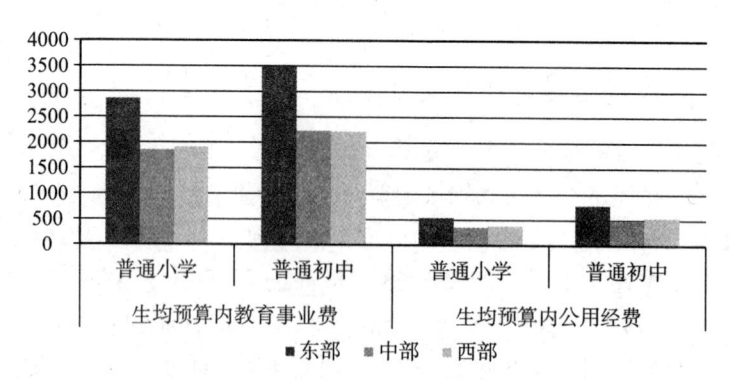

图2 东中西生均教育经费

资料来源：教育部、国家统计局、财政部：2007 年全国教育经费执行情况统计表，2008 年 11 月 21 日。

对于造成区域差距的原因，国内学者有很多研究，我们认为既有自然地理方面的原因，又有经济和人口空间布局失衡及政策方面的原因。

(1) 区域之间自然环境状况的差异

东部地区地势平坦，交通便利，尤其是沿海地区，由于低廉的航运成本，长期以来都是中国经济发展的中心。而广大的中西部地区地质环境复杂，自然灾害频繁，生存环境条件极为恶劣。中国欠发达地区大部分也集中在中西部高原山区、高寒山区、沙漠荒漠地区、喀斯特石漠化地区、黄土高原水土流失严重地区、大江大河的源头地区等生态脆弱地区。

(2) 区域间经济与人口分布失衡

改革开放以来，在国内外投资和产业持续向沿海地区转移的拉动下，经济布局也呈现向沿海地区集中的态势，形成一些支撑全国经济增长的经济密集区。京津冀、长江三角洲、珠江三角洲三大城市群15%的人口拥有35%的经济总量。2009年我国农村外出务工的劳动力已经高达1.5亿人。这种人口流动对支撑经济增长和缩小区域差距和城乡差距起着积极的作用。但由于体制和政策制约，我国绝大部分转移人口还未能成为真正的当地居民，从而使人口流动促进区域差距缩小的机制难以发挥，只能形成大规模的人口季节性流动。

(3) 国家政策对沿海地区的倾斜

改革开放后，国家决定把改革开放的突破口放在沿海地区，先后设立了深圳、珠海、汕头和厦门4个经济特区，紧接着又开放了14个沿海港口城市，并赋予这些沿海地区在财政、金融、引进外资、人事等方面许多优惠政策，使东部沿海地区在全国转型过程中获得了快速发展。

(二) 中国城乡差距状况及其原因分析

改革开放以来，中国农村面貌发生了重大变化，农民生活水平有了显著提高。但由于受诸多因素影响，城乡差距并没有伴随中国经济快速增长而缩小，相反，还出现持续扩大趋势。这不仅可能导致经济发展后劲不足，而且还可能引发社会不稳定。

改革开放以来城乡经济差距经历了由大变小，再由小变大的过程。1978~1983年，农村开展了以家庭联产承包责任制为主的一系列农村制度改革，农村的活力被最大限度的激发出来，粮食产量大幅度提高。城乡人均收入之比从 1978 年的 2.57 下降到 1983 年的 1.82。1984~1993 年，由于农业生产资料价格上升，生产粮食无利可图，城乡人均收入之比从 1984 年的 1.84 上升到 1993 年的 2.80。1998~2009 年，由于城市居民收入增长较快，城乡人均收入差距还是从 2.51 上升到 2009 年的 3.33[①]。

从城乡义务教育看，城乡教育资源分布不均，教育不公平的问题一直没有有效解决。农村中小学的教师每人负担学生数分别为 18 人和 23 人，城市为 13.5 人和 19 人[②]。

表1　　　　　　　2000 年和 2009 年城乡义务教育投入差距　　　　　单位：元

年份	经费类别	普通小学			普通初中		
		全国	农村	差距（%）	全国	农村	差距（%）
2000	生均预算内事业费	491.58	412.97	84.00	679.81	533.54	78.48
	生均预算内公用经费	37.18	24.11	64.85	74.08	38.67	52.20
2009	生均预算内事业费	3357.92	3178.08	94.64	4331.62	4065.63	93.86
	生均预算内公用经费	743.7	690.56	92.85	1161.98	1121.12	96.48

资料来源：《2000 年全国教育经费执行情况统计公告》和《2009 年全国教育经费执行情况统计公告》。

从城乡卫生发展看，城乡人均卫生费用差距在 2007 年达到历史最高的 4.23。据世界卫生组织公布的数据，中国占总人口 30% 的城市居民享有 80% 的卫生资源，占总人口 70% 的农村居民只享有 20% 的卫生资源[③]。

造成我国城乡差距既有客观上的原因，如农业比较效益低等，也有主观方面的原因，如城乡分割的二元管理体制、城市化水平低等。

（1）城市化水平低

2009 年，中国的城市化率为 46.59%，还没有达到世界平均城市化水平。农村人口占 50% 以上，而农业 GDP 仅占 10% 多一点。据统计，20 世

---

① 蔡昉、李实等学者的研究表明，如果将医疗、教育、失业保障等非货币的因素考虑进去，中国城乡实际收入的差距为世界最高。具体参见：蔡昉，杨涛：《城乡收入差距的政治经济学》，载《中国社会科学》2000 年第 4 期，第 11~23 页。李实，罗楚亮：《中国城乡居民收入差距的重新估计》，载《北京大学学报（哲学社会科学版）》，2007 年第 2 期，第 111~120 页。
② 俞雅乖：《基本公共服务城乡差距及均等化的财政机制》，载《经济体制改革》2009 年第 1 期，第 122 页。
③ 陈美兰：《人力资本溢出效应对城乡差距的影响》，载《经济论坛》2009 年第 19 期，第 9 页。

纪90年代初期，我国农村富余劳动力总数达到1.5亿以上，2000年达到1.8亿。

(2) 农业生产方式落后与农业比较效益低

由于农户经营规模小，生产经营主体素质不高，能力较弱，组织化程度低，"小生产"和"大市场"之间的矛盾比较突出。据有关资料推算，目前我国农业劳动生产率水平仅相当于发达国家的1%左右，相当于国内第二产业劳动生产率的1/8和第三产业的1/4左右[①]。

(3) 城乡分割的管理体制

新中国建立之初，为避免农村人口盲目流入城市对农业生产和城市发展带来的一系列负面影响，国家建立了以"农业户口"和"非农业户口"为基础的城乡分割管理体制，这种体制一直延续到今天，改革开放后也没有随之改变。

二、中国促进区域和城乡协调发展的战略思路

为促进区域和城乡协调发展，进一步缩小区域与城乡之间的差距，中国先后实施了区域协调发展战略、城镇化战略和主体功能区战略，并已取得了初步成效。

(一) 区域协调发展战略及基本成效

改革开放以来，我国实施了对东部沿海地区倾斜的政策，以发挥沿海地区的区位优势，推动改革开放，率先发展。在东部地区取得重大突破和辉煌成就之时，于2000年开始，西部大开发战略全面启动。2003年国家颁发了《关于实施东北地区等老工业基地振兴战略的若干意见》，从政策、资金和项目上，给予了有针对性的支持；2006年4月国家颁发了《关于促进中部地区崛起的若干意见》，提出了中部崛起的战略目标。至此，东部率先、西部开发、东北振兴、中部崛起区域战略全面实施，对不同地区采取了不同的发展战略和区域政策，形成了各具特色和不同发展特

---

① 杨开忠：《中国区域发展的理论与实践》，科学出版社2010年版，第133页。

征的"四大板块"。相对于"东中西"三大地带,"四大板块"的区域发展特征更加明显。"四大板块"区域发展战略的实施有力地促进了我国区域经济社会的协调发展。

1. 东部地区率先发展,产业结构调整升级步伐加快

我国东部地区以全国9.6%的土地和37%的人口,创造了全国经济总量的半壁江山,沿东部的海岸线拓出了一片快速发展的热土。长三角、珠三角、京津冀三大城市群,犹如三个动力强大的引擎,在改革开放的进程中发挥了引领全国发展的作用。三大城市群总人口约占全国的20.6%,土地只占1.1%,GDP已占全国总量的40%以上,实际利用外资额占全国的85%以上,进出口额占全国的75%以上,成为中国经济社会发展水平最高、综合实力最强、城镇体系较为完备的区域。

多年来,东部地区凭借出口导向政策、低廉的人力成本及大量投入实现了经济的快速增长,但另一方面,资源瓶颈愈发明显,环境污染不断加重,产业升级缓慢,外部风险加大等问题日益突出。这些长期积累而形成的深层次矛盾,因世界金融危机而更加凸显,一批传统企业外迁到内地成本更低的地方。2009年以来,珠三角、长三角等地区加快了产业升级的步伐。东莞与深圳推动"腾笼换鸟"政策,通过调整产业政策,将劳动密集型产业向周边地区转移,腾出更多的空间发展高附加值、高科技产业。苏州工业园区也在推进类似的计划,希望在产业结构升级、服务业发展、生态环保等方面取得新进展,这个曾经借国际产业转移之机发展起来的制造业高地,逐渐出现了科技文化艺术中心、纳米科技园、科教创新区等新亮点。

在国际金融危机背景下,京津冀地区显现出巨大活力,2009年地区生产总值占全国总量超过9%。天津滨海新区和唐山曹妃甸新区成为这一区域的两大亮点。2006年,国务院批准天津滨海新区为国家综合配套改革试验区,天津滨海新区被纳入国家总体发展战略,曹妃甸新区也成为国家循环经济示范区。目前,天津滨海新区已成为世界跨国公司在中国投资最密集的地区之一,世界500强企业已有120多家在这里投资设厂,2008年GRP达到3102亿元,占天津GRP总量48.8%,成为继深圳、浦东之后于21世纪初崛起的新的经济增长极。

2. 西部大开发基本改变了西部地区基础设施薄弱的状况，特色经济发展成效明显

西部地区地域辽阔，人口众多，自然资源丰富，发展潜力巨大，是我国的生态屏障和资源保障之所在，在全国发展格局中具有极其重要的战略地位。由于自然、历史、社会、经济等诸多因素的影响，西部地区发展相对落后。实施西部大开发战略以来，西部地区的经济建设取得了巨大的成就，经济社会发展速度明显加快，人民生活水平明显提高；基础设施逐步完善，生态环境建设取得积极成果；对外开放水平进一步提高，多层次区域合作的格局开始形成；整体经济实力和区域地位得到提升，正形成一批具有一定竞争力的特色优势产业，为进一步加快发展奠定了良好基础。西部大开发的十年，是改革开放以来西部地区经济社会发展最快，人民生活水平提高最为显著的时期。

西部大开发以来，特色优势产业不断壮大。西部地区的能源工业、矿产资源开采及加工业、特色农牧产品加工业、装备制造业、高技术产业、旅游产业6大特色优势产业发展势头良好，形成了一批特色优势产业基地和一批在国内外拥有较大知名度和较强竞争能力的名优品牌和企业集团。棉花、糖料、烟草、名酒、瓜果、畜牧等产品的生产加工在全国具有独特优势。此外，高新技术和旅游文化产业也已渐成规模，生物技术、新能源、现代制药和现代农业等高新技术项目顺利实施，先进适用技术推广和科技成果转化加快，高新技术对经济增长的促进作用不断增强。

实施西部大开发以来，国家投入巨资兴建了一批大项目。但还存在与西部地区产业发展联系不够紧密、带动作用有限的问题。西部地区仍是我国各种矛盾交织、多方面问题突出的地区，生态环境脆弱，贫困现象突出，提高这些地区的经济社会发展水平，维护民族地区稳定仍是比较艰巨的任务。

3. 东北振兴使很多企业焕发了活力，资源型城市转型任务依然艰巨

实施东北地区等老工业基地振兴战略是中共中央、国务院从全面建设小康社会全局着眼做出的重大战略部署。振兴东北地区等老工业基地，不仅要在经济发展方面跟上全国的步伐，而且要解决影响发展的体制性、结构性问题和生态性矛盾，增强内在活力，改善发展环境，为实现又快又好

的发展并最终实现振兴奠定坚实的基础。

东北地区是我国资源禀赋合理、交通设施完善、产业基础雄厚、生态环境优美的地区之一。能源、原材料工业和装备制造业比较发达，是我国重要的石油生产基地、钢铁生产基地和装备制造业基地。东北地区土地资源非常丰富，土地肥沃，是我国重要的粮食主产区。很长一段时期，受市场经济的冲击，老工业基地的体制性、结构性矛盾突出。市场化程度低，经济发展活力不足；产业结构调整缓慢，企业设备和技术老化；企业办社会等历史包袱沉重，社会保障和就业压力大；资源型城市依赖的资源逐步枯竭，支柱产业衰退；相当一部分国有企业陷入困境。

实施东北振兴战略以来，东北地区已经取得了明显的效果和显著的变化。以国有企业改革为重点的体制机制创新取得重大突破，多种所有制经济蓬勃发展，经济结构进一步优化，自主创新能力显著提升，对外开放水平明显提高，基础设施条件得到改善，重点民生问题逐步解决，城乡面貌发生很大变化。投资环境有所改善、招商引资吸引力增强，优势产业不断壮大，并成为主导区域经济发展的重要支柱，产业结构已向集约化、高级化和精深加工转变[①]。不仅建成了具有国际竞争力的大型石化生产基地，而且以高技术产业为代表的新型产业也在蓬勃发展。通过联合重组和深化企业改革，东北地区产业结构趋于合理，生产要素进一步向优势产业集中，企业生产效率普遍提高，市场竞争力显著增强。

目前，东北地区老工业基地振兴只是取得了阶段性成果，东北地区与发达地区比较还有较大差距，一些影响长远发展和振兴进程的深层次问题还没有根本解决。如体制机制创新依然十分艰巨，企业自主创新能力亟待加强，资源型城市经济转型任务艰巨，就业和社会保障压力仍然很大，产业结构调整有待加强完善。

4. 中部崛起初显成效，中部多数市县实现快速增长

包括山西、安徽、江西、河南、湖北和湖南六省在内的中部地区，总面积103万平方公里，占全国的10.7%。2009年总人口35603万，占全国的26.7%。中部地区地处内陆，是我国区域关联度最强的地区，承东

[①] 引自国务院东北等老工业基地办公室网站，东北振兴三年评估报告《发展加快　后劲增强　社会进步　民生改善》。

启西，连南贯北，是全国重要的交通枢纽和物流中心，具有开拓大市场和发展大流通的优越条件。中部地区的矿产资源种类多、储量大，动植物资源丰富，是全国著名的农产品生产基地和重要的能源原材料工业基地，具有加快发展的优势条件。但中部地区在经济发展中制约因素也比较明显：一是城市发育不良，城市数量少，城市规模小，城市化水平低，农村人口多；二是县乡自我发展能力弱，县乡财政普遍比较困难，影响了农村水利、交通运输等基础设施条件的改善和发展环境的优化；三是交通基础设施建设相对滞后；四是农业比较效益低，农村发展环境差；五是资源优势未转化为经济优势，制造业尚未成为主要的支柱产业。

2006年4月，中共中央、国务院发布《关于促进中部地区崛起的若干意见》，提出将中部地区建设成为全国重要的粮食生产基地、能源原材料基地、现代装备制造及高技术产业基地和综合交通运输枢纽。中部崛起战略正式成为继东部地区率先发展、实施西部大开发、振兴东北老工业基地战略之后，中共中央、国务院从现代化建设布局出发做出的又一重大决策。通过实施"中部崛起"战略，中部六省充分发挥综合优势，加快新型工业化、城镇化和农业现代化步伐，促进经济增长方式由数量粗放型向质量效益型转变、由投资带动型向投资、消费、出口协同推进型转变，经济发展迈出了健康的步伐。能源、原材料、装备制造业、农业和农产品加工业都获得较快发展，增长速度大大加快。

实施促进中部崛起战略以来，中部六省发展速度明显加快，城乡人民生活水平稳步提高。呈现出经济快速增长、社会全面进步、人民生活明显改善的良好局面，中部地区GRP占全国的比重由2006年的18.7%提高到2009年的20.7%。

但是，中部地区仍面临着诸多制约长远发展的矛盾和问题。中部地区应进一步扩大开放，在结构调整中承接海外和沿海的产业转移，统筹城乡发展和经济社会发展，快速提高工业化水平和城市化水平，走出一条全面、协调、可持续发展的新路子。

(二) 城镇化战略

城市化作为农村人口从传统分散的乡村向现代先进的城市集中的自然历史过程，是一种世界性现象。对中国来说，城市化是解决"三农（农村、农业、农民)"问题的钥匙,是牵动经济社会发展的牛鼻子,因此,它是21世纪中国经济社会发展的大战略。加强城市基础设施建设既为加快城市化进程创造条件,也是市场机制下,扩大内需、启动经济的有效手段。

城市化已经成为决定我国经济增长的关键性因素,不加快城市化进程,就难以实现农村经济的现代化,我国的工业发展就难以迈上一个新台阶。农村经济的发展和现代化进程的顺利进行,需要将在农村大量的富余劳动力转移到城市的二、三产业当中,以摆脱目前严重失调的人口城乡格局对国民经济持续发展的制约。

城市化是提高总体人口素质的重要举措。城市丰富的教育资源和高效的资源利用,有利于人口科学文化素质的提高。城市化也有利于降低人口的出生率,从现在各个城市的人口增长率来看,大城市要低于中等城市,中等城市低于小城镇,小城镇低于农村,可见我们计划生育问题的根本解决要靠城市化。城市人口较高的生活水平、较多的就业机会、较高的教育水平,有利于改变人们的生育观念,从而能够在很大程度上降低人口的出生率。

城市化也有利于解决农村地区的生态退化问题。随着城市化的加快和城市化水平的不断提高,农村的人口数量不断减少。农民人均收入会不断提高,对土地和自然资源的压力也会降低,为生态环境问题的解决提供了条件。

城市化战略从2000年开始,从学者议论呼吁阶段进入实施阶段。"十五"规划纲要明确提出了城镇化战略。"十一五"规划进一步提出:坚持大中小城市和小城镇协调发展,提高城镇综合承载能力,按照循序渐进、节约土地、集约发展、合理布局的原则,积极稳妥地推进城镇化,逐步改变城乡二元结构,并提出把城市群作为推进城镇化的主体形态。"十二五"规划用整整一章的篇幅阐述积极稳妥推进城镇化的问题,提出把符合落户条件的农业转移人口逐步转为城镇居民作为推进城镇化的重要任务,优化城市化布局和形态,加强城镇化管理,不断提升城镇化的质量和水平。

中国的城市化水平从2000年也开始加快,每年上升一个百分点左右。根据第六次人口普查的数据,城镇化率已达到49%,城市和城镇人口将近总人口的一半。但这些进城的农民中，很多是所谓的"农民工"，即只身一人进城打工的人，他的家庭并没有进入城市。因此这样的城市化并不彻底。

根据预测，到2030年，中国城镇化水平将达到70%左右，城镇人口将有10亿左右。对中国来讲，既是机遇，也是挑战。根据"十二五"规划，在推进城镇化发展的过程中，要积极培育若干个有竞争力的城市群。要力争将有潜力的长江三角洲、珠江三角洲（包括港澳）和京津冀三大城市群打造成为世界级城市群。同时，也要将辽中南城市群、山东半岛城市群、中原城市群、长江中游城市群、海峡西岸城市群、川渝城市群和关中城市群等打造成为有竞争力的吸纳人口能力较强的城市群。

（三）主体功能区战略

中国的国土面积很大，但适合人类居住的空间并不大，中国的资源很丰富，但人均数量却不多，尤其是土地资源、石油资源及淡水资源属于短缺资源，所以，必须大力倡导集中发展、集群发展、集约发展，在人居环境比较好的地区聚集人口，发展规模较大的城市，形成合理的空间发展格局。

中国"十一五"规划纲要按照不同区域环境承载能力、现有开发密度和潜力、经济布局、国土利用和城镇化格局，将国土空间划分为优化开发区、重点开发区、限制开发区和禁止开发区四类，据此确定不同类型地区的主体功能定位，明确开发方向，控制开发强度，规范开发秩序，完善开发政策，逐步形成人口、经济、资源环境相协调的空间开发格局。2010年12月国务院批准颁布的《全国主体功能区规划》（以下简称《规划》）划定了国家层面的四类区域。《中华人民共和国国民经济和社会发展第十二个五年规划纲要》（以下简称《纲要》）将主体功能区上升为国家战略。

根据《规划》，全国层面的优化开发区主要包括环渤海地区中的京津冀、辽中南和山东半岛地区、长江三角洲地区、珠江三角洲地区。这类地区的发展方向和开发原则是：优化空间结构、优化城镇布局、优化人口分布、优化产业结构、优化发展方式、优化基础设施布局、优化生态系统格局。

全国层面的重点开发区主要包括冀中南地区、太原城市群、呼包鄂榆地区、哈长地区、东陇海地区、江淮地区、海峡西岸经济区、中原经济区、长江中游地区、北部湾地区、成渝地区、黔中经济区、滇中地区、藏中南地区、关中—天水地区、兰州—西宁地区、宁夏沿黄经济区、天山北坡地区18片地区。这类地区的发展方向和开发原则是：健全城市规模结构、促进人口加快集聚、形成现代产业体系、提高发展质量、完善基础设施、保护生态环境等。

限制开发区主要包括农产品主产区和重点生态功能区。农产品主产区重点建设以东北平原主产区、黄淮海平原主产区、长江流域主产区、汾渭平原主产区、河套灌区主产区、华南主产品、甘肃新疆主产区等地区。国家重点生态功能区主要包括大小兴安岭、长白山、阿尔泰山地、三江源草原草甸湿地生态功能区等地区，总面积约386万平方公里，占全国陆地面积的40.2%。

禁止开发区主要包括国家级自然保护区、世界文化自然遗产、国家级风景名胜区、国家森林公园和国家地质公园等。全国目前有禁止开发区1443处，总面积约120万平方公里，占全国陆地面积的12.5%。

三、促进区域城乡协调发展的基本对策

针对中国区域城乡差距的主要表现形式以及造成这些差距的原因，结合中国区域发展总体战略、城镇化战略和主体功能区战略，我们提出了促进区域城乡协调发展的若干对策。

（一）编制区域规划，不同区域实施不同的政策

不同地区不仅要有不同的扶持政策，而且要有比较科学的战略思路。一要有基本的方向和阶段性目标；二要有长期的规划；三要有具体的手段和策略；四要有政策的扶持和资金的支持。

制定政策要有针对性、系统性和有效性，既要和法律法规有机衔接，又要考虑政策的连续性，还要有利于区域城乡协调发展机制的形成。要推出一整套完整系统相互协调的区域政策，尚需要相当艰苦细致的工作，既需要理论工作者的深入探索和不断呼吁，也需要各地区政府的大胆实践，

还需要决策者的及时洞察和果断决策。

我国现行的区域政策是根据东中西三大地带和四大板块为基本范围制定的，虽然比"一刀切"的政策有所进步、有所细化，但仍失之于过粗。西部有贫困地区，东部也有贫困地区；东北有老工业基地，其他区域也有老工业基地；西北有沙漠化地区，西南有石漠化地区。"粗线条"的区域政策有很多不合理之处。因此，区域政策按照类型区分别制定比较科学合理。

本文认为可按六大类型区分别制定区域政策：（1）贫困地区；（2）老工业基地；（3）资源型城市；（4）生态脆弱地区（沙漠化、石漠化地区、水源地、干旱地区、地质灾害频发地区）；（5）粮食主产区；（6）边疆地区。

完善区域政策对于我国顺利完成全面建设小康社会和建成完善的社会主义市场经济体制这两大宏伟目标具有非常重要的意义。中央政府不仅要根据各地区的不同情况制定不同的区域发展政策，而且要根据各地区的情况制定区域财政政策、区域金融政策、区域土地政策、区域人口政策、区域资源政策、区域环境政策等。要增加对欠发达地区及生态保护区域用于公共服务和生态环境补偿的财政转移支付，逐步使当地居民享受与发达地区均等化的基本公共服务。

（二）逐步解决人口与经济空间结构失衡问题

立足于合理化和优化空间结构的角度，国家应加快对户籍等限制人口流动的制度的改革，在消除地区壁垒，允许物品畅通的同时实现人口流动的正常化，以人物互动方式逐步解决要素空间结构失衡问题。未来，需拓展改革思路，在西部、北方生态形势日益恶化的情况下，应以"人动"体现以人为本的理念，引导西部地区的一部分劳动力和人口向发达地区有序流动。制订促进人口自由流动的政策，引导欠发达地区的人口向发达地区和城市转移。根据西部地区生态脆弱性的分析，造成西部地区生态退化的原因是不利的自然条件和不合理的人类活动。不利的自然条件使得西部地区的生态脆弱性增强，为西部地区生态退化埋下了隐患，而不合理的人类活动则将这种生态退化的可能变为现实。

我国人口在地区分布上很不平衡，东部12个沿海省、市、区以占全国 13.52% 的国土面积，承载着全国 42.36% 的人口；而西部 10 个省、区以占全国 56.76% 的国土面积，仅承载着全国 22.92% 的人口。东部地区的人口密度达到 413 人/平方公里，而西部地区的人口密度只有 53 人/平方公里。单从人口密度判断，我国东部地区人口多，西部地区人口少。但从耕地面积和质量、生态压力、经济发展水平和潜力等方面分析，我国西部地区综合资源承载力处于超载状态，而东部地区则处于富余状态。我国西部地区适宜人口密度远远低于实际人口密度，人口压力大，人口超载严重；东部地区适宜人口密度则高于实际人口密度，人口压力较小。如果再考虑我国西部地区脆弱的生态环境，我们调整人口地区分布的主要方向是从西部地区向东部地区转移。

（三）加快农民工市民化的进程

中国目前的城镇常住人口中包含约 1.5 亿的农民工，这部分人并没有享受城市居民相同的公共服务，是制约中国城市化健康发展的重要因素。加快农民工市民化，就是按照设定的准入门槛，将有意愿成为市民的农民工转变为城镇居民，并且让他们享受与城镇居民相同的公共服务。现阶段，要重点搞好城镇居民、农村居民及农民工基本公共服务均等化的衔接，避免出现一种制度，多头管理、多种形式的局面。在此基础上，加快户籍制度改革。抓紧研究建立有序的准入制，允许符合具有可靠职业和稳定收入的外来人口在经常居住地落户，引导流动人口融入当地社会。东部发达地区的城市政府应创造条件接纳农民工成为城市居民。鼓励家庭移民，家庭中凡有一人在城镇有固定职业者，允许其家庭成员落户。农民工问题的核心是权益保障问题，包括工资报酬、子女教育、社会保障、卫生医疗等，相应的社会保障、住房公积金、廉租房、子女教育等问题解决了，二元户籍问题就迎刃而解了。之所以这一问题长期久拖不决，实质上是一个地方利益问题，所以中央政府应强力推动，制订统一的严格的促进农民工市民化的法律和政策，让发达地区的政府承担更多的责任。

（四）建立覆盖全国的最低生活保障制度

应把解决西部地区农牧民的生活问题放在首位。我国还有 3000 多万贫困人口，也有一批基本生活难以维持的城市贫民，这一群体是政府应予以关注并重点救助的对象。据统计，这批尚未脱贫的居民绝大多数居住在西部，且多居住在交通不便、土地贫瘠或干旱、生态脆弱的山区或深山区中，靠"开发式"扶贫难以解决他们的现实问题，而把他们纳入到低保体系中，扶贫到户，无疑是现阶段最有效的措施。最低生活保障制度是现阶段最基本的保障制度。要根据收入水平、劳动力赡养能力、当地基本消费水平确定低保标准，并据此确定享受低保的户数和人口，建立规范的无"体制泄漏"的低保体系，使之成为贫困人口的生命线和保险阀。

现实问题是享受低保的人口多数居住在欠发达地区。低保费用若让地方财政负担，别说是县财政，市财政甚至省财政也不堪重负。因此，建议低保资金以中央财政负担为主。财政自给有余的省市由省财政负担，财政不能自给的省市由中央财政负担，通过银行按月直接补贴到户，以避免一级一级下拨所产生的体制泄漏。

随之而来的问题是，地方政府尤其是基层政府能否严格按标准确定低保户和低保人口，会不会放宽标准或提供虚假信息。解决的办法：一是将标准公布于众，相互监督，保证使最贫困的人口享受低保待遇；二是通过详细核查，对地方政府确定的低保户进行审核，可让大学生志愿者承担这项工作；三是将低保人口比重与公务员工资标准挂钩。以市为单位或以县为单位公务员的工资标准除根据消费水平确定外，要把本市或本县低保人口占总人口的比重与工资标准挂钩，比重越高其工资标准越低，既体现干部与老百姓同甘共苦的精神，也抑制当地干部人为增加低保户和低保人口。当然对人为压低低保户数和低保人口数的情况也应严加防范。

（五）加快构建生态补偿机制

西部地区的矿产资源和水资源成为东部赖以生存和发展的基本条件。珠江、长江、黄河均发源于西部，流经东部入海，上游的环境和对水资源的保护对下游地区的生产和生活起着至关重要的作用。一些省域范围内的江河也存在类似情况。计划经济时期并不突出的矛盾和问题在市场经济体制下凸显出来。我国江河上游地区多是经济欠发达地区，下游地区又多是发达地区，因此，生态补偿机制的建立显得更为迫切和必要。欠发达地区的政府和人民正在谋划发展之路，他们既有生存权，也有发展权，经济全球化给这些地区带来前所未有的机遇。生态补偿和对口支援不同，对口支援是道义上的责任和政治任务，受援的地区和支援的地区可能不存在任何关系，但生态补偿是一种应尽的义务，是对生态保护地区的人民承受牺牲或贡献的一种补偿。补偿者不是"恩赐"，是不允许放弃的责任。发达地区的人们可能这样想，水和空气都是大自然的"赐予"，和上游的人没有什么关系。但国家划定限制发展地区之后，上游地区的人们受到了约束，他们的发展权受到了限制，因此，完全有权利要求补偿。本文建议是企业按净资产纳税，个人按收入和不动产纳税。通过征收生态税建立生态补偿基金，提高欠发达地区人民的生活水平。

（六）积极推进基本公共服务均等化

如果说世界上有一些国家可以实现各地区人均国内生产总值水平基本相等的话，那么，在我国是不可能做到的，因为我国各地区间的自然条件差异太大。另外，我们也不应该去追求各地区达到相对均衡产出水平的目标，我们要追求的应该是各地人民有比较接近的生活水平，这样才有利于整个社会的稳定，有利于和谐社会建设。要实现这一目标，一方面需要帮助经济欠发达地区加快发展，通过提高当地的产出水平来增加人民的福利；另一方面，也是更重要的方面，就是要通过财政收入再分配来提高欠发达地区的人民群众包括教育、卫生、社会保障等在内的生活福利水平。实现区域之间政府公共支出的均等化和居民公共福利的均等化。要保证欠发达地区居民的基本教育、基本医疗、基本设施和基本保障。对欠发达地区的政府支出包括公务员的报酬也要给予保证，和发达地区的差距不能拉得太大。

（七）努力推进农业现代化和新农村建设

第一，树立现代农业发展新理念。重视农产品市场化、农业生产要素市场化和农业经营主体市场化建设，用市场机制推动农业发展。借鉴工业注重组织形式、科技创新、品牌建设等重要理念，加快现代农业的发展。第二，加快农业产业化发展。通过政策扶持、内引外联等形式，积极探索农业产业化组织模式，强力推动"龙头"企业带动型、专业市场带动型、中介组织带动型和公司经营形等农业产业化组织的建立和完善。要打破行政区划的界限，统一规划、连片开发，围绕"农字号"龙头企业，切实加快农产品基地建设。要坚持"民办、民管、民受益"的原则，发挥市场对资源的配置功能，抓住传统农业、特色农业、新兴产业和产品，加快培育和发展农民专业合作社。支持合作经济组织之间开展多层次、多形式的交流与合作，提升组织的服务功能，拓展它们的生存和发展空间。积极推进龙头企业、专业合作社、基地（或小区）"三位一体"的农业产业化经济模式，把农、工、加、产、销、贸各环节有机连接起来，提高农业经营组织化程度。第三，完善农业社会化服务体系。通过财政、信贷、土地、工商管理等方面的政策支持，运用政府引导和市场化运作相结合的方式，鼓励城市资源向乡村流动，构建以公共服务机构为依托、合作经济组织为基础、龙头企业为骨干、专业服务公司为补充的公益性、经营性、自助合作性服务相结合的新型农业社会化服务体系。重点建设种养业良种繁育、农业科技推广与创新、动植物保护、农产品市场信息等体系，加强农业信息应用系统和农村信息网络建设，强化面向农村的科技、金融、市场、信息等方面的服务。第四，增加农业科技含量。要积极研究、引进、开发优良品种和创新农作物耕作方式。对农产品的产前、产中、产后各环节进行技术创新。产前主要搞育种攻关，产中主要搞节种、节肥、节水等方面的攻关，产后重点抓产品的保鲜、储存、加工等技术攻关。

针对中国城乡差距中存在的问题以及造成这些问题的主要原因，本文认为，缩小城乡差距要着重从以下几方面突破：

加强农村基础设施建设。加强基本农田水利建设，修建高标准水平农田。强化有机肥源建设，实施"沃土工程"和农田节水灌溉工程，提高土壤肥力和农田有效灌溉率。努力消除农业发展的"瓶颈"，不断改善农村水、电、路等生产生活条件，全面繁荣农村经济。按照出行更便捷、更安全、更舒适的目标和要求，加快实施农村公路改造工程，提高农村交通网络的覆盖水平和通畅程度。加快城乡电网和农电线路改造，精心实施后续农网追加工程，有效提升电力保障水平。积极推进农村社区建设。按照"政府统筹，农民自愿"的原则，把农村危房改造、新农村示范村建设和压煤搬迁村建设与新型农村社区建设结合起来，引导农村社区集中布局、集约发展。不断完善农村社区配套建设，同步建设社区服务中心。强化农村公共服务。进一步完善公共财政制度，健全公共服务网络，创新公共服务运行机制，切实推进城乡文化、科技、教育、卫生等基本公共服务均等化，构建城乡一体的公共服务体系。

参考文献：

1. 盖尔·约翰逊：《经济发展中的农业、农村、农民问题》，商务印书馆 2005 年版。

2. 国务院发展研究中心课题组：《中国新农村建设推进情况总报告——对 17 个省（市、区）2749 个村庄的调查》，载《改革》2007 年第 6 期。

3. 叶振宇、孙久文：《北京市经济增长与城乡差距关系的实证研究》，载《首都经济贸易大学学报》2009 年第 2 期。

4. 朱允卫、黄祖辉：《经济增长与城乡差距互动关系的实证分析——以浙江省为例》，载《农业经济问题》2006 年第 5 期。

5. 刘丽：《转移支付与"二元"社会结构下"城乡差距"的缩小》，载《行政管理体制改革的法律问题——中国法学会行政法学研究会 2006 年年会论文集》2007 年版。

6. 刘东霞：《城市偏向政策视角下我国城乡差距问题研究》，山东大学硕士学位论文，2009 年版。

7. 周云波：《城市化、城乡差距以及全国居民总体收入差距的变动——收入差距倒 U 形假说的实证检验》，载《经济学（季刊）》2009 年第 4 期。

8. 陈美兰：《人力资本溢出效应对城乡差距的影响》，载《经济论坛》2009 年第 19 期。

9. 郑新立：《促进农村劳动力充分就业是缩小城乡差距的根本途径》，载《农村工作通讯》2009 年第 18 期。

10. 刘美平：《中国城乡差距的三维解读》，载《生产力研究》2009 年第 15 期。

11. 瞿瑛：《本世纪初我国义务教育经费的城乡差距分析》，载《教育导刊》2008 年第 2 期。

12. 任太增、王现林：《权利不平等与城乡差距的累积》，载《财经科学》2008 年第 2 期。

13. 程开明：《从城市偏向到城乡统筹发展——城市偏向政策影响城乡差距的 Panel Data 证据》，载《经济学家》2008 年第 3 期。

14. 袁和平：《从"权利"入手解决城乡差距问题》，载《福建论坛·人文社会科学版》2004 年第 9 期。

15. 马晓河：《必须用统筹城乡发展的思路扩大农村消费》，载《宏观经济管理》2010 年第 2 期。

16. 李实、罗楚亮：《中国城乡居民收入差距的重新估计》，载《北京大学学报

(哲学社会科学版)》2007 年第 2 期。

17. 蔡昉、杨涛：《城乡收入差距的政治经济学》，载《中国社会科学》2000 年第 4 期。

18. 俞雅乖：《基本公共服务城乡差距及均等化的财政机制》，载《经济体制改革》2009 年第 1 期。

19. 李静：《城市化对城乡收入差距影响实证分析》，载《合作经济与科技》2007 年第 4 期。

20. 詹婷婷、姜刚、杨玉华：《中国 22 多万个农业产业化组织带动上亿农户增收》，http：//news.163.com/10/1003/09/6I2G800400014JB5.html。

21. 董峻：《中国农业机械化水平迅速提升加快现代农业进程》，http：//news.qq.com/a/20080528/004406.htm。

22. 杨开忠：《中国区域发展的理论与实践》，科学出版社 2010 年版。

23. 柳思维：《进一步破除城乡分割体制加快农村城市化的探讨》，载《湖南商学院学报》2000 年第 3 期。

24. 肖金成：《完善区域政策促进区域协调发展的思考和建议》，载《宏观经济研究》2008 年第 2 期。

25. 魏后凯：《我国西部大开发的成效及未来政策取向》，载《中国西部经济发展报告（2006）》，社科文献出版社 2007 年版。

（本文合作者：黄征学）

农业产业化是解决农业问题的重要途径

解决三农问题，除了提高城市化水平，大幅度提高农民可支配资源这一根本性措施之外，比较现实的道路就是发展特色经济，加速农业产业化经营，大力培育农业龙头企业，不断提高农产品加工增值、开拓市场、服务农户的能力。通过龙头企业带动，实现农民与市场的对接，提高农产品市场竞争力，使农民收入实现突破性增长。

一、农业产业化的地位和作用

农业产业化被称为继家庭联产承包责任制后农业的又一次大的飞跃。它是顺应市场经济的大潮而产生的，目的是解决市场经济条件下农民面临的"小生产，大市场"的矛盾以及种粮效益低下的困窘局面。推进农业产业化一方面可达到使农民增产增收的目的，另一方面则可激活本区域内的劳动力以及土地等丰富资源，对农业的发展具有不可低估的作用。

所谓农业产业化经营，就其实质内容而言，在很大程度上就是拉长农业的产业链条，发展农产品精深加工，农业产业化经营是这一内容的形式和体现。发展农业产业化经营的目的，主要是要解决企业与农民的利益联结机制，并把企业化经营引入农业领域，这对于保证原料供应的稳定性具有重要意义。

农业产业化的重要意义还在于它能充分激活本区域内的资源。对于一个地区一个县来说，关键是要和外部的要素结合起来，技术、资金、人才和市场的结合就能激活本区域的资源，也就是说让外部来配置资源非常重要。

农业产业化是解决农业问题的重要途径

另外，农业产业化是在新的历史条件下妥善解决农民问题的一条重要途径。如果说家庭联产承包责任制主要解决了农民生产经营自主权问题，充分调动了农民的生产积极性，解决了广大农民的温饱问题，那么，农业产业化则为农民确立了在市场经济条件下如何进入市场以及农民的收入问题。农民的收入问题是关系到农业和农村发展的一个重要问题，近几年增长出现了缓慢的趋势。由于供求关系变化，农产品卖难，价格持续下跌，农民收入增长趋缓，有些农户的收入还有所下降。农民收入问题在刚刚摆脱贫困的地区尤其重要，是第一位的问题。因此，解决农民增收问题是整个农业和农村经济工作的核心任务。只有农民收入不断提高，才能从根本上调动农民的积极性，从而推动农业持续发展；只有农民增收，农民的购买力才能增强，才能开拓农村市场，商业流通才有活力，第三产业和城镇建设才能得以快速发展。

二、农业产业化在我国的实践

农业产业化是一种制度上的创新，是一种产业经营模式的创新，是适应市场经济发展规律应运产生的。农业产业化经营最早于 20 世纪 50 年代产生于美国，在我国的出现是 20 世纪 80 年代末和 90 年代初，山东省是农业产业化的发祥地。一经产生，产业化经营即在东部沿海地区迅速发展起来，并取得了可喜的成绩。经过十年的实践，农业产业化的发展势头很快，在一些欠发达地区以及贫困地区也发展得比较迅速，并逐渐形成了一些具有中国特色的农业产业化发展模式。这里主要介绍几种在我国普遍采取的模式。

1. 龙头带动型

即以龙头企业为主，围绕一项或多项产品，形成龙头连基地，基地连农户即"公司＋基地＋农户"的产加销一体化经营组织。这种模式最为重要的一点就是龙头企业的建设问题。因为"龙头"企业具有市场开拓能力，进行农产品深度加工、为农民提供服务和带动农户发展商品生产等方面的能力，是产业化组织的加工中心、营运中心、服务中心和信息中心。山东省40%以上的县非常注重加大对农业龙头企业的投入。如青岛市从1993年起每年由财政拿出500万元，专门用于支持20家重点龙头企业。这种模式广泛适应于种植业与畜牧养殖业。

针对有发展前景的农产品，培育几家大的龙头企业，积极开拓县内外、省内外及国内外市场。农业效益的改善和农民收入的提高在很大程度上取决于农业产业化的水平，只有通过大力发展农业产业化，才能提高农产品的附加值，延伸农业产业链条。而要发展农业产业化，必须有龙头企业做支撑，通过龙头企业实现规模经营，达到提高农业经济效益的目的。

2. 集团开发型

农业产业化在我国的成功实践，改变了原有认为农业是弱质产业的观念，一些大集团以及大公司转而把农业作为一个巨大而稳健的投资市场，他们大胆向"四荒"地开发，取得了较好的经济效益。内蒙古的鄂尔多斯羊绒制品股份有限公司为缓解原料供求矛盾，从1991年起，先后投资2000多万元建设2万公顷的种山羊基地，开发牧场3000公顷，种草3.4万公顷、植树100多万株；还在羊绒主要产区建了11个原料收购分公司，形成了工牧直交、贸工农间交的供求网络，同40多万牧民保持着年供应1300多吨原绒的长期稳定关系，从根本上解决了因市场波动较大而给企业和农户带来的买难、卖难问题。又如海南兴宝集团横跨商贸、旅游开发、农业开发和房地产、高科技实业以及文化体育等产业，拥有资产40多亿元。集团在新疆温宿县计划投资10亿元开发7万多公顷荒地，建设大型优质棉花种植、加工基地。

3. 市场带动型

即通过建设当地市场，开拓外地市场，拓宽产品销路，牵动优势产业扩大生产规模，形成专业化、系列化生产。如河北省馆陶县的鲜蛋市场，通过该市场将鲜鸡蛋销往东南亚诸国。漳州市在天宝镇办起全省最大香蕉批发市场，市场里设有银行、工商、税务、邮电、保险、宾馆、运输车队等配套齐全的服务设施，年交易额在10万吨以上。又如长江农业集团探索国际化带动农业产业化的新路，与日本公司在大阪中央区合资建立了农产品批发市场，直销公司生产的蔬菜和水产品。

农业产业化是解决农业问题的重要途径

长春野力集团公司+农户的成功探索

总部设在长春的野力集团，集食品加工、餐饮服务和房地产开发为一体，是全国500家大型民营企业之一。1997年年初，野力选中了与世界有名的葡萄产区法国波尔多纬度相似，并同时具备土壤、气候、水、阳光四个种植葡萄优势的秦皇岛市昌黎县作为原料供给基地，先后投资1.4亿元建成了万亩葡萄种植园和葡萄酒加工厂。在种植、加工、销售过程中，野力集团探索出一种独特的生产经营模式。这种模式被称为"反租倒包"的土地经营模式。具体运作如下：

这种模式在组织结构上是由公司、村集体和农户三者构成。在基本动作方式上，以野力集团为龙头，从村集体以10年期限租赁耕地。公司将葡萄种植分成28个环节，按亩反包给农户，依用工量和葡萄的产量付酬。在具体责任上，公司负责资金投入、改良土壤、苗种引进、生产技术管理指导、植保防疫、产品收购和加工；村集体负责葡萄生产基地打水井、通电和修路等基础设施建设；农户提供劳动力，进行日常管理。三方通过合同关系联合组成利益共同体。

"反租倒包"模式的出现使昌黎县受益匪浅。1999年，野力公司从基地收购优质葡萄1万吨，共收入4000万元。公司加工葡萄酒3000吨，实现销售收入6586万元，创利910万元，缴税1050万元，成为昌黎县两个纳税大户之一。据测算，野力集团每年需给当地政府和农民交付租金600万元，雇用约5000个农业劳动力，支付工资750万元，大大高于农民自己种植粮食或葡萄的收益。而且农民的收益是在几乎不承担风险和额外投资的情况下取得的，所以深受欢迎。

总结"野力模式"，可得到以下几点启示：

1. 以企业的力量实现了规模化经营和优质化生产。为"以工补农"改造传统农业，推进农业增长方式的转变提供了一条思路。

"反租倒包"模式使农业在不改变家庭联产承包责任制的前提下，实现了规模化经营，并且克服和一家一户分散经营的弊端，提高了农业抵御风险的能力，受到广大农民的欢迎。以企业的力量，用市场的办法成功地建立了万亩农业现代化示范园，为农产品的优质化生产提供了基础。

2. 在工农关系上形成双赢格局。野力集团吸收了4000农户加盟农业产业化经营。在这一过程中，野力将农民稳定增收同企业的长远发展紧紧联系在一起。一方面抓农产品优质化生产，另一方面以企业实力，带动农产品的精加工和深加工，实现农产品增值目标。这种经营模式是一种"双赢"格局，既为农产品加工企业带来了盈利，使他们赢得了市场机会，又使当地农民同时增收。

3. 构造了一种新型的双层经营体制，是一种制度创新。现阶段，我国农村普遍实行家庭分散承包经营与集体统一经营相结合的双层经营体制。而野力集团则以企业的力量将农村集体经济组织所行使的一些统一经营职能演变成一种有效的市场行为，如为农村社区兴建道路，农民以劳务定额和产量分户承包经营等。这种演变，同时为企业、农民和社区集体经济组织所欢迎。

4. 主导产业带动型

这种形式以利用当地资源、发展传统产品入手，形成区域性主导产业；以"名优新特"产品开发为目的，对那些资源优势最突出、经济优势最明显、生产优势较稳定的项目，进行重点培育，加快发展，形成新的支柱产业，围绕主导产业发展产加销一体化经营。此类型适用于资源禀赋独特，能大量生产各种名特优农产品的地区，在我国不少地区都是以拥有特色产品、名牌产品来实施农业产业化经营的。如武夷山市岩茶开发总公司组建集团企业，实行国有、集体并举，根据市场对铁观音和岩茶的需求，进行初精制联合加工，年加工量分别达700吨和40多吨，专供外贸出口和国内市场，取得明显经济效益，促进名优茶开发。

5. 中介组织联动型

即以各种中介组织（包括农民专业合作社、供销社、技术协会、销售协会等合作或协作性组织）为纽带，组织产前、产中、产后全方位服务，使众多分散的小规模生产经营者联合进来形成统一的较大规模的经营群体，实现规模效益，促进农业产业链的形成和延长。该模式适用于技术要求比较高的种植业、养殖业，尤其是在推广新产品、新品种、新方法的过程中，是一种投资低、收益高，农户得到实惠多的好方法。所以在我国无论发达地区还是欠发达地区都能适用。借鉴国际经验，发展农民自己的合作组织，能提高农民的地位，保护广大农民的利益。通过兴办合作社，或由加工企业与农民合作社签订供货合同，或由加工企业与农户结合兴办合作社，能用利益机制联系产供销的各个环节，从而加快产业化的进程。如山东省莱阳市宏达果蔬加工合作社，是由莱阳宏达食品有限公司联合283个果蔬大户成立的。公司对合作社下达种植和收购计划，合作社按计划组织农户生产，社员的农产品全部由公司收购，并制定最低保护价，公司将加工农产品盈利的10%返还给农户，从而保障了农户的利益。

6. 示范推广型

为了探索农业产业化的有效途径，进一步推广先进经验，很多地方加大力度，集中人才、资金、技术创办农业产业化示范区。如广东省新兴县与广州市汇海新技术开发公司于1996年年初在粤西山区开始了农业产业化创业实践，并创办了农业产业综合示范区。本示范区以该公司为基本力量，以公司拥有的国家级星火项目为基础，带动区内农户致富，同时也作为广东省乃至我国农业主管及科研部门的研究试验基地，将实践的经验总结提高，为我国农业的产业化发展探索了一条新路子。本示范区已发展成一个以优质水产及珍稀动物养殖、无公害蔬菜、优质水果种植等种养项目，并被选为国家级星火计划项目的农产品加工设备厂、绿色食品厂为主体的面积400多公顷，年产值1.3亿元的农业产业化示范基地。

综上所述，以上六种农业产业化模式是多年实践经验的总结，在实践中还有很多种农业产业化的类型与模式。在这六种模式中，龙头带动型主要适用于经济发展条件比较好，市场较完善的地区；集团开发型可适用于经济发展条件较差，但具有某项资源优势的地区；市场带动型可适用于任何按市场经济运作的地区；主导产业带动型适用于资源禀赋独特，能大量生产各种名特优农产品的地区；中介组织联动型适用于技术要求比较高的种植业、养殖业，尤其是在推广新产品、新品种、新方法的过程中，是一种投资低、收益高，农户得到实惠多的好方法，所以在我国无论发达地区还是欠发达地区都能适用；示范推广型主要适用于一些农业产业化发展较好的地区，主要是为了探索农业产业化的有效途径，进一步推广先进经验。

三、推动农业产业化的若干对策

（一）发展特色农业，确立主导产业和产品

随着农副产品买方市场的形成，农业也从传统农业进入特色、优质、高效的精细农业发展阶段。不发展特色农业，不生产具有特色的农产品，你的产品就不会有太大的市场，也即不能穿新鞋走老路，否则永远只能跟在别人的后面跑，永远也赚不了大钱。必须独辟蹊径，发展有区域特色的特种种植、特种养殖业，积极兴办农副产品加工、储藏、保鲜、运销等企业，加大对农牧产品的加工深度和精度，推进农业产业化的进程。

调整产业和产品结构，确立和培育主导产业和产品是实施农业产业化经营的前提和基础。随着农业产业化的深入进行，必然会出现区域开发重点和开发前景以及资源的合理选择与优化配置等问题，要解决这些问题，关键就是要进行产业结构的调整和确立主导产业和产品。应积极按照"一乡一名品"的战略思路来调整各自的产业和产品结构，并确立自己的主导产业和名牌产品，并按产业化的模式经营此名牌产品。

在这里有一个关键问题就是要根据当地的特点，切合实际地选择有效的农业产业化发展模式。所以各县各乡镇在选择农业产业化的发展模式上不能生搬硬套，即简单地照搬一些地方的产业化发展模式，而应坚持因地制宜的原则，根据各县乡的实际情况，从现有生产力发展水平出发，选择有利于生产力水平提高的模式。

农业产业化是解决农业问题的重要途径

兴办现代化农场实行工业化生产

靠生产拖拉机配件和卫生洁具发展起来的文登市文峰集团，三年前承包下一座山，投资1500多万元，初步建起千亩名优特果园和牧畜养殖场、中药材园、花卉苗木园等。去年仅苗木就收入400多万元。

在山东，像文峰集团这样审时度势、实行"战略大转移"的乡镇、私营企业不在少数。科技为弓，品种、品质、品牌为箭，黄土地成了企业比武的新舞台。

龙口市过去的管件加工大王贾燕妮，近年来投资百万元建起320亩"有机果园"。记者在果园看到，果实都被精心套了袋，果园上方架着钢丝网，为的是避免风起树摇碰伤水果，树下专门种上澳大利亚燕麦作有机肥。果园引种的韩国黄金梨直接销往国内外大超市，每公斤售价200多元。拥有12家工业企业、年产值2亿多元的招远市金府集团，三年来投资800万元，兴建养殖基地、80亩农业科技示范园和300亩优质葡萄园，全部引进国内外良种，采用工厂化育苗、液体施肥等先进管理方法。去年仅29个大棚纯收入就达30万元。

与此同时，一些国际大公司也纷至沓来。像新加坡复发中记公司，在山东已建起5万亩标准化果品生产基地。目前山东农业外资项目已达1200多个。

众多企业纷纷"下田"，一起步就迈过现代农业高科技、高投入、集约化的坎儿。一些基层干部和农民深有感慨地说，我们的家庭分散经营很难与国外大农场竞争，但"下田"的公司就有实力与"洋农场"较量了。

（二）下大力气建设产地农副产品专业批发市场

要有计划地建设一批县乡级蔬菜专业市场，发挥市场商品的集散作用和对外商品流通的辐射效应。解决农民的生产与销售的矛盾。在批发市场的建立上，应该遵循以下三个原则：

1. 先兴市、后建场

任何市场的建设必须有一定的市场基础，即必须有交易存在，当交易具备相当规模，原有的市场设施和条件约束了交易规模的进一步扩大和商流物流的顺畅流动，对市场环境和设施提出较高要求时，再考虑圈地建场。否则，仅根据主观意志，盲目建场，很可能造成有场无市，导致财力物力的大量浪费。

2. 先发展、后规范

市场的兴衰，除依赖于产业发展水平外，最重要的是市场发展的政策环境和社会环境。特别是在市场形成和发育的初期，名目繁多的税费、形形色色的关卡，以及频频发生的欺行霸市行为，很可能把一个有前途的市场扼杀在萌芽状态。加强市场秩序管理，根据农村实际情况，开辟交通绿色通道，鼓励农民和商贩进场交易，同时在税费政策上给予减免优惠，是市场发育初期的基本环境要求。

3. 先完善、后提高

市场建设应与市场阶段相适应，在市场形成和发育的初级阶段，应根据地方经济实力和地方财力，以完善服务、改善政策环境为主，切忌盲目追求高水平高档次，而人为加重地方财政或市场客户的负担，影响市场繁荣。

要引导市场中介和服务组织的发展。信息咨询、法律仲裁、行业协会、储运服务和金融服务等市场中介和服务组织是保证市场良好运行的润滑剂。在市场的成长和发展初期，这些组织的发展尤其重要，忽视这些中介组织的发展，势必影响到商流、物流的集聚，降低与国内同类市场的竞争力。

（三）积极培育和扶持大型农产品加工龙头企业

"龙头"企业是发展农业产业化经营的"火车头"。各地实施农业产

农业产业化是解决农业问题的重要途径

业化经营的事实证明,建好一家"龙头"企业就能带动起一种或几种农副产品的综合开发,扶持一方致富。要把扶持和培育"龙头"企业作为农业产业化经营的重点环节,抓紧抓好。政府应该支持企业通过租赁、购并、拍卖或股份制改造等形式,把一些有活力的小企业培育成大型龙头企业,并给予金融和其他支持服务。

做大做强,龙头企业昂首闯市场

地处胶东半岛的县级市莱阳,有5家企业正同时在中央电视台黄金时段做广告,其中4家是农产品加工企业,这也从侧面显示出山东农业龙头企业的雄厚实力和强劲势头。

山东省实行农业产业化经营较早,但在相当一段时间内却存在"头难抬"的问题,龙头企业拉动力和辐射力明显不足。鉴于此,山东省近年来投资20亿元重点扶持50家省级和500家市地级龙头企业,着力创造良好的发展环境。同时,众多企业抓住机遇,转机建制,通过兼并、联合、参股等形式,积极实行低成本扩张,迅速做大做强。仅烟台市年销售收入过千万元的龙头企业就达300多家,其中过亿元的27家。

在单个企业做大做强的同时,政府、企业还共同努力,建联合舰队,扬群体优势。安丘市上千家龙头企业全力开拓国际市场,使40多万亩耕地成为备受外商青睐的"国际菜园"。全市去年农产品出口量达到63万吨,出口收购值超20亿元。

龙头企业的迅速崛起和稳步发展,使越来越多的农民感到,按老黄历种地不灵了,如今得按企业给划的新"道道"干。在山东相当一些地区,以喷灌为主的精准灌溉、通过电脑配方实行的精准平衡施肥以及精准育种和播种等,已不是什么新鲜事。莱阳鲁花浓香花生油有限公司,按照集中连片,分散种植、统一管理的模式,与2万多农户签订种植收购合同,建起3万亩无公害花生基地。目前，山东省1.8万多家龙头企业，年销售收入940亿元，创利税102亿元，连接全省38%的农户，全省1/3以上的农产品、1/2以上的畜产品基本实现了产业化经营。

实力不断壮大、眼界越来越开阔的龙头企业，大做拉长、拉细产业链的文章，满足市场的多元化需求，打开了农业效益的新空间。年平九发集团是亚洲最大的双孢菇生产加工出口企业，其产品在亚欧美市场供不应求。但他们并未满足于此，而是在上海、北京与有关科研机构联合建起技术中心，进行深度开发。他们利用蘑菇废弃培养料，建起年生产能力7万砘的高效生物复合肥。同时还利用过去每年扔掉的3000多砘蘑菇根，从中提取附加值很高的复合多糖、蛋体多糖，使生物制药成为公司新的增长点。

（四）促进农产品的加工转化增值，培育农村经济发展的新增长点

农产品加工业是实现农业产业转化增值的重要途径，是农村工业发展的主要方向，是农村经济发展的潜力和希望。在乡镇企业的基础上，实行技术创新和管理创新，加快企业发展。同时，大力发展以当地农副产品为原料的农产品加工业对于扩大农产品市场需求，带动农业结构调整，提高农业的综合效益和市场竞争力，具有重要的意义。由于其具有较强的带动作用，直接关系到千家万户农民的利益，因此，要把发展农产品深加工作为农业结构调整的重要内容，使其成为推动农业和农村经济发展的新增长点。

我国县以下农产品加工企业的发展还处在初级阶段，普遍存在技术装备水平低、工艺落后、质量技术标准与国际不接轨以及管理粗放等问题。这个问题的解决需要长远的规划与考虑，现阶段，除了支持"龙头"企业进行技术改造，提高加工产品的科技含量外，可通过结构调整来实现加工产品的转换升级。首先，在淘汰低水平过剩生产能力的同时，积极发展高档次、高附加值的产品；其次，适应市场细化的需求，在"精、深、优"上大做文章，争取多出优质品牌产品。

农业产业化是解决农业问题的重要途径

(五) 建立和健全农业产业组织，推进农业产业化

以公司+农户为主要形式的农业产业化经营，是促进农产品转化增值的有效途径。但是，有了龙头企业，未必就一定会产生极大的带动作用，缺乏技术服务和市场规范等中间机构，农民的利益就不能得到有效的保证。如何使千家万户的生产与千变万化的市场有机结合，就成了农业产业组织应运而生的需求背景。农业产业组织的功能就是进行产前、产中、产后的技术咨询服务以及对市场无序竞争进行协调规范，同时，还可保护农民的利益，使其在不断加长的产业链条中得到其应得的利润，而这是龙头企业所做不到的。龙头企业追求的只是自身利益的最大化。政府要制定政策创造环境，扶持和引导农民产业组织的建立健全和发展。

（本文合作者：何开丽）

劳动力转移：贫困地区快速脱贫之路

1996年8月初，我们为响应《乡镇论坛》发起的"百名博士百村行"活动，组成了一行四人的考察组，来到陕南革命老区，也是全国重点贫困县之一的丹凤县，进行了为期一周的调查访问，笔者考察了该县的经济状况和劳动力转移的情况，现专题报告如下：

一、一方水土养不了一方人

丹凤有着非常悠久的历史，据出土的文物和史书记载，早在6000年以前就有人在这里繁衍生息。帝喾之子契被封在此，成为远近闻名的古商国，秦孝公22年（公元前340年）成为商鞅封地。县城龙驹寨自汉唐以来就是我国西北——东南交通要道上的重镇，有"天下寨，龙驹寨"之称。这里位于秦岭东段南麓，山清水秀，气候宜人，资源也较为丰富。但是这里的人民却长期处于贫困之中。"吃饭照影影，睡觉看星星"，便是山区人民生活的真实写照。是什么原因使这里的人如此贫困呢？笔者从自然历史的角度进行了分析。笔者认为人口的过快增长是其贫困的根本原因。丹凤开发很早，开始阶段人口尚少，仅耕种山谷河川两岸的平地，随着人口的增加，逐渐由河川地、山坡地向山顶推进，以至于许多山上出现了连牛都上不去的"挂画地"。在生产力极不发达的条件下，开荒采用放火烧山的办法，并实行"弃耕制"，即毁林开荒，种2～3年后水土流失，山石裸露，于是弃耕，再放火烧山，2～3年后再弃耕，恶性循环不已。人口越来越多，原始森林面积越来越小，严重破坏了人类的生存条件，水旱灾害趋于频繁和加重。

劳动力转移：贫困地区快速脱贫之路

新中国诞生后，丹凤的经济有了较大发展，但人口增长速度更快，不得不拼命毁林开荒，时至今日，仍有半数以上的农村人口没有解决温饱问题。全县土地总面积360万亩，仅有农耕地23万亩，占总面积6.54%，全县农业人口27.1万人，人均耕地0.8亩，其中，适合耕作的基本农田仅有11.5万亩，人均为0.4亩，故有"九山半水半分田"之说。特别是人口稠密的乡村，人均耕地只有0.2亩，大大低于联合国确定的人均0.8亩的土地最低警戒线。对以土地作为主要生存条件的丹凤山区人来说，这里的水土已经养不了这里的人。至1995年年底，农民人均纯收入为575.4元（全国人均1578元，陕西省人均963元），人均占有粮食165.6公斤，全县有贫困乡25个（全县有43个乡镇），贫困村158个，贫困户1.79万户，贫困人口7.6万人。

县农发办刘福军同志曾对苏沟乡做过一次调查，该乡距县城40余公里，辖6个村，农业人口3384人，人均耕地0.9亩，山大沟深，土地贫瘠，交通不便，是一个典型的缺水、少地、偏僻、落后、贫困乡。1995年年底，人均纯收入600元以上仅有121人，占3.5%；530~600元之间的321人，占9.5%；530元温饱线以下的2942人，占87%，其中300元以下的特困人口1971人，占67%。全乡农民贷款余额高达105万元，户均贷款1387元，人均贷款310元，全乡约有15%的农户无钱购买种子和化肥，20%的农户无钱支付子女学费。全乡适龄青少年614名，在校生仅348名，因经济困难无力支付学费中途辍学及应上学而未上学的266名，占适龄青少年总数的43.3%。政府号召发展食用菌生产，有部分农户因无钱购买菌种，只好把已砍伐待种的耳菇棒当柴卖掉。有少数贫困户长年不吃油，全靠食盐和酸菜调节口味过日子。

二、劳动力转移的经济效果

劳动力剩余知多少？据统计，该县农业劳动力11万多人，据熟悉农村情况的同志介绍，平均一个劳动力可耕种8亩土地，因此种植业只需要劳动力2.9万人。一般的林牧副渔等生产都是在种植业的间隙进行，只有少数专业户才使用全年性的劳动力，丹凤县约有5000人专门从事多种经营。因此农业需要劳动力数为3.4万人。据此估算，丹凤县农业剩余劳动力约7.6万人。此外据熟悉本县农村情况的同志介绍，农业生产劳动时间，一年中大约有3~4个月就够了，农民除了年节休息外，至少有半年的季节性剩余，也就是说，从事农业劳动的3.4万人每人有半年的季节性剩余。

由于山大沟深，交通不便，本县乡镇企业很难有大的发展，1993年有乡镇企业5472家，在乡镇企业就业人员几乎没有增加，乡镇企业多是以材料和原料出售为主，起步晚、起点低、发展慢、效益差。因此，剩余劳动力转移的主要途径就是劳动力输出。据县劳动服务局岳宏同志介绍，近几年，县乡各级领导对劳动力输出十分重视，认识到这是山区人民脱贫致富奔小康的一条重要途径。据不完全统计，1993年，劳动力输出总人数4023人，总收入583多万元，人均1449元，1994年，输出29700人，收入3300多万元，人均1111元。1995年，输出49863人，收入8009.9万元，人均1606元。近几年，摆脱贫困的乡村多是靠外出务工收入。如1995年农业人口平均纯收入为575.4元，而劳务输出纯收入人均为295.57元，占收入的51.37%，岳宏同志还介绍了本县靠外出务工而使全村致富的三个典型事例。商镇许家沟村吕坝曹，在外务工多年，积累了丰富的经验。前几年，他发起成立了许家沟村建筑公司，下辖五个工程队，带领家乡几百人，常年转战在祖国大西北的水利建设工地上，职工月工资700元左右，自己致了富，也使家乡脱了贫。武关乡武关村巩建军，从小家中贫困，14岁外出打工，几经周折后，去南京学拉面，很快掌握了技术，现在南京专门经营牛肉拉面，他致富又不忘家乡，先后介绍本村100多人去南京务工。赵川乡黄蝉村，全村269户，1031口人，原是有名的贫困村，村党支部书记明道潮为使全村人摆脱贫困，多方联系，后与河南省灵宝市朱阳镇寺上村建立了协作关系，并选定村上的能人刘德山带队承包了寺上村万亩林场，栽种杜仲等经济林木，全村280名劳力进入了林场，户均一人，仅此一项，全村人均年收入380多元，在那里又建起了建筑队、运输队和养路队，使人均年收入超过了2000元，不仅使全村人脱了贫，而且使多数人富了起来。

笔者重点调查了大峪乡保定村，该村共226户，805人，其中男女劳动力380人，耕地面积691亩，平地只有216亩，其他均是40度以上的

劳动力转移：贫困地区快速脱贫之路

"挂画地"，正常年份亩产 250 公斤，人均口粮 200 公斤。该村包括 15 个自然村，分布在 18 平方公里的山沟里，原来也是吃粮靠救济、花钱靠贷款的贫困村庄，改革开放后，一些人外出务工，生活水平不断提高，带动了村里一批人，现长年外出务工的有 100 多人，人均收入 2000 元，有 10 户全家外出务工。外出务工使多数户脱了贫，改善了生活条件和生产条件，并积累了资金。全村有 30 户购买了拖拉机，农闲时从事运输，每台年收入 6000 元。据村委会主任介绍，该村仅务工收入和运输收入可达 38 万元，人均 472 元。93% 的农户已经脱贫，有相当数量的农户已过上比较富裕的日子，共 30 户盖起了价值 3 万元以上的二至三层楼房。笔者又走访了刚从外地务工回来的周世凯一家，他家今年新盖起了一幢二层楼房，面积 200 多平方米，共花 4 万多元。周世凯今年 32 岁，从 1980 年开始，即去西安务工，曾在建筑工地上筛沙，在砖厂烧砖，近几年夫妻二人在河南灵宝金矿从事矿石运输，每年净收入 2 万多元。

谈到脱贫致富，丹凤县干部和群众一致认为，外出务工，是尽快脱贫致富的好路子，靠土里刨食，不仅富不了，连饭都不够吃。

三、扶贫脱贫的策略选择

近年来国家不断加大扶贫力度，严重的贫困问题渐趋缓解，贫困面逐步缩小。但至 1995 年年底，全国农村有贫困人口 6500 万人，其中中西部地区占 80% 之多。国家重点扶持的 587 个贫困县，有 80% 以上分布在中西部地区。贫困地区的共同特点是自然条件恶劣。有的地区山大沟深，土地分散；有的地区干旱少雨，土地瘠薄；有的地区人口密集程度大，土地承载处于超饱和状态。"陷入了低收入—低投入—低产出—低收入"和"越穷越难，越难越穷"的恶性循环之中，帮助贫困地区的贫困人口摆脱贫困，是政府的责任，是贫困地区的人民的愿望，也是我国经济和社会发展战略的重要组成部分。但要真正使贫困人口脱贫致富，彻底解决贫困人口的温饱问题，牵涉的因素错综复杂，这些地区农村生产条件差，对外经济联系不方便，人们商品生产意识淡薄，缺少发展生产的基本条件。要在当地实现脱贫往往投入大，收效低，返贫率高。至今仍有相当农村人口仍处于脱贫返贫的交错阶段，扶贫脱贫的任务相当艰巨。笔者通过调查发现，主观愿望必须符合于客观实际，自然历史条件是必须考虑的重要因素，扶贫脱贫的策略有必要重新选择。

新中国成立以后，党和国家一直不遗余力地扶贫。给贫困地区的人民发救济粮，送寒衣，解决人畜用水，以工代赈等。后来，变"输血"为"造血"，帮助贫困地区完善基础设施，搞"项目扶贫"，号召创办"乡镇企业"，近几年，又进行"科技扶贫"、"教育扶贫"、"对口扶贫"等，可谓无所不用其极，但这块硬骨头却越来越难啃。笔者非常赞同上述种种扶贫方式，尤其是"教育扶贫"和"科技扶贫"，认为这是扶贫脱贫的战略选择。但"教育扶贫"要付出几代人的努力，绝非一日之功或几年之功，而"科技扶贫"必须建立在"教育扶贫"的基础之上。让贫困人口尽快脱贫尤其是解决贫困人口的吃饭问题却不能等，因此，必须进行新的策略选择，那就是走劳动力转移之路。

关于劳动力转移或称人口迁移，中国社科院樊纲教授曾作过精辟的论述。他认为东南沿海地区将逐步发展成一个人口密集、产业密集、就业密集的城市带，而在这一过程中，必然发生的则是大规模的人口迁移和劳动力在产业之间的转移。东南沿海地区有发展现代经济更有利的条件，那里的人口密集应该更大、更密。否则，才是不公平的。既然东南沿海地区能"吸纳"更多的资本，产生更大的收入，为什么不应该吸纳更多的人口。市场的发展与经济的发展不可能消除由自然地理条件决定的经济发展水平之间的地区差异，而只能消除不同地区之间人均收入的差距。事实上东部沿海地区正在"欢迎"人口进入，因为那里的经济发展需要更多的劳动力。百万川军下东南，不是都给吸纳了吗？现在的问题是鼓励贫困人口尤其是山沟里的人"下山"和从自然条件恶劣的地方走出来。

很多人对劳务输出的好处进行了阐述：（1）输出成本低。一个劳动力随身携带行李即可，付出的费用仅仅是交通费，有的经短期职业培训也开支不大。（2）效益好。一个壮劳力一年可获得净收入2000~3000元，一户有一人外出搞劳务即可解决温饱问题。（3）山区人搞劳务输出，见了世面，增了才干，等于一次"留学"，不少人回乡成了开发山区经济的能人。（4）有一部分人可能成为其他城市的常住人口，甚至全家迁居城市，从根本上减轻贫困地区的人口压力。西部农村剩余劳动力流向东南沿

劳动力转移：贫困地区快速脱贫之路

海地区，正效益也十分明显。一是有利于推动西部贫困地区加快脱贫步伐。如果能有计划地转移当地剩余劳动力到发达地区，则可以一次性完成这部分人口的脱贫工作。二是有利于东西部地区的经济互动。西部剩余劳动力的输出，有效地解决了劳动力已经出现的或将要出现劳动力短缺问题，并相应地增加了两地间信息交流的渠道。一些早年到东部打工的人员或返回西部投资办厂或开设公司经商，有效地促进了东西部的经济交流。三是有利于西部的资源和环境保护。近几年，贫困人口急于致富，短期行为严重，对自然资源进行掠夺性开发，造成了资源的过度损耗、严重的水土流失和环境污染。人们对资源的长期掠夺和对环境的缺乏自律，已经使西部的土地不堪重负，西部的生态环境处于崩溃边缘，现在已在不断地承受大自然对人类的报复。人口大量转移，经济发展压力相对减轻，自然会有助于保护西部地区的资源和环境。

丹凤县劳动力转移的经济效益十分明显，县乡干部为此也做了不少工作。从目前情况看仍存在一些问题和困难。一是旧观念难扭转。山区人至今存在许多陈旧的思想意识，如"多子多孙即多福，土里刨食不求富"、"酸菜糊汤圪塔火，除了神仙就是我"、"宁愿在家舒舒服服变，不想在外辛辛苦苦干"。该县某村经多方联系，派出几十名劳力去南京郊区承包农田，不到一年，便陆续都跑了回来，其原因是那里干活太累。二是存在放任自流现象。农民外出搞劳务，有的是由"工头"带领，有的是由亲友介绍，大多数是随意流动，找到工作就干，找不到工作就回来，真正由组织出面、有组织的外出极少。三是外出务工农民的权益得不到保障，外出务工的人缺乏安全感。据了解，去年有一批人去东部某地打工，待遇极低，没有休息日，甚至限制人身自由，这些人不堪压榨，分文未得，偷跑回来。有的个体私人企业违反劳动法，不签劳务合同；有的虽有合同但过于简单往往起不到保护作用，甚至有的条文明确地写上"工伤事故"由务工人员"自己负责。"这些问题已引起了县政府的重视，笔者在丹凤县见到了县人民政府刚刚发布的文件，题为《关于加强劳务输出工作的决定》。决定内容如下：一是加强领导，县上成立"劳务输出领导小组"，要求各区、乡（镇）成立"劳务输出服务站"，由主管乡镇企业的区长、乡长担任站长，将劳务输出工作纳入责任目标考核。二是搞好宣传，转变观念。三是建立基地，扩大规模。四是以服务促管理，实现劳务输出规范化。五是政策鼓励，促进发展。笔者认为县政府领导的决定是明智的，方向对头，措施得力，相信不久即取得很好的效果。笔者希望中央和省级各部门在扶贫策略方面也作一些改变，促进贫困地区的贫困人口，采取劳务输出的方式进行劳动力转移。

（本文是作者赴陕西丹凤农村考察后撰写的调查报告，发表于《学术与争鸣》1996年第11期）

全面建设小康社会的若干思考

中共十六大报告指出：我们要在本世纪头二十年，集中力量，全面建设惠及十几亿人口的更高水平的小康社会，使经济更加发展，民主更加健全，科教更加进步，文化更加繁荣，社会更加和谐，人民生活更加殷实，这是实现现代化建设第三步战略目标必经的承上启下的发展阶段，也是完善社会主义市场经济体制和扩大对外开放的关键阶段。为了实现这一目标，应紧密结合客观实际，用现实的观点、发展的观点、科学的观点提出新的发展思路，实施新的发展战略。

一、实施改革推动战略

21世纪头20年，是我国经济结构大调整和改革全面深化的时期。经济发展和社会进步必须坚持和深化改革，全面建设小康社会必须通过改革来推动。过去20年我国靠改革解决了温饱，进入了小康，今后20年还是要靠改革调动人民建设小康社会的积极性、主动性和创造性，实现全面小康。一切妨碍发展的思想观念都要坚决冲破，一切束缚发展的做法和规定都要坚决改变，一切影响发展的体制弊端都要坚决革除。

改革是经济社会发展的动力所在，改革开放20多年来，在政府机构、企业体制、乡镇撤并方面进行了大刀阔斧地改革，但仍有许多方面，需要深化和突破。应在政治体制改革、行政管理体制改革、企业体制改革、社会体制改革、行政区划改革、城乡户籍制度改革等方面有比较大的突破，建立符合时代要求，推动经济社会发展的新体制。

在政治体制改革方面，主要是扩大基层民主，健全基层自治组织和民主管理制度，完善村民自治，健全村党组织领导的充满活力的村民自治机制。完善城区居民自治，建设管理有序，文明祥和的新型社区。在此基础上，对乡镇干部采取择优聘用、民主选举、加强监督。

在行政管理体制改革方面，主要是转变政府职能，改进管理方式，提高行政效率，降低行政成本，按照精简、统一、效能的原则和决策、执行、监督相协调的要求，推进政府机构改革，科学规范部门职能，合理设置机构，优化人员结构。县乡财政体制也应根据财权与事权相结合的原则进行设计和改革，改变目前乡镇政府负担过重，入不敷出的状况。通过建立自收自支主要以服务为主的事业单位和社会性机构，将政府办不了、办不好或不应该办的事务分离出去。

企业体制改革应在产权明晰的基础上完善法人治理机构。应充分尊重出资人意愿，选择适合本行业本地区特点的企业管理模式。政府应在企业经营者资格认定、职工培训、职工民主权力保障等方面加强管理和服务，既不能横加干涉，也不能放任自流。企业集团的建立须建立在自愿、互利、双赢的基础之上，通过产权联结纽带自然形成，政府切不可采用"拉郎配"的方式，硬把企业绑在一起。

社会体制改革的重点是社会保障制度的建立和完善，在单位保障制和企业保障制被打破之后，应建立和完善社会保障制度。此外，还应建立社区管理、社区教育、社区服务等体系。值得注意的是应探索城乡统一的社会保障体系的建立模式。未来20年是城乡结构剧烈变动的时期，原有的体系、机构、制度、模式将不再适应新的变化，如不能适时建立新的管理体系和社会管理模式，将会形成"管理真空"的状态。

行政区划的改革不可能一蹴而就，但改革的方向是建立和经济社会发展相适应的行政区划体系。因此，以规模较大的小城镇为中心的行政区划体系将是可能选择的模式。乡域规模过小，乡一级政权过于庞大的问题在乡镇撤并之后并没有得到根本解决，建立当地居民能够承受的管理有效，办事方便的基层政权模式尚在探索之中。应根据上述改革的方向进行探索和试验，但不能草率从事，改革方案应充分论证和反复研究。

二、实施龙头带动战略

农业联产承包责任制极大地调动了农民的生产积极性,使广大农民解决了温饱问题,但农民增产不增收、一家一户农民难于抵御市场风险和农业发展政府财政不增收的问题时时困扰着当地政府和农民。解决"三农"问题的重要途径是加快农业产业化。农业产业化是一种习惯说法,其内涵是农业商品化、市场化和企业化,通过农业产业化打破农民自给自足、一家一户面向市场、分散生产、分散经营的状态。农业产业化的关键环节是龙头企业和批发市场,通过龙头带动,不断提高农产品加工增值、开拓市场、服务农户的能力,实现农户与市场的对接,提高农产品的市场竞争力,使农民收入取得突破性增长。

在促进市场发展的同时,要加大培育龙头企业的力度。即以龙头企业为主,围绕一项或多项产品,形成龙头连基地,基地连农户的产加销一体化经营组织。这种模式最为重要的一点就是龙头企业的培育问题。因为"龙头"企业具有市场开拓、进行农产品深度加工、为农民提供服务和带动农户发展商品生产等方面的能力,是产业化组织的加工中心、营运中心、服务中心和信息中心。除了培育当地的龙头企业之外,还要引进国内外的大型企业到本地办加工业。通过多种途径将大中城市的肉类加工企业、饮料加工企业、奶类加工企业到本地建立加工企业和生产基地。在经营过程中,政府应始终如一地、一以贯之地、全心全意地做好服务工作、协调工作,尤其是解决好外来企业与当地农民的关系问题。

农产品加工是实现农业转化增值的重要途径,是农村工业发展的主要方向,是农村经济发展的潜力和希望,也是全面建设小康社会的重要内容。"龙头"企业是发展农业产业化经营的"火车头",各地实施农业产业化经营的事实证明,建好一家"龙头"企业就能带动起一种或几种农副产品的综合开发,扶持一方致富。

三、实施城乡联动战略

加快城镇化进程已成为我国21世纪的大战略。十六大报告指出"统筹城乡经济社会发展，建设现代农业，发展农村经济，增加农民收入是全面建设小康社会的重大任务"。"农村富余劳动力向非农产业和城镇转移，是工业化和现代化的必然趋势。要逐步提高城镇化水平，坚持大中小城市和小城镇协调发展，走中国特色的城镇化道路"。小城镇是连接城市和乡村的重要环节，未来将有一大部分农村人口转移到小城镇来，这既是繁荣城镇经济扩大城镇规模的难得机遇，又是解决因农民支配的资源少而难以靠农业致富的问题。因此，政府应引导产业和人口到有条件的建制镇聚集，为进入城镇的农民解决好住房、子女就学和社会保障问题，要消除不利于城镇化发展的体制和政策障碍，引导农村劳动力合理有序流动。要把进城农民放弃的土地按照国家规定进行流转。既要完善城镇的基础设施建设，又要解决农村农民显著减少之后所带来的居住分散、公益设施短缺、管理成本高及治安问题。

实施城乡联动战略首先要统筹考虑城镇发展和农村发展问题。城镇发展要研究城镇的布局、城镇的发展规模、城镇的规划、城镇的功能完善和基础设施建设，以及城镇的管理等问题。根据城镇发展的经济规律，城镇规模太小、基础设施成本高、要素聚集能力和第三产业发展受到影响，因此，城镇布局不宜太分散。城镇的规模受到所辐射区域的制约，还受到功能与基础设施完善与否的影响。小城镇位于分散的乡村和高度集中的城市中间，它既是农村区域性的经济贸易文化中心，又是城镇体系的基础层次，填补了城市地区和乡村地区的空间断层，使城、镇、乡社区联成网络，作为网络的连接点，城镇是农业、农村、农民与城市和市场连接的重要中转站。面对城镇化发展的必然趋势，城镇规划要超前，城镇建设要重视，城镇管理要加强。

在加强城镇规划、城镇建设、城镇管理的同时，要考虑吸纳农民进入城镇的问题。加快推进城镇化，相应地加快农村劳动力向非农产业和城镇转移，逐步减少农民，是我国在21世纪的大战略。未来20年，农村人口的一大部分将向城镇转移，城乡二元结构将彻底被打破。如何让进城农民进得来，住得下，活得好，是需要探索的重大课题，要在户籍制度、社会保障制度、农村土地制度等方面进行研究、试验并提出可行的方案。首先要打破城乡分割的户籍制度，农民在城镇务工、就学、居住、医疗等享受和城镇居民同等的权利，为进城农民提供公平和就业的生活环境。其次将社会保障制度与农村土地制度结合起来。目前，农民的土地具有双重功能：一是生产资料功能，二是社会保障功能。因此，农民交出土地的同时，必须同时解决农民居住在城市后的社会保障问题。在解决进城农民的社会保障之前，不要急于要求农民交出土地。再其次繁荣小城镇经济，通过完善功能，集聚人口，引导乡镇企业在城镇集中。要以农产品加工业和农村服务业为重点，在城镇形成符合当地特点的支柱产业。最后形成促进小城镇健康发展的机制。除了政府要加大投入之外，应在政府引导下主要通过发挥市场机制的作用，引导社会资金投入小城镇开发。城镇化不能简单地归结为修几条马路，盖几栋楼房。城镇化过程实际上是农村经济全面发展的过程。只是就城镇建设抓城镇建设，虽然想出各种办法修路建房，但由于经济实力不强，缺少产业支撑，会导致发展后劲不足，还没有兴旺就可能显示出衰落的迹象。因此，在实践中必须切实注意防止这种城镇建设"空心化"的现象。要以主导产业支撑城镇，以乡镇企业夯实城镇，以市场建设激活城镇，以产业结构调整提升城镇，尽快使城镇成为农村二、三产业的集中地、农村剩余劳动力的转移地、农村商品和生产要素的集散地。

在加快城镇发展的同时，也要重视农村的建设和管理。农村建设的重点是农村公共基础设施的建设。如道路、饮用水、小学、村容村貌、灌溉和排水等。要把公共设施的建设和管理作为村委会的重要工作。上级政府应进行督促和检查，树立讲文明、讲卫生、讲团结的新风尚。

实现全面建设小康社会的重点要放在中西部农村的低收入阶层。中西部农村人均收入水平不高，存在着相当数量的低收入家庭。要采取有力措施帮助其摆脱贫困并尽快致富，可通过龙头企业带动将他们拉入农业产业化行列，使他们的收入实现稳定增长，如养鸡养牛或种菜；还可以发动干部和富裕户对口帮扶。农村的鳏寡孤独家庭应作为特殊群体由民政部门负责妥善解决，以保证其基本生活和保健需求。乡村干部要采取各种方式提供致富的信息并进行相关培训，有时要通过典型示范的办法使农民接受新品种、新方法，但不要强迫命令和横加干预，应充分尊重农民生产经营的自主权。

中央和省市各级政府应加大对农村和农业的支持。根据新阶段、新形势和新要求，应在提高农民收入的基础之上，促进农村各项社会事业的发展，提高农民的生活质量，保证农村稳定和农民安居乐业。第一，增加农村基础设施投入。包括农田水利基础设施建设、生态环境建设和农村公共设施建设。第二，加大农业公共服务投入。完善科技推广服务体系、信息服务体系、植物病虫害防治和动物检疫防疫体系，帮助农民抵御自然风险和市场风险。第三，增加对农民的直接补贴，包括生产环节补贴、运输环节补贴、降低农民的生产流通成本。第四，加大扶贫开发力度。动员全社会力量参与扶贫，改善贫困村的生产生活条件和生态环境。第五，加大对农村教育的支持。改变农民义务教育成为农民教育义务的现状，提高农民素质，培养农村人才。

四、实施官民互动战略

所谓官民互动包含两层含义，一是从政治体制改革的层面来讲，就是干部能上能下，能官能民。不论是县级干部还是乡级干部，干不好的和不适合干的，可以免职甚至解聘。素质高的，能力强的，贡献大的，不论是工人还是农民都可以通过考核和民主选举走上领导岗位。二是从经济发展层面来讲，就是一大批干部要从公务员队伍中走出来，进入企业家队伍或进入企业管理者行列。通过官民互动解决民营经济比较活跃，但企业家短缺，管理者素质低的问题，使中小企业不仅在规模上而且在管理上跃上一个新的台阶。

在计划经济时期，国有或集体企业的领导人都由政府委派，每个企业都相应有一个行政级别。因此，企业领导人的个人素质相对高一些，而企业体制改革之后，企业取消了行政级别，除个别企业领导人放弃了行政级别，而成为名副其实的厂长经理之外，相当多的人仍然迷恋行政机关，"官本位"思想仍相当浓厚。这一方面是因为行政机关比较牢靠，另一方

全面建设小康社会的若干思考

面是企业风险大，企业家的地位不高，企业经理尚不能受到社会的尊重。在许多人的头脑中，总觉得在党政机关才最稳妥、最可靠、有饭吃。有的还可以升官晋职，名利双收。一些人争着抢着进机关，就是不肯出机关，一方面造成机关人浮于事，加重财政负担，导致财政不堪重负；另一方面，由于人多事少，许多有前途有能力的干部在机关无所作为，学非所用，聪明才智和学业专长无从发挥，造成人力资源的极大浪费。这些同志把大好的宝贵年华在等、靠、盼中付诸东流，人生价值难以实现。如不进行改革，所有的人都往行政机关里挤，当干部吃财政的人越来越多，老百姓更加负担不起。民营企业虽然机制活跃，没有社会包袱，但管理者素质相对低下，一旦企业规模扩大，管理水平低下的弊端便显现出来。只有相当一批素质比较高有管理能力的机关干部投身企业，成为管理企业的企业家，才能使干部队伍活起来，使企业家队伍发展壮大。

对从工人农民中招聘的干部或从大专院校分配来的干部一律实行聘用制和任期制。打破干部终身制，树立既可为官也可为民的新观念。当干部并不牢靠，从另一面可让人感到搞企业当企业家比当干部更牢靠，更稳定，收入更高。

机关干部相较于其他社会群体，从经营到管理，从信息到市场，从知识积累到社会能力，从政策把握到项目选择等诸多方面，都具有较强的明显的优势。因此，动员干部创办企业或去企业从事管理工作，是加快民营经济发展的重要措施，也是保持县域经济持续快速健康发展的关键性措施。在机关干部中，既有不满足现状的求变心理，也有快速致富的热切愿望，既有闯试一番的心理渴望，又有害怕风险，担心失业的思想顾虑。因此，既要做好动员工作，又要从制度政策上解决问题，打消这批人的思想顾虑。机关干部要真正认清自己肩负的历史责任，转变观念，解放思想，甩掉包袱，积极投身经济发展主战场，为实现全面建设小康社会做出自己的贡献。

（本文摘要发表在《经济日报》2007年11月13日和《红旗文稿》2007年第8期）

县域经济发展面临的突出问题与市县关系调整

县域经济在我国区域经济发展中居于十分重要的地位。不仅9亿农民生活在县域中,而且全国2万多个建制镇已成为支撑县域经济的主要力量。但是县域经济发展尚面临许多问题,尤其是市县关系尚未完全理顺,制约了县域经济的良性化发展。

一、县域经济发展面临的突出问题

中国的县制历史悠久,自秦始皇设立郡县,历时2000多年,作为一级政府,历朝历代都未曾取消过。但作为一个区域经济单元,却是改革开放后逐步强化起来,成为不断受到关注的重大问题。据笔者的研究,县域经济的发展尚存在许多难以解决的问题。

1. 农业仍是县域经济的主体

县是一个有着明确边界的行政区域,县域经济是县城、小城镇和广大农村共同组成的经济体系。虽然东中西部存在比较大的差别,但以农业经济为主体却是共同的特征。20世纪八九十年代,中国出现过县改市的高潮。根据民政部的规定,凡县城人口10万以上,二、三产业增加值超过50%以上的县均可改县为市。县改市的意义是十分明显的,即由农村经济为主转变为以城市经济为主。由于对市的向往和改市后即可征收城市维护建设税等原因,几乎符合上述条件的县均改成了市。未改成市的县,绝大多数是以农业经济为主体。中国的农业是以家庭为经营主体的产业。废除

县域经济发展面临的突出问题与市县关系调整

人民公社体制后，农民家庭经营的土地很少，多则几十亩，少则几亩地。农产品的商品化率很低，除满足家庭的食用之外，只有很少一部分进入市场。受近年来农产品价格和外国农产品进入国内市场的影响，从事农业的收入不断减少，有些地方从事农业几乎没有什么剩余。因此，依靠农业发展县域经济遇到的困难将是相当严峻的。

东部地区的县域经济很发达，其原因是乡镇企业在改革开放初期异军突起，并不断升级改造，成为县域经济的支柱。但近年来，乡镇企业遇到了严峻挑战，很多企业由于污染环境、浪费土地、产品质量低劣而被关闭，有些企业由于缺乏市场竞争力而破产歇业，这可以从乡镇企业或县以下的企业经济比重不断下降和就业人数不断降低得到印证。

人们曾把希望寄托在引进外资上，近年来，乡乡镇镇都办开发区和工业园区，大量良田被开发占用。中央严格控制占用基本农田搞工业园区的政策，通过廉价土地招商引资的途径几乎被堵死。

2. 县域人口规模过小是县域经济发展的重大制约因素

中国的县域规模是由历史形成的。在以人力、畜力为主要交通工具的时代，人们的活动半径仅在方圆百里以内。因此，中国没有人口超过200万人的县。据笔者统计，人口30万人以下的县占43.1%，人口20万以下的县占26%，人口10万人以下的县占12.64%。如河北省30万人以下的县约占1/3；山西省20万人以下的县超过1/3；安徽省有全国最大的县，但也未超过200万人，30万人以下的县有7个，20万人以下的县有5个。西部地区的县不仅人口少，而且居住分散，交通不便，自然条件恶劣，第三产业很难发展起来。

3. 相当数量的县乡财政入不敷出，一些县乡债务丛集

据调查，相当数量的县乡税源缺乏，财政收入增长缓慢。农业税制改革后，财政收入又大幅度降低，而支出项目却不断增加。如基础教育、农村道路建设、水利建设、城镇建设等。县乡机构虽经精简，但需要安置军转干部、吸引大专毕业人才等，吃财政的人数不减反增。财政入不敷出，除要求上级财政转移支付之外，只好借款维持、挪用专项资金或拖欠工程款。近几年，在拖欠农民工工资的债务链中，县乡政府是其中一个重要

环节。

4. 经济要素向中心城市流动势不可当

随着户籍制度的不断改革，农民进入城市的壁垒被突破。城市功能逐步健全，交通条件不断完善，中心城市对人口和产业的吸纳能力将不断增强。这可从近年来地区级城市规模的迅速扩大得到验证。富裕的农民进入城市办企业、购买商品房，农民工进入城市打工，研究生学历以上回到县城的很少，甚至大中专毕业生也不太愿意到县城或乡镇就业。据预测，在很长一段时间，区域性中心城市的影响力将大于吸引力。县城及以下小城镇由于基础设施不完善、功能不健全，相当多的城镇不通火车和高速公路，再加上人才匮乏，快速发展只能是人们良好的愿望，而很难变为现实。

二、"市吃县"还是"市带县"

20世纪80年代开始的"地改市"和"市管县"制度的改革，虽未强制推行，但仅历时20年，使有超过80%的地区改成了市，根本改变了市地分设，市县分割的现实，向市县一体化和城乡一体化的目标迈进了一大步。"地改市"、"市管县"改革的目的是从行政体制方面打破城乡分割、市地分治导致的二元经济社会结构，发挥区域中心城市对区域经济发展的带动作用。由于长期以来控制农村人口进入城市，并限制对城市基础设施的投入，使多数城市基础设施严重欠账，功能不健全，设施不完善，产业和人口规模与所在区域的人口规模不相称，"小马拉大车"。近年来，各城市加大了基础设施的力度，使城市面貌发生了巨大的变化，城市功能也在不断健全，但对各县及各乡镇的带动作用还不强，一些地区不同程度地存在市县经济不相融合的情况。一些学者认为，市管县之后，出现了"市吃县，市刮县，市压县"的状况。根据我们的调查和了解，这些情况只是个别现象，并非普遍存在。如西部地区的多数县财政要吃补贴，县级地方税市级基本不参与分成，有的地级市还给县级财政补贴一部分。东部地区的浙江和福建两省的县级财政由省财政直管，"市吃县"更是无稽之谈。

以城市为中心，区域经济协调发展是区域经济发展的方向和必然趋势。把中心城市和县域经济人为割裂开来，不仅会强化城乡二元结构，而且会极大地影响县域经济的快速发展。市管县不是"市吃县"，而是"市带县"。各地级市不能"自顾自"独立发展，而应把各县镇统一纳入发展规划之内，实现交通一体化、通讯一体化、社会保障一体化、教育一体化、医疗卫生一体化等，在此基础上实现城乡一体化。按照目前的行政区划体制，地级市政府不是城市政府，而是区域政府，应为全区域的人民负责。

三、地级市政府应承担统筹城乡发展的责任

目前，县乡财政困难成为全国上下关注的焦点。随着农业税的减征，县乡财政会更加困难。解决这一问题，不能仅盯着县域本身，也不能全靠中央和省级财政转移支付，要从经济要素加快流向中心城市这一不可扭转的趋势考虑，加重市级财政的责任。基础教育支出由县级财政负责改为县级财政和市级财政共同负责；县级政府行政支出缺口应由市财政负责弥补；卫生防疫由市卫生部门统一组织，支出统一平衡；县乡道路也应由市统一规划，由市交通部门组织修建，从根本上避免"断头路"。加重市政府和市财政的支出责任，既能减轻县级政府的负担，又能有效避免在城市大搞"形象工程"和"政绩工程"，解决在中国长期存在的"先进的城市"和"落后的农村"这一普遍问题。只有理顺了市县关系，彻底打破城乡壁垒，变二元结构为一元结构，困扰我们多年的"三农问题"才有希望根本解决。

建制镇性质、规模和改革建议

目前乡镇的行政体制存在的问题和多年累积的矛盾加剧了调整乡镇区划的紧迫性。针对乡镇数量多、规模小、功能弱、基础设施和社会公益事业重复建设、利用率不高等突出问题,很多人提出了撤并或调整的建议。有些人甚至提出将乡镇一级撤销,由县直接领导村,笔者通过多年研究,认为此议不妥,既不适应农村经济社会发展的实际需要,也不符合我国城镇化迅速推进的大趋势。应通过调整行政区划,扩大镇域面积,强化镇的功能,将镇区发展成为农村区域的经济中心、政治中心和文化中心,成为本区域二、三产业的发展基地、非农业人口和富裕农民的聚居地。

一、关于建制镇的性质

我国乡镇一级行政区划的基本格局是在20世纪50年代形成的,目前,全国共有乡镇4万多个,建制镇2万多个。一般来说,镇政府所在地规模比乡大,人口比乡多,在"五普"时都统计为城镇人口。近年来,通过乡改镇和撤乡并镇,建制镇的数量和规模均在扩大。

建制镇是在小城镇的基础上建立的。有很多小城镇具有悠久的历史,也有很多镇是由乡改过来的。历史上,小城镇曾经起过带动经济发展、促进经贸流通、方便群众生活的作用,尤其是在以人力畜力为主要交通工具的时代,小城镇作为区域经济发展的中心,成为商品的集散地和集中贸易的场所。随着城市的兴起,生产要素渐趋向城市集中,区位好的城镇迅速发展为城市,如汉口、佛山、景德镇等,绝大多数小城镇,则在原规模徘徊。

　　小城镇发展是一个自然历史的过程。历史上的小城镇，多是农村地区的经济贸易中心。周围农村的居民，是城镇商户的需求者，辐射半径一般5~10公里，周围的人口和富裕程度决定着城镇的繁荣程度。改革开放后，在东部地区和中西部地区的城市郊区，形成了一批以工业和商业为主的小城镇，但并不是小城镇的主流。绝大多数的小城镇仍旧是周边农村地区的商贸中心。城市、城镇和农村是中国这一特定社会所形成的三种不同的社会聚落系统。城镇一头通向城市，一头连接农村。对城市来说，它代表农村，是城市向农村进行经济、科技、文化辐射的落点；对农村来说，它是农村一定区域的中心，代表城市联结农村。不难看出，建制镇的性质是农村的区域性经济中心、政治中心和文化中心。由其性质和地位所决定不但不能撤销，而且应予加强。

　　未来30年，是中国城乡经济社会和人口变动最剧烈的时期。可以预见，农村人口在城镇化不断加速的过程中大量流入大中小城市和城镇。一部分村庄将消失，大部分村庄的一部分村民将永久离开生他养他的故乡。现在，已经出现的"空壳村"和"空心村"现象，将越来越普遍。很多村庄，除了春节和农忙季节，已见不到青壮年。有些人悲叹村庄经济的衰落，但这是不以人的意志为转移的。江阴市辛桥镇，计划在十年内将所有农村人口迁入城镇，以腾出村庄占地，并使全部居民过上现代生活。这只是发达地区一个个别的例子，但代表了未来发展的趋势。与农村经济衰落相反，城镇经济方兴未艾。笔者认为行政区划调整应顺应这种变化，而不应反其道而行之。

二、关于建制镇的规模问题

　　建制镇不仅应成为农村区域的经济中心，还应成为农村区域性政治中心和文化中心。镇域规模太小制约了经济的发展和镇区规模的扩大。有的省平均每个乡镇的辖区只有50平方公里，平均管理半径只有4公里。在这么小的地域范围内，进行工业化和城市化，必然导致企业和小城镇布局不合理。更为严重的是，虽然各乡镇的规模很小，但都是一级独立完备的政府机构，"麻雀虽小，五脏俱全"。各乡镇政府在自己的行政区域内发展经济，从而在各乡镇之间造成了严重的行政分割，导致城镇发展滞后，造成大量"村村像城镇，镇镇像农村"的低水平建设问题。改革开放以后，特别是20世纪90年代以来，体制环境和经济发展水平与50年代有了很大的不同，许多地方感觉到行政区划已经成为制约其发展的重要因素。

改革开放以来，江苏省经历了撤小村并大村、乡改镇、撤乡并镇、建立中心镇这样一个过程，可谓一路摸索前进。如江苏省江阴市，20世纪90年代，将全部28个乡改为镇，现在，又决定重点发展7个中心镇。如果当时不设那么多的建制镇，对中心镇早做规划，把周边乡镇的一些企业放到中心镇，既促进了中心镇的发展，又节约了耕地，基础设施也不用搞重复建设。

建制镇的规模包含两项内容，一是镇域面积，二是人口。封建时代，以人畜作为交通工具，管理半径很小，因此，土地面积是确定行政区划的决定因素。现代社会，随着机械力的利用和道路的畅通，空间不再成为决定性因素，而人口规模上升为决定性因素。城镇要建设，经济要发展，市场要繁荣，要办教育和各种社会事业，都需要资金。资金来源于居民的贡献。有了人，才有需求，商人才有钱赚，才有人开店办厂。因此镇域人口必须达到一定规模，才有人来办工业办商业办各种事业，否则，连开理发店都赚不到钱。现在很多建制镇镇域人口不到3万人，镇区人口不过几千人，企业很少甚至没有，一切支出全靠农民的贡献。从我国东部发达省份来看，虽然这些地区人口密度很高，但城镇规模小，数量多、布局不合理的问题依然存在，而且大部分城镇仍然没有摆脱自然状态。一部分城镇是在商品生产和交换中逐渐形成的，一部分城镇是依托乡镇企业发展形成的。这些小城镇的发展拉动了经济，但是，其历史局限性也制约着经济进一步健康发展。小城镇布局过密，城镇布局缺少在宏观层面上的考虑，削弱了中心城镇功能的发挥。城镇之间一般仅相隔五六公里，个别甚至仅一河之隔、一路之隔。由于城镇的面积偏小，致使生产要素和社会资源难以聚集，重复建设现象严重，同时也导致了管理成本居高不下，各类机构冗员充斥的问题。因此，应大幅度扩大镇域面积。使每个建制镇能够辐射现在3～5个乡的面积，人口达到5万～10万人。通过完善城镇基础设施建设、集聚人口和经济要素，使镇区人口逐步达到1万~3万人。只有这样，小城镇的作用才能够发挥，农民的负担才可望减轻。

三、关于乡镇行政区划改革的建议

农村地区经济发展的内在需求使现有乡镇行政区划调整成为必然。乡镇行政区划改革和调整应着眼于优化城镇体系，突出中心城镇这一重点，进一步理顺关系、完善职能、优化功能，努力把中心城镇发展成为特色明显、功能较强的新型城镇。

镇的原意是驻守军队的地方，后来演化为乡村间的商业中心。一般理解，乡域为农业地区，镇域为非农业地区，即镇是"点"，乡是"面"。20世纪80年代废除人民公社制度时，镇由"点"变成了"面"。作为一级政府，乡镇互不统属，二者平行而并列。二者的区别仅仅在于，乡镇政府所在地人口的多与少，镇是有中心的区域，而乡是无中心的区域，乡政府所在地其实只是一个大村庄。在城镇化战略的推动下，作为镇域内的居民有向小城镇聚集的趋势，同时也能够就近接受城镇的服务，而乡域内的居民则难以享受镇域居民的待遇。一般来讲，小城镇的工业、商业及其他服务业比乡所在地发达，税收也比较多，基础设施和社会事业可用增加的财政收入解决，而乡所在地的基础设施和社会事业只好靠当地农民做贡献。在积极推进城乡一体化的今天，城镇和农村的关系可概括为农村支撑城镇，城镇带动农村。而没有小城镇的乡，其城乡一体化便无从谈起。

乡镇并行的体制，将经济中心和政治中心割裂了。现在多数建制镇的辐射范围有几个乡的面积，已成为该区域的经济中心，但并非是该区域的政治中心，其政治中心被几个乡所分割。乡政府所在地虽不是经济中心，但因为是政治中心，乡政府便利用其政治资源和政治影响，极力将经济要素导向乡政府所在地，以便有朝一日，将本乡也改为镇。

基于上述原因，笔者设想，应根据客观需要和历史的延续，确定建制镇的数量、地点和镇域范围，取消乡的建制，将现有的乡全部并入相邻各镇。至于乡政府撤消后造成的行政管理半径过大，给老百姓带来不便等问题,可通过设立办事机构的方式解决。如山东、浙江和江苏等省在撤并乡镇后普遍设立了办事机构,称为某镇某某办事处,配备2~5名工作人员,由一名乡镇党政副职负责,符合精简效能的原则。为避免震动过大,可先将各乡改为办事处,作为镇政府的派出机构,以后再根据需要进行调整。

(本文原载《红旗文稿》2003年第19期)

统筹城乡发展　实现城乡一体化

中共十六大报告指出"统筹城乡经济社会发展，建设现代农业，发展农村经济，增加农民收入是全面建设小康社会的重大任务"。"十一五"纲要将新农村的内涵概括为：生产发展、生活富裕、乡风文明、村容整洁、管理民主。笔者认为，这是对建设社会主义新农村的准确完整的认识和阐述。不能把新农村建设仅仅理解为新街道、新房屋、新环境。提高农民的收入水平、生活水平和公共服务水平，是建设社会主义新农村的基础和前提，提高公共服务水平又是政府尤其是城市政府为农村和农民服务的着力点。

一、提高农村公共服务水平是统筹城乡发展的重要内容

建设和谐社会必须逐步缩小目前日益拉大的区域差距和城乡差距。据统计，城乡差距远远大于区域差距，因此，应加大力度缩小城乡之间的差距，但收入水平、生活水平的差距应主要靠市场，政府发挥作用的空间不大，把大部分农民由政府养起来在相当长的时期内是不可能的。但提高公共服务水平，在较短时间内使中国大部分地区的农村的农民享受和城市人差不多的公共服务是可以做到的。公共服务的基本内涵包括基础教育、基本医疗、基本社会保障和公共基础设施等。这是农民最需要的，也是政府最应该做也能够做的。长期的封建社会，使农民享受不到任何公共服务，多数农民在自然经济状态下长期过着自给自足的生活，以至于多数农民已经没有享受公共服务的期望。他们只希望政府少从他们那里索取一些，甚至不奢望政府会在有朝一日取消"皇粮国税"。举例来说，农村道路建设

是不是政府的责任？长期以来，通村道路由农民自己来修，过去，农民投劳即可解决，但要修柏油路或水泥路，仅仅投劳就解决不了问题。很多富裕地区靠集体的积累或农民集资来修路，但贫困地区或不很贫困但人心不齐的村庄就非常困难。农民的道路要农民自己来修，笔者从来没有听说城市人集资修路，但城市道路却越修越好。笔者认为，仅仅取消农业税是不够的，应把向农民提供公共服务作为政府的责任，作为新农村建设的重要内容。近年来，大部分地区已取消了初中以下学生的学费，一些地区建设了寄宿制中学、小学，并给困难学生提供生活补贴，但并没有普及到全国。基础教育的差距已由城乡差距转化为区域差距。这就说明提高农村公共服务水平不仅是农村政府的责任，更是城市政府的责任，也是中央政府的责任。

随着户籍制度的不断改革，农民进入城市的壁垒被突破。城市功能逐步健全，交通条件不断完善，中心城市对人口和产业的吸纳能力将不断增强。这可从近年来地区级城市规模的迅速扩大得到验证。富裕的农民进入城市办企业、购买商品房，农民工进入城市打工，研究生学历以上回到县城的很少，甚至大中专毕业生也不太愿意到县城或乡镇就业。据预测，在很长一段时间，区域性中心城市的吸引力将大于辐射力。县城及以下小城镇由于基础设施不完善、功能不健全，相当多的城镇不通火车和高速公路，再加上人才匮乏，快速发展只能是人们良好的愿望，而很难变为现实。

二、"市吃县"还是"市带县"

20世纪80年代开始的"地改市"和"市管县"制度的改革，虽未强制推行，但仅历时20年，使有超过80%的地区改成了市，根本改变了市地分设、市县分割的现实，向市县一体化和城乡一体化的目标迈进了一大步。"地改市"、"市管县"改革的目的是从行政体制方面打破城乡分割、市地分治导致的二元经济社会结构，发挥区域中心城市对区域经济发展的带动作用。由于长期以来控制农村人口进入城市，并限制对城市基础设施的投入，使多数城市基础设施严重欠账，功能不健全，设施不完善，产业和人口规模与所在区域的人口规模不相称，"小马拉大车"。近年来，各城市加大了基础设施的力度,使城市面貌发生了巨大的变化,城市功能也在不断健全,但对各县及各乡镇的带动作用还不强,一些地区不同程度地存在市县经济不相融合的情况。一些学者认为,市管县之后,出现了"市吃县,市刮县,市压县"的状况。根据我们的调查和了解,这些情况只是个别现象,并非普遍存在。如西部地区的多数县财政要吃补贴,县级地方税市级基本不参与分成,有的地级市还给县级财政补贴一部分。东部地区的浙江和福建两省的县级财政由省财政直管,"市吃县"更是无稽之谈。

以城市为中心,区域经济协调发展是区域经济发展的方向和必然趋势。把中心城市和县域经济人为割裂开来,不仅会强化城乡二元结构,而且会极大地影响县域经济的快速发展。市管县不是"市吃县",而是"市带县"。各地级市不能"自顾自"独立发展,而应把各县镇统一纳入发展规划之内,实现交通一体化、通讯一体化、社会保障一体化、教育一体化、医疗卫生一体化等,在此基础上实现城乡一体化。按照目前的行政区划体制,地级市政府不是城市政府,而是区域政府,应为全区域的人民负责。

目前,县乡财政困难成为全国上下关注的焦点。随着农业税的减征,县乡财政会更加困难。解决这一问题,不能仅盯着县域本身,也不能全靠中央和省级财政转移支付,要从经济要素加快流向中心城市这一不可扭转的趋势考虑,加重市级财政的责任。基础教育支出由县级财政负责改为县级财政和市级财政共同负责;县级政府行政支出缺口应由市财政负责弥补;卫生防疫由市卫生部门统一组织,支出统一平衡;县乡道路也应由市统一规划,由市交通部门组织修建,从根本上避免"断头路"。加重市政府和市财政的支出责任,既能减轻县级政府的负担,又能有效避免在城市大搞"形象工程"和"政绩工程",解决在中国长期存在的"先进的城市"和"落后的农村"这一普遍问题。只有理顺了市县关系,彻底打破城乡壁垒,变二元结构为一元结构,困扰我们多年的"三农问题"才有希望根本解决。

三、实施城乡联动战略

小城镇是连接城市和乡村的重要环节,未来将有一部分农村人口转移到小城镇来，这既是繁荣城镇经济扩大城镇规模的难得机遇，又是解决因农民支配的资源少而难以靠农业致富的问题。因此，政府应引导产业和人口到有条件的建制镇聚集，为进入城镇的农民解决好住房、子女就学和社会保障问题，要消除不利于城镇化发展的体制和政策障碍，引导农村劳动力合理有序流动。要把进城农民放弃的土地按照国家规定进行流转。既要完善城镇的基础设施建设，又要解决农村农民显著减少之后所带来的居住分散、公益设施短缺、管理成本高及治安问题。

实施城乡联动战略首先要统筹考虑城市发展和农村发展的关系问题。城乡关系关系到和谐社会如何建立的重大问题，发展城市不能忘了农村，城市发展和新农村建设是不矛盾的，不能等到城市化达到60%以后再考虑农村的发展问题。小城镇位于分散的乡村和高度集中的城市中间，它既是农村区域性的经济贸易文化中心，又是城镇体系的基础层次，填补了城市地区和乡村地区的空间断层，使城、镇、乡社区联成网络，作为网络的连接点，城镇是农业、农村、农民与城市和市场连接的重要中转站。面对城镇化发展的必然趋势，城镇规划要超前，城镇建设要重视，城镇管理要加强。

未来20年，农村人口的一大部分将向城镇转移，城乡二元结构将彻底被打破。如何让进城农民进得来、住得下、活得好，是需要探索的重大课题，要在户籍制度、社会保障制度、农村土地制度等方面进行研究、试验并提出可行的方案。首先要打破城乡分割的户籍制度，农民在城市务工、就学、居住、医疗等享受和城市居民同等的权利，为进城农民提供公平和就业的生活环境。其次将社会保障制度与农村土地制度结合起来。目前，农民的土地具有双重功能，一是生产资料功能。二是社会保障功能。因此，农民交出土地的同时，必须同时解决农民居住在城市后的社会保障问题。在解决进城农民的社会保障之前，不要急于要求农民交出土地。三是繁荣小城镇经济，通过完善功能，集聚人口，引导乡镇企业向城镇集中。要以农产品加工业和农村服务业为重点，在小城镇形成符合当地特点的支柱产业。四是形成促进小城镇健康发展的机制。除了政府要加大投入之外，应在政府引导下主要通过发挥市场机制的作用，引导社会资金投入小城镇开发。城镇化不能简单地归结为修几条马路，盖几栋楼房。城镇化过程实际上是农村经济全面发展的过程。只是就城镇建设抓城镇建设，虽

统筹城乡发展 实现城乡一体化

然想出各种办法修路建房，但由于经济实力不强，缺少产业支撑，会导致发展后劲不足，还没有兴旺就可能显示出衰落的迹象。因此，在实践中必须切实注意防止这种城镇建设"空心化"的现象。要以主导产业支撑城镇，以乡镇企业夯实城镇，以市场建设激活城镇，以产业结构调整提升城镇，尽快使城镇成为农村二、三产业的集中地、农村剩余劳动力的转移地、农村商品和生产要素的集散地。

在加快城镇发展的同时，也要重视农村的建设和管理。农村建设的重点是农村公共基础设施的建设。如道路、饮用水、小学、村容村貌、灌溉和排水等。要把公共设施的建设和管理作为村委会的重要工作。上级政府应进行督促和检查，树立讲文明、讲卫生、讲团结的新风尚。

根据新阶段、新形势和新要求，应在提高农民收入的基础之上，促进农村各项社会事业的发展，提高农民的生活质量，保证农村稳定和农民安居乐业。第一，增加农村基础设施投入。包括农田水利基础设施建设、生态环境建设和农村公共设施建设。第二，加大农业公共服务投入。完善科技推广服务体系、信息服务体系、植物病虫害防治和动物检疫防疫体系，帮助农民抵御自然风险和市场风险。第三，增加对农民的直接补贴，包括生产环节补贴、运输环节补贴、降低农民的生产流通成本。第四，加大扶贫开发力度。动员全社会力量参与扶贫，改善贫困村的生产生活条件和生态环境。第五，加大对农村教育的支持。改变农民义务教育成为农民教育义务的现状，提高农民素质，培养农村人才。

第四篇

区域协调发展

东、中、西的经济差距与中西部的发展

改革开放以来，市场机制对地区经济发展的作用不断增强，地区经济结构发生了适应市场需求结构的变化，各地区经济增长速度显著加快，全方位、多层次的对外开放格局初步形成，但是由于各地区间经济发展不平衡，地区发展水平的差距不断扩大，特别是东部沿海地区与中西部内陆地区差距扩大较为迅速，引起了各方面的广泛关注。如何在经济快速发展的同时，缩小而不是继续扩大这种差距，促进中西部地区经济加快发展，使地区经济协调发展，是一个相当艰巨的问题。

一、辩证认识东、中、西部经济发展的差距

东、中、西部的经济发展差距由来已久，从宋代开始，中国的经济重心转移到了东南地区。近代以来，随着海上贸易的发展，资本主义生产关系也最早在长江下游及东南沿海地区萌芽。中国的近代工业也最早在沿海沿江少数几个城市产生、发展，形成了内陆地区的传统农业经济与东南沿海、沿江地区近代工业并存的格局。

新中国成立后，出于改变整体经济落后面貌和改善畸形的区域经济格局的愿望，我国政府制定了宏伟的开发建设内陆地区的战略，实行了一系列向中西部地区倾斜的政策和措施。"一五"时期，156项重点工程的大部分摆在了内陆地区，在基础设施建设方面，除连通了京汉、粤汉干线外，还修建了兰新、宝成、包兰、成昆、川黔、贵昆等铁路，建立了攀枝花、重庆、酒泉等钢铁基地。中西部内陆地区的工业得到了快速发展。但是，地区差距并没有明显缩小，1978年与1952年相比较，东部地区的

GDP 占全国的份额由 49% 上升为 50.3%，中部由 32.9% 下降为 30.8%，西部仅提高了 0.8 个百分点。

改革开放以来我国地区间经济发展差距又有明显扩大，东部地区 GDP 的比重，由 1978 年的 50.3% 上升为 1995 年的 55.6%，提高了 5.3 个百分点，中部地区的比重由 30.8% 下降为 27.5%，下降了 3.3 个百分点，西部地区的比重由 18.9% 下降为 16.95%，下降了 2 个百分点（从国土面积来看，东、中、西部分别占全国的 11.1%、29.5% 和 59.4%）。地区间人均 GDP 的差异是经济发展水平不均衡最直接的反映，改革开放以来，我国各区域人均 GDP 有了大幅度增加，但中西部地区与东部的差距明显扩大了，与全国平均数差距，中、西部分别由 1978 年的 65 元、121 元扩大到了 1995 年的 1119 元、1781 元；与东部的差额，分别由 1978 年的 172 元、228 元，扩大到 1995 年的 3485 元、4075 元。1978 年东部分别是中、西部的 1.55 倍和 1.89 倍，到 1995 年分别扩大为 1.92 倍和 2.35 倍（见表 1）。

表 1　　　　　　　　三大区域人均 GDP 及差距变化情况

地域＼年度	1978	1980	1985	1988	1990	1995
全国	379	460	853	1355	1634	4854
东部	483	597	1113	1827	2080	7104
中部	311	390	716	1108	1268	3691
西部	255	315	565	822	1060	3029
东部—西部	228	282	548	1005	1020	4075
东部：西部	1.89	1.9	1.97	2.22	1.96	2.35

资料来源：《中国统计年鉴》（相关各年）。

综合考察来看，我国中西部与东部沿海地区的差距的形成是由历史、地理环境、资源配置方式以及生产方式等因素造成的。中西部地区正处于中国地理的第二、第三梯度，区域内高山连绵，交通不便，南方多雨，北方缺水，交通通讯等基础设施相对落后，长期的传统的农业生产方式使自然经济观念根深蒂固，商品经济意识淡薄，加上改革开放后，我国政府又实行"效率优先，兼顾公平"让一部分地区先发展起来的战略和政策，

东、中、西的经济差距与中西部的发展

对东部地区实行倾斜的投资、贸易、税收、财政政策,致使经济发展的差距呈持续扩大的态势。

区域经济发展不平衡是世界范围内的共同现象,我国是一个疆域辽阔的发展中大国,各地自然地理条件、社会发展程度和历史背景差异很大,存在一定程度上的发展差距是正常的,也是必然的。但作为政府不能长期放任这种差距的扩大,尤其不能任其无限制扩大。中西部地区占全国国土面积的88.9%,人口占全国人口的60%以上,资源丰富,大部分矿产资源特别是许多稀有金属资源也分布在中西部地区。某种程度上,中西部地区的发展就代表着中国的发展,东部与中西部地区发展差距的扩大不利于提高我国国民经济的整体素质,也不利于国民经济的协调发展。中西部地区陷入了"产业结构老化—技术进步缓慢—劳动生产率低下—收入增长下降—资金供给缩小"的不良循环,使自然资源不能综合开发和深度加工利用,资源优势难以转变为经济优势。与此同时,人的收入水平降低,也会制约消费需求的增长,导致消费市场萎缩,也使东部地区的加工品难以进入中西部市场,形成相互隔绝的需求供给关系,这将极大地影响全国产业结构高度化进程。

党中央和国务院对地区经济发展差距问题十分重视。在党的十四届五中全会通过的《建议》和全国人大八届四次会议通过的国民经济和社会发展"九五"规划和2010年远景目标纲要中,把缩小地区发展差距,促进地区经济协调发展提到了战略性高度,提出了"坚持区域经济协调发展,逐步缩小地区发展差距"的方针。中西部地区和社会各界也都在深入探索促进中西部地区发展,缩小东、中、西部经济发展差距的道路。

二、着力完善中西部的交通通讯基础设施,逐步化解区位劣势

我国中西部地区地处内陆,在古代,曾依托易守难攻的地势关隘和自给自足的农业经济,成为经济相对发达的地区。但对于发展市场经济,在更广大的地域开展协作和商品贸易来说,就存在天然的缺陷,可称为区位劣势。新中国成立以来,陆续修建的兰新、宝成、襄渝、川黔、贵昆等铁

路,对化解区位劣势起了十分重要的作用。"蜀道难,难于上青天"只能形容古代的四川而与现代的重庆、成都无缘了。但中西部地区尤其是西部地区基础设施薄弱的状况并未根本改变。

要化解中西部地区的区位劣势,首先要加快大中城市的航空港的建设。对外开放,开展对外贸易,技术交流,离不开人的交流。使外国的人、东部的人能够进得来出得去,就必须发展航空事业,通过压缩时间变相缩短空间距离,从而有效地化解区位劣势。

其次要加快大中城市之间高速公路的建设。为避免中西部地区的大中城市成为孤岛,就必须加强城市之间的联系与协作,扩大经济的聚集效应。之所以要修建高速公路,而不宜仅仅提倡修建高等级公路,是因为高速公路的最大优势是时间的可确定性,塞车、滑坡、人占车道、市场占道、占道打场是中西部地区比较常见的现象,通过修建高速公路便能根本解决这些问题。修建高速公路固然投资大,但对经济发展的拉动效应是不可估量的。如果将修建高速公路作为营利性项目,期望在较短时间内通过收费而收回投资,那就大错特错了。因此,中西部基础设施的建设要靠中央政府、地方政府和政策性金融机构的支持。中西部地方的经济实力有限,应把有限的财力用在完善基础设施上,同时,中央政府和东部沿海地区的支持也是不可缺少的。政策性金融机构特别是国家开发银行应把主要财力投放到中西部地区的基础设施建设上。此外,应寻求国际性金融机构和国际财团的贷款支持,广泛采用BOT方式是加快高速公路建设的好办法。

三、实施全面开放战略,化资源优势为经济优势

中西部地区是我国重要的资源富集地区,甘肃的有色金属,青海的钾盐、山西、陕西、内蒙古的煤炭,云南、贵州的磷矿,四川的天然气和广西、云南、四川的水能资源在国内占有重要地位,其中许多是工业化、现代化建设不可缺少的资源基础。中西部一些地区不仅能源、矿产资源储量大,而且空间匹配组合好,开采条件优越,因而是我国经济发展的后劲所在。但资源优势并不等于经济优势,资源的开发不一定带动当地的经济发

东、中、西的经济差距与中西部的发展

展,一些老工业基地在资源枯竭后城市衰落便是前车之鉴。20世纪50～80年代,发展中国家的工业化主要依靠自然资源和廉价劳动力,80年代以后,却主要依靠企业家素质、技术水平、对市场的渗透力和政府对投资环境的改善程度。经济全球化的推进,使东部地区的企业由依靠中西部提供原材料,转而面向国际市场,有些原材料从国外进口反而更经济一些,这就是说在资源市场方面,也将面临竞争。因此,在加快资源开采的同时,要适当延伸产业链,发展资源加工工业,有效地带动地方经济发展,提高经济效益。

亚洲的经济危机和中国短缺经济的结束,使中西部的发展面临并不十分有利的国际市场环境和国内市场环境,因此,中西部的发展必须伴随着产业结构的升级和规模效益的提高,像东部那样小而散的经营模式在西部肯定行不通。只有将资源优势转化为成本优势,才能最终转化为经济优势。如何集聚大量资金、提高管理水平和技术水平,便成了中西部发展的关键。恰恰在这些方面,中西部不占优势。因此应采取新思路,实施全面开放战略,采用更优惠的政策,吸引国内国外的投资者、企业家和技术人员来中西部投资办企业,吸引东部地区的传统产业向中西部转移。

中西部地区的人们要彻底地更新观念,摒弃"肥水不流外人田"那种封闭的自然经济意识,以开放求开发,以市场换资金,以产权换人才,在东、中、西经济一体化的大背景下考虑中西部的经济发展问题。

在经济全球化,国际金融自由化的世界大环境中,资金在全世界快速流动,人才也在全世界流动。从各种资源流动的比较来看,资金和人才的流动,比较成本最低,而物质资源流动的成本相对较高。16～19世纪,西方生产的大量工业品依靠庞大的船队漂洋过海运往东方及世界各地,再把殖民地的原料运抵西方,而20世纪,跨国公司输出资本和技术,就地生产、就地销售的方式普遍被采用,一些原本比较落后的国家借此机会迅速发展起来。目前,能源、原材料等输往东部,工业品运往西部的情况不会维持太久。一些精于算计的投资者和企业家会根据成本优势将企业办到中西部来,那些高耗能产业、劳动力密集型产业、耗用原材料多的产业会大量转移至资源富集的中西部地区。

影响资本和人才向西部流动的重大障碍是产权保护和税费水平问题。投资者的产权能否得到有效保护是资本能否跨地区流动的重要前提。现在

投资产权尚无有效的法律保障，越是落后的地区，法律越不健全，税费水平越高，这是东部投资者、企业家驻足不前的重要原因。因此，必须解决产权的法律保障问题，全国人大应尽快制订颁布《投资者产权保护法》。有了法律依据，才能限制和惩戒损害投资者利益的行为。中西部地区的政府也应破除"杀鸡取卵"的做法，变"借鸡生蛋"，为"养鸡肥田"，实行"明租、正税、除费"，其优惠政策不能仅仅停留在纸面上，要一一落实在行动上。

四、实施非均衡发展战略，规划产业带，培育增长极

改革开放以来，中国的区域经济发展战略是先发展东部，逐步向中西部推移的非均衡发展战略，事实证明，这一发展战略取得了巨大成功。由于有了非均衡发展取得的成果，我们才有条件提出协调发展的口号，才能贯彻促进中西部发展的政策。从中西部地区来说，也应实施经济非均衡发展战略。

非均衡发展战略被多数人认为是较好的发展战略。该战略注重产业间的连锁关系和地区间的相互影响，强调应当将有限的资金投入到重点部门和重点地区，提高资源的使用效率，较快地增加区域的经济总量。经济非均衡发展，在空间上表现为经济增长首先在一些发展条件较好的地区出现，然后再扩散到其他地区，最后实现整个地区经济活动的高涨。我国中西部地区空间辽阔，平原少而山地多，基础设施发展又很不充分，均衡发展既影响效率，也不利于企业的专业化生产和协作，因此，"全面开放，均衡发展"是不现实的，应将投资有选择地集中于重点部门和地区，利用其发展而产生的波及效应来带动其他部门和地区的发展。

中西部地区应运用增长极理论来指导区域经济发展。较发达的城市经济、科技力量、熟练劳动力的集中，有利的交通运输条件和地理位置以及拥有大量的自然资源，是促进增长极形成的必要条件。因为具有创新性的企业活动往往产生于大的经济单元中，这些企业的活动和影响，将产生一大批"群集的追随者"，将吸引其他经济活动趋向增长极，经济上的极化导致地域上的极化，从而产生聚集经济。通过增长极的支配效应、乘数效

东、中、西的经济差距与中西部的发展

应和扩散效应，带动整个地区的经济发展。我国中西部的一部分大中城市已具备增长极的条件，如武汉、长沙、成都、重庆、昆明、西安、兰州等，应通过这些增长极培育次一级增长极的形成。应加快中西部地区大中城市的发展，增加城市人口，减少农村人口，进而增加农民的经济收入，提高贫困地区人民的生活水平。

我国西南地区，水源丰富，但多高山峻岭，应发挥大城市的集聚作用，尽可能在一个城市内形成相互协作的产业链条，减少运输成本，并将产品辐射到周边地区。西北地区，干旱少雨，严重缺水，不宜发展特大型城市，应沿交通主干线进行生产力布局，大量人口和经济要素相对集中，形成相互协作、上下配套的产业带。在产业带上，可发展众多的中等城市，实现地区间、城市间的专业化生产与协作，形成有机的地域经济网络。西北地区应利用新亚欧大陆桥开通的机遇，充分发挥沿线能源等矿产资源富集和土地开发潜力大的优势。从横向和纵向两个方面进行产业带的规划。如在京广线以西，发展大同至洛阳、包头至西安、临河至兰州等产业带。将这些产业带同新亚欧大陆桥紧密联结起来，通过带上中等城市的发展，带动周边地区的发展。

（本文原载《经济纵横》1999年第9期。本文写于1997年，是作者博士毕业后作为研究区域经济的学者所写的第一篇文章。该文于1998年首先发表在国家计委经济研究所内刊《经济理论与实践》上，后在内部引起了争论。1999年7月，作者在西安召开的博士后研讨会上以相同题目作了发言，《经济纵横》征得作者同意后，公开发表在1999年第9期上。该文对中西部的分析以及提出的建议在西部大开发中得到了高度认同，并成为国家促进西部发展的主要措施）

梯度推移与区域协调发展

1978年以来，我国经济体制和发展战略开始双重转轨。理论界在对过去经验教训的总结中，对那种以牺牲效率为代价的绝对平衡观进行了反思，重新探讨促进经济发展的区域经济理论体系，把效率原则和效益目标放在优先的地位，在全国范围内形成一种非均衡发展理念，绝对平衡观也被相对平衡观所取代。与此同时，国际上盛行的梯度推移理论被引入我国生产力布局与区域经济研究中，并形成了相当广泛的影响。理论和实践证明，梯度推移理论和区域非均衡发展是正确的理论，是我国在区域发展过程中所必须遵从的。

一、以"效率优先"为指导思想的梯度推移战略

根据梯度推移理论，每个国家和地区都处在一定的经济发展梯度上，一个区域究竟是处在梯度的顶端、中层还是低层，并不是由它的地理位置，而是由它的经济发展水平，特别是创新能力决定的。一个地区的经济发展水平，特别是其发展能力，则主要取决于产业结构的优劣，取决于地区经济部门，特别是主导产业部门在工业生产循环中所处的阶段。如果一个区域的主导产业部门主要是由处在创新阶段的兴旺部门所组成，则不但说明它今天经济发展实力雄厚，而且说明它在今后一个时期内仍然可以保持住发展的势头，这种地区属于高梯度地区。如果一个地区的主导产业部门都是由那些处在成熟阶段后期或衰老阶段的衰退部门所组成，则地区经济必然会呈现出增长缓慢、失业率上升、人均收入下降等现象，或已陷入严重的危机中，这种地区属于低梯度地区。经济发展中的创新活动，包括

新产业部门、新产品、新技术、新的生产管理与组织方法等，大都发源于高梯度地区，然后随着时间的推移，工业生产循环阶段的变化，按顺序逐步由高梯度地区向低梯度地区转移。世界上每出现一种新行业、新产品、新技术，都会随着时间的推移，大致像接力赛跑那样，由处在高梯度上的地区向处在低梯度上的地区，一级一级地传递下去。

我国各地区经济技术的发展是不平衡的，地区间客观上已形成一种经济技术梯度，有梯度就有空间推移，因此，应让有条件的高梯度地区，引进和掌握先进技术，先发展一步，然后逐步依次向处于二级梯度、三级梯度的地区推移，随着经济的发展，推移的速度加快，也就可以逐步缩小地区间的差距，实现经济分布的相对均衡。梯度推移战略是一种以"效率优先"为基本指导思想的区域发展战略，这个战略在理论上有两点突破：其一，它打破了片面强调"均衡布局"的传统布局模式，承认了地区发展不平衡的现实，强调遵从由不均衡到均衡的客观发展规律，从而使客观规律与实事求是成为制定经济发展战略的首要出发点。其二，它强调集中资金和资源实行重点发展，从而使产业空间分布与地区经济发展相联系，产业结构与产业布局相结合，经济发展与区域政策相适应，较好地反映了当时中国特定经济发展阶段的发展要求。梯度推移论在某种程度上主导了我国区域经济发展战略和区域经济政策的制定。

二、非均衡发展战略的成效与问题

非均衡发展战略对经济发展的作用是巨大的。采用非均衡发展战略，强调经济效率和发展东部沿海地区的经济优势，在理论上是正确的，在实践中取得了巨大的成就；一是推动了沿海地区，特别是东南沿海新兴工业地区的发展，为推进改革开放和建立社会主义市场经济新体制积累了宝贵经验；二是促进了东部地区的发展，提高了资金的运用效益，吸纳了大批在西部农村的劳动力，在一定程度上提高了国民经济的整体效率；三是东部地区的发展尤其是特区开放城市和开发区的发展，通过示范效应、扩散效应和技术经济合作等多种途径，在一定程度上促进了中西部地区的繁荣；四是产业结构失衡状况得以扭转，投资主体多元化，所有制结构多元化，市场体系的建立，使各地区经济发展呈现出活跃的态势和不同的特色。事实证明，非均衡发展战略对于我国经济发展的作用是巨大的，它所产生的经济效益和积累能力，比分散投入平衡增长要大得多，从而使我国的经济总量在短短的20年里有了大幅度的增长。

非均衡发展战略的实施在取得明显成效的同时，也出现了一些问题。例如，东部地区与中、西部地区的经济发展差距不断拉大，不仅体现出经济增长的不平衡，也体现出经济发展的不平衡。据统计，1998年，东部地区的GDP已占全国GDP总量的58.1%，而西部地区的GDP只占全国的14%。1978~1998年，东、西部人均GDP差距由228元扩大到5431元，1998年，东部地区人均GDP比西部高1.34倍。经济发展差距的持续扩大，既不利于各地区经济的协调发展，也不利于民族团结、社会发展和政局稳定。

三、梯度推移是一个漫长的历史过程

从经济发展的历史和我国经济发展的现实来看，梯度推移理论和非均衡发展战略是正确的，问题是在实施这项战略和制定政策时出了偏差。一是机械划分东、中、西三大地带，过于简单。中国经过30年的改革开放，经济技术梯度已经发生了明显的变化，东部地区虽然临海，但并非都是发达地区，而中部的武汉、哈尔滨、吉林、郑州，西部的重庆、成都、西安、兰州等大城市并非是欠发达地区。忽视了这些城市的发展和辐射作用，的确是一种失误。二是片面对东部地区扩大开放，而推迟了对中部、西部地区的开放。对外开放最先在四个特区实行，事实证明是完全正确的，但并未适时地在中、西部地区扩大对外开放，使中、西部地区失去了发展的机遇。三是政策的过度倾斜。在对外开放过程中，国家在投资、外贸、财政、税收、金融、工资和价格等方面对东部特别是沿海开放城市实行全面的特殊优惠政策，这一政策有力地推动了沿海经济的高速增长，但也同时对内地经济乃至国民经济产生不良影响。国家对东部沿海地区实行过多的特殊优惠政策，使各地区发展在一个极不公平的环境中相互竞争。这一不公平的竞争环境是诱发上述种种问题及扩大差距的重要原因。

梯度推移与区域协调发展

梯度推移理论在多国的实践中被证明是正确的，符合区域经济发展的一般规律。但是，梯度推移是一个漫长的历史过程、不能寄希望在短期内发生作用。梯度推移在时间和空间上并非是一致的，也不是静止不变的。一些原来处在最高发展梯度上的国家、地区逐渐衰败下去，沦为第二流，甚至第三流的国家、地区，而另一些原来处在较低发展梯度上的国家、地区，却能后来居上。而另一种情况是，位于高梯度的国家和地区并没有随着时间而向低梯度的国家和地区推移，却出现了发达地区越来越富，贫穷地区则越来越困难，贫富两极分化日益加剧。美国经济学家迈达尔对这一现象进行了研究，提出了累积因果理论，迈达尔认为，在地区经济发展中有3种效应在同时起作用，这就是极化效应、扩散效应和回波效应。它们共同制约着地区生产分布的集中与分散，从而左右梯度推移的速度和趋势。发达地区在极化效应的作用下，投资环境、就业机会不断得到改善，竞争力日益增强，资金、人才等生产要素会流向这些地区。回波效应在三个方面起着削弱低梯度地区增强高低度地区的作用。一是发达地区在扩散效应作用下，向不发达地区投放的大量资本、贷款，到一定时期都要还本付息或支付利润。如果不发达地区不能迅速改善投资环境，它将被源源不断地汇回发达地区。二是不发达地区的人才倾向于流向发达地区。三是发达地区在经济繁荣的过程中，可以不断扩大其产业规模，增添先进设备，改善经济发展的外部条件，开展创新，提高劳动生产率，从而进一步加强其在市场竞争中的优势地位，迫使不发达地区只能发展那些衰退部门，无法改善落后的产业结构。

在经济发展过程中，低梯度地区可能获得的发展机会的大小归根结底取决于"极化效应"与"扩散效应"在该地区的作用力的对比。因此，梯度推移相当缓慢，再加上回波效应的作用，地区间的不平衡会不断加剧。我国近20年的经济发展现实，完全符合这一特征，东、中、西部的地区差异没有缩小的迹象而有继续增大的趋势。迈达尔也认为，在市场力的作用下，根本不存在可以自动缩小地区差别的机制，要缩小地区差别的唯一切实可行的办法是加强国家干预。

(本文原载《中国经济导报》2008年4月12日第3版)

省域中心与边缘地区的经济发展差距研究

长期以来，人们对区域发展之间的差距和城乡之间的差距给予了应有的重视，理论工作者也给予了极大的关注，从理论和实证上去分析差距的现状和形成的原因，并对缩小差距提出了种种方案和政策建议，但却忽视了另一个差距的存在，即省域内中心地区和边缘地区的差距，据笔者研究，这一差距比前述的两大差距还要大。中心与边缘的差距也可以归类为区域之间的差距，但和我们通常论述的区域差距不是一回事，因此，本文拟对中心——边缘差距问题作一些分析。

一、问题的提出

中国的幅员面积大，人口多，研究任何问题都不能离开这一个现实。由于幅员面积大，故作行政区划分时，每一个区域单元的面积比起一些小国甚至中等国家来说要大得多，如法国的面积54.7万平方公里，西班牙的面积50.6万平方公里，是欧盟成员国中两个面积最大的国家，仅相当于中国的一个大省的面积。法国人口6070万，西班牙人口4100万，各相当于中国一个中等省的人口数量。因此对省域内部区域差距的研究绝不是一个小问题，也许是一个虽然被人忽视但却是影响中国经济发展的大问题。

中国省级行政区共有34个，除港澳台三个特区之外，尚有4个直辖市，5个自治区，省级行政区共22个，为了分析的方便，我们只对22个省进行研究，面积最大的是青海省，共72万平方公里，最小的是海南省

省域中心与边缘地区的经济发展差距研究

3.39万平方公里。其中：10万~20万的省有14个，20万~50万的省有6个，50万以上的省只有1个。人口最多的省是河南省，2001年年末总人口9555万，人口最少的省是青海省，2001年年末总人口523万。人口1000万以下的省有2个，1000万~3000万的省有2个，3000万~6000万的有9个，6000万以上的有9个，而全世界超过6000万人口的国家仅有15个。从生产总值（GDP）来看，最高的省是广东省，2001年为10647.71亿元，最低的省是青海省，2001年为300亿元。1000亿元以下的省仅有2个，1000亿~3000亿元的省有7个，3000亿~6000亿元的省有9个，6000亿元以上的省有4个。从人口、土地面积和GDP三项指标比较分析，中国的省域面积大，省区人口多，多数省的经济实力都很强，因此，对省内的区域经济结构研究是十分必要的。

对区域空间结构差异进行系统研究的是弗里德曼。弗里德曼认为任何区域的空间系统都可以看作是由中心与外围两个空间子系统所组成，二者共同构成一个完整的二元空间结构。中心区发展条件较优越，经济效益较高，处于支配地位，而外围区发展条件较差，经济效益较低，处于被支配地位，因此，各生产要素必然从外围区向中心区发生转移。现实世界的资源市场和环境，客观上存在着空间差异，这种差异使得某些地方的人口和资源利用优先形成的空间集聚态势，构成一定地域空间上的制高点或中心。随着集聚的累积性发展，这类地区在经济文化和政治等方面会比其外围地区强大而带有竞争优势。由于中心的存在，外围地区的集聚受到抑制，其发展相对滞后，而又不得不依赖于它的中心。中心之间的空间竞争的存在又形成了外围腹地的空间划分，核心—外围空间结构由此形成。这就是比较著名的"核心—边缘"理论。可以说这一理论基本符合中国的情况。和弗里德曼理论有很大不同的是，中国的"核心—边缘"结构的形成，其重要原因是政治因素和自然因素，而非市场因素。

根据我们的研究和考察，有三个问题值得深入研究：一是以省会城市为中心，其经济发展水平呈现随距离递减的规律，即距离省会城市越远其经济发展水平越低；二是在省际交界地区，和各自中心区域相比多数是经济最不发达地区；三是除沿海地区之外，边缘地区也是城镇化水平最低的地区和城市发展最缓慢的地区。

二、各省中心地区与边缘地区经济发展差距与原因的分析

(一) 省域内中心地区与边缘地区存在的差距

根据 2001 年的统计数据，我们将省会城市所在地区与该省人均 GDP 最低的地区进行了对比，平均差距为 4.45 倍。其中，超过 5 倍以上的有 7 个省（广东、山东、辽宁、湖北、云南、四川、甘肃），人均 GDP 差距最大的是甘肃省，达 7.38 倍。兰州人均 GDP 为 11828 元，临夏人均 GDP 仅为 1603 元。差距 4～5 倍的有 5 个省（江苏、湖南、山西、贵州、陕西）。差距 3～4 倍的有 6 个省（浙江、海南、河南、安徽、江西、吉林）。差距 2～3 倍的有 4 个省或地区（福建、河北、东北地区、青海）。差距最小的是青海省，为 2.01 倍。由此可见，经济发展差距最大的并不是东、中、西部的差距（2001 年平均差距东部为西部的 1.44 倍）和城乡之间差距（2002 年城乡之间的平均差距为 3.1 倍），而是省域范围内中心地区与边缘地区的差距。如果说，东、西部或曰沿海与内地的差距和城乡之间的差距历来为人们所重视，中央政府曾不断采取措施进行调整。从"一五"时期的项目均衡布局，到 20 世纪 60 年代的"三线建设"，一直到 20 世纪末实施的西部大开发战略，都在努力地缩小差距，或扼制差距迅速扩大的趋势。城乡之间的差距问题历来受到中央政府的重视。近年来，更是不遗余力地解决"三农"问题，而省域范围内的差距问题长期以来被忽视。值得重视的是，一些发达地区的差距也很大，如广东为 5.97 倍，浙江为 3.9 倍，江苏为 4.26 倍，山东为 7.11 倍。从总体上看，GDP 总量很大，人均 GDP 也比较高，但一些地区仍比较落后。从统计数据看，广州市人均 GDP 27014 元，而河源市仅为 4523 元；杭州市人均 GDP 24923 元，丽水市仅为 6391 元；南京市人均 GDP 18777 元，宿迁市仅为 4409 元；济南市人均 GDP 18738 元，菏泽市仅为 2635 元。从 22 个省的总体情况来看，除安徽省马鞍山、铜陵、芜湖高于合肥市，大庆高于哈尔滨市，嘉峪关市高于兰州市，海西州高于西宁市，深圳、珠海高于广州

市，唐山市高于石家庄市，大连、鞍山、盘锦高于沈阳市之外，其余省份的省会所在地区都远远高于其他地区，并出现了一种带有规律性的现象，以省会为中心，由近及远，经济发展水平，随距离而递减，经济发展差距随距离而递增，省域边缘地区绝大多数为欠发达地区。

(二) 中心地区和边缘地区差距形成原因分析

中心地区与边缘地区在经济发展上的差距是世界性的现象，但差距形成的原因却不相同。根据弗里德曼对"核心—边缘"现象的分析，其形成原因主要是中心区发展条件较优越，经济效益较高，而外围区发展条件较差，经济效益较低。中国各省域范围内中心地区与边缘地区经济发展差距形成的原因却远为复杂，弗里德曼分析的原因只是其中之一。

1. 多数省会城市是历史上的政治中心和商贸业中心

现在的省会城市在历史上多数也是区域政治中心。从元代开始，军政机关均设置于此，官僚、地主、大商富贾也在此集聚，往往不惜斥巨资，大兴土木，建设城市，修桥筑路，使省城的工商业、服务业、医疗、文教事业等一般都比较发达。达官贵人凭借高额俸禄大肆挥霍从而拉动当地消费，带动商业、手工业和其他服务业的繁荣。在封建时代，由于地方割据，省会与所辖地区有着行政往来，省内各地区之间的社会经济联系还是比较密切的，而省际边界地区则关卡林立，形成封闭式的区域经济。

2. 计划经济条件下行政中心利用其对经济要素的支配权使省会城市超常规发展

中华人民共和国成立后，省级行政区又一直是国民经济计划管理的基本地域单元，虽然重大的经济决策和限额以上的建设项目均由中央政府统筹安排，然而限额以下的项目则都由省、市和自治区负责规划和审批。

计划经济条件下，经济要素凭借政权的力量集中于国家然后再分配于各地，除在"三线"建设时期有很多项目布局在边远山区，其他时期的主要项目多布局在省会城市，社会文化事业的投资也多集中于省城。虽然通过各种手段控制大城市人口的增长，但通过学生分配、转业军人安置，省会城市的人口增长仍然很快。改革开放后，国家通过经济体制改革，对地方简政放权，原来集中于中央的生产要素支配权大部分下放给地方政府。1988年，国务院颁布了投资体制改革方案，明确规定中国基本建设实行中央、省区市两级配置，两级调控。从实际实行结果来看，中央下放的权力多半集中于省政府，省城近水楼台先得月，使省会城市实力进一步扩大。

3. 省级政府庞大的机关事业单位为省会城市带来巨大的市场需求

由于省级政府承担了地方调控的权力和责任，使机构越来越庞大。中央有什么机构，各省要对口设置机构，有的省设置的机构比中央政府还要多。除了机关之外，还设置了许多事业单位、新闻机构及其他服务性机构。机关的支出和干部的消费，形成了无比巨大的市场，形成了不断扩大的消费市场需求，不仅带动了城市区域内服务业的发展，而且带动周边农村地区的发展。这就是省会城市周边地区的农民比其他地区富裕得多的原因。

4. 市县政府为争夺资源"跑部进省"，也为省会城市引来了源源不断的客流

与各省纷纷在北京设立办事处一样，各市县政府在省城无一例外地设立了"落脚点"，相比"跑步（部）前（钱）进"，他们去省城的次数更多。宾馆业、餐饮业发达，省会城市无一例外，不仅旅游业发达的城市如此，旅游业不发达的城市也是如此。在进省城的人群中，为省政府手中掌握的资源而来者大概不在少数。

5. 巨大的需求吸引了众多的投资者和经商者

正是由于省城的规模大，外来人口多，经济发达，市场繁荣，吸引了大量外来经商者和投资者。他们的到来，又带来了新的需求，推动了房地产的发展，也拉动了对农产品的需求。随着城市规模的扩大，质量的提高，周边农村地区也得到很多实惠。周边城镇由于承接了省会城市传统产业的转移，为城市大工业生产零配件，经济也不同程度地发展起来，形成了大小不等的卫星城。根据圈域经济理论，城市的规模越大，对外辐射的

半径就越大。如上海市辐射半径可达 200 公里，北京、天津、广州、武汉、沈阳等市，辐射半径可达 150 公里，一般人口规模超过 100 万人的城市辐射半径可超过 100 公里。可以这样认为，一般省会城市的辐射半径约为 100 公里，在半径 100 公里范围内是该省的中心区，在辐射半径之外，即成为边缘区。

6. 省会城市发达的部分原因是交通发达，地势平坦，具有区位优势

除了以上 4 个由于体制的原因而使省会城市超常规发展并带动周边区域发展，形成和其他区域具有明显差异的中心区域外，省会城市优良的区位也是其发达的原因。有些省会城市历史上就很发达，如西安、南京、杭州、成都、沈阳，历史上曾做过封建王国的首都。武汉、重庆、长沙等，由于交通发达，历史上都是商贾云集之地。但也不尽然，历史上曾作为首都的洛阳、开封、邯郸等因为不是省会城市，其经济发达程度和省会城市相去甚远。新乡曾是平原省的省会，和省会郑州的自然地理条件差不多，但新乡人均 GDP 仅是郑州的 43.25%，城市人口仅是郑州市的 37.41%，人均储蓄仅是郑州市的 40.73%。保定曾是河北省省会城市，后来迁往石家庄，基础条件大致相同，但人均 GDP 仅相当于石家庄的 58.06%，城市人口仅相当于石家庄的 38.93%，人均储蓄仅相当于石家庄的 61.04%。徐州曾是历史上规模较大且经济相当繁荣的城市，而 2001 年的人均 GDP 仅相当于省会南京的 42.76%，城市人口仅相当于南京的 39.7%，人均储蓄仅相当于南京的 34.33%。由此可知，区位交通等条件并不是决定的因素。

地理区位是影响区域经济发展中最主要的因素之一。一般来说，靠近中心城市的地方，地理位置优越，经济发展较快，远离中心城市的地区由于地理位置偏僻，它和中心城市开展经济、社会交流和合作的成本高，较难受到中心发达地区经济上的辐射和带动，经济发展就迟缓。

行政区经济是一个以中心地向外辐射的地域系统，行政区边缘地区的经济运行处于不利的地理区位。根据郭荣兴先生研究得出的结论，边界地区的经济水平与它们和省会之间的距离成反比。愈靠近边界，经济发展愈缓慢，相反，愈靠近中心地区，经济发展愈快。

三、中国省际边界地区经济发展缓慢的原因

（一）自然历史因素

中国多数省级边界地区是在悠久历史发展过程中，以蜿蜒曲折的江河山脉走向为依托自然形成的。黄河：中华民族文化的摇篮，成为陕晋、豫鲁的省际边界线；太行山：晋冀鲁豫四省在此接壤；河南、河北两省正是因位于黄河南北而得名，洞庭湖成为湖南湖北两地的"分水岭"，古代的山东和山西两省正好是与太行山为界。有些省的边界可以上溯到春秋战国时期，如春秋时的吴国基本上是现在的江苏，越国则是现在的浙江，齐国则是现在的山东。虽朝代几经更迭，而边界却基本不变。边界地区为了减少纷争，统治者也力求将边界设在有自然障碍阻隔、人烟稀少、交通不便之处。如湘赣边界以罗霄山、万洋山、井冈山、诸广山为界，河北山西以太行山脉为界，湖北、四川以武陵山、大巴山为界，广东、湖南以骑岭为界、江西、福建、浙江以武夷山、仙霞岭为界。湖北、河南、安徽以大别山、铜柏山为界。高山大川，交通不便，地处边远，便形成了有名的贫困山区。湘赣边界地区、闽浙赣地区、鄂豫皖地区、湘鄂川黔地区、太行山区、陕甘宁边区等。当年革命者正是利用这些山川和交通不便便于隐蔽的环境，在这里进行旷日持久的革命斗争，因此，贫困山区大都是"革命老区"。闽浙赣地区包括浙西南的庆元、龙泉、景宁、遂昌、云和、青田、文成、泰顺，闽东北的浦城、松溪、政和、寿宁、周宁、光泽、邵武和赣东北的资溪、广丰等17个县（市），总面积32416平方公里，总人口473万，境内群峦耸立，峰岭逶迤，虽处于东南沿海发达地区，但2001年人均GDP仅5188元，农民人均纯收入2513元，与浙江、福建、江西三省平均水平相比均有较大差距。区域内寿宁、文成、周宁、景宁都是国家级贫困县。庆元、云和、泰顺、青田、松溪、政和都是省级贫困县，浙西南的8个县全部属于浙江省经济欠发达县。

（二）体制因素

之所以称为边界地区是因为该地区往往为几个省级行政区所管辖，有

省域中心与边缘地区的经济发展差距研究

些边界地区为两个独立行政区域分辖,有些边界地区为三个独立行政区域分辖,如陕甘宁边界地区,闽浙赣边界地区等;有些边界地区为四个独立行政区域分辖,如晋冀鲁豫边界地区,苏鲁豫皖边界地区等,根据郭荣兴先生的研究,多维边界地区的空间约束条件更加复杂,而且区域内各种生产要素更难实现空间优化组合。从省内来说,它们都是每个省的边缘区,由于经济和政治体制造成的地区分割,阻断了相邻各地的社会联系和经济联系,人为地为边界地区的经济联系与发展制造了许多障碍,从而使中国省级边界地区一直处于各省区经济发展的边缘。由于边缘地区远离各自的经济、政治中心,受益于这些经济发达地区的机会相对较少。在各行政区进行社会经济布局时也大都因边界地区位置偏僻而常常很少顾及。甚至某些边界地区处于各自行政经济发展圈以外的"真空地带"。地处北京、天津之间的河北省廊坊地区,因河北省担心被两直辖市瓜分,而长期不予投资,致使虽有优良的区位,其经济长期处于不发达状态。

计划经济条件下,商品流通局限在行政区范围内是边界地区经济发展落后的重要原因。计划经济的一个基本特征,是自上而下的物资分配体制,从省会城市到地区,再到县城,致使边缘地区的工业消费品长期处于短缺状态,生产力极不发达,而农牧业产品由于远离中心城市,没有通畅的销售渠道,其经济价值难以实现。僵硬的行政区划管理体系,人为地把边界地区的经济活动束缚在按行政隶属关系的"块块"之中,物资、劳动力、资金、技术、信息等流通渠道不畅,省与省、市与市、县与县之间在商品流通渠道上构筑了一道又一道边界壁垒,使边界地区深受其害。一种商品一些地区想购又购不进,另一些地区则想销又销不出。如山西省长治、晋城地区有大量的煤炭,河南省城乡一带盛产小麦、大米,本来可以互通有无,相互促进,由于边界分割,相互封锁,结果是"山西人饿死不吃河南粮,河南省冻死不烧山西煤"。陕西省的定边县距宁夏回族自治区首府银川不到100公里,而距陕西省最近的城市榆林300多公里,但所有商品均要从榆林或西安运来。

长期以来,中国省际边界地区经济发展过程中实行的是一种"抽血"政策,大量低价的能源,包括煤、油和电、矿物材料、农副产品及初级加工品,被按行政指令从不发达的边界地区调往发达地区,这种极不合理的价值转移,是国家从边界地区"抽血",向发达地区"输血"的具体表现。

　　边界地区有的确因自然条件很差，经济落后，如果能够随着经济要素的流动而使相应的人口离开原地进入省会城市或省会周边地区，边界地区的人口压力就会减轻，当地人们的收入也会随之提高。由于计划经济体制限制人口的流动和转移，大量人口滞留在农村和落后地区，随着人口的增加，人均土地资源却越来越少，边缘地区和中心地区的经济发展差距便不可避免地越拉越大。

　　改革开放以后，要素在省内可以自由流动。由于省会城市无论从经济规模，还是从人口规模都聚集了巨大的势能，能够吸引全省的生产要素向中心聚集，使各个省会城市都以前所未有的速度快速发展。如果说，在计划经济时期主要由投资拉动省会城市获得快速发展，而在市场经济时期则是由需求拉动省会城市的发展。随着人口规模的持续扩大和企业数量的增加，对周边地区农产品需求和配套产品的需求日益增大，因此，在自身扩大的同时，也带动周边地区快速发展，这也就是辐射效应发挥的作用。由于辐射具有一定的半径，辐射效应随着距离的扩大而逐步衰减。边界地区由于没有大城市的辐射和带动，自给自足的生产方式难以根本改变，分工难以进一步深化，边界地区的人民尤其是农民的贫困状态便难以根本转变。

　　教育和科技拥有量差距的拉大要比经济实力的拉大更为严重。人才的外流不仅使边界地区人才总量减少，而且人才群体质量也随之下降，最终与经济、社会发展形成一种恶性循环。

（三）交通因素

　　交通运输是经济发展的关键，像人体中的大小动脉和静脉一样，把分布在各个点上的社会经济活动联结为一个空间整体，并维持和促进整个空间体系的正常运转。边界地区的交通布局由于受地域组织上的块块分割、自我封锁、自成体系，成为边界地区制约经济发展的"瓶颈"。

1. 过境交通路线少

　　长期以来，边界地区一直是"鸡犬之声相闻，老死不相往来"，经济社会活动基本局限在自身狭小地域空间上进行，缺乏地域上的连续性。如江西和广西两省，高速公路基本上是内循环。江西省首先修通了南昌至九江的高速公路，然后修通了九江至景德镇的高速公路，而和武汉、长沙、杭州、广州的高速公路直到近两年才修通。广西也是如此，首先修通的是南宁至桂林和北海的高速公路，而通往广州的高速公路则放在最后。

2. 过境交通路线质量差，路面标准低

无论是国道还是省道，都由当地交通部门负责修筑。由于道路的外部性特点，边界地区的道路往往是两省共用，有时是一省用得多，一省用得少。如河北省南部山西通往河北、山东省的公路，是晋煤外运的主要通道，山西省的煤运往山东，河北省则负责修路。由于煤车载重量大，道路屡修屡毁，河北省交通部门对修路不甚积极，造成路面时好时坏。

位于河南、安徽两省边界地带的水（城）砀（山）公路是通连苏鲁豫皖四省的咽喉要道，一段时间，却被人们视为畏途，这段不到15公里的公路上，汽车行驶需近2小时，许多过往车辆为了避开这段"坑坑路"，不惜远行百里，绕道淮北。边界地区道路质量差，在中国是普遍现象。道路不畅，不仅给商旅带来极大不便，而且还禁锢了边界地区的经济发展。

3. 边界地区断头路多

边界地区是各级行政区权力的极限所在。其交通路线的建设难以进入各级政府的视野之中。据统计，中国十省市区（北京、上海、天津、河北、山西、内蒙古、辽宁、甘肃、宁夏、青海）边界地区有453条公路干线，其中只有269条通过边界，而184条在边界地区出现断头，占总数的40.6%之多。

由于边界地区交通不便，严重限制了边界地区经济的发展，阻碍了边界地区经济信息的正常传递与反馈，影响了边界地区自然资源的开发和利用，丰富的自然资源优势无法转化为经济优势，有些地区，农民生活、生产活动甚至还靠肩挑背背的原始运输方式。由于路面质量差，严重限制了运输效率的提高，无法形成边界地区现代化区域分工协作的经济格局。

四、几点结论

第一,区域经济运行中的距离衰减规律,严重制约了边界地区经济的发展。这一规律和中心城市的辐射力有关,也和边缘地区与中心地区的距离有关,多数地区距离省会城市太远,难于接受中心城市的辐射。

第二,省会城市多数首位度很高,其规模已经很大,但其辐射对半径仅能覆盖本省一小部分地区,大部分地区难以接受省会城市的辐射,成为阳光照不到的边缘地区,和中心地区的经济发展差距越拉越大。

第三,必须培育更多的区域性中心城市,完善地区级城市的功能,提高他们的辐射力,使他们的辐射半径同他们所辖区域相一致,最大限度地缩小边缘地区范围,消灭经济发展"死角"。

第四,建立以城市和城镇为中心的区域经济体系。多数省会城市应发展成为立足本省面向边界的国际性、多功能、现代化的大都市;大中城市是一个较大区域的中心,小城市是一个次区域的中心,小城镇是农村地区的中心。小城市既能承接大中城市的产业转移,又为大中城市提供原材料和配套产品。逐步形成彼此依托、相互传递、优势互补的合理的城镇体系。

参考文献:

1. 郭荣兴:《中国省级边界地区经济发展研究》,海洋出版社 1993 年版。
2. 克里斯塔勒:《德国南部中心地原理》,商务印书馆 1998 年版。
3. 宫本宪一等:《地域经济学》,(日本)有斐阁 1993 年版。
4. 顾朝林:《中国城镇体系》,商务印书馆 1996 年版。
5. 肖金成等:《打造区域中心城市》,中国水利出版社 2003 年版。

(本文原载《重庆工商大学学报》2003 年第 3 期)

体制创新与区域经济发展

创新是一个民族不竭的动力,要勇于创新,包括理论创新、体制创新、科技创新以及其他方面的创新。创新是指促进社会生产力发展的一切变革行为及其过程。创新是经济持续增长的源泉,一切区域乃至国家兴衰的决定因素是其政府、企业和人民的创新能力。一些地区经济发展之所以落后于其他地区,除了自然条件、历史演变等方面的原因外,还有着深刻的体制及观念方面的原因。尤其是体制是促进生产力和社会发展的决定性因素。

一、体制创新是促进区域经济发展的基本动力

所谓体制创新是指为通过创造新的管理体系、制度和政策或改革旧的管理体系制度和政策从而推进生产力发展和技术创新的活动。中共中央《关于制定国民经济和社会发展第十个五年计划的建议》中强调:"推动经济发展和结构调整必须依靠体制创新和科技创新。要深化改革,充分发挥市场机制的作用,推进国有经济布局和所有制结构调整,使生产关系适应生产力发展的要求,进一步解放和发展生产力。保持经济持续快速健康发展,有赖于在体制改革和科技进步方面取得突破性进展,推进经济体制和经济增长方式的根本性转变。"

区域经济发展的重大的制约因素就是体制障碍。从 20 世纪 80 年代以来的实践看,哪里的改革开放程度越高,哪里的体制转换和创新就越快,从而促进经济发展的成效也就越大。中西部地区改革开放的深度、广度和体制创新程度都与沿海地区形成明显的反差。这种差异的存在,除了与中

西部地区自身的薄弱因素如观念、意识、商品经济成熟度等有关外，改革开放政策的区域"不平等"效应的存在，也是一个重要原因。改革方案往往是梯度推广，区域优惠政策大多赋予沿海地区，而内部经济条件和外部经济环境本就薄弱的中西部地区，所获得的优惠政策甚少。当在中西部实施时，已部分地失去改革的创新与先行效应，改革开放对传统体制的冲击大大弱化，使传统体制相当程度地被保留下来，在东部地区行之有效的新体制在中西部尚未建立起来，因此，需要花费相当大的气力补"体制创新"这一课。

中国经济体制改革的实践表明，创新是促进经济发展的最重要的动力。体制创新对经济发展的推动作用集中体现在两个方面：一是扩大了资源（投入生产活动的要素）的供给，如资本要素、劳动要素的供给，新的体制能够提供旧体制所无法获得的潜在效益，从而使资源向增加收益的领域和地区流动。例如，始于20世纪70年代末期的开放政策，引致外资大量向我国流动，我国引进外资已居发展中国家第一位。二是提高了资源的使用效率，一方面，新体制提供了技术进步的机制，导致全要素生产率的提高；另一方面，新体制创造了新的微观组织形式，这些组织提高了资源的产出效率。如改革开放以来，多种所有制形式的企业取代了过去单一公有制的企业组织形态，在工业总产值中，非公有制企业的贡献不断上升，促进了我国经济的高速发展。因此，无论在资源的供给还是在资源的使用效率方面，体制创新对经济发展都有巨大的贡献。

只有抓住体制创新这一关键环节，才能转变政府职能，提高政府的运行效率，理顺政府与企业的关系；才能加快国有经济布局的调整和国有企业的产权重组，建立现代企业制度和发展非公有制经济；才能建立新的投融资体制，拓宽融资渠道，吸引更多的资金；才能加快观念转变，增强服务意识，尽快完善法律法规和各种规章制度，形成富有活力的、新的开发机制；才能营造知识创新和科技创新环境，激活人才、教育、科技三大关键要素，大力引进和培养开发人才，发展教育和科技产业；才能解决长期以来在经济、政治、文化等领域积累下来的一系列深层次问题，形成新机制、运用新办法，促进经济社会的全面发展。

体制创新从内涵来看，包括组织创新和制度创新。从外延来看，每一个领域都有体制创新问题，在区域经济发展方面，最重要的是政府体制创

体制创新与区域经济发展

新、企业体制创新、投资体制创新、社会体制创新。

组织创新就是组织规制交易的方式、手段或程序变化,这种变化可以分为两类:一是组织的增量的变化,增量的变化不改变原有机制的性质,是规制方式、手段或程序较少的变化。如控制制度的精细化、人事上的变更或组织一项交易的程序发生了变化等。二是组织的彻底变革,是规制结构的根本性变化,它发生的次数通常较少,如 U 型组织的出现,U 型组织向 M 型组织的过渡。

组织是实现目标的手段。为了实现一定的目标,需要建立组织予以保证,组织从其诞生开始,就是为实现其目标服务的。当社会发展目标有所调整或改变时,组织就需要有相应的调整或改变。这种调整和改变就是创新,如果目标发生了变动,而组织未做调整或创新,其目标是难以达到的。如封建社会政府的目标是统治人民和控制人民,因此其官僚机构就是自上而下,一级对一级的控制。计划经济的目标是对资源进行集中支配。因此其政府组织就是对生产流通分配和消费的全过程实施管理,包括企业组织和社会团体,统统纳入党和政府的系统之中。改革开放以来建立社会主义市场经济体制,其目的是调动最大多数人的积极性,因此由国家统一配置资源转为主要由市场配置资源。政府机构的职能和任务由无所不包而转化为有所为有所不为。企业也是如此,由计划经济时期的车间转为独立的商品生产者。由成本中心上升为利润中心,有些大型企业转化为投资中心。其企业组织结构也发生了变化,既有 U 型结构也有 M 型结构和 H 型结构。

组织创新是制度创新的载体。创新是由组织实施的,而组织要受到一系列规则的影响。仅有制度创新,没有组织创新,其制度便成为空洞的东西、观念的东西,犹如贴在墙上的画饼。根据制度的要求进行组织创新,才能使形和神相结合,使体和用相统一。反过来,任何组织都有一定的目标规则,没有制度创新,只有组织创新,其组织创新的作用便会大打折扣,甚至流于形式。改革开放以来,我国实施的多次机构改革,其效果不佳,原因就在于此。

组织创新有利于发挥人的积极性和创造力。组织创新的目标取向是以人为本。组织中的人是决定组织的重要因素。"组织(创新)的目的是解放和动员人的能力"。任何一项组织创新活动,不管是通过一项新的结构进行的，或是通过一项企业训练计划进行的，还是通过改变规则进行的，都将注意到使组织成员发挥主观能动性和创造力。

组织本身是一个系统，但它又是一个大系统的一部分，是母系统的子系统，是系统网络的一个结点，任何组织不可能孤立地存在。组织创新的一个目标是提高组织的环境适应能力，在不断变化的环境中求得生存和发展。我国的组织结构之间及结构内部，经常出现相互扯皮、上下脱节、彼此推诿的现象，是系统失灵的结果，由于设计原则的缺陷或外部条件的变化，其组织系统成为无序的、不健全的、低效能的。通过组织创新改变不合理的组织形态，增强系统的有机性和耦合性，就能建立起新的高效能的管理组织体系。

制度创新是体制创新的一个极为重要的方面。在地区经济发展中，制度是影响其发展速度和质量的重要因素。大量的实证材料表明，落后地区总是改革的滞后者。改革滞后，将使本地区失去改革的利益，给地区经济带来损失。改革开放初期，中国正处于短缺经济阶段，苏南地区和温州地区采取了鼓励集体企业和个体私营企业的制度安排，使乡镇企业异军突起，抓住了难得的发展机遇。其他地区改革迟缓，就失去了利用短缺经济时期发展自己的机遇。

落后地区长期受计划经济影响和计划经济优越性宣传的影响，不仅有求稳、怕乱的习惯性思维，还缺乏对向制度要利益的愿望和主动性。人们看不到改革给本地区经济带来的利益，设法将设计的制度按自己的理解和利益考虑去执行，改革就很难产生实效。我们可以看到落后地区的规则总是不健全的，执行制度也很不严肃。由于其不确定因素很多，致使交易成本很高，影响交易形成和交易规模的扩大。如果地方政府看到制度变迁的潜在收益，积极探索和推进改革，不断根据新情况新形势制订出新的规则、增加制度供给，并使制度能够有效贯彻，便能使制度创新进入到良性循环状态。

中国经济体制改革的过程，在本质上是制度创新和制度结构变迁的过程，有效的制度供给成为中国经济发展的必要条件，制度创新和制度结构的持续演进，成为推动经济发展的重要力量。随着中国经济体制改革的不断深入和社会主义市场经济体制的逐步建立，制度创新的主体由改革初期单一的中央政府转变为中央政府、地方政府、企业等多元的制度供给主体。与此相适应，在中国政府规范的各项经济政策约束下，地方政府根据本地区的特定情况，因地制宜地制定经济政策，这种地方政府的制度创新将提供在原有政策下难以实现的新的机会，从而推动地区经济的发展。

东部沿海地区一直是我国经济发达地区，科学技术、教育文化水平较为先进，商品经济意识较为浓厚，对新观念、新思想的接收能力较强；而中西部地区大都为闭塞落后的地域，教育文化水平较为落后，商品经济意识较为薄弱，对新观念新思想的接收能力较差。所以，许多全国一致的正式规则，却在东部沿海地区和中西部地区的经济绩效上产生了很大的差异。中西部地区在制度创新过程中要注意正式规则与非正式规则的相容性。在东部地区行之有效，实施成功的规则，在中西部地区不一定成功，或绩效不一定十分明显，因此，且不可直接照搬。如乡镇企业的发展、小城镇建设、撤村并镇等，在中西部地区不一定能取得很好的效果。中西部地区的政府和人民需要根据本地区的客观历史情况，借鉴而不是照搬东部的经验，走出适合自己发展的制度创新之路。

二、重视政府体制创新，为区域经济发展创造良好的环境

政府体制创新就是要结合地方政府机构改革，加快推进政企分开，明确界定政府与市场的行为边界。首先要转变政府职能，要让市场机制充分发挥作用，要充分发挥企业和社会中介机构在经济和社会发展中的重要作用。其次要根据组织创新的要求，对政府机构进行整合。不能因人设事，更不能与民争利。在政府机构的设置上，要体现本地区的特点，建立适应经济和社会发展的机构体系。再次要精简政府和事业单位的人员。最后对政府目标也要进行创新。不同地区的情况千差万别，不同地区的政府机构应规定不同的目标。在社会主义市场经济条件下，要很好区分政府、市场、企业之间的职责，凡是市场和企业能办的事，政府就要放手让市场和企业去办。政府要集中精力搞好宏观经济调控和创造良好的市场环境，不要直接干预企业的经营活动和依法的市场行为。要切实转变政府职能，真正实行政企分开。在此基础上，精简机构和人员，减轻人民的负担，创造

良好的投资环境。

政府机构臃肿、层次过多、冗员充斥是全国比较普遍的现象。一是我国现在各级政府机构和基本依靠财政开支的各种事业单位十分庞大，人员过多。据统计全国平均30多人即要供养一个吃财政的政府和事业单位的工作人员，给老百姓造成沉重的负担。由于政府机构庞杂，分工不明，责任不清，人浮于事，互相推诿扯皮，不可避免地还会带来种种腐败现象和不正之风，严重损害政府的威信和信誉。造成这种现象的原因有多个方面，一是政府管了许多不该管管不了也管不好的事。时至今日，政府跑项目、政府办企业、政府管企业还相当普遍。国有经济比重长期居高不下，民营经济发育不良，客观上需要政府部门来管、来跑。国有企业效益不好，导致更多的人员拼命向政府里挤。有人就要找事做，就要干预企业的经营行为。干预才能有权力，有权力才能有利益，有利益才能缓解经费紧张的问题，有经费就会挤进更多的人，陷入一种："生之者寡，食之者众，用之者急、为之者舒"的非良性循环状态。

二是人口少，政府机构规模不小。一个上百万人口、产值上百亿元县的党政机构规模与一个几万人口，产值几千万元县的党政机构规模也相差不大。据统计，江西省共有70个县，100万人以上的县有两个，50万~100万人的县有24个，30万~50万人的县有25个，30万人以下的县有29个。有3个县不到15万人。而"五套班子"、党委中各部门、政府中各部门、各种事业单位在数量和规模上却差别不大。经济学研究证明：欠发达地区的人口和企业负担的上层建筑费用要远大于发达地区的人口和企业。经济单位的税负过重是导致经济增长和发展缓慢的一个非常重要的原因。我国欠发达地区人口的人均财政贡献率要远高于发达地区人口的财政贡献率。欠发达地区企业的实际税负要重于发达地区的税负。因为欠发达地区的各级财政十分困难，对企业的税收基本上不予减免；欠发达地区的主管部门和其他部门因财政所拨经费不够，需要从企业收取一部分，甚至收取管理费等；进行交通和城市建设，由于财政经费紧张，企业数量少和规模小，也需要企业出更多的钱进行集资；办教育和其他公益事业，也需要企业拿相对多的资金。庞大的上层建筑，成为企业的沉重负担，使企业的经济效益更差，抑制着企业的再投资和进一步发展。

三是人才更多地挤进党政机关，企业经营人才匮乏。欠发达地区的企

体制创新与区域经济发展

业无论国有企业还是私有企业大多微利和亏损，近几年来受宏观调控的影响，企业普遍不景气，而党政群机关则旱涝保收，人们就业都千方百计去党政群机关，去国有事业单位。吃皇粮的人越来越多，经济基础的负担越来越沉重。而一旦出现了一个经济效益较好的企业，人们通过各种关系将自己的子女和亲属安排于这个企业，于是这个企业因有背景的职工较多而不好管理，加上冗员越来越多，最后终将被吃垮。这就给人们一个概念，企业是不稳定的，为了生活安定，就要到党政机关和事业单位，久而久之，人才退化为庸才，创业意识渐趋淡薄，企业急需的人才却无来源，影响企业经营与发展，这也是欠发达地区经营前景颇好的企业总是长不大的原因。加上市场经济发育迟缓，商品生产和交换不发达，企业人才也没有一个较好的锻炼和培养环境，所以造成了企业家严重短缺。

综上所述，如果各级政府不进行根本性的改革和体制创新，创造优良的投资环境就是一句空话，无论是本地区的企业还是外资企业，都难以立足和发展。

政府体制创新的着力点是职能转变。现在，各地都十分注重 GDP，使政府目标不同程度的发生偏离。长期以来，政府的职能集中到经济发展上，党政干部的主要精力放到企业和项目上，政府的社会职能往往被忽视。越是欠发达地区，越是基础条件差的地区，经济发展的愿望越迫切，改变贫穷面貌的心情越急切，政府对企业和市场的干预度越深。结果往往事与愿违，干了很多劳民伤财的事，盲目上项目，干部由于政绩突出而被提升被重用，拍屁股走人，当地老百姓却背上了永远卸不掉的包袱。我们没有理由指责这些干部的出发点和初衷，他们的出发点和初衷可能都是好的，但结果却令人懊丧。回顾一下历史，其教训是深刻的，如 20 世纪 70 年代政府提出"向荒山要粮"的口号，使本来不算好的植被又遭受严重破坏；80 年代，政府提倡"有水快流"，造成滥采乱挖，资源浪费。这种现象具有相当的普遍性，与政府有密切的关系，政府原是始作俑者。因此，政府应下决心进行角色转换，从运动员向裁判员和服务员转变。从大政府、小社会向小政府、大社会转变；党政机构工作人员从适应计划经济的观念、工作方式、办事程序向适应市场经济的观念、工作方式和办事程序转变；从政府选项目、审批和直接管理向服务、登记、备案和间接管理转变。职能转变了，机构才能精简，人员才能减少。我国过去进行的机构改革,"拆庙赶神",之所以效果不好,是因为政府职能没有转变,人员精简了,工作方式、办事程序、职能观念等依然如故,结果是撤了一个局,增加几个办,过了几年,人员比精简前更多,旧体制又变相复归。政府要有所为有所不为,要从政府办企业,转向社会办企业,从直接管理企业转向为企业服务。尽可能为企业减轻负担,在可能的情况下,实行税收优惠,消除苛捐杂费,为企业排忧解难。政府应更多地去从事改善生态环境、提高人口素质、维护社会安定等工作。

精简机构和人员是政府体制创新的重要任务。精简党政及其他事业机构和压缩其人员规模,比经济学的意义上讲,就是减轻经济基础的上层建筑负担,除了可以减轻经济单位的税收负担外,还能较为彻底地消除企业的税外苛捐杂费,从而使企业和农民能够得到比较高的纯收益,保证企业和东部投资者正常的收益率。

一个地区的发展如何,决定于社会精英和企业家等人力资本要素是偏重于向上层建筑系统分配,还是向经济基础系统配置。发达地区其比较优秀的人员更趋向于在大企业就业或自己办企业,并不倾向于到政府部门任职。欠发达地区政府体制创新的目的和结果应当是更多的社会精英和人力资本要素流入经济基础系统,给经济注入竞争的活力和经济发展的推动力。

三、合理调整行政区划,完善地区级城市的功能

说到行政区划,涉及政治、法律和政策,古往今来都是敏感而复杂的问题。自从周朝分封天下,秦始皇实行郡县制,大致经历了郡制、州制、道制、路制、省制5个发展时期。从元朝起,积极推行了省制,一直沿用至今,没有发生根本的变化。虽战乱频仍,分分合合,然省界尤其是县界的变动却不大。有些区界是历史形成的,有些区界是自然区分的。在省以下,尤其是县一级行政区划,历经千年而不变。

在封建社会里,统治者划分行政区固然要考虑经济因素,但主要因素是出于"统治"的需要,以便在其行政区域之内有效地行使管理之权。行政区划的设置为了统治的方便,主要考虑的是空间距离。搞区域经济研

究的人，从来都是把行政区划当成前提和既定条件，却未认识到这却是制约经济发展的重要因素。应根据体制创新的需要，深入研究行政区划设置问题，合理调整区划范围。

根据宪法和组织法，县一级行政区应设立党委、人大、政协、政府、公检法等，不管全县人口多少，这些机构却一个都不能少。机构多，吃皇粮的人就多，不管是由当地老百姓负担，还是中央政府或上一级政府负担，都对财政构成沉重的负担。由于行政区划设置不合理所造成的浪费是巨大的，而且由于行政区之间存在着有形和无形的政治壁垒和经济壁垒，阻断了相邻各县之间的经济联系和人员往来。由于县域内人口少，经济实力弱，对外联系少，聚集能力差，往往使县城达不到一定的经济规模，第三产业尤其是商贸业、金融业难以发展。

要重视完善地区级城市的功能，做大做强区域性中心城市。地级市在改革开放后，通过理顺市县关系成为一级政权，是顺应市场经济的客观需要而成长的，起到了促进城市第二、三产业发展，带动区域经济增长的作用，形成了以城市为中心，县城和小城镇相互依存的城镇体系。从市域规模和经济实力来看，也已形成良性循环的既能够独立支撑的产业体系又必须对外开放的经济体系。地区级的市区绝大多数已具备成为区域性中心城市的条件，但其基本功能还相当薄弱，其聚集效应和辐射效应均比较小。如江西省有11个地级市，除南昌市之外，其他10个地区级城市的非农业人口都不超过50万人，最小的鹰潭市不到15万人。因此，在相当一段时期内，要把完善其城市功能作为重要任务，以充分发挥地区级城市带动区域经济发展的作用。

增强地级市的经济凝聚力，至关重要的是改变现行财政体制和投资体制。由于我国在计划经济时期和20世纪80年代实行有计划商品经济时期，国家实施中央和省二级调控。省财政吸取能力和支配能力过大。90年代，实行社会主义市场经济体制以后，财政体制却未进行根本的改革，各省的事权下放，而财政却未相应下放，省政府掌握着巨大的资源支配权，却未负相应的责任，市政府的资源支配权相对很少，却负着城市建设、安定团结、市镇公路，吸纳农村富余劳动力的巨大职责。建立财权与事权相统一的财政体制，就要削弱省政府的财政职能，强化市政府的财政职能。

要科学制订地级市的区域经济发展战略，发挥比较优势，发展特色经济。在以省为区域经济单元的时代，各省经济发展目标是建立独立完整的工业体系和国民经济体系。在以市为区域经济单元的时代，由于市域范围小，经济总量不大，不可能建立独立完整的经济体系，而只能同其他城市甚至全国开展协作。根据全国市场甚至国际市场的需求形成自己的支柱产业和主导产业，发挥比较优势，发展特色经济。各地级市应对自身的比较优势进行科学论证，制订科学合理的经济发展战略。具备哪些比较优势不是根据资源的种类和数量，而是根据成本、技术含量和产品质量等项因素综合测定。主导产业的选择既要考虑本地区的基础条件，又要看发展潜力和市场竞争力。

为推动或加快地区级城市的经济增长，必须在扩大企业的数量和竞争力、产业结构调整和流通贸易方面有比较大的进展。

一是发展起能推动地区经济发展的主导产业和竞争力强的相关企业。这其中主导产业必须达到一定的规模，技术比较先进，并拥有一定的创新能力，能带动地区范围内更多产业部门发展。有一些城市缺乏带动能力强的主导产业，也缺乏规模比较大、市场竞争力很强的企业，不但不能吸引更多的人就业，还使很多职工失业或下岗。尤其是一些老工业基地，许多国有企业的运营机制未根本转换，再加上债务负担、社会负担、富余职工负担过重，举步维艰。有些濒临破产、有些尚陷于困境而不能自拔。政府应通过改制或重组帮助企业摆脱困境，并设法减轻企业的社会负担。改善投资软硬环境，招商引资，大力发展非公有制企业，尤其要重视把本地区内有竞争力的企业吸引到城市来，一是为其创造更好的发展环境，二是促进城市自身的发展，使经济尽快活跃起来，繁荣起来。

二是加快结构调整的步伐，发展金融、信息和中介服务业。金融、信息业和中介服务业的发达程度是测定一个城市功能是否健全的标志。传统的城市是政治中心、工业中心和文化中心，真正成为金融中心和信息中心的城市很少。金融业、信息业的发达既是经济发展的结果，也是推动经济发展的重要手段。这两个行业是高素质人才聚集的领域，两大行业的发展等于和外界建立起更为灵通的管道，能够极大地促进商品贸易和工业的发展。要鼓励和吸引各类金融机构、保险机构来设立分支机构。要为这些机构的发展提供有利的条件和良好的服务。要欢迎各方人士设立中介咨询机构。中介咨询机构不仅能够增加就业,还能为企业和政府提供高效率低成本的服务,可部分替代政府某些部门的职能,促进政府部门的职能转变。

三是促进商业和市场的发展。地区级城市作为区域性商贸中心是无可替代的,由于各市居住着二十万人以上的城市人口,形成了固定的不断增长的消费需求,所以,必定聚集一大批从事贸易的人员,来城市摆摊设点,活跃了市场,搞活了流通。由于他们的存在,使货畅其流。同时,他们又为城市带来了新的需求。因为商贸业是劳动力密集的行业。商业的发展又带来了饮食业和房地产业和房屋租赁业的发展。这是一些产业单一、功能衰退城市步入良性循环的基本途径。因此,应创造条件鼓励商家投资建立各种类型的市场。

地区级城市除了一些工业基地和历史文化名城的基础设施比较健全外,多数城市的基础设施还十分薄弱,城市环境很差,这些城市多数是近几年来通过地级市转变而来。地区政府一般以农业为工作重心,支配的资源也十分有限。城市资金短缺,故基础设施欠账很多,规划落后,道路不畅,自来水管道年久失修。相当多的城市没有污水处理厂和垃圾处理场,甚至没有下水道。城镇之间和市县之间没有修建高等级公路,这些都制约了城市的发展。应通过多种渠道筹集资金加快城市建设。城市政府应将过去搞项目办企业的钱用于城市建设,还可以通过出让特许权、收益权吸引民间资金投向城市基础设施建设,如合建自来水厂、污水处理厂、收费停车场等。城市建设应坚持高起点规划,要留足发展的空间,为未来城市管理科学化、信息化、生态化奠定基础。

参考文献:

1. 杨启先:《转变观念 深化改革 切实搞好西部大开发》,载《理论前沿》2000年第17期。

2. 潘岳:《体制创新:大开发的关键环节》,载《开放导报》2000年11期。

3. 德鲁克:《今日企业组织的新科技》,引自《哈佛管理论文集》,中国社会科学出版社1985年版。

4. 刘铁民:《制度创新与中国地区经济协调发展》,载《经济体制改革》1996年第4期。

5. 张弥:《制度结构约束是制约欠发达地区发展的重要原因》,载《中国工业经济》2000年第6期。

区域协调呼唤政策引导

党的十七大强调："加强国土规划，按照形成主体功能区的要求，完善区域政策，调整经济布局。"实现全面建设小康社会乃至现代化，不是所有的国土空间都要工业化和城镇化，而是在发展经济条件较好和适宜人居的区域形成人口和经济密集区，大部分国土空间保持自然状态或作为生态环境得到改善、人口密度较低的农业区。

一、主体功能区彰显新的发展理念

从全国来看，经过改革开放30年的高速发展，东部一些地区经济高速增长，但土地资源日趋紧张，环境容量已不是很大，必须转变经济发展方式，走集约发展之路，提高资源特别是土地、能源利用效率，加强生态环境保护，实现经济结构优化升级。西部多数地区资源丰富，但生态非常脆弱，应以生态保护为主。对生态环境好、资源承载能力强，经济发展潜力大的地区，应加快基础设施建设，加快工业化和城镇化，促进产业集群发展，壮大经济规模和城市规模，在产业集聚的同时，引导人口向这些区域流动。

在主体功能区划分的基础上，分别制订不同的区域政策进行引导，各区域也应根据国家区域政策实施不同的经济发展战略。但仅仅从宏观方面进行政策引导是远远不够的，因为，每一个区域内部的情况千差万别，不能一概而论。每一个区域都有生态脆弱区，如《"十一五"规划纲要》中明确的国家级自然保护区和湿地保护区在东、中、西部都有。因此，主体功能区的划分既要见之于宏观，也要见之于微观，各省市县应根据自身的实际，按照《"十一五"规划纲要》确定的原则进行划分。

我国区域发展不协调的核心问题是不同地区的人民生活水平和享有的公共服务差距过大。推进形成主体功能区，就是要把促进区域协调发展的内涵定位于人，而不是单纯地扩大欠发达地区的生产总值。应通过加大财政转移支付力度和提高公共服务水平，实现区域协调发展。

二、科学划分主体功能区，体现国家战略意图

划分主体功能区在理论上很简单，但在实际中却非常复杂。不能在地图上划线，需要进行调查、研究和反复论证，并确定一定的规则和标准。一个区域，被划为重点开发地区和被划为限制开发地区，对于居住在当地的居民来说其结果是完全不同的。通过制订标准和规则，才能使主体功能区的划分更科学，才能具有法律约束力，也才会使地区政府和当地居民更自觉地遵守和实施。

鉴于主体功能区规划的重要性和复杂性，规划要体现国家战略意图，既要明确优化开发、重点开发区域，又要根据资源环境承载能力划定限制、禁止开发区域，各级政府应当根据主体功能区的定位合理配置公共资源，同时要充分发挥市场配置资源的基础性作用，引导市场主体的行为符合主体功能区的定位，实现又好又快发展。

三、面对各地发展"冲动"，区域政策引导和生态补偿机制是重要保证

制订和完善区域政策对于我国顺利完成全面建设小康社会和实施主体功能区规划具有非常重要的意义。

一是财政政策，要增加对限制开发地区和禁止开发地区用于公共服务的财政转移支付。

二是投资政策，要重点支持限制开发区域、禁止开发区域公共服务设施建设和生态环境保护，支持重点开发区域基础设施建设。

三是产业政策，要引导发达地区转移占地多、消耗高的加工业和劳动密集型产业，提升产业结构层次；引导欠发达地区发展特色产业，限制不符合主体功能定位的产业扩张。

四是土地政策，要对优化开发地区实行更严格的建设用地增量控制，在保证基本农田不减少的前提下适当扩大重点开发地区建设用地供给，对限制开发地区和禁止开发地区实行严格的土地用途管制，严禁生态用地改变用途。

五是人口管理政策，要鼓励在发达地区有稳定就业和住所的外来人口定居落户，引导欠发达地区的人口逐步自愿平稳有序转移。

对确定为限制开发地区和禁止开发地区要给予生态补偿。各个地区都有发展的欲望和动力，也都有自己的比较优势。国家明令某个地区限制发展或禁止发展，要给予一定的经济补偿。关于补偿机制，至今尚无系统的理论探索和科学合理的标准，甚至方法体系也未建立起来，因此，应加强这一方面的探索。

（本文原载《人民论坛》2008年第2期）

区域协调发展仍需多方面努力

从2008年开始，我国相继推出一系列的区域规划。这些规划对于促进区域经济科学发展、合理发展有着重要意义。

一、编制跨省区的区域规划

2005年，国务院对区域规划进行了部署，在三类重点地区编制区域规划：一是跨省区经济联系比较紧密的区域；二是城市群区域，即城市联系比较紧密的区域；三是生态比较重要的区域。在国家批准颁布的区域规划中，有一些是跨省区的规划，空间尺度比较大，如长三角地区、关中—天水地区、成渝经济区等；有些规划空间尺度比较小，是省域范围内的，如北部湾、珠三角、江苏沿海、辽宁沿海、图们江、河北沿海、黄河三角洲、鄱阳湖等。总体上看，区域规划是按照国家的部署进行的，均是跨行政区的规划，对促进区域经济发展有着非常重要的指导作用。

就2012年以及未来我国的区域规划而言，我们还需要完善三个方面的问题。首先，编制跨省区的区域规划。我国省际交界地区很多是欠发达地区。过去，省级行政区基本按照自然地理边界进行划分，如以河为界、以山为界，交通极为不便，离中心城市也比较远，经济比较落后。此外，连片贫困地区基本处于各省交界地区。笔者认为，通过区域规划，可促进省际之间交通设施建设，促进城市发展，进而通过城市发展带动区域发展。因此，从国家层面来讲，应把重点规划放在省际之间，编制跨省区的区域规划。

其次，编制区域规划不仅要促进区域发展，还要促进生态环境的保护，要与全国主体功能区规划衔接起来。适合发展的区域要加快发展，生态比较脆弱的区域要加强保护，即规划要有约束力。区域规划不仅是发展规划，还应是生态保护规划。

最后，各地要处理好区域规划与其他规划的关系。如要明确与全国主体功能区规划、国土规划、环境保护规划的关系；要理顺与各省市有关的空间规划的关系，如与城市规划、村镇规划、城乡规划、城镇体系规划的关系。目前，我们的规划很多，但各地并不知道彼此之间的关系，这就在规划的实施上带来了诸多难题。笔者认为，必须要理顺区域规划与这些规划之间的关系，甚至需要通过法律形式来明确。此外，各项规划应把发展战略作为依据，克服规划的随意性。

二、城市规划不能跨越阶段

2011年是"十二五"规划的开局之年，"十二五"规划有两大亮点：一是经济发展方式的转变，二是改善民生，提高公共服务水平。2011年各地区的经济发展势头良好，比较重视经济发展方式的转变和民生问题。但是，各区域在发展上仍存在诸多必须要解决的问题。

虽然各地比较重视城市化、城镇化，但对此的认识却不尽一致。城镇化的本质是农村人口转移到城市。农民进入城市主要是为了寻找就业岗位，提高收入水平，不单纯是找房住。农村有富余的劳动力，城市工业化水平提高和服务业的发展为其提供了很多工作岗位和就业机会，并且带来了城市化水平的提高。但是，现在人们普遍关注的不是如何解决农民工的待遇问题，或者是其家属的进城问题，很多地方重视的是城市的建设和空间的拓展。因此，笔者认为，各地应正确认识城市化、城镇化的内涵，不能操之过急，要等到农村人口稳定之后再做这方面的规划工作。

此外，地方政府不能把城市化等同于城镇建设。有的地方提出土地城镇化，认为城市占用的土地面积越大，城镇化水平就越高。实际上，城镇化不是指空间和土地。我们提倡集约发展，城市用地要集约利用，单位面积能够承载更多的产业和人口。"十二五"规划、全国主体功能区规划以及各地的区域规划都传递了这样一个信息，即高效利用国土空间。目前，我们在利用土地资源方面还比较粗放。

还有一个与城市化相关的错误观点，认为城市化就是户籍的改变。城市化应与就业相联系，如果从事第二、第三产业，且住在城市或城镇，那么就是城市化；如果仍然从事农业，住再好的房子也还是农民，也不是城市化。只要一个区域有农村、农业、农民，就不能说是"全域城市化"。目前，我们出现了"为城市化而城市化"的倾向。有的地方提出要用城市化拉动工业化，这其实是把城市化提到了一个不合适的高度。城市化是一个过程，是工业化的伴生物。

城市规划建设方面也存在一些问题，如贪大求洋、唯美主义、千城一面。笔者认为，城市规划美观无可厚非，但关键问题是，是否把本该投入到公共服务、医疗、教育等方面的资金投入到了城市建设。如果挪用这些资金投入到城市建设，使城市美化和亮化的话，实际上就是提高了城市化的门槛，阻碍城市化进程。因此，城市规划非常重要，但一定要以战略和财力为依据，不能跨越阶段。

三、科学规划要注重战略研究

从国家层面，要重视规划，包括国土规划、区域规划、城市规划等，但一定要注意规划的衔接、规划的依据，注重规划的科学性。过去，人们总是觉得规划的约束力不够，规划的权威性不够。笔者认为，规划的科学性也不够。如果规划得不科学，按规划实施会遭受很大损失。提高规划的科学性，就要搞好战略研究，把战略研究放在一个更重要的位置。很多地方不大重视战略研究，甚至不懂战略是什么。实际上，战略问题非常重要，同时难度也很大。发展战略是长期性、全局性、关键性的发展思路，如果没有战略的指导，而在仓促间作出规划，那么规划的科学性就值得怀疑。

区域发展、地区发展都是有条件的。如有的地方适合发展农业，有的地方适合发展工业，有的地方适合搞生态保护，各地差异较大，因此要因地制宜，各地不能只采取一种发展模式。又如，各地都比较重视县域经济发展，但大家都只是在关注经济结构、产业结构，因此，以农业为主的县就会认为自己的产业结构不太合理。笔者认为,不能这样看问题。因为,有些县本身就是农业区,第一产业在产业结构中的比例自然就高,第二产业的比重相对较低;有的县是矿区,那么第二产业在产业结构中的比例就高。所以,经济结构、产业结构在区域规模比较大的情况下,至少是地级市这个层次上才有可比性,才可以衡量结构是不是合理。城乡结构也是如此,范围太小就没必要纠缠结构问题。

总的来说,促进区域发展要注意几个方面的问题:一是因地制宜,根据自身的具体情况来谋求发展思路;二是要集约用地,在单位面积内要有更多的投入,要吸纳更多的人口;三是要相对集中地发展,不要太分散;四是要发展产业集群和特色产业;五是加强环境保护,防止污染和对环境的破坏。

(本文原载《中国社会科学报》2012年1月4日第6版)

西部大开发的战略设想

实施西部大开发战略的开场锣鼓敲响之后，在西部地区乃至全国涌动着推动开发的春潮。西部大开发既是一项宏大的工程，又是一项长期的任务，需要付出巨大的努力。西部地区在我国是欠发达地区，经济发展相对比较落后，因此，西部大开发是全中国人民共同的事业，不仅西部地区的人民，东中部地区的人民和企业都是西部大开发的主体。应通过实施以人为本、全面开放、体制创新、金融深化、非均衡发展、可持续发展等战略，运用各种手段，政策的、市场的、经济的手段，努力形成实施西部大开发的合力，使西部地区的落后面貌和恶化的生态环境有根本的改变。

一、全面开放战略

全面开放包括对外开放和对内开放两项内容。对外开放指的是对外商和外资开放，包括产品市场开放和要素市场开放两个方面。20年来，我国在对外开放方面取得了巨大的成就和丰富的经验。在对内开放方面，随着社会主义市场经济的发展，也在不断深入，但在政策和模式方面，尚缺乏强有力的动作。西部大开发不仅在对外开放方面，而且要在对内开放方面迈出强有力的步伐。西部地区要在开放的观念、开放的环境、开放的政策、开放的模式等诸多方面取得有效进展，在西部大开发过程中，实现全国经济的一体化。

全面开放不仅仅是一个概念和口号，它既包括十分丰富的内容，也需要具备一定的条件。没有条件的支撑，口号便成为一句空话。这就是改革开放提出20年了，有些地方乘此之机，经济发展日新月异，有些地方却山河依旧。作者认为，全面开放要具有开放的观念，开放的环境、开放的政策和开放的模式。

（一）开放的观念

西部地区地处内陆，交通不便，又长期远离政治中心，形成了根深蒂固的"内陆意识"、"峡谷意识"和"盆地意识"，思想比较保守，观念比较陈旧。尤其是在一些贫困落后地区"等、靠、要"思想较为严重，由此束缚了改革开放，丧失了不少的机遇。思想观念上这种差异是导致西部地区改革开放往往要比沿海地区滞后的根源所在。实施全面开放，首先要破除自我封闭的旧观念，树立开放的新观念。

树立开放的新观念，就要鼓励本地人走出去，欢迎外地人走进来。本地人走出去，就能开阔眼界、捕捉信息，找到市场。即使出去打工，也能赚钱养家。四川省外出打工的人除自己消费外，每年汇入的打工收入达上百亿元。对活跃当地城乡经济起了极大的作用。外地人走进来能带来投资、技术和地区需要的商品，对本地区的经济发展也能起到带动本地经济发展的作用。

（二）开放的政策

东部地区的发展，政策因素的作用是不可低估的。改革开放之初，我国采取了非均衡发展战略，首先鼓励和支持条件比较好的东南沿海地区先行一步，实行对外商比较优惠的政策。这一战略在实践中获得了很大成功。东南沿海地区利用外资发展经济取得了重大成就，大量外资的引进和利用，不但弥补了国内建设资金的不足，而且带动了产业技术进步和经营管理水平的整体提高，促进了经济体制改革的深化和人们思想观念的更新。西部地区的开发开放也不能忽视政策的作用。鉴于西部地区基础设施落后，投资软环境差，相较于东中部来说市场狭小等不利因素，西部地区的引资政策应更加优惠。

政策优惠不仅对投资者起到降低成本、增加收益的作用，还能起到投资导向的作用。因此，一定要打好政策这张牌。改革开放以来对沿海地区实行的政策应移转至西部，如进一步扩大中西部地区利用外资的审批权；对西部地区吸收外资享受与沿海开放地区更优惠的所得税待遇。对于基础设施、高新技术产业项目和国家列为贫困地区的农林牧业、资源开发性和原材料工业项目所得税率减按15%征收；西部地区的经济技术开发区无论是外资还是内资，都减按15%征收所得税，对西部地区的特区其所得税率应低于10%，在一定时期内，也可实行零税率政策；放宽西部地区吸收外资产业政策，支持西部地区吸收外资兴建农林资源和矿产深加工项目，甚至也可以批准设立银行、保险分支机构和旅游娱乐性项目。

（三）开放的环境

开放的环境包含的因素很多，既包括投资环境和社会环境，也包括前面所述的开放的观念和开放的政策，此处只探讨直接相关的生态环境、经济环境和社会环境。

生态环境是开放的环境中最为重要的。朱镕基同志说，切实加强生态环境保护和建设，这是实施西部地区大开发的根本，只有大力改善生态环境，西部地区的丰富资源才能得到很好地开发和利用，也才能改善投资环境，引进资金、技术和人才，加快西部地区发展步伐。

经济环境包括软硬两个环境。为吸引更多的外资进入西部地区，各地政府一方面要大力发展基础设施产特别是交通通讯设施，保证供电、供水、供气、供热，以便为外来投资者提供一个良好的投资硬环境；另一方面，应采取措施，完善服务体系，简化审批手续，提高办事效率，改善地区投资软环境。特区和开发区采取的"一个窗口对外"，"一条龙服务"等是行之有效的形式。

优化社会环境是营造开放环境的重要方面。没有良好的社会环境，外来投资者没有安全感，怎能放心地在当地投资办企业。优化社会环境应着力解决法治、治安和干部廉洁三个方面。

（四）开放的模式

模式是实践证明行之有效的发展形势。虽然模式并不一定放之四海而皆准，但模式毕竟是有人率先进行了试验并取得了成功。如改革开放后涌现的温州模式、苏南模式。农业产业化经营比较成功的"双加模式"（龙头＋基地＋农户）。开放的模式也有，如特区模式，开发区模式，开放城市模式，边境经济合作区模式。这些模式实践证明都是成功有效的。当然，在广大的西部地区，不一定都适合，但采用其一种模式，或参照这些模式创立出适合于西部各省各地区的开放模式是完全必要和可能的。没有模式做参照系，完全靠摸索、试点要困难得多。

在当今世界面对开放的大潮中，同国内东部地区相比，我国西部地区的对内对外开放，显然具有特殊重要的意义和紧迫性。这是因为：首先，只有在西部地区，尤其是民族地区实行开放，才能完成从古老的自然经济向现代市场经济的历史性转换。至今，我国还有一些民族地区，自然经济仍占有较大的比重。而市场经济则是直接以交换为目的，通过交换来推动经济增长的经济形式。市场经济不承认任何区域的界限，其本性是开放的。它只承认竞争，在竞争机制作用下，不断促进分工和交换，不断促进新技术的采用和管理方式的更新。其次，只有实行开放，西部地区巨大的自然资源和社会资源才能得到充分的开发，并在市场条件下得到合理配置。它可以使一系列潜在优势转化为现实优势，迅速提高生产力。

二、体制创新战略

西部地区经济发展之所以落后于其他地区，除了自然条件、历史演变等方面的原因外，还有着深刻的体制及观念方面的原因。尤其是体制是促进生产力和社会发展的决定性因素。实现体制创新，是西部地区社会经济生活的内在要求，是西部大开发的一个重要的发展战略。

西部大开发战略是在我国经过50年的经济建设，特别是20年的改革开放和经济快速发展，将要加入世界贸易组织、加快融入经济全球化的大背景下提出并实施的。因此，西部大开发既不同于传统计划经济时期的区域开发，也不能完全照搬东部地区的发展模式，而必须根据国内外环境的新变化和本地区的实际，进行体制和机制的创新。没有体制和机制的创新，西部大开发就缺乏持续发展的动力，西部就难以在大开发的过程中使经济、社会、文化得到全面发展，也难以达到人民富裕、生态改善的目标。

体制创新从内涵来看，包括组织创新和制度创新。从外延来看，每一个领域都有体制创新问题。具体到西部地区的体制创新，最重要和最急迫的是政府体制创新、企业体制创新、投资体制创新和社会体制创新。

西部大开发的战略设想

政府体制创新就是要结合地方政府机构改革，加快推进政企分开，明确界定政府与市场的行为边界。首先要转变政府职能，要让市场机制充分发挥作用，各级政府不能在西部大开发中大包大揽，要充分发挥企业和社会中介机构在经济和社会发展中的重要作用。其次要根据组织创新的要求，对政府机构进行整合。不能因人设事，更不能与民争利。在政府机构的设置上，要体现西部地区的特点，建立适应西部经济和社会发展的机构体系。再次要精简政府和事业单位的人员。吃皇粮的人太多，政府财政不堪重负，人民负担过重在西部地区更为突出。如何解决从政府精简下来人员的生活工作出路，也是西部大开发中要解决的问题。最后对政府目标也要进行创新。西部不同地区的情况千差万别，不同地区的政府机构应规定不同的目标。

企业体制创新就是通过对国有经济布局的战略性调整，将大批国有企业改组为现代企业，实现企业所有者的多元化。重塑微观经济基础，培育各类市场主体和企业家，形成一大批有竞争力的企业。西部地区市场主体数量少、规模少、实力弱，尤其是非公有制企业，无论在数量规模方面，还是在竞争力方面都处于弱势，必须通过体制创新、产品创新和技术创新，不断提高企业的技术水平和管理素质，增强市场竞争力。

投资体制创新就是要彻底突破传统的计划经济体制框架，变政府投资主体为企业投资主体，除公益事业之外，政府要退出投资领域，即使需由政府出资的项目，也应先出资建立一家企业，按照市场经济原则进行运作。要改变以建设项目为核心的投资体制，建立以企业法人为核心的投资体制。项目依托企业法人而立项、审批和建设，避免过去那种政府立项、政府出资、政府组织建设、项目建成后挂一个企业的牌子的传统做法。要贯彻谁投资、谁决策、谁受益、谁承担风险的原则。要在投资领域推广现代企业制度，鼓励创业，要制订一套办法促进股份制企业的建立。

社会体制创新包括社会保障制度的建立和完善、打破城乡二元结构，实行城乡一体化、建立新的反贫困体制等。在21世纪前半期，城市化是中国的大战略。随着所有制结构、城乡结构、产业结构和地区结构的转换，随着中国进入老龄化社会，社会保障问题越来越重要，西部地区这方面的问题更严重，更难以解决，必须从体制创新方面考虑。反贫困问题实质上是一个社会保障问题，要通过对贫困问题的深入研究，对过去扶贫和扶贫开发进行反思，在此基础上建立反贫困的新体制。

三、金融深化战略

西部大开发需要大量的投资，仅靠现有的资金来源渠道和投融资方式，将很难满足西部开发的需要。资金短缺、资金流失、资本形成困难，至今仍困扰着西部，成为制约西部发展且是非常难以解决的问题。西部开发和发展必须通过制度创新和金融深化，走出"低水平均衡陷阱"，为资本形成开创出广阔空间。从根本上摆脱贫困和东西差距持续拉大的问题。

（一）存量资金转化

40多年来，西部十省区建起了2450家大中型工业企业，其中大型企业780多家，固定资产4000多亿元，形成了一批专业化程度高，辐射能力强的企业，不少领域的技术水平甚至在国内领先，从而确立了西部地区在全国工业布局中的重要地位。这些资产，构成了西部开发的存量资金。根据市场经济理论，凡是有价值的资产都是商品，都是可交易可转化的资金。做好西部国有企业这篇文章，通过资产证券化和证券交易变现，便能筹集大批资金。

吸引社会资金入股是将资金转化为资本的过程。用储蓄存款购买企业的股票，比起自行投资办企业，风险要小得多。将国有企业通过改制实现资产证券化并出售给城乡居民，比较适合西部地区的情况。对购买股票的人们来说，他们是在投资，不是投机，他们买到的必须是等值的商品，现在股份公司在上海和深圳证交所发行的股票，其价格远高于价值，不适合作长期投资。因此，西部地区的企业首先应根据评估后的净资产确定发行价格，通过柜台交易实现股票的流通。待股份公司运行正常，有稳定的效益时，才允许到证券交易所上市交易。

（二）强势企业凝聚

一个企业由于实现了资金、技术、劳动力和管理四种要素的有机结合或最佳组合，在短短几年内，资产规模可成倍地扩大。可以看到很多这样的例子，如四川长虹、青岛海尔、陕西彩虹等企业集团都在短期内通过股票市场凝聚了大量社会资金，从而使企业在市场竞争中处于非常有利的地位。我国西部地区存在很多方面的劣势，通过培育强势企业不仅可以凝聚大量资金，而且可以通过企业规模化而化解劣势。

培育强势企业首先应使企业具有科学的运行机制，按照现代企业制度的要求建立法人治理结构，并使产权明晰化。产权明晰、机制完善是培育强势企业的基础。其次要有懂管理、善经营、知识全面、有魄力的企业家。企业家既可以在企业中培养，也可以从人才市场上招聘，关键问题是要给予企业家以优厚的待遇。待遇过低，便吸引不了优秀人才。最后要创造使企业家发挥作用的环境条件，强势企业的培育是渐进的，不能一蹴而就，有些地方一提培育强势企业，就想通过产权重组把一大批企业的资产划拨过来，结果不但没有培育出强势企业，还把一个好企业拖垮了。

强势企业不仅能凝聚当地的资金，而且能凝聚全国的资金。西部地区至1998年来，已在上海证券交易所和深圳证券交易所上市的企业共有198家，共计募集资金435.71亿元。

西部地区现有大型企业997家，中型企业1993家，假如有10%成为强势企业，也有将近300家，每年每家从市场上凝聚1亿元资金，就接近300亿元，那将对西部地区的经济发展起到相当大的促进作用。从1998年的统计数据看，截至1998年年末，西部地区全社会投资总额仅为4167.72亿元、国家预算内投资仅为206.18亿元、利用外资82.77亿元。可见通过强势企业凝聚社会资金是西部地区大开发的重要途径。

（三）实施滚动开发

西部地区已建成高速公路1000多公里，黄河上也建起了十几座梯级电站，可通过债转股的方式，将债务转化为资产管理公司或某大企业的投资，然后以资产的收益作抵押，发行债券或向银行贷款，实施项目的滚动开发。国外称此做法为ABS方式。ABS方式是国际上常用的筹资方式，它是利用存量资产转换为货币资金用于新项目投资的新型项目融资方式。ABS即ASSET（资产）—BACKED（支持）—SECURITY（证券）的缩写。即将贷款形成的资产转让给具有巨大经济实力的大企业，该大企业承担债务的还款责任，然后再依托这些资产发行债券，筹集资金进行新的项目建设。云南、四川、甘肃、宁夏、贵州等省区的水电工程建设都可以采取这种滚动开发模式。西部地区的高速公路建成后如有明显的效益，也可采用 ABS 方式。如成渝高速公路、西安到潼关的高速公路，可将收益权出售，换取资金，再修筑更多的高速公路。

（四）促进金融深化

我国西部地区大量剩余劳动因生产投资扩张不足而得不到收入扩张的机会，停留在非常低的消费水平上。收入增长缓慢所导致的消费需求不足，对经济增长产生了非常不利的影响。东部地区的投资资金因找不到有稳定消费需求支持的投资机会而闲置。在生产资料、劳动资料都非常充裕的情况下，甚至从全国来看，资金也非常充裕的情况下，却陷入了内需不振的境地，不能不说是金融抑制的结果。在这种情况下，通过金融深化，便能呼唤出西部大开发所需的巨额资金来。

基于国民收入分配格局和居民资产选择偏好的市场化转变以及股份制改革的进行，近年来我国资本市场特别是股票市场、基金市场和国债市场呈现出迅猛成长之势，不仅市场容量迅速扩大，而且市场体系也日臻完善，初步形成了现代资本市场的基本框架。资本市场作为一种直接融资和体现市场金融交易关系的制度，对于金融深化有着十分重要的意义。因为，相对于银行间接融资，以证券为载体的资本市场是一种硬约束信用，其融资关系基本建立在市场经济的信用基础上，所以资本市场的快速成长可从融资形式替代的意义上推进整个金融制度结构的市场化转变。利用资本市场开展直接融资是解决西部地区发展中资金短缺的重要途径。发展直接融资，不仅能把分散在个人、机构手中的闲散资金集中起来投入西部大开发，而且能避免间接融资造成企业债务负担过重。为此，需要调整目前的资本市场主要集中在东部沿海地区的指向，应在西部的大城市中建立区域性证券交易中心，如条件成熟也可成立证券交易所。

西部地区国有企业通过改革，将有一大部分改组为股份有限公司，从而吸收一大批个人股东和法人股东的投资。这些股份公司短期内难以满足上市的条件，但必须解决股票的流通性问题，因此，在西部地区，应放宽对证券交易的限制，允许股份公司的股票在当地挂牌交易。场外交易在很多国家都是允许的。此外，在重庆、成都、昆明、西安、兰州、乌鲁木齐等地建立区域性证券交易中心，当地一些质量较好、效益较高的股票可进行集中交易。今后还可考虑在西部地区选择一两个管理机构健全，人员素质较高，设备先进的证券交易中心转为全国性证券交易所。发展西部地区证券市场有助于完善我国西部地区的区域市场体系，筹集该地区发展所需要的巨额资金，补银行信贷资金的不足。发展西部地区的证券市场，需要针对西部地区的特点，规范发展其证券市场主体——股份制企业，规范发展其证券市场客体——债券和股票，规范和发展证券交易场所——区域性证券交易中心；培育和扶持证券投资主体——机构和个人。

完善西部地区的金融市场对西部大开发也极为重要。国家应规定三大政策性银行对西部的贷款比例，防止其从自身的安全和效益考虑而对西部地区的歧视性贷款安排。对商业银行的贷款比例不好做硬性规定，但也应进行鼓励和引导，将效益好、前景好的项目推荐给商业银行，给商业银行在项目选择上的优先权。政府也可以采取对商业银行贷款进行贴息的办法，鼓励其向西部地区提供更多的项目贷款。

通过采取存量资金转换、强势企业凝聚、发展资本市场等措施，从根本上解决西部地区资金流失、资金分散和资本形成困难等问题，是实施西部大开发的必要条件，在此基础上重点吸引东部、中部和外商投资，是保证西部开发战略的成功之所在。

四、空间优化战略

改革开放以来，中国的区域经济发展战略是先发展东部，逐步向中西部推移的非均衡发展战略，事实证明，这一发展战略取得了巨大成功。由于有了非均衡发展取得的成果，我们才有条件实施西部大开发战略，从西部地区来说，也应实施非均衡发展战略。

非均衡发展战略被多数国家和地区证明是较好的发展战略。该战略注重产业间的连锁关系和地区间的相互影响，强调应当将有限的资金投入到重点部门和重点地区，提高资源的使用效率，较快地增加区域的经济总量。经济非均衡发展，在空间上表现为经济增长首先在一些发展条件较好的地区出现，然后再扩散到其他地区，最后实现整个地区经济活动的高涨。我国西部地区空间辽阔，平原少而山地多，基础设施发展又很不充分，均衡发展既影响效率，也不利于企业的专业化生产和协作，因此，"全面推进，均衡发展"是不现实的，应将投资有选择地集中于重点行业和地区，利用其发展而产生的扩散效应来带动其他部门和地区的发展。

为实施非均衡发展战略，国家应制定一系列政策措施并纳入西部大开发规划。建议借鉴东南沿海的经验，在若干可以成为增长极的"点"上和具有开发价值的"面"上，实行特殊政策和相对于东部更加灵活的措施，吸引外商投资、东部投资、当地企业投资和个人投资，使"特区"和"开发区"效应在西部大开发战略中再次展现。此外，应运用点轴经济理论，尽可能地将产业布局在主要交通干线和主要河流的两岸，形成几条产业联系密切的经济带。这样，西部地区的空间布局模式可概括为"以线串点，以点带面"模式。

西部地区应运用增长极理论来指导区域经济发展。在较发达的城市，经济、科技力量、熟练劳动力的集中，有利的交通运输条件和地理位置以及拥有大量的自然资源，是促进增长极形成的必要条件。因为具有创新性的企业活动往往产生于大的经济单元中，这些企业的活动和影响，将产生一大批"群集的追随者"，吸引其他经济活动趋向增长极，经济上的极化导致地域上的极化，从而产生聚集经济。通过增长极的支配效应、乘数效应和扩散效应，带动整个地区的经济发展。我国西部的一部分大中城市已具备增长极的条件，如重庆、西安、成都、昆明、兰州、乌鲁木齐等，应通过这些增长极培育次一级增长极的形成。还应加快中西部地区中心城市的发展，增加城市人口，减少农村人口，进而增加农民的经济收入，提高贫困地区人民的生活水平。

我国西南地区水源丰富，但多高山峻岭，应发挥大城市的集聚作用，尽可能在一个城市内形成相互协作的产业链条，减少运输成本，并将产品辐射到周边地区。西北地区干旱少雨，严重缺水，不宜发展特大型城市，应沿交通主干线进行生产力布局，大量人口和经济要素相对集中，形成相互协作、上下配套的产业带。在产业带上，可发展众多的中等城市，实现地区间、城市间的专业化生产与协作，形成有机的地域经济网络。西北地区应利用新亚欧大陆桥开通的机遇，充分发挥沿线能源等矿产资源富集和土地开发潜力大的优势,从横向和纵向两个方面进行产业带的规划。将这些产业带同新亚欧大陆桥紧密联结起来,通过带上中等城市的发展,带动周边地区的发展。

中国东部地区的发展在很大程度上得益于特区和经济技术开发区的设立。特区作为改革开放的窗口,起到了多方面的示范作用,使整个珠江三角洲地区在不长的时间内实现了经济腾飞。随后国家又决定在沿海14个开放城市设立经济技术开发区。十几年来,经济技术开发区在引进外资、增加出口、体制创新方面发挥了重要作用,带动了沿海地区的经济发展,应该说设立特区和开发区的做法是十分成功的。实施西部大开发战略,也应参考这方面的经验,在西部地区选择适当地点建立特区和开发区。

在西部地区设立特区和开发区的重要意义可从以下几方面得到体现:一是通过优惠政策的导向,在短时期内聚集大量的产业和生产力,迅速改变这一地区经济的落后状态,使这一区域得到超常规发展。二是通过划定特区向国际国内展示我国在西部地区重点发展区域的目标指向,迅速提高该地区土地和基础设施的预期价值,吸引国内外投资者到该地区进行基础设施投资,使这一地区的城市和第三产业得到快速发展。三是通过划定优惠政策的区域范围,避免中央财政在西部实施优惠政策时使财政收入大幅度减少或增加过重的财政负担。四是西部大开发不可能整体推进,必须选定重点区域,采用培育增长极的战略,特区和开发区就是开发的重点和未来的经济增长极。

在西部地区设立特区的条件应和东部地区有所不同,东部地区五大特区的共同特征是毗邻港、澳、台和沿海,便于吸引港澳台的投资。我们认为西部地区应根据以下条件进行选择:一是资源富集地区。资源富集是产业聚集的基础,也是经济发展的潜力所在,便于建设在该地区大范围展开和产业链的延伸。二是经济发展的战略重点地区,所谓战略重点地区就是该区域的发展,能够带动周边地区的发展,并给相邻城市提供较好的协作条件。三是经济相对落后的地区。这些地区处于待开发状态,开发成本相对较低。又因为原本提供的财政收入很少,实行优惠政策后,财政承担的损失也比较低。四是生态环境较差的地区。在生态环境好的地区进行大规模开发,会不同程度地破坏当地的生态。而在生态环境较差的地区,必须在开发的同时,重建生态环境,保护生态环境,否则开发便缺乏可持续性。以色列、科威特等国开发沙漠的经验值得我们借鉴。从上述条件综合考虑；我们认为在以榆林地区为中心的晋陕蒙地区、云贵川交界的攀西六盘水地区和青海的格尔木地区各划定一定的区域作为特区比较合适。另外，应在西部地区的大中城市有选择地设立经济技术开发区，经国务院批准后，实行和沿海城市开发区相同或更加优惠的政策，使之发展成为当地经济的增长点和现代化的新城区。

（本文写于2000年，系作者博士后出站报告的缩写本，陆续发表在各报刊杂志上，包括：《我国西部地区发展战略研究》，载《经济研究参考》2000年第33、34期；《多渠道解决资金困难》，载《经济日报》2000年10月24日；《大开发更要大开放》，载《中国经济导报》2000年9月15日；《西部产业：依托交通线形成三大带》，载《中国经济导报》2000年12月20日）

西部大开发与全面开放

西部地区在我国是欠发达地区，经济发展相对比较落后，因此，西部大开发是全中国人民共同的事业，不仅西部地区的人民，东、中部地区的人民和企业都是西部大开发的主体。市场经济本身是多元的开放经济，中国的发展离不开世界，西部地区的发展也离不开世界和其他地区，大开发必然要求大开放，大开放必然促进大开发。应通过全面开放，运用各种手段，政策的、市场的、经济的手段，努力形成实施西部大开发的合力。

一、全面开放的条件

全面开放不仅仅是一个概念和口号，它既包括十分丰富的内容，也需要具备一定的条件。没有条件的支撑，口号便成为一句空话。这就是改革开放提出20年了，有些地方经济发展日新月异，有些地方却山河依旧的重要原因。作者认为，全面开放要具有开放的观念、开放的环境、开放的政策和开放的模式。

（一）开放的观念

西部地区地处内陆，交通不便，又长期远离政治中心，形成了根深蒂固的"内陆意识"、"峡谷意识"和"盆地意识"，思想比较保守，观念比较陈旧。尤其是在一些贫困落后地区"等、靠、要"思想较为严重，由此束缚了改革开放，丧失了不少的机遇。思想观念上这种差异是导致西部地区改革开放比沿海地区滞后的根源所在。实施全面开放，首先要破除自我封闭的旧观念，树立开放的新观念。

1. 破除自我封闭、眼光向内的乡土意识和部落意识，树立眼睛向外、面向市场的新观念

乡土意识和部落意识束缚了西部人的手脚。很多人尤其是居住在深山区的农民一辈子住在祖祖辈辈生活的那块很难养活他们的土地上。事实上只要他们能走出来不但能解决温饱问题而且完全可能富起来。农民是如此，那里的干部也是如此，只知带领农民在土地中挖掘潜力，而不知转过身向外部寻找发展的机遇。西部地区虽然多数地方环境恶劣，但也有不少适合人居住和生产的地方。浙江温州地区人多地少，但他们并没有仅仅在土地上做文章，首先敢于走出去，到全国各地去发展，甚至到外国去做生意，直到今天，温州有100多万人在全国各地和世界各地，另外，温州也有100多万外地人。这两个"100多万"，充分表明了温州人的开放意识。而西部地区的多数地方的人仍是既不想走出去，也不允许别人插足。封闭意识在本质上是封建意识。也就是说，我生在这块土地上，这块土地就是我的，绝不允许别人染指，当然也不想染指别人的土地。三线建设时在西部建立了很多企事业，由于受到当时政策的约束，更由于当地居民的不合作态度，这些企业与当地不存在任何经济上的联系，从而形成了孤岛工业和嵌入式城市。改革开放后，花很大气力去招商引资而对近在眼前的具有先进技术人才和经济实力的三线企业却视而不见。

树立开放的新观念，就要鼓励本地人走出去，欢迎外地人走进来。本地人走出去，就能开阔眼界、捕捉信息，找到市场。即使出去打工，也能赚钱养家。四川省外出打工的人除自己消费之外，每年汇入的打工收入达上百亿元，对活跃当地城乡经济起了极大的作用。外地人走进来能带来投资、技术和地区需要的商品，对本地区的经济发展也能起到带动作用。

2. 破除"肥水不流外人田"的意识，树立"双赢"的新观念

"肥水不流外人田"的观念在西部地区仍不同程度地存在着，表现在好的项目留着自己干，不好的项目让给别人。盈利的企业和发展前景好的企业不愿意和别人合资合作，推出来的都是资不抵债、濒临破产、停产歇业的企业。好企业不愿意改制，而坏企业又无条件改制。一些干部群众只看到外地、外省在自己的土地上投资办厂，做生意赚钱盈利的一面，而对由此带来的资金、技术、人才及对当地经济发展和观念更新的重要作用认识不足。别人赚了钱，自己的经济得到发展，这就是所谓的"双赢"。"双赢"一词现已广泛应用在政治、经济和社会方面，而在经济发展方面的意义更为明显。引进外资、开放市场不是此消彼长的关系，而是共同增长的关系。对立双方不是在分"蛋糕"，而是共同把蛋糕做大。蛋糕做得越大，各自占有的份额也越大。

有些地方政府仍然存在着或下意识存在"关起门来打狗"、"猪养肥了再杀"的想法，这是十分危险的。如在与外商谈判时，优惠政策、优惠条件应有尽有，等外商把资金投在了项目上，或项目有了明显的经济效益时，便一概不认账，吃拿卡要纷至沓来，收费项目接连不断，甚至争夺对企业的最终控制权。这虽然是个别地方的个别行为，但引起的社会效应不可低估。

3. 破除开放就是对外商开放的意识，树立对外、对东中部、对内全方位开放的观念

对外商开放只是开放的一个方面。对于广大西部地区来说，对东部、中部的开放更具有实质性意义。优惠政策只给外国投资者，不给国内的投资者，这种不平等待遇带来了很大的危害，使人不禁想起"宁予友邦，不予家奴"这句卑劣的话。事实上，对于一个地区来说，国外资金和国内资金都是一样的，都毫无例外地起着促进当地经济发展的作用。

江泽民总书记在中国共产党的十四大报告中明确要求"加快对内开放的步伐"。党的十五大第一次把"开放包括对外对内的全面开放"这个观点郑重地写入《中国共产党章程》。西部大开发一定要借助于东中部的经济力量，按照市场经济的原则，建立和完善内外资一致的优惠政策体系，实现资金、技术、人才、商品的全国大交流。

（二）开放的政策

东部地区的发展，政策因素的作用是不可低估的。改革开放之初，我国采取了非均衡发展战略，首先鼓励和支持条件比较好的东南沿海地区先行一步，实行对外商比较优惠的政策。这一战略在实践中获得了很大成功。东南沿海地区利用外资发展经济取得了重大成就，大量外资的引进和利用，不但弥补了国内建设资金的不足，而且带动了产业技术进步和经营管理水平的整体提高,促进了经济体制改革的深化和人们思想观念的更新。西部地区的开发开放也不能忽视政策的作用。鉴于西部地区存在基础设施落后、投资软环境差、相较于东中部来说市场狭小等不利因素,西部地区的引资政策应更加优惠。

政策优惠不仅对投资者起到降低成本、增加收益的作用,还能起到投资导向的作用,因此,一定要打好政策这张牌。改革开放以来对沿海地区实行的政策应移转至西部,如进一步扩大中西部地区利用外资的审批权;对西部地区吸收外资享受与沿海开放地区更优惠的所得税待遇。对于基础设施、高新技术产业项目和国家列为贫困地区的农林牧业、资源开发性和原材料工业项目所得税率减按15%征收;西部地区的经济技术开发区无论是外资还是内资,都减按15%征收所得税,对西部地区的特区其所得税率应低于10%,在一定时期内,也可实行零税率政策;放宽西部地区吸收外资产业政策,支持西部地区吸收外资兴建农林资源和矿产深加工项目,甚至也可以批准设立银行、保险分支机构和旅游娱乐性项目。

前不久,国家有关部门已经决定,今后我国利用外资不但要注意投资的结构、投资的领域、引资的方式、环境的改善等问题,还要努力完善外商投资的地区布局,采取切实有效的措施引导外商投向中西部地区。这些措施的主要内容有:第一,中西部有关省区市可选择确有优势的项目,经国家批准后,享受修改后的《外商投资产业指导目录》中鼓励类项目政策待遇;对限制类和限定外商股权比例项目的设立条件和市场开放程序,可比东部适当放宽。第二,国家优先安排一批农业、水利、交通、能源、原材料和环保项目在中西部地区吸引外资;并加大对项目配套资金及相关措施的支持,鼓励"三线"军转民企业和国有大型企业利用外资进行技术改造。第三,鼓励东部地区的外商投资企业到中西部地区再投资,外商投资比例超过25%的项目,视同外商投资企业,享受相应待遇。第四,国家允许开展试点的开放领域和试点项目,原则上应在中西部地区同时进行;经国家批准,中西部省会城市可以进行国内商业、外贸、旅游方面的开放试点。这些政策的出台,将有力地促进了西部地区宏观投资环境的改善,加快扩大开放、利用外资的步伐。建立和完善政策体系,一个重要的方面是出台必要的措施,确保政策的贯彻落实。政策再好,但没有落实到位,就无法发挥政策在开发开放中的作用。

（三）开放的环境

开放的环境包含的因素很多，既包括经济环境和社会环境，也包括前面所述的开放的观念和开放的政策，此处只探讨直接相关的生态环境、经济环境和社会环境。

1. 生态环境

生态环境是开放的环境中最为重要的。朱镕基同志说，切实加强生态环境保护和建设，这是实施西部地区大开发的根本，只有大力改善生态环境，西部地区的丰富资源才能得到很好地开发和利用，也才能改善投资环境，引进资金、技术和人才，加快西部地区发展步伐。

由于历史上的多次战乱和无数次自然灾害的侵扰，加上为了填饱肚皮而盲目垦荒种粮等多种原因，我国西部地区自然环境不断恶化，特别是西北地区水资源短缺，水土流失严重，生态环境越来越恶劣，荒漠化日益加剧。再加上我国长期实施错误的城市化政策，西部地区的城市体系畸形化发展，只有特大城市和小城市，而无最具有发展潜力的大中城市，而在布局分散的小城市中，普遍存在着基础设施薄弱和脏乱现象。城市的规模小和设施落后是扩大开放的最大障碍。

为扩大开放而实施的生态环境建设，首先要加快完善现有小城市的基础设施建设和城市环境的改善。营造适合人生存和居住的小气候小环境。在此基础上狠抓节水蓄水引水和植树造林种草工作，使大环境不断改善，起码也不能使其继续恶化。

生态环境的保护与建设是一项规模宏大的工程，它需要几代人甚至几十代人坚持不懈地努力和奋斗。在生态建设过程中也蕴涵着商机。如节水设备的研制和开发、引水工程的国际化合作、积极争取国际组织的援助和贷款等。总之，要把生态环境建设和扩大开放紧密结合起来。全方位开放，既是加快生态环境建设的动力，也是加快生态环境建设的重要措施。

2. 经济环境

经济环境包括软硬两个环境。为吸引更多的外资进入西部地区，各地政府一方面要大力发展基础设施特别是交通通讯设施，保证供电、供水、供气、供热；以便为外来投资者提供一个良好的投资硬环境；另一方面应采取措施，完善服务体系，简化审批手续，提高办事效率，改善地区投资软环境。特区和开发区采取的"一个窗口对外"，"一条龙服务"等是行之有效的形式。

西部许多地方的干部重接待轻服务，花了钱、费了劲，外商还不满意，问题出在综合服务和办事效率上。服务质量的好坏和办事效率的高低，直接影响投资环境。工商、税务、公安、金融、土地、环保、城建、消防、通讯等部门，要切实保护投资者和经营者的合法权益，为他们的合法经营提供优质服务，并主动解决外来投资者在业务和生活中碰到的实际问题，真正做到政府为企业服务，企业为客户服务，只有牢固地树立起全过程和全方位服务的意识，才能赢得投资者的信任，才能引来更多的项目和资金。面对西部地区竞相开放的新形势，谁先优化了投资环境，谁就占了开放的主动权和制高点。就西部地区而言，改善硬环境尚有许多方面的困难，因此，更应着重改善投资软环境。

3. 社会环境

优化社会环境是营造开放环境的重要方面。没有良好的社会环境，外来投资者没有安全感，怎能放心地在当地投资办企业。优化社会环境应着力解决法治、治安和干部廉洁三方面。

国际国内利用外资的实践证明，外商对投资环境诸要素的选择中，最看重的是法律环境。应该说，改革开放20年来，我国在法制建设上取得了显著的成绩，法律法规已基本健全，但在执法方面，尚存在着相当多的缺陷，不依法判案、不依法行政，不依法办事的现象随处可见。严重的是相当多的地方存在着贪赃枉法、以权代法、保护违法的本地人，欺负合法的外地人的不可容忍的现象。因此，要进一步完善保护投资者合法权益的法律法规，提高执法人员依法、守法、执法的自觉性，确保西部大开发中扩大开放工作顺利开展。

社会治安也是优化社会环境的重要方面。不能有效保护外来投资者的人身安全和财产安全，该地区便不具备引资和开放的最基本条件。近年来，外商被抢被害的新闻不断，某种程度上影响了引资开放工作。尽管这很可能是偶然事件，但如社会治安不好，车匪路霸入室抢劫事件不断的话，即使你政策再优惠，其他环境再好，也难以吸引投资者。

干部的清正廉洁是营造开放环境的重要保障。有些地方和部门对外来投资企业乱收费、乱集资、乱摊派、乱罚款的现象屡禁不止，一些部门的极少数工作人员，不仅服务态度差，而且对外来投资者吃、拿、卡、要，这也是外商和东中部投资者最为担忧的因素之一。因此，必须建立完善有效的监督保障机制，要制订严厉的措施，对那些不认真执行政策，借助手中权力不给好处不办事，甚至进行敲诈勒索的人，要进行严肃查处，并追究部门领导人的责任。

（四）开放的模式

模式是实践证明行之有效的发展形势。虽然模式并不一定放之四海而皆准，但模式毕竟是有人率先进行了试验并取得了成功。如改革开放后涌现的温州模式、苏南模式。农业产业化经营比较成功的"双加模式"（龙头＋基地＋农户）。开放的模式也有，如特区模式、开发区模式、开放城市模式、边境经济合作区模式，这些模式实践证明都是成功有效的。当然，在广大的西部地区，不一定都适合，但采用其一种模式，或参照这些模式创立出适合于西部各省各地区的开放模式是完全必要和可能的。没有模式做参照系，完全靠摸索、试点要困难得多。

1. 特区模式

改革开放之初，我国在东南沿海地区设立了深圳、珠海、厦门、汕头四个经济特区，这些特区作为技术的窗口、管理的窗口、知识的窗口和对外政策的窗口，在对外开放方面取得了丰富的经验，同时在对内开放方面成效也十分显著。特区之所以成功，除了特殊政策外，就是在那里建立了一套全新的体制，通过制度创新，使经济焕发出持续的活力，特殊政策形成了较大的落差，形成了很强的势能，吸引了国内外大批的投资者，这是世界各国所普遍采取的模式。有人认为，特区不能再办了。但既然是成功的模式，为什么不可以办。笔者则认为，西部地区需要办特区，需要采取特区的体制和特区的政策势能，来吸引国内外的投资者。

2. 开发区模式

邓小平于1984年在视察深圳、珠海和厦门三个经济特区后，提出

"除现在的特区之外，可以考虑再开放几个点，增加几个港口城市，如大连、青岛。这些地方不叫特区，但可以实行特区的某些政策。这样做，肯定是利多弊少。"根据小平指示，沿海十四个开放城市经国务院批准均建立了经济技术开发区，至1998年年底，全国共建立了32个国家级经济技术开发区，遗憾的是，这些开发区绝大多数都在东部沿海地区，西部只有一家。开发区经过十几年的发展，吸引了大量外资，兴办了一大批中外合资企业和外商独资企业。近年来，第三产业发展很快，成为经济最具活力，基础设施最为完善的现代化新城区。开发区的最主要功能是把传统体制、传统观念、传统势力屏蔽在区域之外，开辟了一块全新的领域。开发区创立的"小政府、大社会、大市场"、"一条龙服务"、"一个窗口对外"等管理方式和经验，对当地市场经济发展起了极大的促进作用。西部地区是传统观念、传统势力、传统体制根深蒂固的地区，开发区模式应是最行之有效的模式。因此，国家应支持西部地区的每个中心城市设立一个经济技术开发区，把其作为吸引外来投资者的基地和现代化城市建设的样板。

3. 东西合作模式

东西经济合作在20世纪90年代就已经开始，形成了许多行之有效的合作模式。东中部地区的企业与外贸部门在收购、外销西部地区产品方面进行了广泛合作。如根据国际市场需求，指导内地的种植、养殖、加工、包装等产业，为内地的外贸部门引荐海外客户，联系培植内地的出口货源。深圳的一些大中型外贸企业在原材料产地设立出口加工基地，对内地来说，可以得到资金和技术，把资源转化为商品，并与国际市场联系起来，对深圳外贸企业来说，也有了可靠的出口货源基地和出口商品供应保障。上海企业以产品、特别是品牌为先导，以产品推销经营网点为依托，借助内地可利用的生产能力，向有辐射力的销售地区转移，因产销地的接近，运输、劳动力成本的降低和原料加工及产销环节的减少，售后服务的便捷，进一步扩大了销售市场。上海家化联合公司在成都等地投资近1600万元成立了子公司，使"家化"形成生产、销售在当地，决策、开发和设计在上海的新型公司。上海第一毛纺织厂1995年投资1000万元在内蒙古锡林郭勒盟建立羊绒基地，1996年又与当地羊绒衫厂共同投资

1200万元，组建锡林（迪伊）羊绒制品有限公司，最近他们又在组建规模更大的羊绒收购和生产加工企业集团。东部企业采取兼并、收购、参股等方式对西部企业的存量资产进行重组，可使西部的企业起死回生。

在当今世界面对开放的大潮中，同国内东部地区相比，我国西部地区的对内对外开放，显然具有特殊重要的意义和紧迫性。这是因为：首先，只有在西部地区，尤其是民族地区实行开放，才能完成从古老的自然经济向现代市场经济的历史性转换。至今，我国还有一些民族地区，自然经济仍占有较大的比重。而市场经济则是直接以交换为目的，通过交换来推动经济增长的经济形式。市场经济不承认任何区域的界限，其本性是开放的。它只承认竞争，在竞争机制作用下，不断促进分工和交换，不断促进新技术的采用和管理方式的创新。其次，只有实行开放，西部地区巨大的自然资源和社会资源才能得到充分的开发，并在市场条件下得到合理配置。它可以使一系列潜在优势转化为现实优势，迅速提高生产力。

中国的对外开放战略是使沿海地区率先发展，然后带动内陆地区发展的基本模式。在这种区域发展政策的导向作用下，本身具有发展外向型经济有利条件的东部沿海地区，先行获得了利用地区优势发展对外经济关系的机会，形成了资金、人才等资源大量向东部沿海地区集中的"回波效应"，从而在地区经济发展条件上进一步扩大了与西部地区的已有差距。对于经济不发达、欠发达的西部地区的资源开发和经济振兴来说，获得中央财政转移支付当然是首要的前提条件，但还不是充分的保证条件。充分的保证条件在于还要有足够的资本、劳动、技术等社会要素，能够同这里的自然劳动资料要素和自然劳动对象要素结合，形成现实有效的生产力，进行社会物质产品生产，使这里的自然资源优势转化为社会资源优势。这就需要有正确的招商引资政策，能够有效地招商引资。东部地区起步早，观念新，加上西部灵活的政策，这种效应是可想而知的。实现这一模式主要应通过人才交流、干部异地挂职锻炼学习或东部直接为西部培训人才等手段来实现。

二、加大对外开放和吸引外资的力度

对外开放是促进西部大开发的重要手段，也是促使西部地区发展繁荣的重大战略措施。吸引外资是对外开放的核心内容。创造对外商投资有吸引力的软硬环境，制订吸引外商投资的各项优惠政策和法律法规，将能有效地改变西部地区开放滞后，利用外资比重很少的状况。

（一）重点吸引跨国公司到西部投资

我国利用外资总体水平不高、质量不佳、档次较低。主要表现就是利用中小资本较多，技术水平低，劳动密集型和初加工企业多，对我国经济的带动作用不强。珠江三角洲地区和闽南地区的外商投资，绝大多数是港澳台商投资，且多数是中小投资者。这些投资者受资本所限，一般倾向于搞一些面向欧美市场的短平快和回报率高的项目。受多种条件的制约，他们很难到西部来。而近几年登陆中国的大型跨国公司，不仅具有资本雄厚、管理水平高、盈利能力强、拥有世界范围的市场，而且着眼于长远目标，在跨国投资上有和中小投资者完全不同的特点。但目前大都驻足沿海，翘首西部，尚未有大的动作。

20世纪50年代以后，随着世界贸易和对外直接投资的迅猛增长，跨国公司得到了迅速发展，跨国公司在世界经济中的地位日益突出，对世界经济的影响也日益重要。

经济全球化既是跨国公司在全世界展开活动的结果，也是跨国公司在全球范围内快速发展的原因。共同的贸易规则，技术进步与竞争的推动减少了商品、劳务和生产要素国际流动的障碍，扩大了国际专业分工的范围，导致了国际贸易和世界经济前所未有的发展。跨国公司作为贸易者、投资者、技术传播者在这一过程中发挥着主要的作用。跨国公司还通过在不同的管理体系下在世界范围内设置分支机构，通过在不同国家安排生产活动，通过开创企业内的国际分工，使本来在国际上进行的交易内部化，在世界范围内将生产过程组织起来。从跨国公司所拥有的国内外资产来看，约有1/3的世界生产能力是在跨国公司共同管理下进行的。

跨国投资是跨国公司的一项主要业务活动，也是跨国公司开展跨国经营活动的基础。大型跨国公司具有资本雄厚、技术一流、管理先进的特点，其投资往往着眼于长期战略，比较重视整体效益和综合经营。因此跨国公司的投资规模和投资项目相对较大，在资金技术、管理、营销和研究、开发、培训等一揽子连带行为方面具有明显的优势，而且经营行为比较规范，投资长期稳定。西部地区具有很多方面的优势，但很难在短期内见到效益，很难吸引希望很快收回投资并获利的中小投资者，但却能吸引着眼于长远目标的跨国公司。鼓励外国跨国公司到西部地区举办企业，设立子公司，或者允许其直接购并我国一些经营状况欠佳的企业，是西部地区利用外国直接投资的重要举措。跨国公司购并西部地区的企业有利于引进大量资金和先进的管理营销经验，对于缓解西部地区企业资金严重不足，促进建立现代企业制度和根本转换企业运营机制有着特殊的意义。

跨国公司对外直接投资主要采取两种方式：一是创建子公司，二是购并当地企业。购并当地企业可以是通过股票市场按照市场价格收购企业的股票，或者趁该企业增加资本投资时以适当的价格购得其股票，也可以通过谈判方式购得现有企业的部分或全部资产。通过跨国购并方式对外直接投资对跨国公司来说有许多有利之处，它有利于迅速进入海外国际市场，有利于利用国外企业现存的生产设备、技术工人、先进的技术、管理经验、品牌商标和销售渠道，能在较短时间内推出产品，形成规模效益，从而迅速占领东道国市场。目前，世界大多数跨国公司开始在华投资，美国最大500家跨国公司已有一半以上来华投资，美国最大20家工业公司的19家，日本最大20家工业公司中的19家，德国最大10家工业公司中的9家已在华投资。

我国西部地区有3亿多人口，比美国一个国家的人口还要多，也就是说有一个需求日益扩大的市场。这对于跨国公司来说具有极大的吸引力。西部地区还具有一定的工业基础和基础设施，已具备和跨国公司合作的条件。西部地区一大批国有企业，虽在运营上存在一定的困难，但职工素质和生产管理水平都是比较高的，所缺少的是适应市场竞争需要的机制和巨额的资金，同跨国公司开展合作是这些企业发挥优势摆脱困境、加快发展的客观要求。西部地区的飞机制造业、生物制药、机床、轴承、仪表、石油天然气开采、化工、电力、冶金、稀土加工、毛纺、旅游等行业的一些企业，已具备同跨国公司合作的基础。西部地区所具有的能源原材料优势是人所共知的。虽然跨国公司更注重先进技术、经营管理人才和工人素质等因素，依靠高新技术在市场上获利，廉价劳动力和原材料不再成为跨国公司投资的主要因素，但也是不可或缺的条件，相对于其他发展中国家，中国西部的优势还是很多。只要进一步克服体制上的障碍，跨国公司对西部的投资合作将进一步加快。

（二）制造业和重化工业是吸引外资的重点领域

很多专家都做过这样的预测，21世纪，中国将成为世界制造业的中心。制造业既是高技术行业，又是资本密集型和劳动力密集型行业。发达国家将发展的重点已纷纷转向高科技产业，如计算机芯片、信息网络、航空航天等。高科技产业投入大，但消耗小、收益高、控制力强，因此他们势必将劳神费力的制造业转移出去。中国西部恰恰处于产业升级和技术升级的阶段。从市场需求、技术基础和劳动力素质来看都比较适应，正如20世纪80年代中国从发达国家进口电视机，90年代，中国却大量出口电视机等家电产品一样，中国在90年代大量进口外国设备，21世纪初，中国大量使用的设备可以自己制造，10年后，完全有可能大量出口机械设备，这完全符合世界工业发展的规律。

新中国成立以来，在西部地区布局了一大批机械工业企业，有些企业至今仍处于在全国发展的前列，为制造业的发展奠定了技术和劳动力的基础。但为数众多的企业由于设备老化，产品技术落后，资金严重短缺，面临严重的困难。在西部大开发进程中，通过扩大开放，引进外资，这些企业就能够焕发生机。

亚新科汽车零部件集团公司的董事长杰克先生预言：中国内陆将成为世界制造加工业中心。杰克先生认为，中国既有潜力无穷的市场，又有亟待开发的生产能力。20世纪70年代，美国经济受到日本经济的严重挑战，起因皆缘于日本大规模地降低成本，电子加工业的迅速崛起；美国公司80年代开始重组，在生产加工能力、全球竞争力、产品质量上开始领先，信息经济让美国重整河山。但是目前美国的制造业也遇到一些问题，劳动力成本压力过大，导致其全球竞争力下降。现在主要的美国大公司改变了一些观念，不仅仅卖产品，更主要的是卖一种解决方案，例如世界著名的机械设备制造公司卡特彼勒，机械设备本身需要的铸件和轴承已不由自己生产，大部分交给低成本企业去做。卡特彼勒自己做什么呢？它会帮助客户设计设备方案，如何获得融资购买设备，如何配备零部件和维护设备，如何与其他机械设备匹配等问题。笔者曾于1999年参观过美国制造农业机械的凯斯（CASS）公司。其生产并销售的农业机械全部由电脑控制，并配备与卫星连接的全球定位系统，因而可以说是世界技术水平一流的公司，但其机械部件与中国的差不了太多。可以说，中国的许多大型机械厂都可以制造出来。如果在中国制造其生产成本就会低得多。由于美国公司生产成本高，所以售价也高得惊人，只有转移至中国生产，才有可能进入中国市场和其他国家的市场。以往，跨国公司把注意力集中在中国几亿人口组成的巨大消费市场，而现在应注意到中国的另一大优势，在全球竞争日益激烈的情况下，中国将能提供全球最大的一支劳动力大军，这支劳动力大军用他们的双手制造出来的机械设备在全球都将有竞争力。

西部地区发展化学工业具有十分广阔的前景。西部地区拥有十分丰富的煤矿资源、盐矿资源、磷矿资源和天然气资源。这是发展煤化工、盐化工、磷化工、天然气化工的最基本条件。西部地区还拥有十分丰富的能源，尤其是蕴藏有丰富的水能资源。由于资金短缺，多数煤炭和天然气并没有作为化工原料，而被当做燃料烧掉。在作为燃料燃烧的过程中，对大气造成了严重污染。通过发展化学工业，对这些资源进行综合利用，不仅拉长了产业加工链条，提高经济效益，而且可有效地防止大气污染。目前在西部地区广泛存在的小焦炉、小化工、小水泥、小碱厂等，其原因是市场存在对这些化工产品的需求，而规模大的现代化的化学工业却未能适时地发展。

化学工业是资本技术密集型工业，如煤炭的加工利用可生产出几十种产品，必须综合利用，除了需要非常复杂的技术，还需要巨额资金。否则就会和小化工企业一样，对环境造成严重污染。因此，发展化学工业，必须开展国际合作，广泛利用外资，把丰富的资源利用起来，化资源优势为经济优势。

三、向西开放

西部地区地处内陆，历来被认为是对外开放的"后方"，但西部地区拥有长达2万多公里的边境线，接壤的国家有俄罗斯、蒙古、中亚五国、印度、巴基斯坦、尼泊尔等十几个国家。随着西部大开发战略的实施和全面开放，西部地区将由开放的"后方"一跃成为开放的"前沿"。

（一）西部地区向西开放的有利条件

与我国西部接壤的国家除俄罗斯之外，多数国家的经济发展水平与我国不相上下，经济互补性很强，在发展贸易方面有比较大的潜力。此外，我国边疆的少数民族同相邻国家同属一个民族，不存在语言文化上的障碍，交流十分方便。新亚欧大陆桥的连通，使西部的开放纵深度可延伸到东欧和西欧。

一是地缘优势。西部各省区除重庆、陕西、四川、宁夏之外都与周边国家接壤。除西藏与印度有高山阻隔，其他诸国与我国的联系均十分方便，哈萨克斯坦、蒙古、俄罗斯、越南都有铁路相通，边民贸易不断有新的发展。为了促进对外开放和合作，中国先后在新疆的塔城、博乐和伊宁，内蒙古的满洲里，云南的瑞丽，广西的东兴、凭祥等城市设立了边境经济合作区。新疆同中亚的哈萨克斯坦、吉尔吉斯斯坦、塔吉克斯坦接壤，有长达3000多公里的陆地边境线和霍城、吉木乃、阿拉山口等10个国家级陆空口岸。天山、阿尔泰山横跨中亚和新疆。伊犁河、额尔齐斯河分别发源于天山和阿尔泰山，成为国际性河流。山河相连、江河同源、互为邻里，具有发展区域经济合作的地缘优势。

二是人缘优势。西部地区是我国少数民族聚集最多的地区，许多少数民族同俄罗斯、中亚五国、蒙古等邻近国家都是同族、同胞关系，中亚国家约有60多万华人，新疆约有90万哈萨克人、10多万吉尔吉斯人、3万多塔吉克人，这些跨国界的民族语言相通，风俗习惯接近，宗教信仰相同，加上生活文化上的广泛联系，成为经济合作的人缘基础。而与包括西亚在内的泛阿拉伯国家之间，也有着侨居特别是宗教文化方面的传统联系，如以伊斯兰宗教信仰为纽带的境外经济往来，事实上已经在西部对外开放中产生引人瞩目的作用与影响。

三是新亚欧大陆桥的贯通为亚欧国际联运提供了一条较为便捷的国际通道，有利于国际间政治、经济、文化交流，并将有力地促进我国与世界的联系。大陆桥的贯通和国际化运营，明显地提高了中国西北地区的区域优势度，使之从深居内陆，远离东部出海口岸的"角落"变为通向欧洲、西亚和周边国家的前沿，将有力地促进"沿桥"产业走廊的形成并向国际化发展，推动对外经济技术合作的扩大。日本、韩国和我国的香港、台湾的企业对这条大陆桥的贯通表现出极大的兴趣，准备利用这一连接亚洲太平洋沿岸地区和整个欧洲地区这两个未来贸易中心的最便利、最廉价的运输通道。大陆桥的贯通也为陕西、宁夏、甘肃、青海等省区提供了对外开放的有利条件。长期以来，西部地区的对外贸易主要借助东部沿海的天津、上海、广州等地进行。大陆桥贯通之后，大大缩短了货物运输的距离和时间。经天津港海运抵鹿特丹港，约21840公里，而从西安经新亚欧大陆桥到鹿特丹可减少运输里程约60%。从节省运输时间计算，如果在路况、运能、编组、调度、安全等方面得到国际联运的各方合作，保证货物畅通无阻，从西安到鹿特丹的运输时间将比海运减少1/3甚至更多。

四是亚欧光缆的贯通对于改善西部地区的投资环境，有着十分重要的意义。亚欧光缆东起上海，西至德国的法兰克福，途经11个国家，全长1.6万公里，是连接亚欧的"信息大动脉"，亚欧光缆中国段，东起上海，西至新疆伊犁的霍尔果斯口岸，全长5000余公里。上海至西安段1993年开通，西安—兰州—乌鲁木齐段已于1994年9月投入运营，乌鲁木齐至霍尔果斯口岸光缆也于1995年3月20日贯通。

西部地区沿边开放，经过20年发展有了一定的基础，国家制订了一系列优惠政策，而且外部条件也发生了根本性的变化，尤其是周边国家和地区迫切需要开放和交流，为向西开放提供了极为有利的条件。但也存在不利条件，由于周边国家经济也很落后，从这些国家引进外资几乎是不可能的，另外，在开放交流过程中，也容易发生民族之间的冲突，甚至某些民族极端分子"会产生"分裂祖国的图谋。

（二）积极发展同中亚五国的经济合作关系

中亚五国（哈萨克斯坦、乌兹别克斯坦、吉尔吉斯斯坦、土库曼斯坦、塔吉克斯坦）是我国的近邻，其中哈、吉、塔三国直接与我国接壤。中亚五国独立后都把国内改革和经济建设作为主要任务，加强了国际间的经济合作。中国与中亚五国合作，有利于双方政治经济发展，因此，具有良好的前景。

我国西北地区与中亚五国同属于尚未大规模开发的"自然资源板块"，但资源的种类、结构和数量存在巨大差异，因而互补性很强。中亚五国具有较雄厚的重工业基础和较强的经济实力，钢铁、有色金属、电力、燃料动力、化学工业以及发达的畜牧业和植棉业，构成中亚五国经济实力的主要物质基础。中亚五国原材料工业发达，经济结构基本上属于重工业型。轻加工生产能力明显不足，日用消费品生产不能满足国内消费市场需要。我国西北地区既有一定的重工业基础，又有较发达的轻纺工业，具有充足的出口货源，可以在一个较长时期内向中亚地区出口其急需的轻纺、服装、电子、食品等产品。而中亚国家可向我国西北地区提供钢材、汽车、化肥、石油、黑色金属等产品。在技术结构上，西北地区的轻工、纺织、电子工业部门的技术水平相对于中亚五国处于较先进的地位，而在冶金、机械制造、化学工业技术方面却不如中亚诸国，因而存在技术合作的现实可能性。此外，中亚各国正处于大力进行经济建设的初期，需要广泛的国际劳务合作，我国西北地区在组织工程建设和劳务输出方面已有10多年的实践经验。有条件进行这方面的合作。

（三）大力推动边境贸易的发展

边境贸易是根据毗邻国家的地方和边民的经济发展、生活需要和当地贸易传统习惯而特设的一种贸易形式，包括边境地方贸易和边境居民小额贸易两种形式。它具有带动或影响边境乃至其腹地经济发展的功能，成为西部地区对外开放的重要部分。1991年4月，国务院颁发《关于积极发展边境贸易和经济合作促进边疆繁荣的意见》，对边贸形式和管理办法、边贸的税收优惠政策、边境地区的经济合作、边贸和经济合作的统一指导和协调管理方面提出了较为详细的意见。在政府的倡导和支持下，昔日沉寂的边疆边境贸易发展迅速。长期困扰我国边境民族地区社会经济发展的贫困难题，通过发展边境贸易有了改观。在2.2万多公里的边境线上建立了2000多个开放口岸，逐步形成了以俄罗斯、蒙古及东欧为对象的北部开放区，以巴基斯坦和西亚为对象的西部开放区，以印度、尼泊尔、缅甸、老挝、越南、孟加拉国为对象的南部开放区。这些开放区均以内地为依托，在发展边境贸易的同时，开展各种不同层次的经济合作，不仅给自身经济发展注入了活力，而且改变了整个中国东西、南北经济态势。

1. 发展边境贸易是促进西部地区发展的有效途径

改变西部地区经济文化落后的面貌，最根本的出路在于发展生产力，

西部大开发与全面开放

而发展边贸正是促进经济繁荣、调节供需、优势互补、发展生产的一条重要途径。

边境贸易促进了沿边地区外向型经济的发展。发展外向型经济有利于边境地区摆脱自给自足的自然经济生产方式。边境地区人口稀少，市场狭窄，虽物产丰富，但价值往往得不到实现。通过边境贸易，把商品销往周边国家，并换回本身所需要的消费品和生产资料，不仅能够提高生活水平，也能提高生产能力。如云南瑞丽，由于边境贸易的发展使我国不少商品通过中缅口岸转口孟加拉国、泰国、新加坡等南亚及东南亚地区，为跨国经营打下了较好的市场基础。

边境贸易促进了边疆地区的社会稳定和民族团结。边贸的发展不仅使边疆经济日趋繁荣，更因此而促进了边疆地区的社会稳定和民族团结。如西藏长达 4000 多公里的边境线上，住着藏、珞巴、门巴等少数民族，随着边贸的发展，人民的生活发生了很大的变化。樟木口岸的边民 1980 年人均收入为 300 元左右，1994 年达到 1600 多元，边民存款最多的已达 50 多万元。

边境贸易能够带动东西合作和国内的交流。边境贸易的开展，不仅能够促进当地生产的发展，也吸引了一大批来自东部和中部的投资者和商家。他们不仅带来了可能交易的商品，也带来了资金和技术来当地就地加工。事实上，没有内地的商家云集，边境贸易也很难发展起来，其边境繁荣也难以持久。

2. 制订切实可行的沿边各省区边贸合作发展战略

为了改变目前边境贸易的某种自发状态，应根据沿边各省区的不同优势，结合接壤地区市场情况，有领导、有计划、有步骤地开展经贸合作，制订出切实可行的发展战略。要分析研究我方各省区的优势与条件和周边国家的不同需求及支付能力，就边贸进出口规模、经贸合作方式、进出口商品结构、适销出口货源的安排、出口生产基地的建设、市场销售的巩固和扩大、鼓励和扶植出口生产企业的政策措施、信息咨询机构的设立、金融结算服务体系的建立、经贸人才的培训等做出战略性安排。

3. 扩大边境贸易的开放度，形成完善的边贸体系

要把发展西部地区的边境贸易，作为西部对外开放战略的一个重要组

成部分。在几个主要的贸易口岸，设立自由贸易区，实行更加优惠的政策和完善的服务，并把自由贸易区、出口加工区、经济合作区分为三个层次有机地结合起来，加强基础配套设施建设，扩大口岸区的综合功能，吸引更多的投资者前来投资，发展"三来一补"加工。口岸地区应在工商登记、土地征用、对外洽谈及报关、商检、储运、结算等方面为投资者提供便利，由此促进西部边贸依托内地的整体优势，向深度和广度进展。

4. 制订正确的政策，培育宽松的稳定的贸易环境

支持边境地区贸易的发展要制订正确的政策。国家在制订有关边贸政策时，应充分考虑民族地区和边境地区的实际情况和各边境地段的特殊性，并根据边贸自身特点，在财政、税收、投资等方面进一步实行更为灵活的政策，为边贸创造一个较为宽松的宏观经济环境。边贸政策应保持一定的连续性和稳定性，应优惠于周边国家。正确政策的制定和实施，对边境贸易来说，既是促进，又是规范，从而使边境贸易得以持续稳定发展。

5. 加强宏观协调规划与管理，建立边贸活动新秩序

为了进一步利用和挖掘边境贸易发展的潜力，提高经济效益，改变无序状态，必须加强宏观调控管理。这种宏观管理是多层次的，既包括与接壤国家经贸部一级的双边经贸合作的协调，也包括沿边各省区自身的边境贸易协调。应加强对西部边境贸易的研究，制订发展西部边境贸易的宏观规划，建立现代化的信息处理系统。工商、税务、海关等部门，一方面应简化手续，提供便利，鼓励各方面发展边贸；另一方面要加强必要的引导和管理，维护正常的边贸秩序，防止恶性竞争，保障边境贸易在健康的轨道上继续发展。

参考文献：

1. 周天勇：《西部大开发的思路和对策》，中国西部论坛论文集。
2. 杜平、肖金成等著：《西部开发论》，重庆出版社2000年版。
3. 陈栋生主编：《西部开发：大战略 新思路》，经济科学出版社2001年版。
4. 白光主编：《西部大开发》，中国建材工业出版社2000年版。

西部大开发与基础设施投融资

西部地区在我国属欠发达地区，虽然新中国成立后，国家在投资方面给予了很大支持，使西部地区具有了担当雄厚的经济基础，但还未能从根本上摆脱欠发达状态，与东部地区和中部地区相比，存在着相当大的差距。资金短缺、资金流失、资本形成困难，至今仍困扰着西部，成为制约西部发展且是非常难以解决的问题。西部大开发已成为我国进入 21 世纪后经济发展的重要战略。随着开发战略的实施，西部地区必将有一个大发展。同时西部大开发将需要大量的投资，仅靠现有的资金来源渠道和投融资方式，将很难满足西部开发的需要，因此，本文就此问题进行一些研究和探索。

一、资金短缺是欠发达地区所面临的共同问题

资金短缺是全世界所有发展中国家和欠发达地区所面临的共同问题。从我国来看，经济发展也受到资金短缺的制约，西部地区生产力总量少，资金比较效益低，低收入人口尤其是贫困人口多，因此，资金短缺问题更为突出。虽然中央政府将给予大力支持，但中央财力有限，对于西部大开发来讲，只能是杯水车薪。这一点，无论是西部地区的人民，还是各级政府的领导，都要有比较清醒的认识。

中国的经济体制从 20 世纪 70 年代末开始由传统的计划经济体制向市场经济体制转变。在这种转变过程中，整个国民经济运行机制、资源配置方式以及经济发展战略都发生了重大变化。随着市场化改革的推进，各种要素开始打破地域、行业和企业界限，遵循市场经济规律向着效益高的地

方流动。东部沿海地区市场经济比较发达，当地人的市场意识也比较强，能够凭借其优越的条件，吸引到国内外的各种资源；而西部地区市场发育程度低，不仅难以吸引到外部资源，已有的资金、人才也大量外流。"一江春水向东流"，"孔雀东南飞"形象地反映了近10年来生产要素单向流动的现实。资本追逐利润、资金向高效益地区流动是资金运行的一般规律，任何的限制将影响资金价值的实现。资本自由流动是市场经济的根本特征。因此，资金由西部到东部的转移很难从根本上抑制，政府虽然可以制订某种规则限制资金跨地区转移，但这既与市场经济体制相悖，又不可能取得好的效果。随着市场体制的完善、东西合作的加强，资金流动的途径增多、资金转移的手段也会加强，人为的控制和规则的限制不可能取得成效。西部大开发需要巨额资金，而西部自有的资金却又滚滚东去，这一矛盾和问题对西部大开发形成严峻挑战。

西部地区虽然面临资金短缺问题，但储蓄存款已达7000多亿元，和1990年全国城乡居民储蓄存款不相上下。西部国有和限额以上非国有工业企业的总资产达15000多亿元，净资产也达5000多亿元，这是西部大开发的资金源泉。关键是通过什么样的机制、手段、政策、方式将其活化并导入开发建设之中去。因此，西部大开发应通过制度创新和金融深化，从根本上解决资金效益低下的问题，为资本形成开创出广阔空间。

二、基础设施建设必须引入新的投资方式

加快西部地区的基础设施建设不能采用竭泽而渔的手段，应通过采用合适的投资方式引入外部资金。国际上通行并比较成功的方式很多，比较适用于西部地区的投资方式是BOT方式。

BOT是英文BUILD（建设）——OPERATE（运营）——TRANSFER（转交）的缩写，其含义是通过政府或所属机构为投资者提供特许协议，准许投资方开发建设某一项目，项目建成后在一定期限内独立经营获得利润，协议期满后将项目无偿转交给政府或所属机构。在西部地区采用BOT方式，必须同时解除两方面的限制。一方面是对投资者亏损的补偿问题。这是BOT方式在国际上十分盛行，而在我国难以推广的原因。在

西部大开发与基础设施投融资

欠发达地区修建高速公路存在着极大的投资风险，经济能否随着高速公路的开通而迅速发展，当地居民对价格的承受能力都是很难预测的指标。因此，投资者一般要求政府保证其最低的收益率，一旦不能达到，政府应给予补偿，这是 BOT 方式的核心意义所在。给予投资者亏损补偿是完全合理的。我们许多地方政府因不愿意提供补偿的承诺而使谈判陷入僵局。事实上，当地政府应对经济发展抱有充分的信心，高速公路能够促进当地经济的发展，是毫无疑义的，随着经济发展，车流量会迅速增加也是毫无疑义的，完全没有必要过分担心将来的补偿问题。即使将来必须给以补偿，也是在未来几十年后，将现值折成终值是合算的。另一方面，应打破只限于外商投资采取 BOT 方式的限制，事实上，内资也可以采用 BOT 方式，甚至当地的企业也可采用 BOT 方式。我们国内一些大的企业集团具有相当的投融资能力，在当前内需不振，投资机会难以把握的形势下，将资金投入有政府担保的基础设施建设领域，不失为明智的带有战略性的选择。他们投资于中西部，比起外商投资有更多的优势。只要西部地区的政府肯承担投资风险，他们就能大举西进。

ABS 方式是国际上常用的筹资方式，它是利用存量资产转换为货币资金用于新项目投资的新型项目融资方式。ABS 即 ASSET（资产）—BACKED（支持）—SECURITY（证券）的缩写。即将贷款形成的资产转让给具有巨大经济实力的大企业，该大企业承担债务的还款责任，然后再依托这些资产发行债券，筹集资金进行新的项目建设。西部地区已建成高速公路 1000 多公里，长江、黄河上也建起了十几座梯级电站，可通过债转股的方式，将债务转化为资产管理公司或某大企业的投资，然后以资产的收益作抵押，发行债券或向银行贷款，实施项目的滚动开发。云南、四川、甘肃、宁夏、贵州等省区的水电工程建设都可以采取这种滚动开发模式。西部地区的高速公路建成后如有明显的效益，也可采用 ABS 方式。如成渝高速公路、西安到临潼的高速公路，可将收益权出售，换取资金，再修筑更多的高速公路。

城市基础设施投资应更多地采用公司制方式。随着管理的科学化和产权的明晰化，外部性问题得到了比较好的解决。原来属于公共物品范畴逐步转化为公共商品，随后又转化为一般商品。如城市供电、供水、供气，有线电视、有线通讯、公共交通等，都由非营利性部门逐渐转化为营利性部门。城市地铁的建设也应采取公司制形式，首先成立地铁投资公司，向社会广泛募集资本。然后，向社会发行由政府担保的建设债券，地铁运行后政府根据情况给予一定的补偿。这种由政府承担投资风险而不是直接出资的方式是欠发达地区摆脱资金短缺困境的比较可行的方式。

三、建立创业投资公司，鼓励企业和个人投资

西部地区资本形成困难是最难于解决的问题。国有经济比重过大同非国有经济成分不活跃，增长速度不快有直接关系。尽可能快地转换国有企业的运行机制是一个方面，但如没有非国有企业或私人企业的发展，没有私人投资者的前赴后继，经济便没有旺盛的持久的动力和活力。西部地区由于经济发展水平低，收入少，因而，消费需求数量较少，消费需求层次与结构较低，同时由低收入决定的储蓄率和积累率较低，可供投资的资金量较少。一方面低水平的消费需求对发展乡镇企业、民营企业等非国有企业缺乏必要的拉动力；另一方面，低水平的储蓄、积累和投资对乡镇企业、民营企业等缺乏足够的推动力，加之西部地区观念陈旧，不敢冒险，不思进取的观念在一定程度上抑制着非国有企业的发展。

一个国家的经济发展能否充满活力，关键要看能否形成一种新兴企业前仆后继、不断涌现的良性经济增长与发展机制，新兴中小企业能否顺利成长则是良性增长机制的一个重要方面。我国人民素来投资意识淡薄，冒险精神不强，这是我国民间投资久启不动的一个重要原因。创业投资公司在激励民间投资上可起到重要的甚至是根本的作用。美国发展创业投资公司是经过近半个世纪摸索，已经比较成熟的促进中小企业发展的形式，我们应该学习和借鉴，并尽快创造条件运作起来。

创业投资公司应对新创办的中小企业尤其是高科技企业提供一部分资本，一方面分担投资者的投资风险；另一方面对民间投资起到一种导向作用，其目的也是以少量资金来推动民间投资的发展。

对新设立企业的贷款担保也是鼓励民间投资的好办法。美国小企业管理局的一项重要业务就是以政府信用为基础对新设立的中小企业的贷款提供担保，使无资产抵押的企业也有可能从银行获取贷款。我们建议在西部

地区各大城市设立相应的投资担保公司，对一些确需支持的中小企业提供贷款担保。

四、创造良好的投资软环境

中西部地区的人们要彻底地更新观念，摒弃"肥水不流外人田"那种封闭的自然经济意识，以开放求开发，以市场换技术，以产权换资金，以存量换增量，以政策换效益，在东、中、西经济一体化的大背景下考虑西部的经济发展问题。

影响资本和人才向西部流动的重大障碍是产权保护和税费水平问题。投资者的产权能否得到有效保护是资本能否跨地区流动的重要前提。现在投资产权尚无有效的法律保障，越是落后的地区，法律越不健全，税费水平越高，这是东部投资者、企业家驻足不前的重要原因。因此，必须解决产权的法律保障问题，全国人大应尽快制订颁布《投资者产权保护法》。有了法律依据，才能限制和惩戒损害投资者利益的行为。中西部地区的政府也应破除"杀鸡取卵"的做法，变"借鸡生蛋"，为"养鸡肥田"，实行"明租、正税、除费"，其优惠政策不能仅仅停留在纸面上，要一一落实在行动上。

投资软环境建设还包括人才教育，必须切实贯彻"科教兴国"的方针，重视发展教育事业和人才培养。没有合格的人才，劳动力素质低，即使有了项目和资金，也难以在市场竞争中站住脚。中央和地方政府应把发展教育作为西部大开发的基础性工作和筑巢引凤战略的一个组成部分，切实解决教育经费不足和教师素质差的问题。

五、政策优惠，财政支持，金融深化

为了增强西部地区对外商投资和东中部投资者的吸引力，国家除在基础设施、教育、生态建设等方面增大投资力度外，还应从政策上加大向西部倾斜的力度。在市场经济条件下，政策具有调控资金流向的功能。东部地区的发展，倾斜的优惠政策起着十分重要的作用。

国外政府为促进本国落后地区的发展大多设立专门的基金支持，如意大利的南方发展基金、巴西的亚马逊投资基金等。借鉴国际经验，为加快西部地区经济发展和开发，应以中央财政为主渠道设立西部发展基金。

西部发展基金的资金来源由中央和地方共同承担，首先可将消费税的一定比例或消费税的增加部分作为西部发展基金的来源。征收消费税本身就包含有向消费水平低的地区和人口补偿的含义，直接划出一定比例作为欠发达地区发展基金，变间接补偿为直接补偿，于情于理都是说得通的。其次可将现有的"支持不发达地区发展基金"、"少数民族贫困地区温饱基金"和各种财政扶贫资金集中起来作为西部发展基金的来源。最后，各省市地方财政也应出资一部分。各省市出资比例应根据其经济发展水平和财政收入能力划分不同等级确定，基本原则是经济实力越强的省市，出资越多，其中东部地区各省市可将"对口帮扶"资金作为出资额的一部分。此外，社会各界的捐赠、国际开发援助机构及各国政府的援助捐款也应并入西部发展基金。

西部发展基金的使用方向主要有：

一是用于对西部地区基础设施建设和重点产业发展的"投资补贴"。"投资补贴"是国外常用的一个政策工具，一般是按照对落后地区项目投资总额的一定比例予以补贴或奖励。从一些发达国家的经验看，中央政府对落后地区的援助大多采取投资补贴的形式，而不像我国大多投入在直接创办的经济实体上面。如德国按人均收入的5%征收特别税，作为德国统一基金的来源，对到东部地区投资的企业提供50%的联邦投资补贴。美国联邦政府为支持落后地区的经济发展，对经济开发区符合条件的项目提供大约1/3的投资补助。荷兰政府为鼓励工商业扩散到兰斯塔德大城市区以外的地区，对在北部和南部地区扩建的工商企业提供10%~30%的奖励金，而对新建企业提供15%~35%的奖励金。为引导东中部地区企业和外商投资企业到西部地区投资，特别是投资于那里的农业、水利、交通、电力、高科技产业，可通过"投资补贴"形式予以鼓励。

二是对商业银行对西部地区贷款予以贴息。商业银行对西部地区贷款客观上存在着比发达地区更大的风险，为鼓励和引导商业银行增加对西部地区企业的贷款，可按照贷款数额给予一定比例利息补贴或风险补贴。

三是对中小企业投资公司提供资本金和中小企业担保公司提供担保的风险资金来源。

四是用于解决城镇就业的"就业补贴"。"就业补贴"也是国外解决地区失业差异所采用的一种区域政策工具,通常是根据企业在不发达地区创造的就业机会给予企业一定数额的补贴,以降低企业的工资成本,鼓励企业多用工。采用就业补贴比失业救济的效果要好。促进西部地区的发展要把解决就业问题放在一个重要位置,更多地鼓励创造就业机会多的投资者。

五是用于西部贫困地区的"扶贫开发"补贴,扶贫开发补贴不是救济,也不是对特困户进行养殖、种植活动给予资金支持,而是对龙头企业帮助特困户摆脱贫困给予的补贴。

设立西部开发基金的目的是鼓励东中部投资者到西部投资,促进当地的资本形成,它是一种诱导性基金,不能把其用于项目投资,否则便起不到政策工具和经济杠杆的作用。

西部产业投资基金与西部开发基金完全不同。它是一种证券性共同投资基金。向公众公开发行,并可在证券交易所上市交易。其使用方向是投向西部地区特定行业、企业和项目,支持西部地区产业的发展。产业投资基金具有双重性质,即效益性和产业指向性。其他都和共同投资基金相同。即公众投资、专家管理、风险共担、共同受益。产业投资基金条例已经数易其稿,可望不久即可获批准试行。建议西部产业投资基金从现在开始筹组,一旦条例批准后,立即上网发行。只是尚需研究发行在欠发达地区投资的基金证券的公众可接受性。因此,发行第一家西部产业投资基金需要精心组织和周密安排。

西部大开发与金融深化

西部大开发需要大量的投资，仅靠现有的资金来源渠道和投融资方式，很难满足需要。资金短缺、资金流失、资本形成困难，至今仍困扰着西部，制约西部发展且是非常难以解决的问题。西部开发和发展必须通过体制创新和金融深化，走出"低水平均衡陷阱"，为资本形成开创出广阔空间。

一、资金短缺和资本形成困难是困扰西部发展的主要问题

资金短缺是全世界所有发展中国家和欠发达地区所面临的共同问题。我国西部地区生产力总量小，资金比较效益低，低收入人口尤其是贫困人口多，因此，资金短缺问题更为突出。虽然中央政府将给予大力支持，但中央财力有限，对于西部大开发来讲，只能是支持重点行业、关键性项目。

近年来，随着国家专业银行转化为商业银行，经营目标转为利润最大化，银行的风险意识大为增强，毫无疑问，西部地区的企业风险承担能力比东、中部小，投融资的风险比东中部大，贷款向东部倾斜便成为意料中事。据统计，从1988年到1998年，国家银行对西部地区的贷款比重稳定在15%上下，远远低于西部地区人口占全国的比重（23%）。此外，国家规定无论是商业性银行还是政策性银行，对项目贷款必须要求项目有一定比例的资本金支持，由于筹集不到规定比例的资本金，西部地区很多项目的贷款难以落实。

美国经济学家纳克斯（R. Nurkse）1953年在其《不发达国家的资本形成问题》一书中认为，发展中国家在宏观经济中存在着供给和需求两个循环。从供给方面看，低收入意味着低储蓄能力，低储蓄能力引起资本形成不足，资本形成不足使生产率难以提高，低生产率造成低收入，这样周而复始，完成一个循环。从需求方面看，低收入意味着低购买力，低购买力引起投资引诱不足，投资引诱不足使生产率难以提高，低生产率又造成低收入，这样周而复始又完成一个循环。两个循环相互影响，使经济情况无法好转，经济增长难以实现，这就是著名的"贫困恶性循环论"。该理论虽然是对发展中国家经济不发达原因的解释，但对于我国西部地区来说，也是比较贴切的。我国西部地区由于原有经济基础薄弱，发展起点较低，自身积累和资本形成能力一直比较差。西部地区全社会固定资产投资占全国比重从1996年以来一直低于15%，资本积累率也不断在下降，可以说也陷入了"恶性循环"。

二、活化存量、凝聚增量、滚动开发

西部地区虽然面临资金短缺问题，但储蓄存款已达7000多亿元，西部国有企业的净资产也有上万亿元，这是西部大开发的资金源泉。关键是通过什么样的机制、手段、政策、方式将其活化并导入开发建设中去。

（一）存量资金转化

40多年来，西部十省区建起了2450家大中型工业企业，其中大型企业780多家，固定资产4000多亿元，形成了一批专业化程度高、辐射能力强的行业，不少领域的技术水平甚至在国内领先，从而确立了西部地区在全国工业布局中的重要地位。这些资产，构成了西部开发的存量资金。根据市场经济理论，凡是有价值的资产都是商品，都是可交易可转化的资金。作好西部国有企业这篇文章，通过资产证券化和证券交易变现，便能筹集大批资金。

西部地区的国有企业改革进展得十分缓慢，至今，还有相当数量的国有企业未进行现代公司制改造，有的改了名称，但运行机制并未进行转换。由于国有企业的机制未予根本转换，使其缺乏适应市场的能力。因此，根本的问题是进行现代企业制度的改造，使产权明晰化、多元化，使国有企业的产权可交易，然后才能有效地实施结构转换和调整改造。对那些市场需求的企业，应在股份制改造完成后，将国有股本出售一部分甚至大部分，向社会募集一部分资金。通过股权出售不仅可实现产权的多元化，将社会监督引入企业，而且可使分散的社会资金迅速凝聚起来转化为资本，这是解决西部资金分散和资本形成困难的有效可行的途径。

将国有企业通过改制实现资产证券化并部分出售给城乡居民，比较适合西部地区的情况。现在股份公司在上海和深圳证交所发行的股票，其价格远高于价值，不适合作长期投资。因此，西部地区的企业首先应根据评估后的净资产确定发行价格，通过柜台交易实现股票的流通。待股份公司运行正常，有稳定的效益时，才允许到证券交易所上市交易。

（二）强势企业凝聚资金

一个企业由于实现了资金、技术、劳动力和管理四种要素的有机结合或最佳组合，在短短几年内，资产规模可成倍地扩大。可以看到很多这样的例子，如四川长虹、陕西彩虹等企业集团都在短期内通过股票市场凝聚了大量社会资金，从而使企业在市场竞争中处于非常有利的地位。我国西部地区存在很多方面的劣势，但通过培育强势企业不仅可以凝聚大量资金，而且可以通过企业规模化而化解劣势。

培育强势企业首先应使企业具有科学的运行机制，按照现代企业制度的要求建立法人治理结构，并使产权明晰化。产权明晰、机制完善是培育强势企业的基础。其次，要有懂管理、善经营、知识全面、有魄力的企业家。企业家既可以在企业中培养，也可以从人才市场上招聘，关键问题是要给予企业家以优厚的待遇。待遇过低，便吸引不了优秀人才。最后，要创造使企业家发挥作用的环境条件，强势企业的培育是渐进的，不能一蹴而就，有些地方一提培育强势企业，就想通过产权重组把一大批企业的资产划拨过来，结果不但没有培育出强势企业，还往往把一个好企业拖垮了。

强势企业不仅能凝聚当地的资金，而且能凝聚全国的资金。西部地区自1998年来，已在上海证券交易所和深圳证券交易所上市的企业共有198家，共计募集资金435171亿元。西部地区现有大型企业997家，中型企业1993家，假如有10%成为强势企业，也有将近300家，每年每家从市场上凝聚1亿元资金，就接近300亿元，那将对西部地区的经济发展起到相当大的促进作用。从统计数据看，1998年年末，西部地区全社会投资总额仅为4167172亿元、国家预算内投资仅为206118亿元、利用外资82177亿元。可见，通过强势企业凝聚社会资金是西部地区大开发的重要途径。

（三）采取ABS方式，实施滚动开发

ABS方式是国际上常用的筹资方式，它是利用存量资产转换为货币资金用于新项目投资的新型项目融资方式。ABS即ASSET（资产）、BACKED（支持）、SECURITY（证券）的缩写。即将贷款形成的资产转让给具有巨大经济实力的大企业，该大企业承担债务的还款责任，然后再依托这些资产发行债券、筹集资金进行新的项目建设。西部地区已建成高速公路1000多公里，黄河上也建起了十几座梯级电站，可通过债转股的方式，将债务转化为资产管理公司或某大企业的投资，然后以资产的收益作抵押，发行债券或向银行贷款，实施项目的滚动开发。云南、四川、甘肃、宁夏、贵州等省区的水电工程建设都可以采取这种滚动开发模式。西部地区的高速公路建成后如有明显的效益，也可采用ABS方式。如成渝高速公路、西安到潼关的高速公路，可将收益权出售，换取资金，再修筑更多的高速公路。

三、促进金融深化，走出"低水平均衡陷阱"

1956年，美国经济学家纳尔逊（R. R. Nelson）发表了以《不发达国家的一种低水平均衡陷阱》为题的论文，提出了"低水平均衡陷阱"理论。其理论核心是，发展中国家人口的过快增长是阻碍人均收入迅速提高的"陷阱"，必须大规模投资，使投资和产出超过人口增长，实现人均收入的大幅度提高和经济增长。低水平均衡陷阱是由低下的人均收入造成的。若要冲出这个陷阱，人均收入就必须大幅度地、迅速地增加，使得新的投资所带来的国民收入增长持续地快于人口的增长。这对研究我国西部大开发，寻找实现经济发展的途径，具有很大的启发意义。我国西部地区正处于"低水平均衡陷阱"之中。要走出这一"陷阱"，首先要深化改革，实现体制创新，大幅度提高企业的经济效益。其次，要通过金融深化，促进资本形成。储蓄仅仅是资本积累的源泉，而完善的金融体制和发达的金融机构才能将储蓄转化为有效率的投资，从而形成促进经济发展的资本积累。最后，通过大规模投资，扩大经济规模，增加就业机会，使当地城乡居民的收入有一个大的提高，从而扩大市场容量，促进加工贸易的发展。

利用资本市场开展直接融资是解决西部地区发展中资金短缺的重要途径。发展直接融资，不仅能把分散在个人、机构手中的闲散资金集中起来投入西部大开发，而且也能避免间接融资造成企业债务负担过重。为此，需要调整目前的资本市场主要集中在东部沿海地区的指向，应在西部的大城市中建立区域性证券交易中心，如条件成熟也可成立证券交易所。

西部地区国有企业通过改革，将有一大部分改组为股份有限公司，可以吸收一大批个人股东和法人股东的投资。这些股份公司短期内难以满足上市的条件，但必须解决股票的流通性问题，因此，在西部地区，应放宽对证券交易的限制，允许股份公司的股票在当地挂牌交易。场外交易在很多国家都是允许的。此外，在重庆、成都、昆明、西安、兰州、乌鲁木齐等地建立区域性证券交易中心，当地一些质量较好、效益较高的股票可进行集中交易。今后还可考虑在西部地区选择一两个管理机构健全、人员素质较高、设备先进的证券交易中心转为全国性证券交易所。发展西部地区证券市场有助于完善我国西部地区的区域市场体系，筹集该地区发展所需要的巨额资金，补银行信贷资金的不足。发展西部地区的证券市场，需要针对西部地区的特点，规范发展其证券市场主体——股份制企业，规范发展其证券市场客体——债券和股票，规范和发展证券交易场所——区域性证券交易中心，培育和扶持证券投资主体——机构和个人。

完善西部地区的金融市场对西部大开发也极为重要。国家应规定三大政策性银行对西部的贷款比例，防止其从自身的安全和效益考虑对西部地区采取歧视性贷款安排。对商业银行的贷款比例不好作硬性规定，但也应进行鼓励和引导，将效益好、前景好的项目推荐给商业银行，给商业银行在项目选择上的优先权。政府也可以采取对商业银行贷款进行贴息的办法，鼓励其向西部地区提供更多的项目贷款。

通过采取存量资金转换、强势企业凝聚、发展资本市场等措施，从根本上解决西部地区资金流失、资金分散和资本形成困难等问题，是实施西部大开发的必要条件，在此基础上重点吸引东部、中部和外商投资，是保证西部开发战略成功之所在。

（本文原载《宏观经济研究》2000年第8期）

西部大开发与东、西合作

积极开展东西部地区政府和企业的经济合作,这是西部大开发战略的重要内容。东、西合作就是把西部地区的资源、能源、劳动力、市场等方面的优势,与东部地区的资金、技术、人才、管理等方面的优势有效地结合起来,实现优势互补,加快西部地区的经济和社会发展。

一、东、西合作是缩小地区差距的重要途径

缩小东、西部差距,实现共同富裕是西部地区人民的迫切愿望,也是我国经济发展和社会稳定亟待解决的焦点问题。共同富裕是社会主义的本质所在。西部地区的老百姓富不起来,市场就很难扩大,必然制约和影响东部地区的发展。西部大开发在很大程度上寄希望于东、西部的合作。我国的东、西经济合作属于发达地区同不发达地区的合作,在自然资源和经济技术方面呈双向梯度趋势,在经济上互补性很强,彼此之间各有所求,因而合作的愿望强烈。东部地区生产力比较发达,而且向外发展的需求不断增长,而西部地区生产力水平较低,又渴望借助外力加快开发利用各种资源,尽快摆脱经济落后状态。因此,应根据各地资源条件、经济技术基础和相互之间的商品经济联系,按照市场原则,从经济布局合理性和发挥整体优势出发,在更大范围、不同层次上开展经济合作,逐步建立起地区性经济合作网络,以实现区际间协调发展的目标。我国东、中、西部地区虽然存在着比较大的经济发展差异,但三大地区存在着天然的内在联系。西部地区有丰富的自然资源,长期以来,作为东部的能源原材料基地而存在,对东部的发展做出了巨大的贡献。但交通通信条件、经营管理水平、

劳动力素质、观念意识、物质基础等比东部地区落后得多。通过加强区域之间的横向联合与协作，促进生产要素的合理流动，建立符合市场化原则的经济合作机制，才能带动西部经济快速发展。

东部地区经过20年的开放和发展，积累了比较雄厚的经济实力，步入了经济发展的快车道，与此同时，随着消费水平的提高，土地和劳动力价格大幅度上升，低成本的优势正在消失，市场竞争日趋白热化。而西部地区由于开放滞后，经济发展慢，市场潜力巨大，势将成为中国经济发展新的增长点。因此，东部地区可以根据实现产业结构调整的需要，在西部地区投资办企业，把一批传统产业转移扩散到西部去，形成西部地区经济增长的外部驱动力，借西部大开发之机，把东部地区的技术、信息、管理经验向西部地区传递，这是克服西部地区经济发展滞后，缩小地区差距的有效途径。互相取长补短，加强联合协作是东、中、西部发展的内在要求，是适应市场经济发展需要的一个自我调节自然融合的过程。西部大开发必然促进全国范围内的生产要素大流动、经济结构大调整，国民经济大发展。

二、东、西合作应主要采取市场化方式

东、西部的经济合作不能像计划经济时期那样，通过国家统调统配方式或者是一平二调方式，而应主要采取市场化的方式，即以企业为主体，通过利益驱动机制来实现。在计划经济体制下，沿海与内地的合作是通过计划机制推进的，中央集中制订计划，把沿海地区的资金、技术和人才无偿地向西部地区调运，在一定程度上壮大了内地的经济技术基础，但其消极作用是十分明显的，一是限制了区域之间的竞争，被动地联合使双方缺乏合作的积极性和主动性；二是"鞭打快牛"的财政政策影响了沿海地区的发展后劲，而对落后地区的财政补贴并没有形成自我推动经济发展的机制；三是合作计划常常违背经济规律，导致人力物力的闲置、浪费和破坏，未能有效地或从根本上促进落后地区的发展。而在市场化原则指导下的经济合作，是经济主体在经济利益驱动下的自觉行为，可以提高资源配置效率，增强合作中的竞争意识、风险意识和互惠互利意识，能够调动合

作各方的积极性和主动性。

国家和各级地方政府应依据市场化原则,通过产业政策和财政金融手段,鼓励东部地区的企业向西部投资。应加强西部地区和东、中部地区的产业联系,抓住东部地区产业结构升级调整的机遇,寻找优势产业,使东部地区的劳动密集型产业和初级加工业向西部地区转移,从而推动东部地区产业的升级换代,实现西部地区产业结构的调整,增加西部地区的就业机会,更好地带动相关产业的发展。应鼓励东部发达地区的企业兼并西部企业或组建企业集团,为西部企业引入新的生产经营机制和管理模式,使之形成与东部地区企业的上下游或技术互补的产业联合,使西部一些困难企业逐步摆脱困境。结合产业结构调整和技术进步,东部地区应鼓励和促进劳动密集型产业和高耗能、高耗原材料、大运量产业以及初级产品加工产业向西部的适宜地区转移,以进一步带动和支援西部内陆地区经济的发展。

西部地区的各级政府要把加强与东、中部的合作作为实现经济跨越式发展的切入点和突破点,增强主动性和自觉性,通过努力改善投资环境来增强吸引力,还要勇于走出本区域,去和发达地区、沿海开放城市建立各种经济联系,积极为企业间合作"搭台",促使东、西合作领域不断扩大,更富成效。1994年年底,陕西省委、省政府针对陕西封闭太死,开放不够的现状,明确提出了"以开放促开发,以开发求发展"的经济发展战略;1995年6月,又第一次提出了"以资源换技术、以产权换资金、以市场换项目、以存量换增量"的"四换"战略,有力地促进了东西部的经济合作。2001年,陕西省成立外商投资项目促进服务机构,并按项目成立促进服务小组,其工作职责是协助解决中外双方合作中项目推进实施所涉及的重大问题和困难,对不能有效解决又影响项目实施的突出问题,将形成专题上报省开放办;协助外商办理审批、登记、注册和建设配套条件等报批手续;协助调查搜集合作各方的项目背景,企业资信等基本情况,同时反馈重大项目实施及工作进展情况。首批分别成立10个项目促进服务小组,将从省级相关部门中抽调专门工作人员全脱产,集中办公,跟踪服务,以确保重大项目尽快实施。2002年年初,宁夏与北京大学正式签订合作协议,开展以下合作:一是由北大提供各种最新技术和科研信息,在宁夏进行新产品开发研究;二是由北大组织专家教授、通过科技开发、联合攻关、共建技术中心、科技成果转让等方式，加强技术创新方面的合作；三是与宁夏有优势的企业共建国家级工业研究中心；四是与宁夏企业、科研单位联合申报或联合投标国家级科技项目；五是委托北大举办各类各层次的进修班、培训班、北大专家学者不定期赴宁举办学术讲座、帮助宁夏建立博士后流动站；六是在宁夏建立北大研究生实践基地和远程教育网；七是北大派博士、硕士团赴宁短期服务。昆明市在2003年中国昆明出口商品交易会期间共签约国内合作项目49项，协议总投资188.7亿元，其中协议引进市外资金168.7亿元，其签约的项目成熟度高达78%，投资规模大，投资领域广，独资项目多。

企业是西部大开发中东中西经济合作的最基本和最主要的投资主体，也是最具生命力的合作因素。西部丰富的资源和原材料、巨大的市场、低廉的劳动力成本，对东部地区的企业具有强大的吸引力。东部一些劳动密集型企业、产品在东部地区市场趋向饱和的企业、主要原材料依赖于西部的企业、高耗能大运量企业，最具有西进的积极性。在市场经济条件下，谁先进入西部，谁就在未来竞争中占据了有利地位。青岛化工集团将生产基地迁往贵州，不仅带动了贵州当地经济的发展，也使自身摆脱了困境。

东部地区的企业所具有的先进技术、资金实力和科学管理经验，又是西部企业所急需的。广西桂林市坚持"走出去""引进来"相结合的战略方针，2002年以来引进国内资金37.52亿元。北京燕京啤酒、安徽海螺集团、江苏雨润集团、北京汇燕集团、中国连五州集团等一批有实力的企业已相继在桂林安家落户。三九胃泰投资四川雅安也是一个成功的范例。

三、东、西经济合作的具体形式

东、西经济合作的形式很多，既可共同创建适应于现代企业制度的新企业，也可利用东部企业的资金、技术、人才、信息、产品、管理和机制，用承包、租赁、参股、购买、托管等形式，嫁接改造西部的企业，使之成为新的经济增长点，使合作各方共同获益。

1. "东部资金＋东部技术＋西部基础设施"模式

由于地缘条件和自然环境影响，我国东部地势相对平坦，河网密布，交通条件便利；雨水充沛，土地肥沃，生存条件好。而西部地区生产、生活受环境制约程度大，资源优势难以转化为经济优势。交通不方便，信息闭塞，滞留于"体内循环"，基础设施制约着经济的发展，成为西部地区发展的天然"瓶颈"。而我国东部地区凭借地缘优势和国家有关政策通过多年的积累和发展，投资绝对数和技术实力具有明显的优势，通过它们将资金和技术向西部转移，一方面使西部地区投资环境和生存条件得到了改善；另一方面，按照谁投资谁受益的原则使东部自身的这方面优势转化为效益，这种互助与合作对双方均十分有益。2001年，上海实业集团所属上海医药科技（集团）有限公司与宁夏农林科学院合作开发枸杞项目正式实施，该项目总投资8000万元人民币，双方首期出资1000万元成立了"宁夏上实保健品有限公司"。公司现拥有符合食品GMP规范的工厂和园林试验场，运用高科技生产技术，现代化企业管理，专门从事优质枸杞及其深加工产品的生产和经营，已培育出枸杞新品种"宁杞一号"，开发出枸杞"鲜果成粒"等产品。西部地区应从实际出发，首先要发展对西部经济发展后劲有关键作用的能源、交通运输、邮电通迅等，通过加快基础产业和基础设施发展，使西部地区经济在总体发展的同时，结构也有一个大的改善。能源、原材料工业的重点是发展煤炭、石油、天然气、电力、有色金属、石油化工、盐化工、磷化工等；加快黄河上游、长江上游、内陆河流的水资源开发；加快交通运输，以铁路通道为骨干，公路为基础，连结中心城市、重点开发区的交通枢纽，形成各种运输方式合理分工、布局协调、相互衔接的综合运输体系。

2. "东部大公司＋西部大农业＋西部大市场"开发模式

改革开放以来，西部地区农业得到了较快的发展，但仍未摆脱粗放型的生产方式，发展空间仍很广阔，要充分发挥西部的土地、水资源、气候和生物资源潜力，加快天山南北、河西走廊、西南金三角、银川平原、关中平原、汉中盆地、四川盆地、滇中与滇西南、黔中地区、金沙江流域和西藏"一江两河"农牧业基础建设，发展一批商品率高的粮、棉、油、糖、果基地，走农业产业化的路子。西部地区要根据自身特点和优势，充分嫁接东部地区先进的技术和手段，在更大范围内实行贸、工、农现代化经营，拉长农业产业链条，提高农产品附加值和科技含量，壮大规模，形成特色。

近年来，在政府引导和社会主义市场经济的推动下，通过对口支援、干部交流、劳务输出、异地开发、中介搭桥、产品展销、"乡镇企业东西合作示范工程"等形式，逐步打破了贫困地区的封闭格局，加快了生产要素的组合和流动。西部地区向东部地区输送了大批的剩余劳动力，引进了上万个经济技术合作项目，一些资源开发型和劳动密集型的产业逐步向中西部转移。国家重点扶持的592个贫困县中，东部占105个，中部占180个，西部占307个，中、西部共487个，占国家贫困县的80.7%，这些贫困县1995年农民人均纯收入为823.9元，相当于全国农民人均纯收入1578元的52.2%，人均财政收入为74.5元，比全国人均财政收入低169.5元，这些县大多分布在中西部腹地，人民消费水平相对低下，具有较大的市场开发潜力。因此在这些地区应因地制宜开发农业，走"公司＋基地＋农户"的路子，拉长农业生产链条，通过"农副产品→副食品→大市场"，实施农业产业化战略，使中西部的广大农村摆脱传统农业的束缚，将资源优势转化为经济优势，活化农村大市场。应当看到由于中、西部地区基础薄弱、起步较晚，无论是资金还是技术均有一定的困难。选择"东部大公司＋西部大农业＋西部大市场"的联合模式，就是要在充分发挥和挖掘西部市场潜力的基础上，依靠东部地区大公司的资金和人才，嫁接它们先进的技术和管理经验，共同开发，共同发展，以实现整个东部和西部地区的协调发展。

3. "东部的优势＋西部相关产业＋西部的优势资源"模式

由于中、西部的资源主要是土地、能源和矿物原料三大优势。这三大优势资源的最大特点，一方面，它们作为自然资源是一切劳动资料和劳动对象的第一源泉，是一切社会物质资料生产所必需的；另一方面，它们作为基本的生产要素，不能流动，不能单独形成有效的现实生产力，它们只有通过吸引能够流动的资本、劳动、技术等要素并与之结合，才能形成现实有效的生产力，从而产生实际经济效益。由于自然资源的这个特点，就决定了自然资源丰富但经济不够发达地区开发和发展的根本在于有能够吸引资金、技术的政策。企业跨地区合作是这一模式的最佳实现途径。

（1）充分借助东部优势企业的品牌效应，培植名牌产品，达到重组资产、共同发展的目的。1994年7月，常州柴油机股份有限公司以"常柴"牌商标和柴油机散件做入股资本，与宁夏西北轴承厂共同合资组建常柴银川柴油机有限公司（常银公司），生产小型单缸柴油机。由于"常柴"品牌知名度高，而且合资后企业的资金供应条件得到改善，工艺、技术和管理水平大大提高，产品质量有了保证，投产后迅速打开市场，实现当年筹建、当年投产、当年盈利，结束了宁夏生产柴油机长期亏损的历史。常银公司两年来创造的纯利润，相当于赚回1.2个常银公司，实现了超常规发展。

（2）充分利用东部优势，参与组建集团，提高国际竞争力，并使企业的素质得到提高。2001年8月，香港中华电力有限公司与云南省电力集团、云南省投资公司共同出资建造滇东电厂，总投资5.7亿美元，其中香港电力出资4.6亿美元，占总投资的80%。滇东电厂建成后，装机总容量为120万千瓦，成为云南省最大的火力发电厂和云南省"西电东输"主要电力项目。据不完全统计，2001年，上海民营企业到西部投资的项目有21个，总金额91388.8万元。其中，上海同达建筑安装工程有限公司兼并新疆耐火材料工业总公司，项目总金额4100万元；上海中发电气集团公司与兰州沙牛驿建材有限公司签订的"垃圾资源化处理"项目，总投资1亿元，上海方投资5000万元；上海威利德现代农业有限公司与四川省隆昌县农业局合作种植1000亩铁皮石斛，总投资2500万元；上海京高化工有限公司在兰州征1万亩山地搞绿化建设，总投资355万元。

（3）发挥各地区的比较优势，广泛开展合作，实现资源的合理配置。青岛红星化工集团公司在重庆投入500万元闲置设备，以托管方式兼并了当地的一家企业，形成了5200万元的资产，1996年实现利税1800万元；出口创汇700多万美元，收到良好的经济效益。

（4）通过股权转让，利用存量资产变现筹集建设资金支持重点企业扩张发展。2001年7月，上海汽车集团根据国家有关规定，通过国有资产划转的方式，受让柳州五菱汽车股份有限公司的75.9%股权，并将五菱公司改组为"上汽集团五菱汽车股份有限公司"，成为上汽集团中新的成员，双方将实现最大程度的优势互补，上汽五菱的产品和发展将纳入上汽集团统一发展战略和规划，使上汽五菱成为中国微型汽车领域具有领先水平的汽车生产企业。

4. "东部的资金 + 西部的'三线'企业"模式

新中国成立初期，在高度集中的计划经济体制下，中央政府集中人力、物力、财力，实行向中西部地区倾斜投入的非均衡发展战略，在西部地区形成了一定的工业基础设施，重点是"大三线"建设，基本建成了以国防科技工业为重点，能源、重化、交通、电子为先导的综合工业体系。这种战略虽然促进了西部地区的经济发展和整个国民经济的协调运行，在一定程度上缩小了西部地区的经济差距，但在西部，特别是在西部农业、手工业和半手工业的自然经济基础上，从外部强行注入的现代生产要素，发展重化工、军工、机械电子工业等，难以与传统落后的生产要素结合起来，形成严重的"二元经济"格局，现代化工业与非现代化农业的双层隔离运行，现代工业低下的生产效率，使西部地区经济重新具备了"非均衡"的特征。

随着经济体制的转轨和国际社会"和平与发展"的大潮流，一大批"三线"企业正面临着市场的挑战，许多没有摆脱计划体制下的依赖思想，面临激烈的市场竞争，在军转民的过程中落伍了，但它们有一批专业技术人才、有一定的技术实力，如果通过东部地区的资金作为启动，开发出具有市场潜力的新产品，它们会很快起死回生，重焕活力与生机，为西部的发展和全国的发展继续出力。

5. "东部的观念 + 西部的政策"模式

改革与开放是密切相关、不可分割的，二者共同构成新时期的基本特征，对于我国中、西部地区来说，开放就显得更加重要和有效。开放是战后落后国家和民族振兴经济的捷径，实践已经证明并将继续证明，全方位、多层次、宽领域的对外开放格局，是不发达的中国、特别是西部地区振兴经济的钥匙。西部地区的开放，包括对内开放和对外开放两个方面，前者是对沿海和发达地区以及兄弟地区开放；后者是对外国开放、特别是沿边地区开放。这两方面必须相互配合、协调发展，对内开放是对外开放的基础，对外开放又促进对内开放。

四、继续实行对口支援的措施

营利性的产业领域，应主要采取市场化方式，但在基础设施、社会发展、文化教育等方面，尤其是基础教育、反贫困和生态工程建设方面，发达地区的政府和人民应伸出援助之手，支持西部地区经济社会的发展，使其尽快摆脱贫穷落后的状况。邓小平指出："沿海如何帮助内地，这是一个大问题。可以由沿海一个省包内地一个省或两个省，也不要一下子负担太重，开始时可以做某些技术转让"。邓小平提出的对口支援措施确实是行之有效的，早在1979年，中共中央就确定：北京支持内蒙古，河北支援贵州，江苏支援广西、新疆，山东支援青海，天津支援甘肃，上海支援云南、宁夏，全国支援西藏。通过对口支援，密切了东西部的经济关系，使落后地区能更加有效地开发和利用其丰富资源，发挥自己的优势，促进经济的发展，逐步摆脱落后状况，走上富裕之路。国家在确定发达地区对口帮扶欠发达地区的同时，应明确帮扶目标和配套措施，使东部地区能积极主动地在产业转移、科教扶持、人员培训和资源开发等方面，帮助西部地区加快经济发展的步伐。

（一）促进东西部地区人才交流和优势互补人才短缺问题是制约西部地区发展的关键制约因素

改革开放以来，西部地区的人才大量外流，"孔雀东南飞"。在市场经济条件下，如何改变人才的流向，吸引更多的人才服务西部大开发，是值得研究和必须解决的大问题。东部地区的各级政府应从东西合作的角度在人才流动政策上取得突破。如在鼓励人才以调动方式到西部地区工作、开发创业的同时，同时鼓励更多地采取以户口不迁、关系不转、保留身份、来去自由的柔性流动方式参与西部开发，并解决人才赴西部工作后社会保障、子女入学等的后顾之忧。对于调动到西部工作的人才，也应给予户口可迁出可迁回的政策，提高人才到西部工作的积极性。对于出生于东部大中城市的大学生、研究生到西部地区就业，可允许将户口留在当地。在推动东西部人员交流的基础上，开展智力交流和技术转移，西部地区的政府应树立"不求所在，但求所用"的意识，主动利用东部地区人才的智力优势。东部地区政府应支持促进本地区的各类人才尤其是高层次人才，以智力转移的方式参与西部建设，提升参与西部人才资源开发的层次。上海市政府通过加强与高校和科研机构的合作，开展"学子西进工程"、"教授西进工程"、"工程师西进工程"等活动，在充分做好前期准备工作、明确咨询工作项目的基础上，组织上海各类高级人才到西部地区进行有针对性的短期讲学、提供咨询等服务，解决现实问题，同时增进与西部地区有关部门和单位的相互了解，以利于开展进一步的合作。此外，还鼓励专业技术人才和管理人才以智力、技术成果和管理才能，参与西部开发，包括鼓励支持东部地区的离退休人才，采取各种方式为西部开发服务。上海目前已经建立了健全的技术交易和技术服务体系，为充分利用网络优势和完善的服务优势，发挥信息汇集和发散的功能，上海的技术中介机构运用市场机制，在西部地区做了大量探索和实践工作，上海技术交易网络已经基本覆盖了西部地区。上海技术研究所、上海市科技成果转化服务中心、上海技术产权交易所主动向西部地区开放，并提供相关服务。上海市转基因研究中心与宁夏家畜繁育中心等单位合作，建立了以生物技术研究开发为重点的宁夏爱赛博生物技术股份有限公司，中心除输出了资金和国内领先的技术以外，还专门派出了3位专业技术人员负责公司的运营、技术和财务，积极培养公司技术力量，推动宁夏畜牧业的发展，该项目成为沪宁两地发挥技术、资金、管理和资源优势，成功合作的一个典型。

（二）东部地区应对西部地区的基础教育做出较大贡献

西部大开发的重要内容之一是加强西部地区的基础教育和开发人力资源。东西部地区根本差距在于：教育、知识、信息、技术上的差距。与东部地区相比，西部15岁以上文盲半文盲比重为18.6%，高出4.7个百分点；小学入学率低3个百分点，初中入学率低10个百分点，高中入学率低10个百分点，接受过初中及以上教育程度的人口比例低15个百分点。全国从业人员中初中以上文化程度的占54.3%，西部为41.6%。西部普通高等学校在校生只占全国21.4%，比东部低25.7%。2000年每万人口的在校大学生数与东部的绝对差距为12.3人。西部互联网普及率也大大低于东部。西部地区基础教育薄弱，不仅表现在存在大量危房和教育经费不足，而且还表现在师资缺乏、教师质量低和缺乏教学用具。这一方面，东部地区可大有作为。应通过对口支援的方式，帮助西部地区培训中小学教师，选派支教教师，捐赠教学用具，并组织开展对口学校捐赠图书活动。如上海市推动沪滇学校对口支援工作，通过校际结对，帮助云南31个少数民族贫困县提高九年义务教育水平。从2000年开始选派优秀教师到云南支教，帮助云南对口帮扶学校提高管理水平和教学质量。2000年12月，上海首次通过白玉兰远程教育网对云南省思茅、红河、文山三地州和三峡库区的700余名中小学教师实施了培训，2001年上海市继续运用远程教育网加大了对上述地区中小学教师的培训工作力度。2001年，上海市教委要求在全市中小学生中组织捐赠图书活动，本市中小学生共捐献各类图书56万册。上海市的做法证明是行之有效的，关键是要形成一种制度，长期坚持下去，而不是中央推一推，下面动一动。

(三) 帮助对口支援地区进行发展战略研究和编制规划

西部地区政府财政长期处于紧张状态，既要吃饭，又要建设，往往忽视花钱不多，但非常重要的战略研究和各种规划的编制。有很多地区则根本不予重视。东部地区对口支援单位与其花钱搞几个项目，弄不好倒让当地背上永远卸不掉的包袱，不如请几个专家帮助诊断一下，研究长期发展战略和长期规划，以使其有章可循，减少盲目性，增强科学性，可谓花小钱办大事。近几年来，世界银行和亚洲开发银行不断出资帮助中国欠发达地区进行规划研究，取得了很好的效果。上海市旅游局结合旅游行业的特点，以抓好"规划、资金、干部"三落实为主线，发挥上海旅游行业的优势，按照"优势互补、互惠互利、长期合作、共同发展"的原则，为对口地区旅游业的发展做出新的贡献。（1）输出管理。锦江、衡山集团在云南昆明、四川涪陵、兰州、贵州等地区管理饭店30余家。（2）帮助西部及对口地区做好旅游资源的整合和规划工作，华师大旅游系帮助青海省制订了旅游总体规划。（3）开办各类培训班，帮助培养旅游管理人才和教师。（4）与西部对口地区加强合作，签订旅游合作协议，先后与宁夏、甘肃、内蒙古、广西、新疆签订了协议，履约率达到95%以上。

(四) 促进企业向西部地区转移

东部地区的政府不能仅仅停留在帮助西部地区建几个项目，给一点钱，应采取切实措施鼓励和引导企业和科研机构把一部分技术等级较低的加工业，一部分与主导工业有关的配套工业，有计划地向西部企业和能源矿产资源富集地区转移；东部地区要用高新技术促进西部地区机电成套设备、机电一体化产品、高附加值出口机电产品和新材料的开发，促进西部工业技术进步，东部地区要向西部工业转移能源矿产品深度加工技术，转移与能源矿产产业相关领域的技术，推动西部地区形成一批用先进装备和先进工艺武装起来的现代产业，使优势资源产业和先进的科学技术相互促进，共同发展，把资源优势转化为经济优势。应根据"建设高效农业，实现小康目标"的要求，以适用的农副产品加工技术，用加工、包装、储运一体化的综合开发技术，用粮食转化增值技术支援西部县乡农业，改变西部地区广种薄收、单一生产、粗放经营的状况，形成高新技术与适用技术相结合的复合体系。使西部地区的农业生产建立在依靠先进技术的基础上，提高西部地区农业综合开发的能力。东西部对口支援省区还可以在境外联合招商、联合引资、联合与外商在西部地区兴办"三资"企业。应积极组织各自产品进行易地展销，并建立长期稳定的供货关系，以拓展市场。此外，在培训基层干部、接受贫困落后地区的务工人员、生态工程建设方面对西部各省区以有力地支持。

(本文原载《市场论坛》2007年第5期)

抓住东北振兴机遇，加快实现三个突破

党的"十六大"做出振兴东北等老工业基地的重大决策，这是东北地区加快经济发展的历史机遇。东北在我国经济发展中具有突出的战略地位。不仅具有自然资源优势，而且有相当好的工业基础，解放初曾是我国工业的摇篮，被形容为共和国的装备部，一直到20世纪80年代末期，东北经济都在我国处于领先的地位。但到90年代后，东北的发展遇到了空前的困难。相当多的国有企业陷入了困境，下岗职工增加，经济增长缓慢，东北地区也是如此。在振兴东北的过程中，东北地区应紧紧抓住这一机遇，实现体制创新、企业改革、城市转型三大突破。

一、加快政府职能转换，积极推进体制创新

区域经济发展，一个重大的制约因素就是体制障碍。从20世纪80年代以来的实践看，哪里的改革开放程度越高，哪里的体制转换和创新就越快，促进经济发展的成效也就越大。中国经济体制改革的实践表明，创新是促进经济发展的最重要的动力。无论在资源的供给还是在资源的使用效率方面，体制创新对经济发展都有巨大贡献。只有抓住体制创新这一关键环节，才能转变政府职能，提高政府的运行效率，理顺政府与企业的关系；才能加快观念转变，增强服务意识，尽快完善法律法规和各种规章制度，形成富有活力的、新的开发机制；才能营造知识创新和科技创新环境，激活人才、教育、科技三大关键要素，大力引进和培养开发人才，发展教育和科技产业；才能解决长期以来在经济、政治、文化等领域积累下来的一系列深层次问题，形成新机制、运用新办法，促进经济社会的全面

发展。

　　政府体制创新就是要结合地方政府机构改革，加快推进政企分开，明确界定政府与市场的行为边界。首先要转变政府职能，要让市场机制充分发挥作用，充分发挥企业和社会中介机构在经济和社会发展中的重要作用。其次要根据组织创新的要求，对政府机构进行整合。不能因人设事，更不能与民争利。在政府机构的设置上，要体现本地区的特点，建立适应经济和社会发展的机构体系。最后要根据新的科学的发展观的要求，对政府目标进行创新。不同地区的情况千差万别，不同地区的政府机构应制定不同的目标。在社会主义市场经济条件下，要很好地区分政府、市场、企业之间的职责，凡是市场和企业能办的事，政府就要放手让市场和企业去办。政府要集中精力搞好宏观调控和创造良好的市场环境，不要直接干预企业的经营活动和依法的市场行为。

二、以产权多元化为切入点，推进企业改革的深化

　　东北地区的国有企业多，既是劣势，也是优势。说是优势，是因为其规模大，实力雄厚。很多企业至今仍是地方经济的支柱；说是劣势，是因为多数国有企业体制病严重，不但不能促进地方经济的发展，有的还成了地方政府的包袱。有的虽然进行了股份制改造，但没有从根本上从机制上改，是换汤不换药。国有企业往往都是新中国成立初期，甚至新中国成立前建立，存在三个方面的问题，一是设备老化，急需要进行改造，但在计划经济时期投入的太少；二是包袱过重，有富余职工的包袱、债务的包袱、办社会的包袱，负担过重。过去国有企业主要靠国有银行来支持，20世纪90年代银行改革，切断了对它的支持，而国有企业改革没有同国有银行改革同步，这就进一步加剧了国有企业的困难；三是机制不活，企业计划经济的烙印比较深，等靠要的思想比较浓，在贴近市场，提高自身竞争力方面没有及时跟上。深化企业体制改革，要从产权多元化入手，根本转换运行机制。与此同时，要为企业卸包袱。尤其是企业办社会的包袱，要彻底卸下来，政府要接过来。在此基础上，引入新的投资者，对设备和生产线进行改造，生产适销对路的产品，逐步提高市场竞争力，重新成为

该地区的龙头企业或支柱企业。

通过国有企业的股份化改造,建立规范的股份有限公司,不仅有利于机制的转换,还能从社会上募集资金。东北国有企业上市的不多,如果能够选择一些优良的企业,进行资本运营,应该说潜力是很大的。现在按照十六大的精神,中央和地方都成立了国有资产的管理委员会。但国资委代表国家行使的是所有权,还应该成立专门负责国有资产运营的国有资产管理公司。国有资产管理公司通过资本市场,对国有企业进行股份制改造,一方面可以让国有企业引进现代的企业管理制度;另一方面从资本市场中吸纳的资金也可以为国有企业解决卸包袱的问题。成立国有资产管理公司的好处是统一支配国有资产,统一解决原来国有企业的遗留问题。原来一些国有企业对子公司进行包装上市,但所募集的资金并没有落到国家手里,国家解决国企问题仍然资金不足,这方面的教训要认真吸取。

三、加快城市转型,建立合理的城镇体系

东北地区有许多资源型城市,一些城市资源枯竭了,并有很多历史欠账,因此资源型城市转型的任务很重。一方面国家要支持,不仅从政策上支持,还要从资金上支持。但这并不能从根本上解决问题,关键是要把功能单一的资源型城市转换成为功能健全的区域性中心城市。形成既具有实力雄厚综合竞争力强的大城市、中等城市,又有极具活力的小城市、小城镇,大中城市带动小城市和小城镇,小城市和小城镇支撑大中城市的具有合理分工的城镇体系。要积极探索实现城市化和城乡经济一体化的有效途径,走产业集中布局和集群发展的路子,避免分散布局,破坏环境,浪费资源的现象发生。努力把东北地区建设成为经济快速增长,环境得到保护,经济社会协调,人与自然和谐的人人向往的地方。

资源型城市的特征和
经济结构转型研究

新中国成立以来，随着资源的大规模开发，在矿区的基础上形成了一大批资源型城市。这类城市在推进我国工业化、加快我国经济和社会发展中做出了重要贡献。由于资源渐趋枯竭、开采成本上升以及资源性产品市场供求关系发生重大变化等原因，资源型城市出现了经济增长缓慢、下岗失业人员增多、生态环境恶化等一系列经济和社会问题。如果得不到及时解决，将影响我国全面建设小康社会目标的实现。这些问题已引起党和国家以及全社会的广泛关注。从国内外经验看，要从根本上解决资源型城市面临的困难与问题，必须加快经济结构转型。

一、我国资源型城市的基本特征

资源型城市是因自然资源的开采而兴起或发展壮大，且资源性产业在工业中占有较大份额的城市。根据我们的调查和分析，我国资源型城市有118座（附资源型城市名录），其中煤炭城市63座，占53%；森工城市21座，占18%；有色冶金城市12座，石油城市9座，黑色冶金城市8座，其他类型城市5座，分别占10%、8%、7%和4%。这些城市基本上都是依托矿区发展起来的，由此形成了不同于一般城市的特点，我们将其概括为经济结构单一、以上游产业为主、工资水平低而失业率高、城市形成具有突发性、城市布局具有分散性和城市管理条块分割六大基本特征。

(一) 经济结构单一

经济结构包括产业结构、就业结构、所有制结构等方面。

产业结构单一。如大同、阜新、辽源、鸡西、鹤岗、七台河、淮南、淮北、萍乡、平顶山、六盘水、铜川12个煤炭城市，煤炭采掘业占工业总产值的比重平均为38%，黑龙江省七台河市高达80%；铜陵、东川、攀枝花、白银4个冶金城市，采掘业及其加工业占工业总产值的比重平均为51%，云南东川达85%。石油城市大庆和东营，石油采掘业占工业总产值的比重分别为73%和78%，石油加工业的比重分别为20%和8%，两者合计分别达到93%和86%。从上述19个城市的情况来看，资源开采及其加工业占工业总产值的比重几乎都在30%以上，相当多的城市在50%甚至80%以上。

就业结构单一。与产业结构单一相伴随，就业结构也呈现出同样的特征。如大同、阜新、辽源、鸡西、鹤岗、七台河、淮南、淮北、萍乡、平顶山、六盘水、铜川12个煤炭城市煤炭采掘业的从业人员占全市城镇职工的1/3。铜陵、攀枝花、白银等冶金城市采掘业及资源加工业的从业人员占城镇职工的比重为34%，其中，攀枝花高达45%。大庆市和东营市的石油采掘业从业人员所占比重分别为25%和55%，伊春市木材采选业从业人员的比重为49%。

所有制结构单一。大同、孝义、阜新、北票、辽源、鸡西、鹤岗、七台河、淮南、淮北、萍乡、平顶山、六盘水、铜川14座煤炭城市，国有及国有控股工业企业总产值的比重平均为71%，贵州省的六盘水市居各城市之首，高达91%。冶金城市的情况也相似，铜陵、冷水江、东川、攀枝花、白银5个有色冶金城市，国有及国有控股工业企业占工业总产值的比重平均为83%。大庆市和东营市两座石油城市，国有及国有控股工业企业占工业总产值的比重分别为92%和85%。

(二) 以上游产业为主

在产业链条中，有上游产业与下游产业之分。资源型城市都是以能源或原材料工业为主，这些工业均属于上游产业。因此，资源型城市的工业必然以上游产业为主。前面提及的12个煤炭城市煤炭和电力工业占工业总产值的比重平均超过了 50%；4 个冶金城市采掘业及矿产加工占工业总产值的比重平均超过了 50%；大庆市和东营市的石油采掘业及加工业占工业的比重分别达到了 93% 和 86%；伊春市的木材采掘及加工业占工业的比重达 50%。如果将全部能源、原材料工业统计进来，资源型城市上游产业所占比重则更高。

（三）工资水平低而失业率高

118 座资源型城市，总人口 1.54 亿，市区非农业人口为 3400 万，职工 1250 万，登记失业人数达 90 万，失业人数占职工比重为 7.2%，比我国全部城市的平均水平高 2.3 个百分点。职工年平均工资为 7800 元，比我国全部城市的平均水平低 1700 元。

（四）城市形成具有突发性

我国绝大部分资源型城市是在矿产资源勘探、开发利用的基础上，由矿区演化而来的。为了尽快形成矿山生产能力，国家在较短时期内将大量的人力、物力和财力，迅速注入矿产地，即所谓的"会战体制"，使原来只有几户人家的小村子或一个荒无人烟的地方骤然变成了几万、几十万人口的城市。如大庆市，在大庆油田开发之前是一片荒地，在开发大庆油田之后才形成了今天的大庆市。内蒙古的乌海市，煤炭资源开采始于 1958 年，而于 1961 年设市。

（五）城市布局具有分散性

资源型城市多数是缘矿而建，而资源分布一般具有不连续性的特点，这种特点决定了资源型城市的布局呈现出分散性特征。另外，为了避免地表建筑物压矿，城区建设要避开地下矿产资源区，这进一步强化了资源型城市分散性布局的特点。伊春市 84 万城市人口分布于总面积为 25000 多平方公里的 15 个区，人口密度只有 33 人/平方公里。淮南市 137 万的城市人口，分散于总面积 1148 平方公里的田家庵区、大通区、谢家集区、八公山区、潘集区 5 个城区，整个城市呈东西狭长的带状分布。

（六）城市管理条块分割

我国大多数资源型城市都是依托 1~2 个大型资源性企业形成的。在城市发展的初期，无论是石油、煤炭、冶金还是森工城市，基本上都是采用政企合一的管理体制，即大型企业的领导兼任城市的党政领导，城市的基础设施一般都由企业负责建设与管理，企业与城市之间是同一个利益主体。后来，随着企业的不断壮大，职工家属不断增加，城市不断扩展，城市的功能逐步健全，城市与企业逐步分离，城市党政领导不再由大型企业领导兼任。在这种情况下，大型企业与城市之间的利益主体地位逐步分离，大型企业由"条条"管理，代表和维护部门利益，城市政府代表和维护地方利益，出现了企业办社会，政府办企业的奇怪现象。目前，绝大多数资源型城市属于这种情况。

二、资源型城市经济结构转型的必要性和紧迫性

资源型城市经济结构转型就是指通过发展接续和替代产业，逐步减少资源型城市对资源的依赖程度，逐步实现经济结构由单一向多元化转变。资源型城市对资源具有很强的依赖性，而资源总有枯竭的一天，因此从理论上不难推断，资源型城市要实现可持续发展必须推进经济结构转型。从我国的现实情况来看，要从根本上解决资源型城市面临的经济、社会和环境问题，也必须加快推进经济结构转型。

（一）经济结构转型是资源型城市实现可持续发展的必然选择

资源型城市依托资源形成和发展，而资源的开发利用均具有一定的经济周期，在资源经济生命周期后能否实现可持续发展，很大程度上取决于其经济发展战略的选择。国内外大量资源型城市发展的事实表明，选择的经济发展战略不同，则结局也截然不同，一类是"矿竭城衰"，另一类是"矿竭城兴"。

"矿竭城衰"的城市选择的是完全依托资源优势、自始至终发展资源性产业的战略。城市经济中主导产业单一，资源性产业"一业独大"，经济结构严重畸形，城市经济发展主要取决于城市所在区域内可开采资源的条件及资源性产业的发展，结果在资源的经济生命周期后就不可避免地出

现"矿竭城衰"的结局。我国云南省的东川,是世界"东川式"铜矿的代表地,东川铜矿是我国"一五"时期的156个重点项目之一。1958年设立地级市,在相当长时期内,铜矿资源的开发利用对全市经济发展影响很大,铜行业的产值和税收曾经占全市工业总产值和财政收入总量的2/3以上。20世纪90年代以后,随着铜资源的不断枯竭,东川矿务局下属的4个铜矿全部破产。1999年,原地级东川市降格为昆明市的一个县级区,成为新中国历史上第一个"矿竭城衰"的城市。

"矿竭城兴"的城市,初期依托资源优势发展资源性产业,推动城市经济规模的壮大。城市经济有了一定规模和基础后,在发挥资源优势、发展资源性产业的同时,大力发展非资源性产业,加快经济结构转型。经济发展不再主要依靠资源开采,从而避免了"矿竭城衰"的结局。德国的鲁尔区,20世纪70年代以前,主导产业单一,所在地区的经济发展主要是以煤炭资源的开发利用为主,是当时联邦德国重要的煤炭生产基地。1969年后,鲁尔区主动实施了经济结构转型,大力发展电力、化工、机械、电子、信息等接续和替代性产业。煤炭资源枯竭后依然保持了经济和社会的稳定发展。我国资源型城市经济结构转型比较成功的有河南焦作、河北唐山、江苏徐州等城市。国内外正反两个方面的经验表明,资源型城市在经济发展过程中,必须未雨绸缪,从战略上尽早考虑经济结构转型,这是城市实现经济和社会可持续发展的必然选择。

(二) 经济结构转型是资源型城市走出困境的必由之路

资源型城市的产业结构单一是由于城市的发展严重依赖于一、两户大型资源性企业造成的。正因为这样,近些年一批大型资源性企业的不景气,导致了我国相当多的资源型城市经济增长乏力甚至出现衰退。

我国资源型城市中的大型资源性企业大多是在计划经济体制下建立起来的老国有企业,不仅存在机制不活、设备老化、冗员过多、债务沉重等一般大型国有企业所拥有的共同弊端,而且还面临着一些特有的困难。一是一些地区面临不同程度的资源衰竭。如辽宁省北票市煤炭开采已有120年历史,目前基本没有可采储量,矿务局已整体破产。有的虽有一定资源,但大多埋藏深、品质差、地质条件复杂、开采难度大,在现有条件下企业难以取得效益。如黑龙江鹤岗市虽有煤炭可采储量近20亿吨,但大多为深层煤，开采成本高，连年亏损，难以为继。二是新资源、新材料和新能源对传统能源、原材料的替代，加快了资源性产品的市场萎缩。三是长期以来，我国对资源性产品定价过低，使得资源性企业积累较少。四是一般大型企业在兴办时均依托已有城市，而大型资源性企业在兴办时往往没有城市作为依托，因而企业办社会的包袱更重。五是由于进入资源性产品生产的门槛较低，近十多年来，一些乡镇和个体私营企业都加入了资源开采的行列，大型资源性企业面临着小企业的竞争压力。上述各种因素叠加在一起，使得相当多的资源性企业面临前所未有的困难，生产规模出现萎缩，下岗失业职工增加；企业长期亏损，生产经营效益低下；资金周转困难，生产经营难以为继。

从上述分析可知，资源型城市要想从根本上摆脱当前面临的经济发展和社会稳定的困境，必须加快经济结构转型，实现产业结构和就业渠道多元化。

（三）经济结构转型是遏制资源型城市生态环境恶化的根本举措

资源型城市除了一般城市所具有的"三废"污染外，还存在一些特有的生态环境问题。一是土地塌陷。这是所有煤炭城市面临的一个共性问题。据1998年调查，每采万吨煤形成下沉地面3亩，大同市50年累计生产煤炭20亿吨，形成采空区近4.5万公顷。[①] 山西省孝义市现有土地塌陷面积达到1.5万公顷，占全市总面积的16％。二是固体废弃物的堆放。主要包括冶金城市的矿石堆放和煤炭城市的煤矸石堆放及电厂的粉煤灰堆放。据有关资料，全国历年积存的废石、尾矿累计占地6.7万公顷[②]。三是水资源破坏。山西八大矿务局有40％的矿区严重缺水，60％的矿区水质不佳[③]。在绝大部分资源型城市，上述生态环境问题已相当突出并呈进一步恶化的趋势，已在很大程度上影响了资源型城市的形象和投资环境，有的已严重危及当地居民的生命财产安全。要想从根本上遏制资源型城市的生态环境恶化，必须加快推进经济结构转型。

---

① 参见胡魁：《中国矿业城市基本问题》，载《资源产业性城市可持续发展》2001年第5期。
② 参见汤万金、吴刚：《矿区生态规划的思考》，载《应用生态学报》2000年第4期。
③ 参见安成谋、李丁：《矿业城市的可持续发展研究》，载《开发研究》1999年第6期。

三、我国资源型城市经济结构转型的基本思路

根据国内外实践经验和我国的具体情况，我国资源型城市经济结构转型的基本思路是：把"拓宽资源开发领域、拉长资源产业链条"作为接续产业发展的重要方向；根据在全国城市体系中的定位、自身特色和市场选择发展替代产业；充分发挥资源性企业与城市政府两个积极性；把招商引资作为推进转型的重要途径；把资源型城市发展成为区域性中心城市。

（一）拓宽资源开发领域，拉长资源产业链条

拓宽资源开发领域是指在提高主体资源利用效率的同时，加快相关资源的开发利用。目前，我国资源利用率仅为30%，比世界平均水平低20个百分点，提高资源利用率潜力很大。要解决这个问题，一方面，需要国家研究提出支持矿山企业的政策，帮助矿山企业加快采选设备更新改造和采用新工艺、新方法，提高科技进步在资源利用中的贡献率；另一方面，需要促进矿山企业建立现代企业制度。由于矿山企业存在特殊困难，所以企业改制的步伐并不快，有的虽然表面上"改了制"，但机制没有根本改变，仍然"躺"在国家身上，影响资源利用效率的提高。

加强共生、伴生资源的综合利用，减少资源浪费，提高经济效益。共生、伴生是我国矿产资源的显著特点之一。例如，我国的钢铁城市——攀枝花，与铁矿伴生的有大量钒钛，今后应继续加强钒钛磁铁矿采选工艺的科技攻关，加快钒钛资源的利用。又如，我国很多煤矿都伴生有高岭土，目前，安徽的淮南矿业集团和淮北矿业集团、黑龙江的鹤岗矿业集团正在考虑开发利用。这一点对其他煤炭城市也有借鉴意义。

拉长资源产业链条是指在充分考虑市场需求的条件下，对资源进行深加工，提高附加价值。长期以来，由于条条管理等原因，资源型城市与加工城市的产业分工是一种典型的垂直分工，即资源型城市发展矿业和原材料工业，而加工城市则对资源进行深加工，这种分工不利于资源型城市的发展。今后在一些有条件的资源型城市，应加快发展资源的深

加工项目，拉长产业链条，提高资源的附加价值，增强城市的可持续发展能力。

煤炭城市延伸产业链条一般有三条路径，即：(1) 开采——洗选——发电；(2) 开采——洗选——发电——高耗能产业；(3) 开采——洗选——发电和煤化工。关键是进一步延伸加工深度和提高附加价值。冶金城市一般可沿着采矿——粗炼——精炼——型材——制品链条延伸。美国的钢铁城市匹兹堡和我国的钢铁城市鞍山、马鞍山、攀枝花、本溪等基本是这条路径。我国的有色金属城市，如白银、铜陵等也基本上是这种模式。石油城市一般可以沿着开采——炼油——石化——精细化工链条延伸。美国著名的石油城市休斯敦，在开发石油资源的基础上，发展了炼油、石化工业，使其在石油开采萎缩后成为一个重要经济支柱。我国著名的石油城市，如大庆市、克拉玛依、盘锦等，也都在石油开采的基础上发展了炼油、石化工业。

(二) 依据自身特色和市场需求发展替代产业

资源型城市一方面要继续依靠资源性产业，另一方面又必须拓宽资源利用领域、拉长资源产业链条。美国的休斯敦曾经是一座著名的石油城市，现在则成了著名的航天城。出现这一重大转变是因为20世纪60年代，美国政府在休斯敦布点了宇航中心，随之带动了为它服务的1300多家高新技术企业，门类涉及电子、仪表、精密机械等行业。日本的九州地区，原为传统的煤炭产区，现已转换成日本新的重要高新技术产业区。抚顺市曾是我国著名的煤都，在煤炭资源衰竭后，大力发展炼油、石化及精细化工，目前，炼油能力已近1000万吨，炼油、石化、精细化工合计已占全部工业产值的60%以上。

资源型城市在矿业开采过程中，形成了一些可发展替代产业的独特条件。如煤炭城市可利用塌陷区发展养鱼业、花卉业等。德国的鲁尔区就是将过去的煤矿设施稍作改造作为特色餐馆，将过去的钢铁厂架子稍作修整，用作展览场所。甘肃省白银市的露天铜矿开采形成的大坑，可作为白银市具有象征意义的景点进行建设，供游人参观，并教育后人。

更多的替代产业应根据市场需求进行选择。随着交通、通信水平的不断提高与改善，各地发展工业的条件差异已越来越小。某个工业项目布局在 A 地可以，布局在 B 地也可以。但究竟发展什么，不是由政府来决定，而是由市场来决定。在这种情况下，与其规划城市转型的产业方向，倒不如不规划。总之，在社会主义市场经济条件下，选择什么样的替代产业，应主要由企业家决定，因为他们最清楚该发展什么和不该发展什么。作为"导演"的城市政府，只能提出替代产业的大致发展方向，其政策的着力点是创造良好的投资环境，其中也包括资金支持。

（三）发挥企业和政府两个积极性

资源型城市是主要依托资源性企业而发展起来的，资源性企业在资源型城市中具有举足轻重的地位。因此，资源型城市的经济转型，从某种意义上讲是资源性企业的经济转型。资源性企业的发展，一方面应根据资源和市场情况，继续提高资源性产品的竞争力，做强做精资源性产业；另一方面，必须立足长远大计，加快发展资源的深加工以及其他产业，真正实现产业结构的单一化向多元化方向转变，以降低瞬息万变的市场竞争所带来的冲击。同时，资源性企业要顺应形势发展的要求，淡化计划经济体制下形成的把企业当机关的观念，自觉地与当地社会融为一体。

政府应坚决摒弃过去发展市属经济的旧观念，牢固树立发展市域经济的新观念，把资源性企业当作最重要的投资主体予以对待，像对其他招商引资企业一样，创造良好的投资环境，提供各种周到的服务，切实帮助解决一些实际困难，以充分发挥其在经济转型中的重要作用。为推进资源性企业加快建立现代企业制度，市、矿双方应着眼长远发展，尽快调整长期以来形成的市、矿之间在城市公用设施、教育、医疗等方面各自为政的格局，加快重组与融合的步伐。

（四）大力加强招商引资和引进人才工作

吸引包括国外投资和国内投资的外部投资是资源型城市经济结构转型的一条重要途径。外部投资的进入不仅仅带来资金，还伴随着先进的技术、管理和观念，这对资源型城市的经济转型至关重要。资源型城市虽然存在区位偏僻、环境污染等劣势，但一般具有丰富的资源、充足的动力供应、大量空闲土地和厂房以及廉价的劳动力，这是吸引外部投资的重要因素。资源型城市要充分发挥自身优势，按照有利于安排劳动就业、有利于增加地方税收、有利于资源加工转化、符合城市空间布局及符合环保要求的原则（即"三个有利于和两个符合"原则），加大招商引资力度，加快发展接续和替代产业。

应按照"不求所在、但求所用"的原则，加大利用区外智力的力度，并使人才引进重点向企业倾斜；政府应支持和鼓励骨干企业与全国对口的科研院所建立长期的合作关系，以加速企业的技术创新。通过招商引资和引进智力，促进全市广大干部群众的思想观念和行为方式更快地适应市场经济发展的要求，更快地适应我国入世后全球经济一体化的要求。

吸引外来投资，应高度重视投资环境建设，尤其是投资软环境的建设。当前，包括廉洁高效的政府、良好的商业氛围、高素质的市民和文明的社会环境等在内的软环境的优劣越来越成为吸引投资的决定性因素。对资源型城市而言，提高政府服务质量将是改善投资软环境的最有效措施。资源型城市应根据市场经济和 WTO 规则的要求，加快政府职能由管理型向管理与服务并重转变，建立以人为本、服务企业的政府管理新体制。应按照建立法治社会的要求，坚持依法行政，做到科学决策，提高公共事务决策与管理的透明度。应创造公正的司法环境，保护外来投资者的利益不受侵害。应大力加强政治文明和精神文明建设，强化公民的基本道德素质教育，教育群众以诚实守信立足于社会，以诚实守信促经济发展。

（五）国家应积极扶持资源型城市经济结构转型

资源型城市为国家经济建设做出了重要贡献；目前所面临的一些困难与矛盾，在一定程度上与我国经济体制转轨和有关政策调整密切相关，是长时期累积形成的。因此，国家应从保持国民经济持续快速健康发展和维护社会稳定的高度出发，扶持资源型城市加快转型。

1. 扶持矿业和矿山企业发展

资源型城市多因矿产开发而兴起，因矿业的繁荣而壮大，也可能因矿业的萧条而衰落。资源型城市与矿山企业之间的关系可以归结为"成也萧何，败也萧何"。因此，要扶持资源型城市经济结构转型，就必须使矿山企业有发展活力，必须使矿山企业有转型能力。建议将矿业调整为第一产业。矿业是从自然界直接取得物质和能量的产业，理应属第一产业。但我国一直将其列为第二产业，这与联合国的产业分类标准相悖①。矿业的劳动对象是不可再生的矿产资源，矿业生产的级差收益差别很大，并且随着采矿时间的拉长，成本递增，效益递减，这与加工业有很大不同。我们认为，应当按照国际惯例，尽快把矿业调整为第一产业，以整体形式纳入国民经济体系，牢牢确立我国矿业的基础产业地位。

2. 加快制定科学的全国矿业发展战略

长期以来，我国矿业被条条分割、条块分割，矿业的制度建设带着浓厚的"部门色彩"，迄今为止，还没有形成完整的矿业发展战略。以煤炭为例，煤炭短缺时提倡"有水快流"；煤炭供过于求时，提出"关井压产"，前者造成资源的浪费、环境的破坏；后者造成社会资本的巨大损失。又如我国的能源利用，一会儿"煤代油"，一会儿"油改气"，一会儿又"气改煤"，使许多投资打了水漂。因此，在确立矿业的基础产业地位后，就必须尽快研究制定全国矿业发展战略，以避免发展过程中的短期行为和盲目性。

3. 促使矿山企业尽快建立现代企业制度

无论是从企业自身长远发展考虑，还是从推进资源型城市的经济结构转型考虑，都必须加快建立现代企业制度，规范企业行为，使企业管理者真正立足长远，谋划企业发展。矿山企业要建立现代企业制度，面临着两个突出困难：一是企业承担着巨大的社会职能，需移交地方，但目前地方无力接受。二是需要转移大量的富余人员，但目前就业没有渠道。因此，国家应研究制定一些扶持政策，帮助矿山企业解决上述问题。

4. 设立资源型城市经济结构转型专项基金

国家应设立资源型城市经济结构转型专项基金。此项基金大部分应用于资源枯竭型城市，少部分用于资源尚未枯竭的城市。对于资源枯竭型城

---

① 参见全国政协"四矿"问题专题调研组报告：《全党全社会要高度重视"四矿"问题》。

市，当务之急是国家应帮助其摆脱生存方面的困境，集中解决一些特殊困难，具体包括如下五个方面：一是社会保障，包括离退休职工的养老、医疗保险，下岗职工的失业保险，城镇居民最低生活保障；二是帮助资源型企业卸下办社会事业（如从事义务教育的中小学、公检法、消防等）的包袱；三是支持开展职业培训；四是支持个人创业；五是支持生态环境整治和市政基础设施建设，最为迫切的是解决煤炭城市塌陷区居民的搬迁问题。此外，还应支持资源枯竭型城市发展接续和替代产业，以增强城市发展后劲。

（六）把资源型城市发展成为区域性中心城市

很多资源型城市未能在资源开发过程中与周边地区的城市和农村建立密切的经济联系，成了一个个嵌入式"孤岛"。既未起到辐射带动周边地区经济发展的作用，也使自身发展受到很大影响。因此，资源型城市转型的方向就是发展为区域性中心城市。同周边的城乡建立紧密的经济联系，构建科学合理的城镇体系和城乡关系，在带动周围城乡经济发展的同时，也使自身获得发展。

参考文献：

1. 王元：《重视单一产业性城市的可持续发展》，载《人民日报》2000年1月11日。
2. 赵宇空：《中国矿业城市：持续发展与结构调整》，吉林科学技术出版社1995年版。
3. 鲍寿柏：《工矿专业性城市的变革及其出路》，载《经济科学》1999年第4期。
4. 郑伯红：《资源型城市的可持续发展优化及案例研究》，载《云南地理环境研究》1999年第1期。
5. 安成谋：《矿业城市的可持续发展研究》，载《开发研究》1999年第6期。
6. 周德群：《我国矿业城市可持续发展的问题与出路》，载《中国矿业大学学报（社会科学版）》2001年第3期。
7. 刘金友：《我国资源型城市存在的问题及出路》，载《理论前沿》2000年第14期。
8. 武春友：《资源型城市产业转型问题初探》，载《大连理工大学学报（社会科学版）》2000年第3期。
9. 栾华贺：《我国资源型城市产业转型问题初探》，载《技术经济与管理研究》

2000 年第 6 期。

10. 徐晓军、张杰：《21 世纪我国矿区资源性产业可持续发展的问题》，载《矿冶工程》2000 年第 1 期。

（本文系 2002 年国家发改委宏观经济研究院重点课题研究报告的一部分，合作者：王青云①）

---

① 王青云：中国人民大学经济学博士，时任国家发改委国土开发与地区经济研究所区域经济室主任、研究员，现任国家发改委培训中心主任。

中部崛起的制约因素与对策

中部地区地处内陆腹地，是我国区域关联度最强的地区，承东启西，贯穿南北，是全国重要的交通枢纽和物流中心，具有开拓大市场和发展大流通的优越条件。中部地区的矿产资源种类多、储量大，动植物资源丰富，森林覆盖率远高于全国平均水平，基础良好。中部地区在明清时代就有"湖广熟，天下足"的盛誉，是全国著名的农产品生产基地和重要的能源原材料工业基地，传统工业集聚，产业基础较为完备，具有一定的加快发展的基础条件。中部地区名山大川多，江、河、湖、库星罗棋布，是中华文明的重要发祥地，是中国革命发展壮大的摇篮，历史文化积淀厚重，开发文化旅游资源潜力巨大。中部地区科教、人力资源优势明显有庞大的人力资源优势。但在经济发展中制约因素也比较明显。在中部崛起的过程中，应深入研究化解制约因素的有效对策，采取正确的对策使中部地区迅速崛起。

一、制约中部崛起的主要因素

（一）城市发育不良是制约中部地区发展的重要因素

城市发育不良表现在两个方面，一是城市数量少，共有城市168座，占城市总数661座的25%，而中部地区的人口占全国人口的30%；二是城市规模小，超过100万人的城市只有8座，50万~100万人的城市只有

中部崛起的制约因素与对策

21座，20万~50万人的城市44座，20万人以下的城市16座，县级市基本都是20万人以下的小城市（见表1）。缺乏规模较大的龙头城市，中心城市在城市体系和地区经济格局中的地位不突出。城市数量少表明区域规模大，城市规模小表明农村人口多，"小城市，大农村"成为普遍现象，俗称"小马拉大车"，城市对周边农村的带动能力小。在城镇化过程中，城市对周边地区的经济要素吸引力大，辐射力小，由此引起了市县的矛盾。但这一过程是不以人的意志为转移的，想绕开这一过程或这一阶段也是不可能的。

表1　　　　　　　　中部地区级城市规模结构

城市	数量
特大城市	8
大城市	21
中等城市	44
小城市	16
合计	89

中部地区地级市人口与经济规模比较可参见图1~图12，下列图由王君绘制，资料来源为2001年相关统计数据。

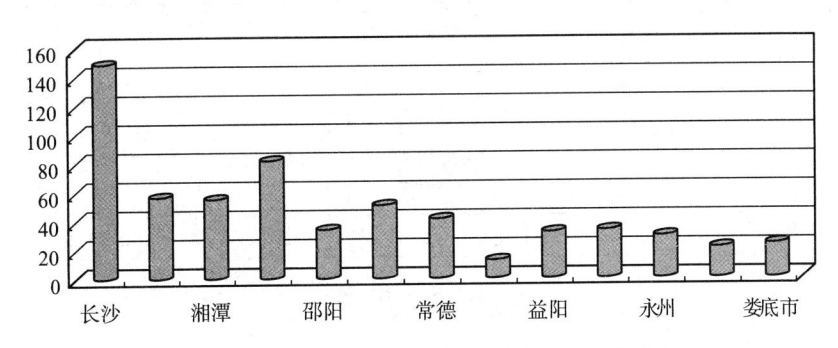

图1　湖南省地区级城市市区非农业人口（万人）

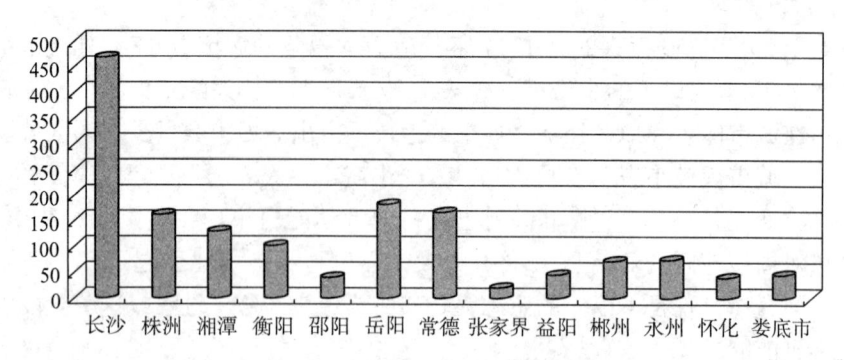

图2 湖南省地区级城市市区GDP（亿元）

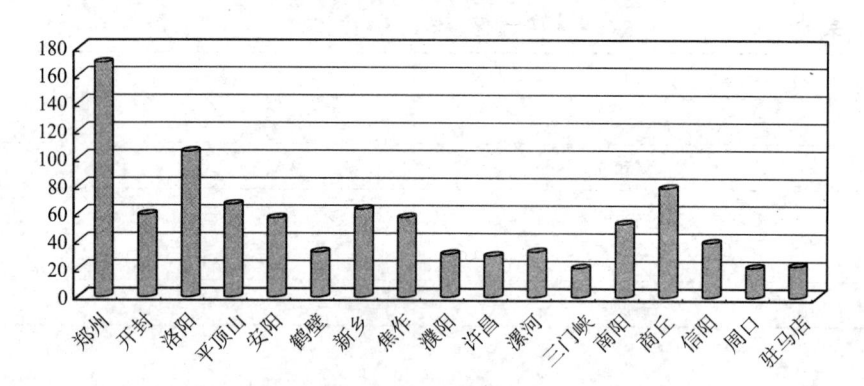

图3 河南省地区级城市市区非农业人口（万人）

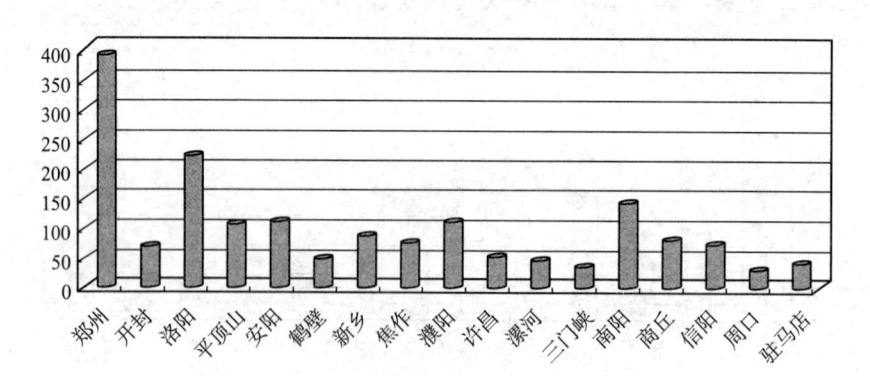

图4 河南省地区级城市市区GDP（亿元）

中部崛起的制约因素与对策

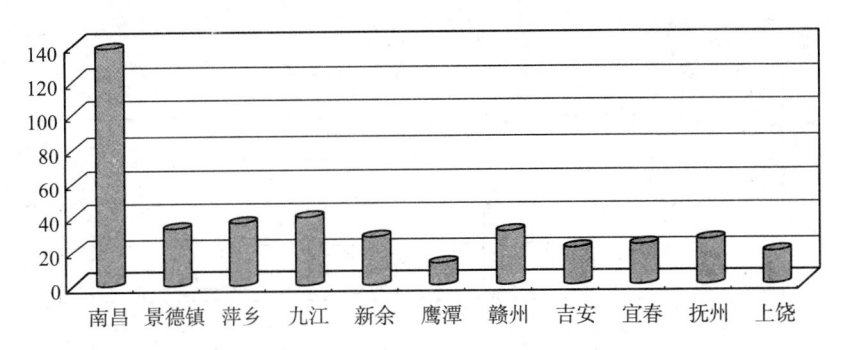

图5 江西省地区级城市市区非农业人口（万人）

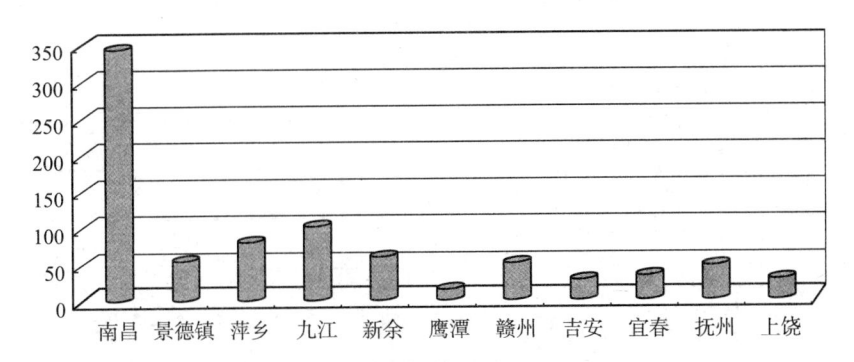

图6 江西省地区级城市市区GDP（亿元）

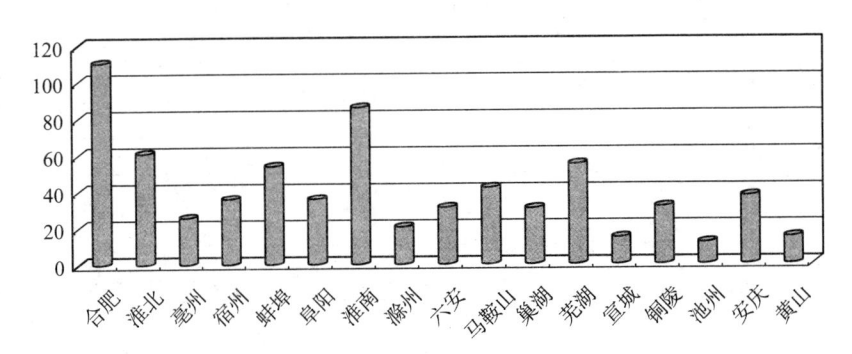

图7 安徽省地区级城市市区非农业人口（万人）

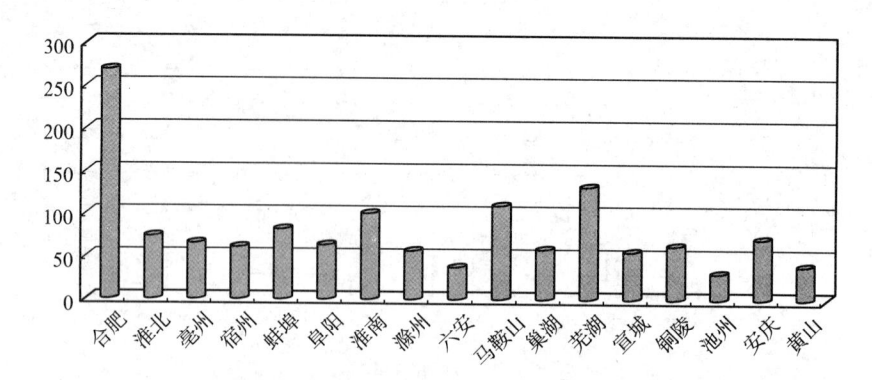

图8　安徽省地区级城市市区 GDP（亿元）

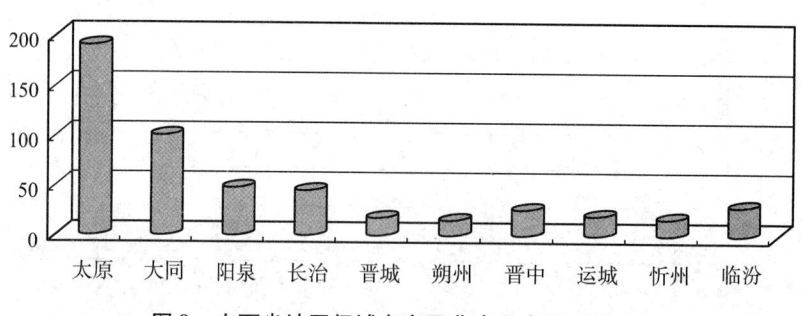

图9　山西省地区级城市市区非农业人口（万人）

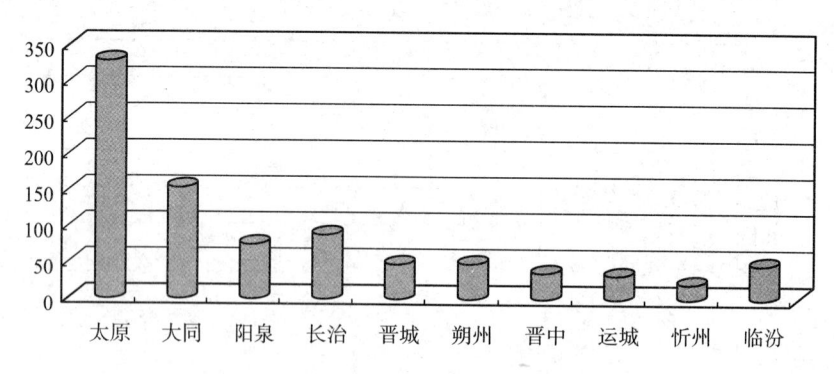

图10　山西省地区级城市市区 GDP（亿元）

中部崛起的制约因素与对策

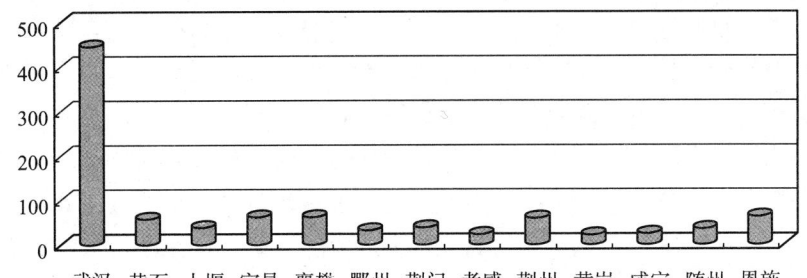

图11 湖北省地区级城市市区非农业人口（万人）

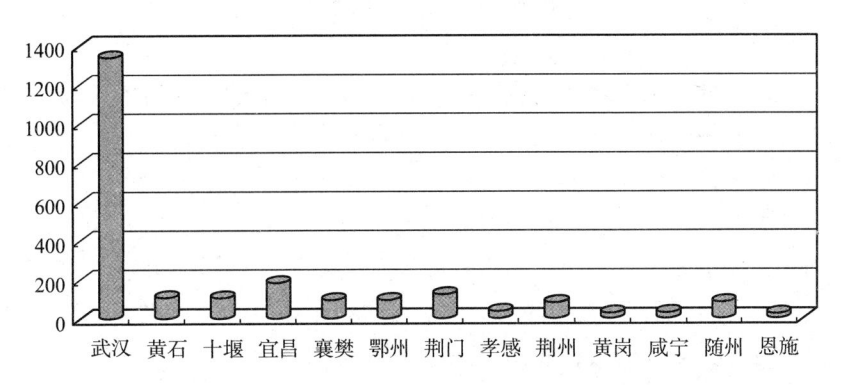

图12 湖北省地区级城市市区GDP（亿元）

（二）城镇化水平低是中部经济发展缓慢的重要原因

中部地区城镇布局比较均衡，但城镇化水平低，农村人口比重高，城市带动农村的能力薄弱，加快推进城镇化，增强城镇的集聚和辐射能力，促进城乡协调发展的任务还十分艰巨。根据2000年普查数据，城镇化率低于30%的地区（含地级市）有45个（全部83个），占一半以上。2000年人口普查时，全国平均城市化水平为36.6%，中部地区城市化水平低于全国10个百分点左右。

（三）县乡自我发展能力弱

县乡自我发展能力弱是制约中部地区发展滞后的一个重要原因，集中表现在1992年实行分税制以来，县乡政府可用来发展经济、完善基础设施的地方财政支撑力不足。(1) 上级政府对乡镇政府的财政增收考核指标逐年提高，导致企业、居民和基层政府的资金被过度抽吸，用于发展的资金相对减少。在上级政府下达的财政考核指标逐年提高的情况下，县级政府为完成政绩考核任务，只得加大对企业和基层的税收征收力度。这样，企业和农户可用于自身发展的资金及乡镇政府可用于支持区域经济发展的资金相对减少，从而削弱经济发展后劲。(2) 虽然政府加大了税收征收力度，但中部地区县乡财政依然吃紧，政府日常运转支出常常挤占发展支持，导致阻碍了农村公共品的有效供给，影响了农村水利、交通运输等基础设施条件的改善和区域经济发展环境的优化，从而影响经济的自我发展能力。

经济发展必须以产业的发展为基础，没有繁荣的产业就没有城镇化。如前所述，中部地区基层政府由于缺乏足够的发展经济的财力支撑，但同时创业氛围也不够，影响了当地经济的发展。政府在引导创业方面主要体现在几个方面：(1) 政府对本地资金的利用引导不够，没能正确引导居民创业，许多居民有创业的动机，却没有创业的"点子"，政府在信息方面、指导方面做得不够；(2) 缺乏良好的创业环境，办事难、手续烦琐，使投资者产生畏难情绪；(3) 税赋沉重，投资者难以承受；(4) 农民缺乏创业的意识，停留在建房与成家方面；(5) 缺乏良好的金融服务，企业融资甚为困难。

(四) 交通基础设施的建设滞后

中部地区交通基础设施建设相对滞后，特别是在山区和农村地区。中部地区不通公路的建制村近1.3万个，国省道公路中二级以下公路近30%；农村公路中的等外公路占50%，未铺装路面里程超过70%，没有通沥青（水泥）路的建制村近60%。中部地区的山区，交通闭塞，通常是中部地区中城镇化水平极低的地区。因此在一定程度上，中部的交通基础设施的建设滞后影响了中部地区的城镇化进程。

交通作为区域空间的"血脉"，往往最能体现空间发展走向。中部大多省份的交通基础设施的构建是立足于本省范围内，立足于本省的政治中心，高速公路建设也是如此。下列情况比较普遍：(1) 过境交通路线少。长期以来，各省的经济社会活动基本局限在自身狭小空间上进行，缺乏地域上的连续性。如江西的高速公路基本上是内循环。江西首先修通了南昌至九江的高速公路，然后修通了九江至景德镇的高速公路，而和武汉、长沙、杭州、广州的高速公路直到近两年才修通。（2）边界地区断头路多。在省与省之间、市与市之间和县与县之间存在大量的断头路，既影响大流通格局的形成，也极大地影响农村经济发展。（3）城乡交通不畅。中部地区宏观上交通发达，微观上交通薄弱，道路等级非常明显。近年来，各地对高速公路倾注了高度热情，但对国道、省道、县道却冷落了。国道省道里程增长不快，等级没有大的提高。从某种角度讲，高速公路太多，加大了企业成本，恶化了投资环境。

（五）农业比较效益低　农业基础仍比较薄弱

中部地区是我国粮棉油主产区。保障国家粮食安全是全面推进我国现代化的基础性、战略性任务。受市场价格波动和产业固有特征的影响，我国当前的粮食生产还存在一系列不稳定因素。农业基础设施仍比较薄弱，抗击自然灾害的能力很低，多数水利灌溉设施都是20世纪70年代建造的，有些水库已成病险水库。农业比较效益低已严重影响农民生产积极性，农业生产成本高、商品率低、市场风险大是影响农业效益的三大因素。农业收入低又是影响农民生活质量和农村面貌的根本制约因素。在一些贫困地区，以工代赈修的路，被水冲毁后，连修路的钱也凑不起来。

长期以来，中部地区受传统发展观的影响，忽视了社会指标的改善和生存质量的提高，累积了一系列社会问题，如农民负担过重、下岗失业、劳动力剩余、乡镇政权危机以及涉农案件集中等问题。鉴于中部社会问题的多样化和严重性，必须促进中部崛起，加快缓解和扭转经济与社会发展的对立和脱节，从而有效促进中部地区经济社会的协调发展。

（六）资源优势未转化为经济优势　制造业未成为支柱产业

中部地区在区位、资源、产业、科教等方面具有明显优势，这些优势使中部在全国经济发展中做出了重大贡献，但客观而言，中部的这些优势还远未得到充分有效的发挥。改革开放以来，中部地区国民经济有了较快发展，在全国的地位稳步提高，经济结构调整取得明显成效，并基本形成了产业门类齐备、区域布局比较合理的格局。但与沿海发达地区相比,其经济比重明显下降;经济结构调整取得巨大成效,但产业低度化特征仍十分明显,与全国平均水平相比,第一产业比重明显偏大,第二产业比重明显偏小,从产业内部而言,中部的农业仍以种植业为主,工业仍以采掘业和资源加工业为主,比较效益较低。

二、促进中部崛起的对策建议

中部地区应突出发挥好区位优势和综合经济优势,明确发展的战略目标,一是要继续巩固粮棉油主产区和我国重要的能源、原材料基地的基础地位,毫不动摇,为国民经济发展提供强有力的支持;二是要发挥若干中心城市作用,依托交通干线通道,重点培育若干个新的区域增长极,加速老工业基地产业结构的调整和升级,形成有竞争优势的制造业基地。三是统筹城乡发展,发展农村经济,形成与中心城市互动的格局。

(一) 积极培育区域中心城市,将现有中等城市发展为大城市

中部地区应加强城市的集中式发展,增强城市功能,扩大城市规模,根据对外开放和地区经济发展的要求,发展区域中心城市和其他中小城市,同时结合能源、矿产的开发和交通运输条件,有重点地建设小城市和小城镇,进一步增强辐射带动农村的能力,促进城乡协调发展。要进一步发挥中心城市的辐射带动作用,着力培育中原城市群、长江中游城市群、长株潭都市圈、合肥都市圈、昌九经济走廊、大运经济走廊等城镇密集区。促进城乡统筹,加速推动工业化、农业产业化,加快农村劳动力向城市第二、三产业转移。

加紧建设京广线—京九线沿线城市和地区,努力促进我国中部地区经济的崛起。该线覆盖了我国整个中部地区,同时也连接了环渤海地区与珠江三角洲地区,是我国承东启西、南北交汇的重要枢纽地区。区内老工业基地众多,重化工业比重高,设备制造业体系庞大,急待全面振兴;农业生产条件良好,尤其是粮食生产基地举足轻重,是目前我国主要的粮食和饲料大量输出的地区;沿线地区地势相对平坦、自然资源丰富、腹地条件

优越、人口和城镇稠密，具有较大的市场空间、巨大的增长潜力和较高的投资回报率和经济效益。

（二）加强交通体系建设，重点是向外的通道和乡村道路

中部地区的交通运输在全国起着承东启西、连南贯北、通江达海、维系四方的枢纽作用。加快建设和完善中部地区综合交通运输体系，能够有效缓解全国交通运输压力，促进全国经济社会发展。要从战略高度着眼，完善中部地区交通基础设施布局。重点加强铁路、干线公路建设，形成以公路、铁路为骨架，东西连接，南北贯通的陆路运输网。

中部地区交通体系的建设，重点是向外通道的建设，将此作为构建大流通格局的基础和前提，向外通道是多层次的，有通向省域之外的，有通向市域之外的，有通向县域之外的，还有通向乡域镇域之外的。消灭了"断头路"，将对区域经济的促进作用非常明显。城乡道路体系建设也是一个重点。中部地区过去将太多精力用在修路上，而未将视角放在交通体系的构建上。因此，应将中心城市到一般城市，城市到城镇，城镇到农村的路网体系构建好。

（三）优化投资环境，承接产业转移

国家应在《中西部地区外商投资优势产业指导目录》中，增加符合中部地区发展需要的外商投资优势产业。完善外资企业投资中部地区的优惠政策，对设在中部地区国家鼓励类产业的内资企业和外商投资企业，减按15%的税率征收企业所得税。鼓励扩大外贸出口，支持中心城市设立保税区。建立外贸出口基地，国家外贸发展基金、出口信贷资金优先向中部省份倾斜。支持扩大利用国外贷款，国际金融组贷款和外国政府贷款向中部地区倾斜，支持引进先进设备和技术。对因政策性因素和特殊情况造成的利用国外贷款形成的历史包袱，国家给予适当减免。支持加快服务业对外开放步伐，扩大服务业开放的领域、地域、时间和投资比例。

在加大力度吸引外资的同时，应将承接东部地区产业转移作为一个重大机遇和工作重点。但各地都在承接转移，最终转移到何处，要看投资环境。因此，优化投资环境，便是财政政策、税收政策调整的焦点。

(四) 支持农业基础设施建设，提高农民的生活水平和生活质量

中部地区是我国重要的优质粮食、油料、棉花、畜产品、水产品生产基地，巩固和提高农业综合生产能力，对于促进我国农业现代化和保障国家粮食安全具有重要的战略意义。要围绕提高农业综合生产能力，实现粮食稳定增产、农民持续增收为重要目标。

加大对农业的支持力度。除继续对种粮农民实行直接补贴，增加良种补贴和农机具购置补贴，对重点粮食品种除继续实行最低收购价政策之外，中央财政要建立对产粮大县财政支持的长效机制。要重点支持农田水利、中低产田改造、"六小工程"及旱作节水农业等建设。进一步向中部农业主产区倾斜，新增资金全部用于中部粮食主产区。国家政策性银行要建立专项信贷资金，支持农业产业化龙头企业的发展。鼓励和支持粮食主产区与粮食主销区建立长期合作关系，形成利益与风险分担机制，促进粮食稳定增长和农民增收。

(五) 在强化能源原材料工业的同时，着力发展装备制造业

中部地区煤炭、水能和其他矿产资源丰富，煤炭生产和电力装机规模大，原材料工业基础好，是全国重要的能源和原材料基地。但煤炭等矿产资源的开采大多进入中晚期，后继资源保障不足，一些资源型城市资源枯竭问题开始显现。矿山采掘装备技术落后，安全事故多。回采率低，资源浪费严重。中部地区除继续发挥优势，加快基地建设，增强对全国能源、原材料需求的保障作用外，应将装备制造业作为发展重点，这是将资源优势转化为经济优势的主要途径。中部地区拥有一批老工业基地，传统工业规模大，门类齐全，有一批名牌产品和优势企业集团，为我国工业化进程发挥了重要的作用，做出了积极贡献。但从整体上看，结构调整缓慢、产业层次低、市场竞争力弱，改造升级的任务繁重。中部地区要立足于现有优势和条件，加快传统制造业改造升级步伐，以机械制造、食品、汽车及零部件制造、化工、石油化工、冶金、纺织、电气等传统产业发展为重点，加大产业结构调整和技术改造的力度，增强产业竞争能力。加快以光电子、生物工程、新材料、新医药等为重点的高新技术产业发展，培育新

的支柱产业。

（六）提高城市化水平，促进农村人口向城市和东部地区流动

今后，要以中部崛起和加速城市化进程为契机，加大劳动力转移的力度，把此作为提高城市化水平的基本途径。一是通过发展当地大中小城市和小城镇转移农村人口提高城镇化水平。但中部地区人口太多，短期内当地城市吸纳就业的能力不可能迅速提高，因此，应促进当地劳动力向东部地区或发达地区的城市转移，继而推动农村地区的人口向东部地区流动。

为了促进劳动力转移和人口的流动，中部地区的各级政府应把就业培训作为一项重要工作。如推行"9+2"教育制度，即在9年制义务教育的基础上，外加两年免费职业教育，使每个学生掌握一至两项专业技能，使其毕业后能够顺利找到比较合适的工作。地级市政府应把农村劳动力免费培训承担起来，不能把职业教育的责任推给县乡两级政府。技校设置地点应尽可能设在地级城市，尽可能不要设在县城和小城镇。使技校学生在学习阶段即能适应城市环境。技校的办学经费和学生食宿补助，由中央、省、市政府共同解决。

劳动力输出地政府除了通过各种途径和手段帮助农民工就业，设法改善农民工的工作和生活环境之外，还要关注农民工全家的生产和生活以及子女就学和就医问题，维护农民工的合法权益。劳动力输入地政府也应关注进城务工农民的生产和生活问题，维护他们的合法权益，并创造条件使他们安居乐业。

（本文为作者2005年10月16日在长沙"中部崛起论坛"上的发言，摘要发表于《湖南财政》2006年第1期）

"中部崛起"战略中的发展模式选择

"中部崛起"是继沿海开放、西部大开发和东北等老工业基地振兴之后我国又一个区域发展战略。从趋势来看,"中部崛起"有可能成为"十一五"时期先导性的区域发展战略。制订切实可行的"中部崛起"战略规划和采取正确的发展模式十分重要。中部地区发展进程中要根据各地的比较优势和具体特点,"实现三个结合,组合三种模式",即"中部崛起"战略一定要与东部地区结构升级、西部开发和东北等老工业基地振兴等区域发展战略相结合,选择可持续的复合型战略模式与发展机制。

一、引 言

改革开放以来已经保持了 26 年快速增长的中国经济,目前可以说来到了一个十分重要的转折时期。能否再保持 20 年左右的快速增长与发展,举世瞩目。从经济学原理来看,一个国家要保持持续的经济增长要么需要保持持续的生产要素投入,要么通过技术创新来实现生产要素组合方式的改变,或者二者同时实现。从中周期角度来看,一个国家要保持持续的经济增长主要取决于保持持续的生产要素投入。由于资本是不断积累的,劳动力成本优势能否保持往往成为一个国家持续快速增长的关键。东亚的一些小经济体,正是因为无法做到劳动力投入的持续增长,最后在不可避免的劳动力成本上升压力下出现了产业外移而使高速增长难以持续。从中国经济发展轨迹来看,过去 20 多年的高速增长主要是在沿海地区的带动下完成的。当沿海地区不可避免地出现"边际收益递减"现象的时候,如果西部地区、老工业基地和中部地区进入快速发展轨道,中西部地区的后

"中部崛起"战略中的发展模式选择

发增长再促成全国 20 年的持续快速增长，就可以有效地克服东亚小经济体持续高增长过程中面临的劳动力成本上升、土地紧张等约束，依靠丰富的劳动力资源优势，中国经济高速增长就能够再持续几十年，实现现代化目标。正是从这个意义上来看，中部崛起不仅关系到区域经济均衡发展、实现区域统筹协调、建设和谐社会大局的重大战略部署，也是全面建设小康社会、实现可持续发展的重大举措和保证和中华民族伟大复兴的客观需要和战略选择。

作为国家的又一个区域发展战略，"中部崛起"战略具有一定的后发优势，可以在充分总结前几个区域战略经验教训的基础上制定切实可行的发展模式和战略措施。实施"中部崛起"要避免陷入认识上的误区。一是不要把"中部崛起"问题复杂化、理想化、情绪化，甚至政治化。要吸取西部大开发政策出台初期的一些经验教训，政策宣传和鼓励人心是必要的，但不能止于宣传，需要实干，更不能进行非理性的过分煽情言行和概念炒作。要防止无限吊民众胃口、最后难以兑现，甚至误导地方和群众的现象发生。二是要避免把"中部崛起"概念地理化。能够作为经济梯度转移和政策扶持着力点的中部不能局限于地理位置和行政区划上的中部地区，而应该是作为第二梯度的中等发达地区即经济上的中部，除了地理上的中部外，还应该包括东部的西部（山东西部、河北南部、福建西部等不发达地区）和西部的东部地区。三是要避免把"中部崛起"政策孤立化、与其他区域战略割裂。应该与东部地区的产业结构升级和低端产业的区际转移相结合，应该与西部开发的第二步安排和老工业基地的第二步战略结合起来，使各种区域战略和措施政策之间形成良性互动、发挥合力，构建整体最优化的区域政策组合。四是要避免把中部发展道路简单化，忽视或轻视体制改革和机制转换，变成单纯的要投资、要政策。中部崛起应该多在体制改革、机制转换和新的发展机制和增长方式的探索方面下大功夫，探索出真正符合中部地区特点的发展模式和发展机制。

二、改革开放以来我国不同地区的代表性发展模式

从各地经济发展的经验来看，作为一个地域广阔的大国，全国各地的

经济发展和工业化进程不可能齐头并进,必然呈现出不同的区域特征。改革开放以来我国经济得以突飞猛进地发展,逐渐形成了具有增长极性质的珠江三角洲、长江三角洲和环渤海地区等经济相对发达的高增长区域。这些高增长地区在我国经济总量中的份额越来越大,对于我国经济快速增长和发展做出了比较大的贡献。珠江三角洲、长江三角洲和环渤海地区等在一定程度上代表着中国经济的三中主要成分和产业结构的不同组合。珠江三角洲是以三资企业为主、民营经济和国有改制股份制经济为辅的轻工和电子产业密集区域,长江三角洲是民营经济、三资企业和国有改制股份制经济三足鼎立的轻工、电子和装备工业密集区域,环渤海地区则是以国有改制股份制经济为主、"三资"企业和民营经济为辅的装备、电子和轻加工工业相对密集区域。如果进一步从经济发展的战略模式和发展机制来看,可以说基本形成了"外资密集开放地区"、"内生性高增长地区"和"改造再生的老工业基地"三个经济发展比较快、形成了具有一定特色的经济发展区域,以及对应的"外部投资密集推动的外生性发展模式"、"民营中小企业带动的内生性发展模式"和兼具前二者特点的"改革推动的老工业基地改造更新模式"三种重要模式。全国其他地区的经济发展机制在一定意义上也是以上三种模式的变形或派生组合(见表1)。

表1　　　　　全国不同地区经济发展机制或动力模式比较

类型	发展机制或动力模式	代表性地区或城市
基本类型	1. 外部投资密集的外生性发展模式	海南、昆山
	2. 中小企业带动的内生性发展模式	浙江、江苏(前期)
	3. 改革推动的改造更新模式	重庆、武汉、沈阳
派生类型Ⅰ	4. "外生+内生"二合一模式	广东、福建、苏南
	5. "外生+改造"二合一模式	大连、青岛、天津
	6. "内生+改造"二合一模式	西安
派生类型Ⅱ	7. "外生+内生+改造"三合一模式	上海

资料来源:宋立等:《老工业基地改造可实施三步走战略》,载《经济决策参考》2004年第29期。

外部投资密集推动的外生性发展模式,就实质而论,在相当程度上是

"中部崛起"战略中的发展模式选择

一种新的"嵌入式"的经济发展模式，由跨国公司和国外企业主导，与国际产业发展和技术创新基本保持同步发展。由于其"嵌入式"特点，外资密集开放地区经济发展模式对全国大部分地区来说可学习性比较差，其成功经验难以大面积推广，至少不能通过大规模引资的方式直接走"外部投资密集推动的外生性发展模式"。处于"外部投资密集推动的外生性发展模式"周边的其他地区，在该地区发展到一定规模或阶段、外资因为成本或其他因素开始外移时，可以通过产业或资本在地区之间的梯度转移，接受已经与国内资本结合、实现本土化的外国资金转移，间接地走"外部（国）投资密集推动的外生性发展模式"，或接受发达地区的国内资金和产业转移，走"外部（地）投资密集推动的新的外部投资密集推动的外生性发展模式"。内生性高增长地区主要依靠国内民间资本、走的是以轻型制造业为主的低成本扩张道路，形成了一定的产业集群和区域特征，进一步发展并不意味着要发展信息产业等典型的高技术产业，而是需要加快技术创新和增加技术含量，发展新技术产业，从相对单纯的低成本优势向低成本与高技术含量兼顾转变，同时要注意将工业化与城市化结合起来，调整和优化产业布局，实现产业聚集效应。内生性高增长地区的经济发展进程内生于我国的具体国情环境之中，在一定意义上比较接近工业革命初始阶段的发展模式，对全国其他地区具有一定的可学习和可模仿性质。老工业基地地区包括解放前形成的东部工业基地和"一五"、"二五"和三线建设时期依靠布局和沿海企业迁入内地形成的嵌入型工业（城市）基地，这些地区的传统制造业基础和科研实力比较强，在有些传统产业的比较优势在内生性高增长地区后起产业的竞争压力下逐渐丧失的同时，高新技术产业近年来获得了快速发展，因此，老工业基地地区的新型工业化，应该是在大力发展信息产业等高新技术产业的同时，加快传统制造业的体制改革、结构升级和技术改造步伐，有效发挥在技术优势，高新技术成果改造传统产业，以信息化带动工业化。计划经济时期，全国大部分地区通过国家布局和自身积累方式，发展了一定的工业基础和国有企业，在一定程度上有拥有规模不等、水平差异的老工业基地，因此，通过传统产业和老工业基地改造方式加快经济发展和工业化的模式也具有一定的普适性和可推广性。

三、"中部崛起"战略实施中的发展模式选择

全国其他的大部分地区,包括中部地区及部分东部和西部地区等,由于既没有也不可能吸引大量的外商投资,也没有比较强的科技力量和高新技术产业,更没有充满活力的民营加工业基础,现有工业基础以传统国有或国有控股企业为骨干的加工业为主,缺乏技术优势,也缺乏体制优势和机制优势,发展高新技术产业的基础比较差,实现工业化的任务更加艰巨,面临的困难和问题也更多。因此,大部分地区在加快经济发展和工业化进程中需要也只能更多地借鉴内生性高增长地区和老工业基地地区尤其是后者的成功经验。

以中等发达地区为主的中部地区,产业发展方面以农业大省为主,又是除了东北之外我国老工业基地相对密集的地区。作为经济发展比较慢、地理位置相对不利、人的思想观念相对落后的内陆省份,中部地区既没有充满活力的民营企业群体,也不可能有大量、集中和持续的外商投资,现有工业基础以传统国有或国有控股企业为骨干的加工业为主,相对缺乏技术优势、体制优势和机制优势。因此,中部地区发展进程中需要有效地选择发展模式。

总体来看,中部地区要根据各地的比较优势和具体特点,有效组合以上三种模式特点,并与国家的东部地区结构升级、西部开发和老工业基地改造战略相结合,选择复合型的发展战略模式。即"实现三个结合,组合三种模式"。短期来看,需要更多地借鉴老工业基地发展的成功经验,以现有的老工业基地等发展极为依托,与国家老工业基地振兴改造战略相结合,走改革推动的老工业基地改造更新道路。尤其是在启动阶段要依靠已有的包括中心城市在内的各种区域和产业发展级的带动,依托武汉、洛阳、西安、重庆、成都等具有一定比较优势的老工业基地,率先在局部突破,带动全局;中期应该重视发挥吸引包括国外和发达地区资金,外部资金、技术和管理的辐射带动作用以及西部地区人才东流的推动作用,与东部地区结构升级和产业转移,以及西部开发战略相结合,走"外部投资密集推动的外生性发展模式"道路。要充分利用靠近东部的地区的地理

"中部崛起"战略中的发展模式选择

优势,与东部沿海开放战略结合,利用东部地区结构升级、产业向中西部地区梯度转移的机遇和中部作为全国梯度转移过程中的接力站或二传手的优势,实行梯度转移对接战略,吸引国内外尤其是东部地区的资金、技术和管理人才,在中部地区迅速形成一定的聚集效应,形成以长沙—武汉—郑州—洛阳—西安—成都—重庆为内环的腹地经济圈,使国家经济地理的中心区域逐步发展成为经济地理的重心地带;长期来看,中部地区稳定可持续的发展模式必须依靠体制改革和技术创新,与体制改革和科教兴国战略相结合,走更多地依靠民营中小企业带动的内生性发展模式。中部省份尤其要依托农业地区的优势,发展现代农业和农产品加工业,延长产业链,形成以当地丰富的劳动力和农产品资源为依托、以中小企业为主体的现代农业和农产品加工产业集群。

老工业基地和省会城市等,是中等发达地区的增长极和"中部崛起"主要带动者,大致可以划分为两种类型,一是武汉、郑州、长沙、合肥、南昌等近年来民营经济及高技术产业发展比较快的省会城市;二是太原、株洲、洛阳、大同等主要依靠老工业基地改造获得比较快的发展的地区。民营经济及高技术产业发展比较快的老工业基地初步形成了兼具"改革推动的老工业基地改造更新模式"和"民营中小企业带动的内生性发展模式"二者特点的"内生+改造"二合一模式,下一步要注意进一步吸引国内外资金,包括直接吸引国外投资以及东部地区的外资和民间资本的转移,逐步形成以"改革推动的老工业基地改造更新模式"和"民营中小企业带动的内生性发展模式"为主,兼有"外部(外国、外地)投资密集推动的外生性发展模式"特征的"外生+内生+改造"三合一模式。主要依靠老工业基地改造获得比较快的发展的地区,要进一步发展民营经济及高技术产业发展,同时要利用相对更加接近东部发达地区的区位优势,下一步要注意进一步吸引国内外资金,包括直接吸引国外投资以及东部地区的外资和民间资本的转移,走以"改革推动的老工业基地改造更新模式"为主、兼具"外部(外国、外地)投资密集推动的外生性发展模式"和"民营中小企业带动的内生性发展模式"特征的"外生+内生+改造"三合一新模式。

接近东部发达地区的中等发达地区,如安徽、江西和湖南南部等中部地区,虽然作为传统的农业地区、经济发展比较慢、工业化水平比较低,地理位置相对不利、人的思想观念比较落后的中部内陆省份，像大部分中部地区及部分东部和西部地区等其他地区一样，不可能像东南沿海地区那样直接吸引大量的、集中和持续的外商投资，也没有比较强的科技力量和高新技术产业，更没有充满活力的民营加工业，现有工业基础以传统国有或国有控股企业为骨干的加工业为主，缺乏技术优势，也缺乏体制优势和机制优势，发展高新技术产业的基础比较差，实现工业化的任务更加艰巨，面临的困难和问题也更多。因此，这些地区有效地选择发展机制模式，应该需要更多地依靠民营中小企业带动的内生性产业发展模式。同时重视发挥毗邻东部发达地区的区位优势，准备承接东部地区的产业转移，走"外部投资密集推动的外生性产业发展模式"的作用。

表2　　　　中部（中等发达）地区经济发展机制或动力模式选择

类型	发展机制或动力模式	代表性地区或城市
基本类型	1. 外地投资密集的外生性发展模式	皖东南、赣东南、湘南等毗邻东部省份的地区
	2. 中小企业带动的内生性发展模式	一般中部或中等发达地区
	3. 改革推动的改造更新模式	重庆、长沙、株洲、郑州、洛阳、太原等老工业基地
派生类型Ⅰ	4. "外生+内生"二合一模式	接近东部地区的中心城市
	5. "外生+改造"二合一模式	接近东部地区的老工业基地
	6. "内生+改造"二合一模式	武汉、西安
派生类型Ⅱ	7. "外生+内生+改造"三合一模式	安徽、江西、湖南中部

远离大城市的其他中部或中等发达地区，作为传统的农业地区、经济发展比较慢、工业化水平比较低，地理位置相对不利、人的思想观念比较落后的中部内陆省份，像大部分中部地区及部分东部和西部地区等其他地区一样，不可能像东南沿海地区那样直接吸引大量的、集中和持续的外商投资，也没有比较强的科技力量和高新技术产业，更没有充满活力的民营加工业，现有工业基础以传统国有或国有控股企业为骨干的加工业为主，缺乏技术优势，也缺乏体制优势和机制优势，发展高新技术产业的基础比较差，实现工业化的任务更加艰巨，面临的困难和问题也更多。这些地区需要有效地选择发展模式，应该采取主要依靠民营中小企业带动的内生性

发展模式。

参考文献：

1. 李仁贵：《区域经济发展中的增长极理论与政策研究》，载《经济研究》1988年第9期。

2. 艾伯特·赫希曼：《经济发展战略》，经济科学出版社1991年版。

3. 肖金成：《打造中心城市》，中国水利出版社2004年版。

4. 宋立等：《老工业基地改造可实施三步走战略》，载《经济决策参考》2004年29期。

5. 宋立：《金融发展应成为"十一五"经济发展机制的核心内容》，载《财贸经济》2005年第4期。

6. 宋立：《关于中部崛起战略模式选择的思考》，载《中国经济时报》2005年6月3日。

(本文原载《经济管理》2006年第15期，合作者：宋立[①])

---

① 宋立：西北大学经济学博士，现任国家发改委经济研究所副所长。

环渤海合作面临的机遇与挑战

　　环渤海地区由环绕着渤海全部及黄海的部分沿岸地区组成，是我国城市群、港口群和产业群最为密集的地区之一。环渤海地区的重要性正日益显现，承东启西、南联北开的区位和日益壮大的经济实力，使其对于西部开发、东北振兴、中部崛起意义重大，在中国国民经济整体格局中占有重要的战略地位。环渤海地区还处于日渐活跃的东北亚经济圈的中心地带，在东北亚乃至亚太地区国际分工协作中也具有重要地位。

一、环渤海地区的范围及优势条件

　　环渤海地区位于中国沿太平洋西岸的北部。狭义的环渤海地区包括丹东、大连、营口、盘锦、锦州、葫芦岛、秦皇岛、唐山、廊坊、北京、天津、沧州、滨州、东营、潍坊、烟台、威海、青岛18个城市。广义的环渤海地区则包括北京、天津两大直辖市及河北、辽宁和山东三省的广大地区。泛渤海地区则包括京、津、冀、鲁、辽、晋和内蒙古的部分地区。遵循经济区域的基本走势，按照经济区域和行政区域应基本一致的原则，同时也兼顾统计数据的获取和分析，本文中的环渤海地区采用了广义的口径，即包括北京、天津、河北、辽宁和山东五省（市），全区土地面积5218.77万公顷，总人口22571万。共有城市157个，约占全国城市的1/4，其中城区人口超百万的城市有13个。近年来，环渤海地区越来越受到人们的关注。尤其是2004年，煤、电、油、运全面紧张，长三角、珠三角经济发展受到了一定程度的抑制，而环渤海地区由于能源原材料丰富，或者靠近能源原材料产地，没有受到太大的影响，发展速度、引进外资和对外贸易的速度都有明显加快。具体而言，环渤海地区经济发展具有如下优势：

1. 具有优越的地理位置，交通发达

环渤海地区处于东北亚经济圈的中心地带，向南联系着长江三角洲、珠江三角洲、港澳台地区和东南亚各国；向东沟通韩国和日本；向北联结着蒙古国和俄罗斯远东地区。环渤海地区是中国交通网络最为密集的区域之一，是我国海运、铁路、公路、航空、通讯网络的枢纽地带，交通、通讯联片成网，形成了以港口为中心、陆海空为一体的立体交通网络，成为沟通东北、西北、华北经济和进入国际市场的重要集散地。

2. 自然资源丰富，为经济发展提供了坚实基础

在区域内有大港油气田、渤海油气田、华北油田、开滦煤矿、峰峰煤矿、迁安铁矿等大型矿产企业。据预测，到2010年渤海湾油区的原油供应能力将达到5500万吨，约占全国的31%。山西、内蒙古为我国最大的煤炭产区，为工业的持续发展提供了重要能源支持。

3. 有众多深水良港依托，利于发展临海经济和海洋经济

环渤海地区有十几个重要的港口，吞吐量超亿吨的有天津、青岛、大连、秦皇岛，另外还有营口港、烟台港、京唐港、锦州港、黄骅港、威海港等重要港口。港口带动城市经济发展，城市经济带动区域经济发展。这些港口不仅对当地经济发展给予巨大支持，也为整个三北地区的发展提供了巨大的支持。

4. 具备较好的经济发展基础，产业结构比较合理

环渤海地区2005年GDP总量达到5.5万亿元，占全国GDP总量的30.2%。该地区是中国重要的农业基地，耕地面积达2656.5万公顷，占全国耕地总面积的1/4多，粮食产量占全国的23%以上。在工业方面，环渤海地区是中国最大的工业密集区，是中国的重工业和化学工业基地，拥有大量大型具有重要战略地位的企业。环渤海地区第三产业也具有一定发展水平。京津冀城市群在产业结构优化方面优于长江三角洲和珠江三角洲地区。其第一、第二、第三产业之比为 4.0∶42.3∶53.7，长江三角洲地区为 5.8∶51.9∶42.3，珠江三角洲地区为 5.6∶49.3∶45.1。京津冀地区第三产业发展超过第二产业，表明传统产业向现代产业升级换代较快，具有较高的产业优化度。

5. 具备丰富的人才和科技资源

环渤海地区有大学 300 所，北京地区有 503 个市级以上独立科研机构、62 所高校，天津有 40 所高校和多家国家级研究中心。人才及科研优势为创新发展和产业升级提供了雄厚基础。环渤海地区科技力量强大，北京的知识密集度是全国平均水平的 6.06 倍，天津是全国的 2.83 倍，仅京津两大直辖市的科研院所、高等院校的科技人员就占全国的 1/4。2004 年，北京市技术合同成交额 425 亿元，增长 60%；在成交总额中，流向本市的技术有 16706 项，成交额 220 亿元；流向全国其他地区的技术有 18843 项，成交额 205 亿元，对全国的创新发展产生了重要的辐射带动作用。科技人才优势与资源优势也使得环渤海地区对国际资本产生了强大的吸引力。

二、环渤海地区经济合作面临的机遇

当今的时代是合作的时代，市场经济条件下，既需要竞争，也需要合作。环渤海地区的合作迎来了前所未有的机遇。

1. 区域经济一体化为环渤海经济合作带来了前所未有的机遇

当今世界，有两大趋势，一是经济全球化，即跨国公司在全世界设立分支机构和生产基地，利用全世界的资源和生产要素，生产的产品销往全世界。当然，也赚全世界的钱。二是区域经济一体化。这是一些相邻国家、相邻地区采取的应对经济全球化的措施，通过降低关税或完全免除关税，使之成为进出口无障碍的地区，实现市场一体化。如欧盟、北美自由贸易区、东南亚联盟等。在国与国之间消除贸易和投资壁垒的大背景下，中国省与省、市与市、县与县之间行政壁垒的存在就显得不合时宜了。消除地区之间看得见或看不见的贸易和投资壁垒成为企业家和学者们共同的呼声。各级政府也在采取措施，加强区域合作和城市合作，如长江三角洲、珠江三角洲的区域合作，中原城市群的规划，长（沙）株（洲）（湘）潭城市一体化等。泛珠三角（9+2）吸引了不少人的眼球，各大媒体争相报道。反映了人们希望合作的心声。有了合作的意愿，就会迈开合作的脚步。有人认为，泛珠泛得太远，从珠江流域泛到了长江流域。我认为，开展区域合作是不应受指责的。在这样的大背景下，放眼未来，环渤海地区的经济合作具有广阔的空间。

2. 环渤海经济合作将是东北亚经济合作的基础与前提

在区域经济一体化潮流中，东北亚区域合作的呼声也不绝于耳。东北亚有六个国家：中国、俄罗斯、日本、韩国、朝鲜和蒙古。中日韩三国一直积极推动合作的进程，尤其是韩国，表现出极大的热情。随着时间的推移和中国国力的增强，依托地缘和人缘优势，中国将成为东北亚合作的主导者。东北亚合作，环渤海地区既是中心又是前沿。环渤海地区的发展与合作是东北亚经济合作的基础与前提。同时，东北亚合作也是推进环渤海合作的重大机遇。

3. 国际航运中心建设有赖于环渤海地区的经济合作

在东北亚经济圈内，提出建成重要的国际航运中心的港口城市是比较多的。主要有日本的神户、韩国的釜山、中国台湾的高雄、中国大陆的大连、青岛和天津等。大连提出要建成"东北亚重要的国际航运中心"，青岛提出要建设"国际港口城市"，天津要建设"中国北方国际航运中心"。2005年，天津港货物和集装箱吞吐量达到2.4亿吨和480万标准箱，航道等级达到20万吨级，进入世界深水大港行列。青岛港则达到1.4亿吨和560万标准箱，进港航道也达到20万吨级。大连港总吞吐量1.7亿吨，集装箱300万标准箱，航道等级达到10万吨级。但每一个港口与日本的神户和韩国的釜山相比都差得很远。在东北亚地区，目前关于建设国际航运中心的竞争已经变得非常激烈，据统计，目前东北亚地区各港已建和在建的深水泊位将近40个，釜山、高雄、神户等港口的建设计划都十分宏大，并且这些港口的眼睛都盯着中国大陆集装箱货源。因此，无论是大连、天津还是青岛，建设国际航运中心面临的首先不是国内或环渤海港口的竞争，而是日本、韩国港口的竞争。要想成为国际航运中心，在激烈的竞争中取得优势地位，必须实现分工与合作。否则，各港口建设国际航运中心的目标都难以实现。

三、环渤海地区经济合作面临的挑战

环渤海地区的区域合作从提出到现在已有十几年时间，环渤海市长联席会已召开12次，不同层面的合作机构已成立多个，但实质性的经济合作尚未有效展开，或者说合作的效果尚不十分明显。从未来和区域发展大趋势来看，环渤海经济合作既蕴含着机遇，也面临着挑战。机遇与挑战并存。在环渤海地区，机遇是外在的，而挑战却是现实的。面临挑战须认真对待，采取切实可行的措施和对策。

1. 环渤海地区三大相互独立的经济板块影响了区域合作的进程

环渤海地区的三大板块是历史形成的。京津冀本属于一个区域，历史上长期属一个行政区，无论在经济上还是文化上都存在不可分割的关系。辽宁板块与吉林、东北地区两省经济联系远远超过与京津冀和山东，大连本来就是东三省的出海口，在资源、基础设施、物流与市场等方面一体化程度很高。尤其是国家实施东北等老工业基地振兴战略之后，东北地区和内蒙古东五盟的经济联系将更加紧密。山东经济近年来增长迅猛，现代制造业基地建设已具雏形，对外经济联系甚于对内地的联系，从青岛港集装箱的快速增长可见端倪。山东半岛城市群与日韩的经济合作与产业联系要大于与京津冀和辽中南。由此可见，三大板块的合作缺乏应有的动力。这就是学者们呼吁、政府推动，而效果不十分明显的内在原因。三者之间的联系从地图上看，近在咫尺，但实际距离却很遥远，因为，目前的主要交通手段是公路和铁路，辽中南与京津冀和山东半岛的货物运输从陆路上要环渤海，从海上运输又不十分方便。目前，从大连到烟台的火车与汽车轮渡正在建设之中，轮渡开通之后，上述两地的经济联系会有所加强。

2. 各大经济板块内部之间的合作与一体化尚未形成

三大板块之间联系不够紧密的另一个原因是各大板块内部的经济一体化尚未形成。京津冀内部由于行政的分割，使本属于一个经济区域的内部联系却很微弱。产业链断裂，产业集群难以形成；经济落差过大，使生产资料市场和消费资料市场过于狭小，外向型产业大于内向型产业。产业附加值低，货物运输量大，物流成本高。京津冀城市群内各城市均是本区域的中心，一体化产业体系尚未形成。山东半岛城市群内在经济联系比较密切，一体化产业体系正在形成，但鲁东与鲁西的经济发展差距很大，山东半岛城市群与京津冀城市群之间横亘着一个较难逾越的产业断层。与此惊人的相似，辽中南城市群与辽西地区经济落差也很大，阜新市城市转型尚未完成，朝阳城市规模小，农村经济落后，锦州、葫芦岛经济近年来在港口经济带动下，经济发展加快，但产业断层问题短期内难以解决。此外，以沈阳为中心的辽中和以大连为中心的辽南在区域经济合作方面也吹奏起不和谐的音符。辽中南区域经济一体化也成为学者们难以实现的梦想。三大板块的共同特点是民营经济不发达。辽宁和京津冀地区国有经济比重过大，仍是该地区的重要特征。山东省民营经济有一定发展，但比重也不很高。综上所述，三大板块内部一体化进程缓慢不同程度地影响了环渤海地区经济合作的进程。

3. 环渤海各个港口之间竞争大于协作，制约了区域合作

环渤海地区港口数量多，几乎有市必有港，各个城市政府对建设港口倾注了高度的热情。一方面拉动了当地经济的发展，但另一方面，必然加剧港口之间的激烈竞争，影响港口本身经济效益的提高，如对资源的竞争，对靠港船舶的竞争、对出入港通道的竞争等。虽然日益增长的需求会弱化这一影响，但如遭遇世界经济的不景气或要素流向的变化，将对港口带来不同程度的冲击。为了在环渤海地区崛起世界级的国际航运中心，赶超日本和韩国，环渤海地区三大枢纽港，天津、大连、青岛三家应加强合作，加强信息交流，也可按区域进行一些分工。但现在都以国际航运中心为目标，构筑世界级大港口，还未看到合作的迹象。京津冀区域内有四个港口，距离很近，拥有共同的腹地，已拉开竞争的架势。尤其是曹妃甸

港口具有天然深水航道，距离天津港一步之遥，二者合理分工和加强合作有利于投资上节省、货源上互利、效益上提高，但合作前景并不乐观。原因是港口尚不是独立运行的企业，不能自主决策，各自受到所在地政府的制约。如曹妃甸港向专业性大港还是向综合性大港发展目前还不得而知。京津冀的区域规划正在编制，按道理说，区域规划和交通规划应能够解决这一问题，但规划到底有多大的约束力也不得而知。根据我的推测，如果财政税收体制不改变，加强港口合作和区域合作将有很大的难度。

四、未来环渤海地区发展与合作的基本趋势

环渤海地区存在着经济的互补性：北京、天津有着资金、技术、信息、人才、市场等方面的优势，河北、辽宁和山东则有着较为丰富的自然资源和劳动力资源优势。城市是精华荟萃的地方，不可能什么都发展，它必须要有腹地的支撑。作为"城市"的客观存在，京津必须寻求同周边拥有广大农村地区的省份的合作。相对于北京和天津两大城市，辽宁、河北、山东的制造业优势则相对明显，工业主要经济效益指标均领先于两大直辖市（辽宁因国有经济比重过大，主要经济效益指标相对落后）。中心城市的发展不是仅以自身绝对规模的增长就可以实现，而需要通过与周边地区的一体化发展来获得。城市的功能如果不能正常发挥，将不能够反哺区域整体的发展；区域的发展如果不够快，也不利于作为区域中心的城市的壮大。因此，环渤海地区合作的前提是要明确环渤海的整体功能定位，以此为基础，强化它们之间的分工与合作。

立足现状，展望未来，环渤海要以构建可持续的生态与社会环境，创造安全、舒适、便利、支撑2.5亿人生产与生活的良好人居环境为前提，以具有国际、国内竞争力的现代服务业和先进制造业为支撑，带动中国北方经济，进一步辐射东北亚，成为支撑与联系国内外各类经济与社会活动的特大型经济区、世界级先进制造基地和承载更多人口的人居环境良好的地区。

参考文献：

1. 景体华：《中国区域经济发展报告》，社会科学文献出版社2005年版。

2. 吴良镛：《人居环境科学导论》，中国建筑工业出版社2001年版。

3. 陈栋生：《中国区域经济新论》，经济科学出版社2004年版。

4. 肖金成、杨洁、袁朱：《打造中心城市》，中国水利水电出版社2004年版。

5. 李国平：《首都圈结构、分工与营建战略》，中国城市出版社2004年版。

6. 胡序威等：《中国沿海城镇密集地区空间集聚与扩散研究》，科学出版社2000年版。

（本文原载《开放导报》2007年第1期）

环渤海地区的区域经济发展与港口的分工合作

环渤海地区有三大城市群，十几个重要的港口，港口带动区域经济发展，反过来也给该区域港口的发展带来前所未有的机遇；但是，经济全球化和港口集群式分布必然使港口间的竞争日益激烈，因此，环渤海地区港口应整合资源，联手发展，发挥优势，合作共赢。

一、海洋的世纪与中国的沿海经济

进入21世纪，听到最多的一句话就是"21世纪是海洋的世纪"。我理解这句话有两个意义：一是人类将更多地利用海洋资源；二是经济全球化拉动了海洋运输业的发展，同样，海洋运输业也推动了经济的全球化。美国著名经济学家萨克什做了这样一个统计，全球GDP的50%产生于距海岸线50英里的范围内。不知道他统计得是否准确。但中国的经济发展却能证明这一点。中国沿海地区崛起了三大经济区：长三角、珠三角和环渤海地区。三大地区GDP的总和已占中国GDP的50%以上。而且，经济要素向沿海聚集的势头越来越明显。

海洋经济的构成包括海洋与陆上两个部分。陆上部分主要是海岸经济，也就是前面讲到的距离海岸线比较近、可以受到海港和沿海城市直接影响的经济。我国沿海地区之所以形成了三大经济区并集中地分布着全国的经济精华，这是因为：一、我国沿海地区主要由平原构成，且成因上均为大河下游冲积平原，因此地势平坦（地表）水资源充沛、历来耕作业发达和人口密集，这样的地区很容易形成比较发达的地区经济和密集的城镇；二、由于上述原因，加上近代历史上我国沿海地区最早接受工业化的影响，工业、港口和城市的发展在这里历史悠久，基础相对雄厚，并且在改革开放以来因地利而率先发展起来；三、我国部分战略性资源的国内自给率日趋下降，对进口资源的依赖日趋增加，沿海港口的地位因此日渐突出，"沿海经济"已经有迹象成为我国经济分布的基本形式之一。

二、环渤海地区：城市群及其港口支持

环渤海地区越来越受到人们的关注。尤其是2004年，煤、电、油、运全面紧张，使长三角、珠三角经济发展受到了一定程度的抑制，而环渤海地区由于能源原材料丰富，或者靠近能源原材料产地，没有受到太大的影响，发展速度、引进外资和对外贸易的速度都有明显加快。环渤海地区受到关注的另一个原因是在这一地区有三大城市群：一是京津冀城市群，有两个直辖市和11个地级市，2003年的GDP已超过1万亿元；二是山东半岛城市群，有两个副省级城市和6个地级市，GDP也超过了8000多亿元；三是辽中南城市群，有两个副省级城市和8个地级市，GDP 5500多亿元。2004年，三大城市群的GDP总量有望突破3万亿元。

港口不仅带动了城市的发展，也带动了区域的发展。环渤海地区的经济发展，离不开港口的推动，应该说港口对环渤海经济的快速发展作出了巨大贡献。环渤海地区有十几个重要的港口，吞吐量超亿吨的有天津、青岛、大连、秦皇岛，另外还有营口港、烟台港、京唐港、锦州港、黄骅港、威海港等重要港口。这些港口不仅对当地经济发展给予巨大支持，也为整个三北地区的发展提供了巨大的支持。

随着经济全球化不断发展和社会分工的日益深化，国际国内贸易迅速发展，港口的作用将更加凸显出来。环渤海地区包括辽宁、河北、山东三省和京、津二市，大陆海岸线6000余公里，港口腹地覆盖了东北、华北、西北地区，能源矿产资源丰富，是我国的煤炭、原油生产基地和冶金、石化、机械制造等重工业基地、农业生产基地。在党中央关于振兴东北地区等老工业基地战略的指导下，该区域将依托雄厚的工农业基础，使区域经济迅猛发展，给该地区港口的发展带来了前所未有的机遇。

三、港口间的竞争趋势

值得注意的是，经济全球化也给港口提出了挑战和更高的要求。几个因素使得港口间的竞争日益激烈。第一个是，世界航运船舶大型化、专业化、航运公司联盟化的发展趋势明显，如果没有为大型和超大型船舶提供停靠作业的港口水深和航道等条件、不能适应这些船舶对装卸效率的要求、不能提供足够的货源吸引航运公司，港口的大型化发展将是乏力的；第二个是，以供应链管理为基础的无缝运输和产品配送带来的新的运输模式的转变，物流操作日趋集中，综合的物流配套服务，以及与物流相关的其他服务业的集中分布，也将成为影响港口发展的重要条件；第三个是，港口城市的综合竞争力，包括城市基础设施、产业体系发育水平、经济总量等方面，往往成为决定港口发展的关键因素；第四个是，腹地经济和腹地通道的竞争力对港口实力的影响同样不可忽略，没有发达的腹地经济就不会有发达的前方港口，但是即使有发达的腹地经济，如果疏港通道不具备综合运输能力或者通过能力不强，腹地物流也会在路线选择上放弃竞争力比较低的港口。

多方面的变化都对港口提出了更高的要求。因此，有港不一定有货，有货不一定有船。这就要求能围绕港口尤其是处于沿海中心城市的枢纽港形成现代化的航运中心、物流中心，降低地区物流成本，建设规模化、集约化、现代化的港区，其他非枢纽港就应向专业化方向发展，并与相邻的港口尤其是枢纽港进行合理的分工与协作。

四、环渤海地区港口的分工与合作

港口的集群式分布当然会形成竞争，但发展方式并不是自相残杀。如同商业、制造业企业的空间分布一样，港口的集群式分布也是一种博弈后的合理结果，即在产生大量物流的腹地前缘可能形成功能结构大致相同的多个港口，为腹地提供多种服务机会，并且在适当的港口竞争中使客户获

环渤海地区的区域经济发展与港口的分工合作

得物流的效率、差别服务的效果、航运公司船班的密集部署、港口运输技术和组织管理的改进、港口群后方交通运输网络的发展等。只要存在发达的地区经济和形成大量和密集的物流服务要求,港口的群集发展就不可避免。

港口对城市经济和城市基础设施的要求也使沿海城市群地区形成港口的群集。当港口作为企业与城市发生经济关联的时候,城市政府当然希望港口能够为城市经济、城市地位增强发挥作用,所以也会从各个方面帮助港口的发展。

环渤海地区港口数量多,几乎有市必有港,各个城市政府对建设港口倾注了高度的热情。一方面拉动了当地经济的发展;但另一方面,必然加剧港口之间的激烈竞争,影响港口本身经济效益的提高,如对资源的竞争,对靠港船舶的竞争、对出入港通道的竞争等。虽然日益增长的需求会弱化这一影响,但如遭遇世界经济的不景气或要素流向的变化,将对港口带来不同程度的冲击。因此,应整合资源,联手发展,发挥优势,合作共赢。

环渤海地区三大枢纽港,天津、大连、青岛,都有各自的腹地,东北地区是大连港的腹地,华北地区是天津港的腹地,山东省和河北省南部、河南省北部是青岛港的腹地。西北地区是共同的腹地,笔者认为三者的合作大于竞争。天津港要建设世界一流的港口,大连要建成东北亚地区的国际航运中心,青岛要建成北方地区的航运中心,互相没有什么影响,但应考虑外部竞争问题。对内来说,面临上海、连云港和湛江港、防城港的竞争,西北地区既可以通过陇海线和西安至南京的铁路直达连云港和上海、南京,向南通过宝成铁路,包湛铁路直达湛江和防城港、深圳、广州。对外来说,笔者认为主要的竞争对手是日本的神户港、横滨港、韩国的釜山港。神户港和釜山港现代化程度很高,尤其是集装箱数量很大,作为航运中心,关键是接卸和转运数量,而非装船数量及吞吐量。同样是一亿吨,煤炭矿石和集装箱、大型设备是不能比的。为提高国际竞争力,三大枢纽港应通力合作,加强信息交流,也可按区域进行一些分工。

环渤海地区港口的分工和合作的关键是与三大枢纽港相邻的港口的分工与合作,如大连、营口、锦州港之间的分工与合作;天津、秦皇岛、黄骅、京唐港的分工与合作;青岛、烟台、威海、日照港的分工与合作。

应通过对港口的布局规划，在全国建立集装箱运输系统、铁矿石运输系统、煤炭运输系统、原油运输系统、农副产品运输系统等。在集装箱运输系统中，可分为干线港、支线港和喂给港。环渤海港口的分工可结合自己的优势建设专业化港口，如以煤炭为主的、以铁矿石为主的、以石油化工产品为主的、以农副产品为主的、以大型机械设备为主的。有了大致的分工，合作才有基础。分工合作要能做到多赢式共赢，不能使一方受益，另一方受损。通过合作，节省投资，提高经济效益。

另外，分工合作一方面靠交通部的规划，更重要的方面是增加港口之间的沟通，建立合作的机制。如建立协会，建立董事长或总经理定期会面制度，相互参股从而成为利益共同体、建立信息共享平台等。各省、市政府也应支持港口之间的合作，不以数量论英雄，应以经济效益和竞争力为主要考核指标，通过港口推动当地经济的发展。

（本文原载《开放导报》2005 年第 2 期）

"十一五"中国区域经济协调布局构想

"十一五"时期（2006~2010年），以优化国民经济空间结构、提升国民经济空间效率为目标，以改革和制度创新为动力，在充分运用市场化运作手段的同时，加大政府调控力度，启动国民经济空间规划和区域规划，实施"东部腾飞、西部开发、东北振兴、中部崛起"战略，制订侧重于块块调控的区域政策，重点构建各具特色和功能各异的区域经济体系，改革长期以来单一的区域考核标准和指标体系，基本解决各类问题地区的基本问题，切实促进国民经济全面、健康、稳定、快速、协调发展。

一、启动全国及各类型地区的空间规划

在"十一五"期间，即可着手启动全国及不同类型区域的空间规划，将全国及各区域的经济发展置于空间规划和产业规划的双重指导之下。

首先需要下大气力制订科学合理的全国性和区域性的空间规划。该规划必须立足长远，统筹全国，以科学发展观为指导，将经济、社会、自然等多方面因素综合加以考虑：空间规划要以人口分布、资源开发和生态环境保护为主，结合土地和环境承载力、矿产潜在价值、人类居住适宜程度三项指标，分析腹地开发条件和开发潜力，提出国土开发的不同功能区及相应的政策；分析水资源、能源资源和耕地资源对我国经济的约束影响及相关对策，制订集约式的大规模资源开发计划，为工业化提供强有力的资源保证，同时减少对生态环境的破坏；分析各地区的人口承载能力，结合城镇化、退耕还林和扶贫等工作，提出合理的人口分布调整方案。

以国民经济空间规划为依据，结合各区域不同特点，制订各经济区和

各类型区的区域规划，突破以往以基本行政区为唯一调控单元的局面，发挥各类经济区在协调空间开发秩序中的作用，统筹协调区域发展中的城镇体系和基础设施建设、产业布局、资源开发利用、生态环境保护等相关问题，促进空间开发秩序的合理化。

在人口和城镇稀疏的地区，区域规划应体现驻点式开发模式要求，应在重点地区集中建设区域性基础设施，以吸引更多的人口向城镇聚集，尽量为广大生态环境脆弱的地区减轻压力；各重点开发驻点之间，以及它们与人口和城镇密集地区的联络交通线，要采取大容量、集中式、以主干线为主的方式加以解决，以提高交通网络的效益。

在人口和城镇密集地区，区域规划应体现网络开发和点轴开发相结合的模式要求，全面加快跨地区基础设施网络的建设步伐，尽快完善大中城市之间的快速交通通信主干道建设，加快区域经济一体化步伐。遵照"人口分布和GDP分布基本一致"的原则要求，"十一五"时期，应注重在东中部地区规划建设若干个特大或大城市，在东南部地区规划和建设一批重大网络型基础设施项目，以对土地和空间的集约型使用，避免人口集聚所带来的负面效应，促进该类地区率先实现地区协调发展的目标。

二、建立协调的区域经济基本框架

改革开放以来，我国区域经济发展开始实施所谓"T"型空间布局战略，即以沿海地区和长江干流地区为重点的地区倾斜发展战略；稍后发展为所谓的"π"型总体空间布局战略，即在"T"型布局框架的基础上，将陇海线沿线地区作为另一条重点开发轴线，形成"π"型空间开发结构。

根据三大地带的梯度开发、西部大开发的战略部署和振兴老工业基地的要求，考虑到我国人口和城镇布局的基本特点，"十一五"期间，可以在"π"型布局框架的基础上，增加一条南北走向的重点轴线，即京广线（包括京九线）—京哈线沿线地区，构建"开"字型国民经济发展总体布局的基本主干框架。

"十一五"中国区域经济协调布局构想

1. 仍然以沿海为我国区域经济的重心和主轴地区

沿海地带要继续在我国区域经济中起"龙头"的作用，率先向基本实现现代化的目标迈进。该地区要继续贯彻全面对外开放的战略，以技术为导向，以结构的协调化、高度化为目标，跟踪世界经济全球化和区域经济一体化的趋势以及国内区域分工位于最高技术梯度的要求，更大幅度地利用国内外两个市场、两种资源，注入新的活力，创造新的比较优势，攀登新台阶，为进一步提高我国的综合国力和国际市场竞争能力，更加积极地参与国际经济事务做出更大的贡献。在继续积极引进外资和先进技术的同时，还要积极实施"走出去"战略，以更好地参与全球产业价值链中去，为解决我国经济快速发展而出现的一些重大关键性资源（如石油等）日益短缺所带来的问题早做准备。

目前，沿海地区已经基本形成了一些经济核心地区，如环渤海湾地区（包括京津冀地区、辽中南地区以及山东半岛地区）、长江三角洲地区、珠江三角洲地区、闽东南地区等。今后应进一步加强这些重中之重的核心地区的建设，并要加强这些核心区之间的联系，因此有必要加紧筹划和建设沿海铁路，使沿海地区能够充分发挥整体优势，积极参与国际经济大循环和成为更有国际市场竞争力的区域。

2. 继续促进长江干流地区经济的腾飞

长江是我国黄金水道，长江干流地区是我国经济比较发达的地区。沿江地区是沟通我国东、西、南、北经济联系的纽带和桥梁，具有广阔的腹地和国内市场。要以2010年世界博览会、浦东开发开放和三峡工程建设为契机，以上海为龙头，推动长江干流产业带的建设和发展。目前，以上海、南京、武汉、重庆为中心，联结周围60多个地、市的四大经济协作区的形成，一批冶金、石化、建材、汽车、机电、轻纺等重大项目的建设，沿江23座城市开发区和各类高新技术产业园区的发展，已使长江上下游连为一体，初步形成了一条在全国占重要地位的长江干流经济走廊。

今后，长江干流产业带将进一步加快产业和要素的聚集，努力成为我国东、中、西部经济联系的纽带。沿江地区东部将以高新技术产业群及具有高、精、尖、新特色的加工制造业为主；西部则以大运量、大耗水、高耗能工业和集约化、商品化和专业化的农业产业为主。东西部要以黄金水道、超高压输电线路和未来的沿江铁路为纽带，东西联动，南北扩展，加工工业与基础产业、高新技术产业与传统产业、外向辐射与内向辐射相互推动、相互融合，进而形成与沿海地带并驾齐驱的产业密集带。

3. 努力促进我国中部地区经济的崛起

加紧建设京广线（京九线）、京哈线沿线城市和地区，京广线（京九线）、京哈线覆盖了我国整个中部地区，同时也连接了环渤海湾地区与珠江三角洲地区，是我国承东启西、南北交汇的重要枢纽地区。区内老工业基地众多，重化工业比重高，设备制造业体系庞大，亟待全面振兴；农业生产条件良好，尤其是粮食生产基地（包括东北地区的大豆玉米基地、华北地区的小麦基地以及江汉平原的稻米基地等）举足轻重，是目前我国主要的粮食和饲料大量输出的唯一地区；沿线地区地势相对平坦、自然资源丰富、腹地条件优越、人口和城镇稠密，具有较大的市场空间、巨大的增长潜力和较高的投资回报率和经济效益。

今后，要以全面振兴老工业基地和加速城市化进程为契机，加大思想观念转变的力度，全力推进体制创新，以市场化促进包括所有制在内的一系列经济结构的调整；继续优先发展重化工业，努力加快农业规模化、专业化和机械化的发展，提高农业产业化水平，大力发展农副产品加工工业。重点地区和任务是，加快东北老工业基地的改造，恢复东北地区工业在全国工业中的地位和作用；促进以武汉为中心的江汉平原制造业基地和城市群的形成和发展；促进以郑州为中心的中原地区和晋冀鲁豫交界地区的发展；做好湖南长株潭城市群的规划和建设工作，进一步促进生产要素向该地区集中，提高湖南优势地区的经济实力和辐射能力。

4. 继续加大黄河上中游优势能矿资源的开发力度

应以京津冀地区为依托，以黄河及陇海—兰新铁路为纽带，进一步大规模地开发黄河中、上游优势能矿资源。重点建设内蒙古西部鄂尔多斯高原的以煤炭、天然气为主的能源原材料基地和陕西榆林地区以煤炭、石油、天然气为主的能源原材料基地。继续完成黄河中上游梯级水电站的开发与建设。在加大水火电建设的基础上，进一步加快"西电东送"北通道的建设，为缓解我国缺电做出贡献。

5. 加快西南重化工业带的建设

以东盟—中国自由贸易区的建立为契机，以珠江三角洲（包括香港和澳门）、闽东南三角洲、海南及北部湾为窗口，以西江航道和南防、南昆等铁路线为纽带，打通出海口，深化川云黔桂优势资源的开发，建成我国另一个大型综合性的能源重化工业带。

6. 进一步完善沿边对外开放的政策，促进边疆地带的发展

加快沿边地区基础设施的建设，尽快改善交通条件，继续简化通关手续，方便广大边民进出口岸，使沿边地区成为我国又一个对外开放的捷径，成为吸引国内外生产要素资源，带动周边地区经济增长的重要经济带。

三、建立各具特色和功能各异的区域经济体系

"十一五"期间，国家应重视发挥各区域的比较优势、特色功能，在"人口分布和GDP分布基本一致"的原则指导下，合理布局经济区域，在此基础上再分别确定增长区域和问题区域，对不同区域进行分类指导，实施侧重于块块调控的区域政策。

东部地区要继续贯彻全面对外开放的战略，以科学技术为导向，以结构协调化、高度化为目标，提升区域整体竞争力。要适应经济全球化、区域经济一体化以及产业梯度分布的趋势，进一步加强环渤海湾地区、长江三角洲地区、珠江三角洲地区、闽东南等地区的核心区建设，并加强这些核心区之间的联系，创造新的比较优势，发挥整体动态优势，更大程度地利用国内、国外两个市场、两种资源，加入全球产业价值链，积极参与国际经济大循环，率先向基本实现现代化的目标迈进。

以京津冀地区为依托，以黄河及陇海—兰新铁路为纽带，进一步大规

模地开发黄河中、上游优势能矿资源。重点建设内蒙古西部鄂尔多斯高原以煤炭、天然气为主的能源原材料基地和陕西榆林地区以煤炭、石油、天然气为主的能源原材料基地。继续完成黄河中上游梯级水电站的开发与建设。加快"西电东送"北通道的建设。以东盟——中国自由贸易区的建立为契机，以珠江三角洲、闽东南地区、海南及北部湾为窗口，以西江航道和南防、南昆等铁路线为纽带，打通出海口，深化川、云、贵、桂优势资源的开发，加快西南重化工业带的建设。加快沿边地区基础设施的建设，进一步完善沿边对外开放政策，使沿边地区成长为吸引国内外生产要素资源，带动周边地区经济增长的重要经济带。

东北地区要正确认识比较优势，完善政府社会管理和公共服务职能，维护公平的市场竞争环境，充分利用自身资源、人力资本和工业基础的优势，增强企业活力和竞争力，为符合比较优势的企业的发展创造更大的空间，提高国企自生能力，实现经济的全面振兴，恢复本地区装备制造业在全国工业中的地位和作用。

加紧建设京广线、京九线沿线城市和地区，有效发挥中部地区综合优势，努力促进中部地区经济的崛起。以加速城市化进程为契机，全力推进体制创新，加快市场化进程，促进经济结构调整，优先发展重化工业，提高农业产业化水平，进一步促进生产要素向中部地区集中，提高中部优势地区的经济实力和辐射能力。

随着"东部腾飞、西部开发、东北振兴、中部崛起"的逐步实现，主要表现为三大地带的区域差距会在一定程度上得到缓解。随着珠三角、长三角和京津冀三大城市群一体化进程的加快，可以引导中西部地区居民向三大城市群有序流动，依托城市群经济的发展，从根本上解决区域差距问题。继续实施城镇化战略，培育更多的区域性中心城市，通过中心城市的辐射和带动，以中西部地区"三农"问题的解决为核心，逐步解决城乡差距、中心区与边缘区的差距问题。

随着社会主义市场经济的逐步完善，我国国民经济的发展正在渐进地突破行政区框架，而逐步走向经济区运行。"十一五"期间，国家应重视发挥各区域的特色功能，坚持立足于动态比较优势基础之上的分工协作原则，合理布局经济区域，初步建立各具特色和功能各异的区域经济体系。要突出中心城市的作用，规划形成以经济合作区为基本架构的国民经济空

"十一五"中国区域经济协调布局构想

间组织和宏观调控体系,以经济合作区为单元布局重大基础设施、基础产业和重大项目,促进经济区内部形成合理、高效的分工协作关系,并保证经济区之间不留盲点。

(本文原载《财经界》2005年第2期,合作者:刘勇[①]。本文系2003年国家发改委重点课题《协调开发秩序调整空间结构》研究报告的一部分,后编入《中国空间结构调整新思路》一书)

---

① 刘勇:中国人民大学经济学博士,国务院发展研究中心研究员。

完善区域政策　促进区域协调发展的思考和建议

自党的十六大提出促进区域协调发展的方针以来，我国相继实施了西部大开发、东北等老工业基地振兴和中部崛起战略，取得了巨大的成就。党的十七大进一步明确，"要继续实施区域发展总体战略，深入推进西部大开发，全面振兴东北地区等老工业基地，大力促进中部地区崛起，积极支持东部地区率先发展"。认真总结近几年来我国在区域协调发展方面的经验和教训，进一步完善相关的政策和措施，对落实十七大关于推动区域协调发展的要求具有十分重要的意义。

一、十六大以来区域政策的成效

十六大以来，区域协调发展战略全面推进。在土地总量控制，节能降耗的政策背景下，东部地区产业结构升级有了突破性进展，市场竞争力不断提高，经济实力持续增强。西部地区基础设施建设迈出实质性步伐，特色经济发展成效显著，财政转移支付的力度也大为增强。东北等老工业基地振兴战略顺利启动，体制改革、经济发展和资源型城市转型取得了初步成效。2005年，中央又做出了促进中部崛起的战略决策，制定了促进中部地区崛起的总体思路和具体措施。这些都是贯彻中央区域协调发展方针，建立和谐社会的具体体现。

完善区域政策 促进区域协调发展的思考和建议

(一) 西部大开发完善了基础设施，改善了生态环境，缩小了同东部地区增长速度的差距

实施西部大开发战略以来，西部地区的经济建设获得了巨大的成就，除在调整产业结构、深化国有企业改革方面有了大的进展外，还重点加强了基础设施建设和生态工程建设。青藏铁路、西气东输、西电东送、支线机场、干线公路相继开工建设，这些工程项目的建成，对西部地区的生产力发展是一个有力地促进。5年累计，国家支持西部地区开工建设60项重点工程，投资总规模8500亿元，其中国债投资2700多亿元。交通干线建设方面，5年新增公路通车里程9.1万公里，青藏铁路累计铺轨777公里；建成干线机场和支线机场23个，在建项目13个。西电东送工程，累计开工项目总装机容量3600多万千瓦，输变电线路13300公里，新增向广东送电1000万千瓦建设任务提前一年完工。西气东输工程，仅用不到三年的时间，于2004年12月30日全线建成并且商业供气。水利设施方面，建设了四川紫坪铺、宁夏沙坡头、广西百色、内蒙古尼尔基等一批大型水利枢纽工程，对115个灌区进行了改造，建设了535个节水示范工程。退耕还林工程，累计完成退陡坡耕地还林1.18亿亩，荒山荒地造林1.7亿亩。从2003年开始实施的退牧还草工程，已经累计治理严重退化草原1.9亿亩。天然林保护、京津风沙源治理、长江上游水污染防治、西部中心城市环境污染治理等重点工程进展顺利。

实施西部大开发战略不仅加快了西部地区的发展，而且扩大了国内市场，拉动了东中部地区的经济发展，为中国经济持续稳定发展注入了活力，西部大开发不但没有影响东部中部地区的发展，反而为东部地区的加速发展开辟了新的市场空间，随着西部地区收入水平的提高，市场会越来越大。随着西部大开发的稳步推进，西部地区为东中部地区提供了大量能源、矿产品、特色农产品等资源，支持了东中部地区经济发展和人民生活的需要。西部大开发也给东中部地区企业"西进"提供了大量的投资机会，扩大了东中部地区的市场空间，促进了产业结构调整并增加了就业机会。东中部地区同时也是西气东输、西电东送、交通干线、退耕还林、天然林保护、京津风沙源治理等一大批西部开发重点工程的直接受益者。因此，实施西部大开发，不仅加快了西部地区的经济社会事业发展，而且促

进了全国生产力合理布局和产业结构的战略性调整,对整个国民经济的持续、快速、稳定增长发挥了重要的拉动和促进作用。

(二) 东北振兴使很多企业提高了市场竞争力,许多城市焕发了活力

中共十六大报告提出了支持东北地区等老工业基地加快调整和改造,支持以资源开采为主的城市和地区发展接续产业的方针。

从2004年开始,国家给予东北地区增值税转型、社会保障体系建设、国有企业"厂办大集体"改革等试点和优惠政策,尤其是财税政策、金融政策和社会保障政策的实施,东北地区享受到诸多优惠政策,企业的原有负担大量减少,新的综合负担将低于全国水平,企业的市场竞争力得到较大提高。同时,生态环境治理和基础设施建设的加强,优化了企业发展的外部环境。

实施振兴战略以来,东北三省体制改革、机制创新步伐加快,对外开放度提高,经济持续快速增长,就业增加,社会保障体系初步建立。三年GDP年平均增速为12.6%,比实施振兴战略前三年(2001~2003年)增速提高了2.6个百分点。投资环境有所改善、政策效应开始显现、招商引资吸引力增强,东北吸引国内外投资的"洼地"效应正在显现。2006年,三省总人口占全国的8.2%,GDP占全国的8.6%,而社会消费品零售总额却占到全国的9.3%,社会消费趋于活跃,市场需求比较旺盛。国企改革取得重大突破。截至2006年年底,辽宁省85%以上的国有大型工业企业实现了股份制改造,国有中小工业企业产权制度改革基本完成。2006年东北三省装备制造业工业总产值同比增长30%以上,超过全国4个百分点。利润增速也远高于同期全国装备制造业利润和东北三省工业的利润增速。

(三) 中部崛起战略推动了东部地区的产业转移,初步形成了东、中、西协调互动的格局

中部地区国土面积占全国的10.7%,人口占全国的28.1%,劳动力资源丰富,是我国最大的农村富余劳动力跨省输出基地,劳动力成本低,劳动力的素质较高,同时高等教育也比较发达,能够支撑各类产业的发

展。但中部地区在经济发展中制约因素也比较明显：一是城市发育不良，城市化水平低，农村人口多是经济发展缓慢的重要原因；二是县乡自我发展能力弱，县乡财政普遍比较困难，影响了农村水利、交通运输等基础设施条件的改善和区域经济发展环境的优化；三是交通基础设施建设相对滞后；四是农业比较效益低，农业基础比较薄弱；五是资源优势未转化为经济优势，制造业尚未成为主要的支柱产业。

党中央、国务院从全面建设小康社会全局和建成富强民主文明和谐的社会主义现代化国家的总体目标出发，在先后提出推进西部大开发、振兴东北地区等老工业基地等区域发展战略的同时，对促进中部地区的发展做出了一系列部署和安排。2004年9月，"促进中部地区崛起"写进了党的十六届四中全会的决定。2006年4月，中央专门颁发文件，从多方面提出了促进中部崛起的政策意见。中央的战略决策与一系列政策安排，对中部地区崛起发挥了强大的推动作用。

近两年来，中部六省在"中部崛起"战略的鼓舞下，经济发展迈出了健康的步伐。能源、原材料、装备制造业、农业和农产品加工业都获得较快发展，增长速度已有所加快。东部地区产业转移的步伐不断加快，初步形成了东中西协调互动的格局。

二、目前区域经济发展中存在的主要问题

"十五"期间，随着我国国民经济持续稳定增长，各地区经济总量显著增加。2001~2005年，GDP年均增长速度与"九五"时期相比，西部地区提高了2.32个百分点，超过了中部和东北三省的经济增长速度。在各地区经济普遍增长的同时，经济增长速度之间的差距进一步扩大的趋势得到了缓解。但在取得巨大成就的同时，我国区域发展还存在着以下一些比较突出的问题。

（一）保护生态环境成为区域发展的重要课题

以重化工业为核心的经济规模快速扩张给环境带来越来越大的压力。圈地铺摊子大量占用耕地并破坏自然植被，工业废水排放污染土壤和水

源，大量二氧化硫排放污染空气，都使生态环境承载着越来越大的压力。滇池、巢湖、太湖及其他内湖和重要水系甚至近海海域受到污染的程度越来越严重。在不过多影响经济发展速度的前提下减少环境污染，减轻环境压力，加快建设资源节约型和环境友好型社会，是工业化、城市化加速时期宏观调控的重要课题，也是以前的宏观调控没有碰到的或还未当作议事日程的内容。

（二）地区间经济与人口分布失衡，经济社会发展差距仍在扩大

改革开放以来，国内外投资和产业持续向沿海地区转移，经济布局也呈现向沿海地区集中的态势，形成了若干支撑全国经济增长的经济密集区。从国际经验看，经济总量集聚的地区，同样应该是就业机会多、人口相应集中的地区。日本三大都市圈，GDP 占日本 70%，也集中了 65% 的人口，地区之间人口分布与经济布局是均衡的，区域之间的发展也比较协调。而我国人均 GDP 最高的省区是最低省区的十多倍。京津冀、长江三角洲、珠江三角洲三大城市群人口占全国 15%，但拥有 35% 的经济总量。改革开放以来，我国打破了人口固化的格局，出现了外地劳动力大量流入发达地区打工这种"异地转移"的情况。这种人口流动对支撑经济增长和缩小区域差距和城乡差距起着积极的作用。但由于体制和政策制约，我国绝大部分转移人口还未能成为真正的当地居民，从而使人口流动促进区域差距缩小的机制难以发挥，只能形成大规模的人口季节性流动，并带来许多负面效应。经济总量大、经济高增长的地区没能相应吸纳更多的人口，而广大的中西部地区由于没有资金、企业的集聚，经济难以快速增长，也就没有增加就业和收入的机会。人口与经济分布的不均衡，直接的结果是地区差距扩大，区域间不协调性增强，区域矛盾突出。

地区间教育、卫生等社会事业的软硬环境也存在较大差距，东部地区远好于中西部地区。东部地区科研院校多，人均受教育程度较高，信息交流便利，科研成果转化率较高。东部地区在吸引了大量外资的同时，也吸收了国际上的先进管理经验，建立起了适应全球化的管理机制。在长期不平衡发展的作用下，地区经济进一步发展的软环境也产生了显著的区域差距。

完善区域政策 促进区域协调发展的思考和建议

欠发达地区大都存在资源、环境、经济、社会等问题交织在一起的情况，形成了不同程度的相互影响，不同的类型区在空间出现重叠，如生态脆弱地区一般也是欠发达地区，老工业基地中分布着大量的资源型城市，更增加了解决上述问题的艰巨性和复杂性。

（三）后发地区发展热情持续高涨，区域竞争激烈，宏观调控面临新的挑战

为了缩小差距，实现区域协调发展和分享大国崛起的成果，后发地区的发展热情极大地增强，各地在强化"发展是第一要务"理念的基础上，全面实施追赶战略，有的地方不惜一切代价招商引资，加速工业化。这种如饥似渴的发展热情和现行地方财政体制相结合，使地区之间的竞争愈演愈烈。在这种情况下，中央政府既要适当控制各地的盲目冲动和过度投资行为，又要努力保护地方发展的积极性，要在现有地方经济发展和竞争格局中使这两方面保持符合科学发展观要求的平衡，的确存在较大的难度。

不科学的政绩观、发展观以及现行政绩考核制度和财政体制引发的地区封锁、条块分割极大地限制了经济要素在全国的自由流动。同时，一些地方片面追求经济增长，追求短期利益，盲目投资、低水平扩张乃至重复建设、无序和不正当竞争等问题屡禁不止。

认识上的偏差和不合理的体制及政策导向，使各级行政区都不遗余力地扩大经济总量。发达地区要发挥经济集聚的优势，实现率先发展，不发达地区要通过集聚经济创造财富，加快实现赶超，各个地区、各级行政区都在大力推进本行政区的发展。这种所有的省区市、所有的县乡镇都要大开发、大发展的倾向，导致了一些地区不顾资源环境承载能力，工业遍地开花，城市盲目扩张，土地无限开发，生态环境恶化。一些地区由于滥设开发区和盲目推进城镇建设，大量占用耕地，使绿色空间快速减少，几年后将无地可用。一些地区由于盲目发展，已经造成有水皆污、有河皆干，污染日趋严重。由于开发过度，许多地区出现了因地下水超采导致的大面积地面沉降，超载过牧带来大面积的草原沙化退化，山地林地湿地过度开垦带来大面积的荒漠化和水土流失。一些地区的资源环境承载力快速下降，适宜人口生存发展的空间日渐萎缩。尚未脱贫的 2000 多万农村人口，主要分布在深山区、石山区、库区、荒漠区等自然条件极其恶劣的地区。

按"就地脱贫"的思路继续实施"人均一亩高产稳产田",不仅贫困问题难以解决,付出的生态环境代价也是难以估量的。按现有的发展模式,将使越来越多的地面沉降区、草原沙化区、石漠化和荒漠化区、水土流失区加入到贫困地区行列,带来新的贫困人口,对生态环境的影响将是灾难性的。

(四) 促进区域协调发展的政策法律体系不健全

目前,我国正处于计划经济向市场经济的转轨过程中,计划经济时期的理念和思维仍牢固地存在于各级干部的意识中,政府支配资源的能力还很强大,市场经济力量也在迅速地增长,逐步成为支撑经济增长的主体。两股力量有时产生激烈碰撞,演化为政府经济与市场经济尖锐的冲突,在金融、土地、贸易方面突出地表现出来,演化出经济社会的一系列矛盾。两股力量有时形成合流,演化为地方政府与中央政府的博弈,下级政府对上级政府的博弈,导致中央调控政策的失效或低效。由于计划经济时期的某些方针和政策并未彻底消除,如户籍二元制度、土地二元制度、财政二元制度、宏观调控二元制度都对经济社会的协调发展和区域协调发展产生深刻影响。我国幅员辽阔,地理差异巨大,资源禀赋也各不相同,形成了沿海与内地二元经济,进而形成了发达地区和欠发达地区二元区域经济,这是制订区域政策的客观基础。但国家落实区域经济协调发展的政策缺乏法律保障,微观领域法律法规制定先于宏观领域,实际操作中出现政策冲突、政出多门的现象。由于缺乏统一、协调的区域政策,使得在实施宏观调控时,针对性不强,往往造成政策趋同、"一刀切"等现象。与此同时,各自为政的"诸侯经济"趋势更加明显。

三、对促进区域协调发展的政策建议

区域政策无疑对促进区域协调发展起着不可或缺的作用。通过制定区域政策促使各级地方政府改变仅以追求经济增长为目标调整为既要考虑经济快速发展又要考虑与资源环境承载能力相适应,使地方政府不再阻碍经济要素的合理流动,使人口根据经济发展状况合理分布。因此,制定并贯

完善区域政策 促进区域协调发展的思考和建议

彻统筹区域发展的政策,采取旨在促进区域协调发展的重大举措在新的历史时期仍是至关重要的。

(一)"因地制宜"制定区域发展政策

完善区域政策对于我国顺利完成全面建设小康社会和建成完善的社会主义市场经济体制这两大宏伟目标具有非常重要的意义。中央政府应牢牢把握区域政策的制订权。不仅要根据各地区的不同情况制定不同的区域发展政策,而且要根据各地区的情况制定区域财政政策、区域金融政策、区域土地政策、区域人口政策、区域资源政策、区域环境政策等。要增加对欠发达地区及生态保护区域用于公共服务和生态环境补偿的财政转移支付,逐步使当地居民享有均等化的基本公共服务。要重点支持限制开发区域、禁止开发区域公共服务设施建设和生态环境保护,支持重点开发区域基础设施建设。要引导发达地区转移占地多、消耗高的加工业和劳动密集型产业,提升产业结构层次。要鼓励在发达地区有稳定就业和住所的外来人口定居落户,引导欠发达地区的人口逐步自愿平稳有序转移。

制定政策要考虑其针对性、系统性和有效性,既要和法律法规有机衔接,又要考虑政策的连续性和严肃性,还要有利于区域协调发展机制的形成。要推出一整套完整系统相互协调的区域政策,尚需要相当艰苦细致的工作,既需要理论工作者的深入探索和不断呼吁,也需要各地区政府的大胆实践,还需要决策者的及时洞察和果断决策。

(二)将制定全国性空间规划和区域性空间规划提上议事日程

"十一五"期间制定"主体功能区"规划的目的是根据各地区的资源环境承载能力、开发力度和发展潜力确定优化开发地区、重点开发地区、限制开发地区和禁止开发地区。这是区域发展理论的重大创新,有利于促进我国的空间结构调整和空间开发秩序的协调,有利于生态环境的保护和生产力布局的合理分布,也有利于有针对性地制定区域政策,但仅仅进行划分是不够的。因为仅将其确定为限制开发地区也对其形不成强有力的约束,因为实际中是千变万化和千差万别的,一县一镇地形地貌都有很大差异,何况一省一市。笔者建议将主体功能区规划作为全国性空间规划的重要组成部分，在编制主体功能区规划的基础上，开始全国性空间规划和区域性空间规划的编制工作。"十一五"期间进行了编制东北地区振兴规划、长三角区域规划和京津冀区域规划的试点，取得经验之后，应在"十二五"期间展开全国性空间规划和区域性空间规划的编制工作。

根据国外国内的经验，空间规划应包括以下内容：
（1）主体功能区划分（可以主体功能区规划为基础）；
（2）空间布局与城镇体系建设；
（3）骨干基础设施，主要包括铁路、公路、机场、港口、水源地和防洪排涝设施；
（4）大流域的治理；
（5）资源合理利用和产业发展；
（6）生态环境保护；
（7）人口分布与城市化进程；
（8）区内外的经济合作。

（三）整合现有机构，建立区域协调发展委员会

区域协调发展既是我国区域发展的目标，也是我国长期坚持并实施的大战略；既需要规划和政策的配合，也需要有实施的主体，因此建议成立国务院部委级区域协调发展委员会，专司区域协调发展之职责。

在此之前，已有学者呼吁成立区域政策委员会或成立区域开发署。但区域政策是财政政策、金融政策、投资政策、产业政策、土地政策等政策的集合，不是一个部委所能包揽。成立区域协调发展委员会，其职责是编制区域性空间规划、主持制订区域政策、提出促进特定地区发展的目标和任务、负责跨省市行政区重大基础设施的规划和实施，负责跨省市行政区流域的治理与环境保护、区域合作机制的构建、促进国际次区域的合作等。

区域协调发展委员会可在西部开发办、东北振兴办、中部崛起办、扶贫办等国务院办事机构的基础上设立。这几个机构虽然服务的对象不同但功能都是一致的，经过整合，可化分力为合力，成为促进地方经济发展，促进区域协调，促进区际合作的重要政府部门。

（四）改革户籍等限制劳动力流动的制度，逐步解决人口与经济空间结构失衡问题

立足于合理化和优化空间结构的角度，国家应加快对户籍等限制人口流动的制度的改革，在拆除地区壁垒，允许物品畅通的同时实现人口流动的正常化，以人物互动方式逐步解决要素空间结构失衡问题。未来，需拓展改革思路，在西部一部分生态形势日益恶化的情况下，应以"人动"体现以人为本的理念，引导西部地区的劳动力和一部分人口向发达地区有序流动。制订促进人口自由流动的政策，引导欠发达地区的人口向发达地区和城市转移。

根据西部地区生态脆弱性的分析，造成西部地区生态退化的原因是不利的自然条件和不合理的人类活动。不利的自然条件使得西部地区的生态脆弱性增强，为西部地区生态退化埋下了隐患，而不合理的人类活动则将这种生态退化的可能变为现实。因此，人为因素是造成我国西部地区生态退化的主要原因。

我国人口在地区分布上很不平衡，东部12个沿海省、直辖市、区以占全国13.52%的国土面积，承载着全国42.36%的人口；而西部10个省、自治区以占全国56.76%的国土面积，仅承载着全国22.92%的人口。东部地区的人口密度达到413人/平方公里，而西部地区的人口密度只有53人/平方公里。单从人口密度判断，我国东部地区人口多，西部地区人口少。但从耕地面积的质量、生态压力状况、经济发展水平和潜力等方面的分析，我国西部地区综合资源承载力处于超载状态，而东部地区则处于富余状态。我国西部地区适宜人口密度远远低于实际人口密度，人口压力大，人口超载严重，东部地区适宜人口密度则高于实际人口密度，人口压力较小。如果再考虑到我国西部地区脆弱的生态环境，我们调整人口地区分布的主要方向是从西部地区向东部地区转移。

从资源环境承载力来看，我国西部地区的人口压力高于人口分布集中的东部地区。考虑到西部地区脆弱的生态环境对我国经济社会可持续发展造成的严重威胁，以及人类经济活动对生态环境的破坏日益严重和西部地区落后的经济状况，实行地区之间的适度移民，是解决由地区之间人口分布不平衡造成的一系列生态环境保护、经济社会可持续发展问

题的可行措施。

（五）建立覆盖全国的以中央财政支持为主的最低生活保障制度

应把解决西部地区农牧民的生活问题放在首位。我国还有2000多万尚未脱贫或日尚未解决温饱问题的农牧民，也有一批基本生活难以维持的城市贫民，这一群体是政府应予以关注并重点救助的对象。据统计，这批尚未脱贫的居民绝大多数居住在西部，且多居住在交通不便、土地贫瘠或干旱、生态脆弱的山区或深山区中，靠"开发式"扶贫难以解决他们的现实问题，而把他们纳入低保体系中，扶贫到户，无疑是现阶段最有效的措施。最低生活保障制度是现阶段最基本的保障制度。要根据收入水平、劳动力赡养能力、当地基本消费水平确定低保标准，并据此确定享受低保的户数和人口，建立规范的无"体制泄漏"的低保体系，使之成为贫困人口的生命线和保险阀。

现实问题是享受低保的人口多数居住在欠发达地区。低保费用若让地方财政负担，别说是县财政、市财政就是省财政也不堪重负。因此，我建议低保资金以中央财政负担为主。财政自给有余的省市由省财政负担，财政不能自给的省市由中央财政负担，通过银行按月直接补贴到户，以避免一级一级下拨所产生的体制泄漏。

随之而来的问题是，地方政府尤其是基层政府能否严格按标准确定低保户和低保人口，会不会放宽标准或提供虚假信息。解决的办法：一是将标准公布于众，相互监督，保证使最贫困的人口享受低保待遇；二是通过详细核查，对地方政府确定的低保户进行审核，可让大学生志愿者承担这项工作；三是将低保人口比重与公务员工资标准挂钩。以市为单位或以县为单位公务员的工资标准除根据消费水平确定外，要把本市或本县低保人口占总人口的比重与工资标准挂钩，比重越高其工资标准越低，既体现干部与老百姓同甘共苦的精神，也抑制当地干部人为增加低保户和低保人口。当然对人为压低低保户数和低保人口数的情况也应严加防范。

（六）按照不同类型区分别制定不同的扶持政策

我国现行的区域政策是根据东、中、西部三大地带和四大板块为基本

完善区域政策 促进区域协调发展的思考和建议

范围制定的,虽然比"一刀切"的政策有所进步、有所细化,但仍失之于过粗。西部有贫困地区,东部也有贫困地区;东北有老工业基地,其他区域也有老工业基地;西北有沙漠化地区,西南有石漠化地区。"粗线条"的区域政策有很多不合理之处。因此,区域政策的制定按照类型区分别制定比较科学合理。

笔者认为可按六大类型区分别制定区域政策:

(1) 贫困地区;

(2) 老工业基地;

(3) 资源型城市;

(4) 生态脆弱地区(沙漠化、石漠化地区、水源地、干旱地区、地质灾害频发地区);

(5) 粮食主产区;

(6) 边境地区。

不同类型区不仅要有不同的扶持政策,而且要有比较科学的战略思路。一要有基本的方向和阶段性目标;二要有长期的规划;三要有具体的手段和策略;四要有政策的扶持和资金的支持;五要有战略、策略实施的主体。

(七) 构建生态补偿机制,共同维护人人共享的生态环境

我国特殊的地理地貌构成了祖国大家庭的基础。西部的矿产资源和水资源成为东部赖以生存和发展的基本条件。珠江、长江、黄河等大江大河均发源于西部,流经东部入海,上游的环境和对水资源的保护对下游地区的生产和生活起着至关重要的作用。一些省域范围内的江河也存在类似情况。计划经济时期并不突出的矛盾和问题在市场经济体制下便凸显出来。我国江河上游地区多是经济欠发达地区,下游地区又多是发达地区,因此,生态补偿机制的建立显得更为迫切和必要。欠发达地区的政府和人民正在谋划发展之路,他们既有生存权也有发展权,经济全球化给这些地区也带来前所未有的机遇。生态补偿和对口支援不同,对口支援是道义上的责任和政治任务,受援的地区和支援的地区可能不存在任何经济联系,但生态补偿是一种应尽的义务,是对生态保护地区的人民承受牺牲或贡献的一种补偿。补偿者不是"恩赐",是不允许放弃的责任。发达地区的人们

可能这样想，水和空气都是大自然的"赐予"，和上游的人没有什么关系。但国家划定限制发展地区之后，上游地区的人们受到了约束，他们的发展权受到了限制，因此，完全有权利要求补偿。

生态补偿机制建立的难度很大。一是生态补偿的理论尚不完备，当今国内外尚无一部完整论述生态补偿的著作；二是生态补偿标准难以确定。按照水资源数量还是按水的质量，抑或二者都须考虑；空气质量的测定在技术上已不成问题，但质量好坏不一定完全取决于上游地区，和自然界尤其是大气环流存在非常密切的关系。三是受益对象难以确定，是由下游地区的所有居民承担补偿责任还是由企业和政府承担；四是补偿对象是上游地区的政府还是全体居民；五是谁来收，谁来缴，谁来分配。

我的建议是企业按净资产纳税，个人按收入和不动产纳税。通过征收生态税建立生态补偿基金，提高欠发达地区人民的生活水平。

（八）加大转移支付力度，提高欠发达地区的公共服务水平

如果说世界上有一些国家可以实现各地区人均国内生产总值水平基本相等的话，那么，在我国是不可能做到的，因为我国各地区间的自然条件差异太大。另外，我们也不应该去追求各地区达到相对均衡产出水平的目标，我们要追求的应该是各地人民有比较接近的生活水平，这样才有利于整个社会的稳定，有利于和谐社会建设。要实现这一目标，一方面需要帮助经济欠发达地区加快发展，通过提高当地的产出水平来增加人民的福利；另一方面，也是更重要的方面就是要通过财政收入再分配来提高欠发达地区的人民群众包括教育、卫生、社会保障等在内的生活福利水平。实现区域之间公共支出的均等化和居民公共福利的均等化。要视财力情况，保证欠发达地区居民的基本教育、基本医疗、基本设施和基本保障。对欠发达地区的政府支出包括公务员的报酬也要给予保证，和发达地区的差距不能拉得太大。

参考文献：

1. 陈栋生：《区域经济研究的新起点》，经济管理出版社1991年版。
2. 《中华人民共和国国民经济和社会发展第十一个五年规划纲要》，人民出版社2006年版。
3. 马凯：《〈中华人民共和国国民经济和社会发展第十一个五年规划纲要〉辅导

读本》，北京科学技术出版社 2006 年版。

4. 杜平：《西部开发史鉴》，湖南人民出版社 2003 年版。

5. 杜平青、肖金成、王青云等：《西部开发论》，重庆出版社 2000 年版。

6. 肖金成等：《协调空间开发秩序和调整空间结构研究》，国家发改委重点课题研究报告。

（本文原载《宏观经济研究》2008 年第 2 期）

第五篇
地区发展

优化北京空间布局的基本思路

21世纪前20年，中国正处于工业化、城市化、信息化不断加快的时期。北京作为中国的首都和国际性大都市，产业和人口的集中速度也将不断加快。经济规模和人口规模的迅速扩大，既是北京成为国际化大都市的基础条件，也使北京面临前所未有的城市发展的压力。如何根据这一历史发展的大趋势，通过合理可行的城市规划，实现产业的合理布局，使北京市在经济得到快速发展的同时，不断化解经济与社会、人口与自然之间日益尖锐的矛盾，是需要审慎对待，认真考虑的重大问题。应根据历史的观点、发展的观点和辩证的观点，分析城市规划和现实中的问题，使城市规划既具有前瞻性，又具有现实性和可行性。

一、疏解主城，构建新区

北京作为中国的首都，在历史发展过程中自然聚集了许多功能：政治中心、文化中心、经济中心、交通中心、体育中心和旅游中心等，且这些功能多聚集于市区的中心地区。在有限空间内，城市功能的高度叠加，造成城市建设的高容量、高密度，导致历史风貌不断丧失，交通压力与日俱增，环境压力日趋严峻。近年来，人口、产业、建设在市区的集聚过程进一步加速，引发了城市外延不断扩展（摊大饼）、古城风貌难以保护、交通拥堵和环境恶化等一系列问题，降低了城市的运行效率，工作环境与人居环境质量下降，影响了作为首都的主导功能的发挥。面对这种情况，无论是专家学者还是普通市民，疏解主城城市功能的呼声不断响起。

1993年国务院批复的《北京城市总体规划》，已注意到了北京城市功能过于集聚的问题，明确提出疏解市区、开拓外围、集中紧凑发展的规划方针，并规划确定了14个卫星城：通州、亦庄、黄村、良乡、房山（含燕山）、长辛店、门城、沙河、昌平（含南口、埝头）、延庆、怀柔（含桥梓、庙城）、密云、平谷和顺义（含牛栏山、马坡）。十年过去了，问题非但没有解决，反而变得更加严重。原因固然很多，如对经济社会发展速度加快估计不足等，但根本的原因是卫星城缺乏足够的吸引力。卫星城规划的规模小，交通不很便捷，设施不很完善，功能不太健全，经济不很繁荣。根据1993年规划，14个卫星城的城市人口从1990年的80万到2000年增至120万人左右，2010年增至160万左右。也就是说到2010年，平均每个卫星城的人口不到12万人。一个近千万人的城市，用十几个10万人左右的卫星城来疏解主城区的功能和人口很显然是做不到的。犹如面对滚滚而来的洪水，只准备了几个碗来接。

20世纪90年代，在北京市区的外围，建立了若干个住宅区，集聚了相当数量的人口，如望京、天通苑、回龙观等。由于没有产业支撑，那里的居民虽然在市区外居住，但工作仍在市区。早晨，千家万户一齐奔向市中心区；傍晚，又一齐回到居住区，造成了更大规模的交通拥堵。事实证明，上述疏解主城功能的两大举措都是不成功的。

我国已经进入了城市化快速发展期，北京市作为十多亿人口大国的首都，对全国人来说有极大的吸引力，必然会成为人口的主要集聚地之一。根据中国城市规划设计研究院预测：2010年，北京市人口规模为1720万人；2020年为2100万人；2050年为2800万人。分别比2002年增加296.8万人、676.8万人、1376.8万人（2002年北京市常住人口为1423.2万人，户籍人口1136.3万人，流动人口286.9万人，其中城八区户籍人口689.2万人）。至2020年，且不说疏解城区内的人口，仅把全国转移来的676.8万人吸纳进来，就需要建设6个百万人以上的新城市。

要从根本上疏解北京市主城区的功能，必须跳出原有构建若干50万人卫星城的思路，要构建两至三个百万人以上的新城区。这些新城区须离开主城一段距离，在原有卫星城基础上打造比主城区交通更加便捷、设施更加完善、功能更加健全、经济更加繁荣、环境更加优美的城市新区。

新区的建设应以第二产业为中心，第三产业和居住应与工业区发展相互配套，交通体系既与主城区有机联系，又能够内部循环。笔者建议在东部产业带上构建两个工业集聚区：一是以亦庄经济技术开发区为起点沿京津塘高速公路两侧向廊坊——天津方向延伸，2010年可发展到50平方公里，2020年可发展到100平方公里以上。因此，可按100平方公里~200平方公里进行规划；二是以林河工业园区为起点向通州方向延伸，2010年可发展到30平方公里，2020年可发展到50平方公里，可按50平方公里~100平方公里进行规划。这两个工业集聚区将是未来北京市的制造业基地，成为支撑北京市经济发展的两个支撑点，加上中关村高新技术产业园区，形成"三足鼎立"的态势。

在建设工业集聚区的同时，必须同时考虑为工业区配套的居住、商贸和其他服务业基地的建设。根据功能分区的原则和未来工业区与居住区适当分开的要求，可在亦庄西部以黄村为依托，在亦庄东部以通州为依托，发展商贸、居住及其他第三产业，形成"一体两翼"的新格局，即集亦庄、马驹桥、采育为一体，以黄村、通州为两翼的东南部板块或东南部新区。林河工业区以顺义、怀柔、密云城区为依托，形成三角形居住区和三产服务业基地，可称为东北部板块或东北部新区。黄村和通州距亦庄约15公里，为了克服空间上的距离，建议首先修建大兴—亦庄—通州—顺义—怀柔—密云之间的轻轨铁路，将这些地区用快速轨道交通联系起来，除了六环路之外，再修一两条一级公路，逐步形成新的街区，使交通不再成为该地区发展的"瓶颈"。

二、工业外移，三产升级

如把第一、二、三产业分为传统和现代两部分，北京仍有相当数量的传统产业，如冶金工业、石化工业、机械制造业、电力生产等传统工业占工业总产值的比重仍相当高，这些工业企业分布于朝阳、石景山、丰台、通州和房山，某种程度上可以认为北京市的经济仍以传统农业、传统工业、传统服务业为主体。这些工业企业多数建于20世纪60、70年代，是在"把北京市由消费性城市变为生产性城市"为指导思想建立起来的，确为北京经济发展、居民就业、财政收入发挥了重要作用，有些产业至今仍是北京市经济的重要支撑。20世纪90年代，北京市对产业结构进行了重要调整。将污染比较严重，占地比较多的企业搬迁到郊区，如一些化工企业、机械制造企业等，"退二进三"取得了巨大成效，但仍有一些企业分布于市区和郊区，如焦化厂、化工厂、钢铁厂、电厂等，这些企业都是耗水大户、耗能大户、占地大户、污染大户。鉴于北京作为国家首都，承担着特殊功能，具有发展现代产业的巨大优势，不再适合发展传统工业，因此，北京市应痛下决心，将众多的传统工业迁移出去，腾出足够的空间发展现代产业，如高新技术产业、现代制造业、现代服务业。

应该正视北京市资源缺乏的现实。北京市水资源缺乏，土地资源缺乏，环境容量小，这些都是发展传统工业的制约因素。从水资源情况看，北京人均水资源占有量约300立方米，人均水资源占有量仅相当于全国人均的1/8，世界人均的1/32。北京常年可供水资源总量为32亿立方米，而城市的水需求量约为42亿立方米。虽然可通过跨流域、远距离调水解决用水不足的问题，但调水成本不是传统制造业所能承受的。限制耗水产业的发展，限制传统工业的发展，把耗水工业迁出城区甚至迁到北京市域之外，应成为北京市制定产业发展规划的重要内容。

传统工业，尤其是传统制造业，由于进入门槛低，面临激烈的市场竞争，收益率都相当低。市场竞争实质上是成本的竞争，不具有成本的优势，或迟或早都会被淘汰出局。北京市消费水平偏高，低附加值的产品难以消化过高的土地、水资源和劳动力成本，传统制造业很难发展起来。因此，北京市应充分考虑发展传统工业所固有的劣势，将一些产业从城区搬迁出去。有些可搬迁到郊区，有些则应搬迁到市域之外。

北京市中心区面积不大，但集聚了太多的功能，行政中心、商务办公、商贸旅游、教育居住等，这是造成北京市交通堵塞的重要原因。由于北京市地租尚未市场化，在市中心居住办公的人们并未付出与实际价值的成本，为空间上的调整带来了极大的困难。从长期来看，应通过租金市场化的措施促进市中心区产业的升级。将低附加值的产业逐步转移出去，代之于高附加值的现代服务业，如金融业、咨询业、旅游业、娱乐业等。依托金融街和朝阳CBD，大力发展现代服务业，应作为主城区产业发展的主要方向。为了给现代服务业腾出发展空间，应考虑将一些行政单位、科研单位、医院学校等搬迁到主城区之外。

三、集中布局，集群发展

北京市存在产业布局分散的问题。除市中心区之外，各区县、乡镇都设有开发区和工业园区，确定的支柱产业也大同小异。对于地域辽阔的省市来说，区县、乡镇设立工业园区本无可厚非，但作为地域狭小、环境容量不大的北京市来说，分散布局不仅浪费土地，也不利于其他资源的节约。因此，建议取消各乡镇设立的工业园区，每一个县区设立一两个规模较大的产业园区，并严格控制非农用地。高新技术企业应向中关村高新技术开发区及其他科技园集中，制造业企业应向亦庄、林河和各区县的工业园区集中。

为了提高产业竞争和企业的竞争力，北京市在产业布局上应走集群发展之路。集群经济是指各种规模、各种性质的企业在空间上的相对集中而产生的经济性。在市场竞争日趋激烈的条件下，企业对相关产业内其他企业的依赖程度日益加深。集群经济的实质是企业通过空间上的相对集中和集聚降低了交易成本，从而获得额外的经济效益。产业集群有利于形成专业化分工与协作，有利于共享基础设施和其他社会化服务，有利于技术创新和推动产业结构的升级，还有利于降低企业的风险。世界范围内产业集群的实践充分展示了产业集群对提高产业素质，提升城市和区域经济竞争力的巨大作用。在市场力量的推动下，产业集群很自然地成为很多地区经济发展的一大特色。

在我国的长三角、珠三角等沿海发达区域，具有高度集聚化和专业化特征的产业集群正不断崛起，"一镇一品"、"一县一业"正蔚然成风，如轻纺城、服装城、小商品城、化工城、五金城、建材城等。北京市各区县和各开发区内部应根据集群发展的要求，发展自己的特色产业，并吸引同类企业和相关企业入驻园区，办出自己的特色。集群发展在北京市已具雏形，如金融街、海淀科技园、朝阳电子城等。本次城市规划应充分考虑集群发展的要求，规划建设教育科技城、汽车城、IT产业城、物流城、商贸城、都市工业城、印刷出版城等，建设或发展特色文化街、特色食品街、特色小商品街等。一方面满足城市居民的不同偏好，另一方面也吸引外地游客观光购物的要求，还可营造企业集群发展的生产贸易环境。

四、各具特色，加强合作

从各区、县工业园区的产业结构来看，产业雷同的现象相当严重，招商引资的目标多数都是高新技术、现代制造业、都市型产业、现代服务业等，除了中关村等科技园区集中了一批高科技产业外，多数园区的主体仍是传统制造业，入区的项目中有不少占地多、耗水大、附加值低。总之，除中关村软件园、大兴医药基地等园区外，一些园区特色不明显。彰显特色应是产业布局优化的一个重点。无论是工业园区，还是农业、服务业都应有自己的特色。各区县应根据所在区位，确定自身的功能定位，并根据自身的优势，选择具有明显特色的主导产业，着力发展。在产业选择上应各有侧重、避免雷同、发挥优势、功能互补。

各区、县应加强合作，打破行政区域壁垒，避免在招商引资方面进行恶性竞争，主动拒绝不适宜在本区、县发展的项目。为了保护北京市的自然环境和整体利益，有些区县需要作一些牺牲。北京市应对财政体制和考核体系做一些改革，摒弃从20世纪80年代即开始从区县到乡镇实行的财政包干制度和以GDP总额和增长速度为主要考核内容的政绩考核体系，建立以人为本的经济社会协调和人与自然和谐发展的干部考核指标体系。

加强京津冀区域经济合作，加快实现区域经济一体化已经成为拉动中国北方地区经济社会快速发展的主要动力所在和全国有识之士的共识。本属于一个区域的京津冀地区由于行政体制的割裂、经济的落差和产业链的断裂，使整体优势难以发挥。北京市应从京津冀区域发展现状及未来趋势考虑，发挥北京、天津两大中心城市在京津冀区域整体发展中的核心与带动作用，提高区域竞争力，积极推进区域产业、城镇、基础设施以及生态环境建设的协调发展。

（本文原载《北京规划建设》2004年第5期，原题目《北京总规修编建言》）

天津滨海新区：我国北方发展的战略性新亮点

天津滨海新区设立于1993年。当时天津市委、市政府提出的目标是用10年左右时间，在天津市东部地区新建一个"现代工业为基础，外向型经济为主导，商贸、金融、旅游竞相发展，基础设施配套、服务功能齐全、面向新世纪的高度开放的现代化经济新区"。但随着我国经济的迅速发展和区域战略布局的进一步展开，滨海新区的开发建设已经超出了其原有的意义。2011年5月13日，温家宝同志在天津考察工作时指出："滨海新区是天津的希望所在，加快滨海新区建设，不仅对天津，而且对我国北方的发展都具有全局性的战略意义。"也就是说，滨海新区的发展成就和具有的发展潜力，已经不仅仅局限于对天津市本身经济社会发展的带动作用，而是将进一步成长为带动我国整个北方地区经济社会发展的战略性新亮点，或者说将成为我国整个区域经济战略布局中，北方地区的一个极重要的战略性支撑点。

一、滨海新区突出的区位优势与现有发展基础

滨海新区位于华北平原东北部，渤海湾西侧，天津市东部，属于暖温带半湿润大陆型季风气候。海河流经新区境内，长度约40公里。新区海岸线长约153公里，海域面积3000平方公里，陆域面积2270平方公里，便于依托港口发展临海经济和建立环境优美的宜居港口城市。天津滨海新区包括天津港、天津经济技术开发区、天津港保税区三个功能区，塘沽区、汉沽区、大港区三个行政区和东丽区、津南区的部分区域。2004年

年底，新区户籍人口108万，常住人口135万。与周边地区和沿海地区主要城市相比，滨海新区主要优势表现在：

（一）区位优势明显

第一，邻近东北亚地区的日本、韩国、朝鲜和蒙古，是这一区域内的重要港口，也是中国对东北亚地区开放引资和经贸合作的前沿，近年来吸引了大量的日资和韩资，与东北亚地区的相互贸易规模也比较大，有希望、有条件建成一个类似于深圳、浦东那样的北方地区对外开放的窗口；第二，处于京津冀城市群的核心区内，依托京津、背靠三北（东北、华北、西北）、面向世界，使新区具有向外输出和对内吸引的双重有利条件，将来有可能成长为一个新兴城市，对京津冀环渤海城市群的发展及新的空间格局的形成具有重要的带动和促进作用；第三，近期可以依托天津市的力量，培植发展基础与实力，加快成长步伐；远期来看，在发展起来后，将反过来成为增强天津市经济实力的重要力量，进一步将整个天津市提升为我国东北亚地区对外经济合作的前沿、京津塘发展轴上的重要节点城市、环渤海地区的战略性带动力量。

（二）已形成海陆空兼备的综合运输体系，交通优势明显

目前天津港已成为我国北方第一大港；天津滨海国际机场是我国华北地区最大的航空货运中心，目前已经开辟39条国际国内航线，同时发挥着首都第二国际机场的作用。在公路方面，滨海新区内贯通12条骨干公路，路段总长410公里，已经初步形成扇状辐射的高速公路网，环渤海公路（海防路）与环渤海各港口相连接；在北京与天津滨海新区之间，除了京津塘高速公路外，还有快速铁路连通。中国两大铁路动脉京哈铁路、京沪铁路路经新区，新区内地方铁路运输系统与国家铁路网直接沟通，货物运输通达全国各地，并可经蒙古转口欧洲，是通往欧洲大陆运输距离最短、最便捷的通道。此外，还有管线连接陕西的煤气，在天津港与大港油田之间也有管道运输。突出的交通优势提高了新区在北方地区的辐射力和吸引力，并衍生和带动相关产业的发展。

（三）拥有较丰富的土地资源和其他资源优势

滨海新区现有1199平方公里可供开发建设的荒地、滩涂、盐田和低

产农田。1986年8月21日，邓小平同志视察天津时曾指出："你们在港口和市区之间有这么多荒地，这是个很大的优势，我看你们潜力很大。可以胆子大点，发展快点。"渤海海域石油资源总量98亿吨，已探明石油地质储量32亿吨、天然气1937亿立方米。原盐年产量240多万吨。年直接利用海水3.6亿吨。可发挥海水淡化的技术领先优势发展海水淡化产业，利用海水淡化产生的浓海水发展新型制盐业，既能缓解水资源不足的矛盾，又节约了制盐用地，还不会对海洋环境造成污染。此外，滨海新区范围内还有国家级七里海湿地自然保护区和我国最大的蓄水面积达150平方公里的平原水库，生态环境容量较大。

（四）初步形成了基础设施和人才、科技优势

新区城市建设成就显著，城市基础设施框架已初步形成，基本适应新区目前发展的要求，学校、医院等公共设施日益改善。拥有42个国家和市级科研机构、39个大型企业研发中心、4家风险投资公司、9个孵化器和27个博士后工作站，已经建立起多层次科技创新体系和科技人才创业基地，而且由于交通便利，基础设施条件改善，可以进一步吸引和利用北京地区和天津主城区高密度的智力资源。

经过11年的迅速发展，目前滨海新区已提前实现当初设定的发展目标，为进一步发展奠定了坚实的基础，培育了巨大的发展潜力。

——经济实力显著增强。1993~2004年，滨海新区GDP由112.4亿元增加到1250.18亿元，增长了10.1倍，年均增长20.7%，高出全市平均经济增长率8个百分点；同期财政收入由23.6亿元增加到168.7亿元，增长了6.1倍；2004年滨海新区GDP已占到全市GDP的42.4%。按常住人口计算，人均地区生产总值达到1.12万美元，已达到目前世界上中等收入水平。

——工业增长迅速，形成了较好的现代制造业基础。1993~2004年，新区工业增加值由68亿元增加到830亿元，年均递增25.5%，在GDP中占69%。同时已形成电子通讯、石油化工、汽车和装备制造等支柱产业，其中IT制造业占新区工业总产值的40%以上，形成了以IT产业、原材料和重加工业为主的产业结构。

——物流功能持续壮大。依托优越的区位条件、优良的港口条件、制

造业发展所形成的大量产品供求以及保税区的国际贸易功能,天津港与160多个国家和地区的300多个港口发展了贸易往来,吞吐能力强大。1993~2004年,货物吞吐量由3719万吨增加到2.06亿吨,增长5.33倍;集装箱吞吐量由48万标箱增加到381.6万标箱,增长7.95倍。2004年跻身世界港口前10强。

——开放程度不断提高。11年来,滨海新区不断改善投资环境,基础设施和制度环境建设取得明显进展,主要表现在三个3/5上:即外资占新区固定资产投资的3/5,新区实际利用外资占全市的3/5,新区外贸出口占全市的3/5。11年累计批准三资企业项目5827个,合同外资额278亿美元,实际利用外资164亿美元;世界500强中的69家跨国公司,在新区共投资了152家企业。

二、滨海新区:应建设成为北方地区的"深圳"、"浦东"

加快滨海新区的建设和发展,以此带动整个环渤海区域经济和我国北方广大地区的发展,应作为国家实施西部大开发、振兴东北等老工业基地战略之后,为在新的战略机遇期尽快形成改革发展开放新格局而重点推出的重大举措。这不仅对推动环渤海区域经济发展十分有利,对全国经济发展也有重要的战略意义。滨海新区应像20世纪80年代的深圳、90年代的浦东那样,迅速发展成为带动环渤海和我国北方地区经济发展的龙头。

(一) 新的改革开放试验区和新窗口

20世纪80年代的深圳由一个小渔村迅速发展成为一个令世人瞩目的大都市,成为带动珠三角区域经济发展的"龙头",推进改革的试验区和扩大开放的窗口。90年代,邓小平同志说:"回过头来看,我的一个大失误就是搞四个经济特区时没有加上上海。要不然,现在长江三角洲,整个长江流域,乃至全国改革开放的局面,都会不一样。""浦东如果像深圳经济特区那样,早几年开发就好了。开发浦东,这个影响就大了,不只是浦东的问题,是关系上海和长江流域的问题。抓紧浦东开发,不要动摇,

天津滨海新区：我国北方发展的战略性新亮点

一直到建成。"在邓小平"开发浦东，以此为"龙头"再造上海作为远东国际经济和金融中心的地位"的战略指导下，党中央和国务院于1990年4月18日正式宣布开发开放浦东，使浦东开放上升为一项"国家战略"，由此拉开了浦东开发开放的序幕。浦东新区通过十几年的开发对全国经济发展的巨大影响有目共睹，成为我国改革开放进程中，继深圳之后的又一个具有重大战略意义的成功之作。

进入21世纪以后，我国的改革开放已经有了一定的基础，但也遇到了许多严重又紧迫的问题，其中一个十分突出的问题，是区域经济发展的不平衡状态日趋严重，东部沿海地区与中西部地区的发展差距日益拉大，为此，中央已明确提出了西部大开发和加快东北等老工业基地建设的战略方针，但任何地区的开发，都需要首先找到一个具有战略性带动作用的支点或突破口，以此来促使我国对外开放的进一步深入。我们认为滨海新区恰恰具备这一条件，如果把滨海新区的开发开放提升为国家战略，使滨海新区也能像深圳、浦东那样，通过若干年的建设和发展，使之成为我国深化改革、扩大开放的新的试验区和新窗口，将对北方地区乃至全国经济的发展发挥巨大影响。

（二）北方地区经济发展的战略性新亮点

滨海新区和浦东新区一样，都拥有优越的区位条件，有大港口城市作为依托，有较好的工业基础和广阔的腹地支持，都有较丰富的海洋资源和可开发的土地，两者在带动所在城市及其周边区域发展中都具有非常重要的作用。城市新区的开发不仅可以解决城市发展中出现的人口过于密集、发展空间不足等问题，同时还可以依托周围区域的自然资源和经济基础，在自身发展过程中，不断与周围区域形成紧密的经济合作关系，由此促进周围区域的共同繁荣。从目前看，长三角地区在浦东新区的带动下，已经成为我国区域经济实力最强的区域，而滨海新区在带动周围区域发展方面与浦东新区有着明显的差距，这与滨海新区没有作为国家战略通过政策优势进行大规模开发和培育有着密切的关系。如果将滨海新区的发展上升为像建设深圳和开发浦东那样的国家战略，滨海新区的发展对于天津市及京津冀地区，乃至整个中国北方地区的发展所带来的联动效应都将是无法估量的。

首先，从其地理位置来讲，滨海新区位于京津塘经济发展轴和渤海湾经济带的交汇点，新区核心区距北京140公里，距天津市中心45公里，拥有"三北"辽阔的辐射空间，是欧亚大陆桥最近的起点，还是中国与蒙古签约的出海口岸，也是哈萨克斯坦等内陆国家可利用的出海口，新区的自然区位条件在经济全球化和中国加入WTO的背景下已越来越凸显出自己的优势，港口经济得到进一步的发展，石油化工和海洋化工已形成新区重要的产业群，而与此相关的产业也得到很好的发展机会。天津港的发展态势和发展潜力为新区港口经济的发展注入了新的活力，伴随着具有竞争优势产业群的形成和对大量盐碱地及滩涂的开发，各种要素迅速向新区聚集是一种必然趋势。

其次，京津冀资源、人才、科研方面的优势为滨海新区经济发展提供了有力的支撑。无论是珠江三角洲地区还是长江三角洲地区，在资源、人才和科研优势方面均无法与京津地区比肩。也就是说，在中国没有任何一个地区有京津冀地区这样优越的城市发展平台，区内资源聚集能力远远高于其他两个经济区。在人才和科研资源方面，京津地区聚集了中国最顶尖的高等学府、科研机构和科技精英。北京地区有503个市级以上独立科研机构、62所高校，天津有40所高校和国家级研究中心。如果从整个环渤海地区看，人才优势更为明显。这为滨海新区传统产业升级和高新技术产业的迅速发展以及三次产业结构的优化调整提供了契机。

最后，广阔的腹地及其丰富的资源为滨海新区提供了巨大的有力的支撑。滨海新区腹地主要包括西北和华北地区，资源丰富，市场广阔。作为滨海新区重要腹地的华北地区的经济发展速度和居民消费水平的提高幅度均高于全国平均水平，其中居民消费水平提高速度高于长江三角洲和珠江三角洲地区。据预测，到2010年包括华北油田、大港油田、胜利油田、松辽油田和中原油田在内的渤海湾油区的原油供给能力将达到5500万吨，约占全国的31%。作为该区腹地的山西、内蒙古、陕西三省区是我国最大的煤炭产区，探明储量约占全国的64%。如果通过节水工程的开展和南水北调工程的建设以及海水淡化技术的突破有效地缓解该地区严重的水资源短缺问题，该地区丰富的自然资源和智力资源对经济持续发展的支撑作用将得到更加充分的发挥。此外，这些年滨海新区利用区位优势、交通优势、资源优势、产业优势，大量吸收外来投资，充分利用国内外两种资

天津滨海新区：我国北方发展的战略性新亮点

源、两个市场，形成了电子信息、生物制药、光机电一体化、新材料、新能源、环保六个高新技术产业群，在电子通讯、汽车制造等行业已具有一定的竞争力和国内市场份额。社会经济获得了迅猛发展，成为我国经济最活跃、利用外资最多的地区之一。

因此，我们可以说目前的天津滨海新区比起深圳、浦东建设初期的基础和条件要好得多，又面临中国经济重心北移和世界产业向中国转移这样难得的机遇，充分地利用这些条件，及时地抓住这个难得的机遇，把滨海新区建成北方地区的"深圳"和"浦东"是完全可以做到的。

（三）京津冀乃至环渤海区域经济合作的启动点

新时期，我国提出了以实施区域协调发展为目标的总体战略："坚持推进西部大开发，振兴东北地区等老工业基地，促进中部地区崛起，鼓励东部地区加快发展，形成东中西互动、优势互补、相互促进、共同发展的新格局。"京津冀地区是我国经济发展基础较好、发展潜力巨大和经济发展水平较高的三大经济区之一，区内包括北京、天津两个特大型中央直辖市和石家庄、唐山、秦皇岛、承德、张家口、保定、廊坊和沧州等大中型区域中心城市。由于种种原因，该经济区与以广州、深圳为中心的珠江三角洲地区和以上海为中心的长江三角洲地区相比，无论是在区域竞争力方面，还是在产值和在全国经济中的地位方面，都逊色不少。同时，由于相互间在经济发展上各自为战，缺乏资源整合和协调，出现了明显的产业趋同和产业链条断裂问题。

通过滨海新区建设过程中的产业结构提升和要素聚集，不仅可以为该地区带来巨大的市场需求，还可通过零部件的扩散将断裂的产业链条得到弥补。

通过区域间的产业联系突破行政壁垒，实现实质性经济合作。环渤海区域是由京津冀地区、山东半岛地区和辽中南地区三个基本板块组成的，因缺乏有机的协调，相互之间的经济联系并不密切，而且还由于谁都要争当"龙头"或独自"突破"，造成了彼此间不应有的矛盾。这是环渤海经济圈难以步入实质性合作的根本原因。而只有在环渤海地区崛起一个和三大板块均存在密切联系的产业高地，把三大板块有机地衔接和整合起来，环渤海的区域经济合作才会取得巨大成效。因此，滨海新区的建设与发展可以成为京津冀乃至环渤海区域经济合作优势迸发的启动点。

三、新区的功能定位与发展方向

（一）新区的功能定位

我们认为，如果能将滨海新区的发展上升为国家战略层次，将其按北方的"深圳"、"浦东"模式来建设，综合考虑滨海新区的自然情况、发展条件、国内外环境，将滨海新区的功能定位概括为：环渤海地区重要的世界性加工制造基地和东北亚区域合作的前沿；中国北方地区的国际航运中心和现代物流中心；京津冀经济发展的引擎和中国北方地区新的经济增长极。

1. 东北亚区域合作的前沿

滨海新区邻近东北亚地区的日本、蒙古、韩国和朝鲜，是这一区域内的重要窗口。依托优越的区位条件、港口条件和制造业发展所形成的大量产品供求以及保税区的国际贸易功能，天津港与160多个国家和地区的300多个港口发展了贸易往来，吞吐能力强大，已成为我国沿海对外贸易的重要良港、北方第一大港并跻身世界港口前10强。在天津港附近，还有京唐港、秦皇岛港、黄骅港，通过港口资源的整合，将形成一个功能互补的大港口群。滨海新区有可能凭借其改革开放以来所形成的物质积累、良好的发展势头、优越的区位和交通优势，并依托京津两大都市，成为东北亚地区区域合作的前沿。

2. 中国北方地区的制造业中心、国际航运中心和现代物流中心

在未来发展中，北京作为环渤海乃至全国重要的科技研发中心，科技研发能力将会迅速提高，研发成果也会不断增多。但是，受土地、环境容量等条件限制，本地产业化受到许多制约。而滨海新区有明显的土地资源优势，并已形成雄厚的制造业基础，具有国内竞争力的优势产业和支柱产业，具备将先进研发成果产业化的基础和能力，将在京津研发成果产业化方面发挥更大的作用。滨海新区依托优良的港口条件，已成为中国北方地区集港口、加工、贸易于一体的综合区域，并客观上成为我国北方和东北亚地区进行产业分工与贸易往来的前沿地带。目前天津港已成为我国北方第一大港，与国内外 160 多个国家和地区的 300 多个港口发展了贸易往来。围绕海洋运输业，滨海新区的物流业得到了较快发展。随着我国进一步融入国际市场，以及国内经济的持续快速发展，将为航运业、港口物流业提供更大的发展空间。天津港利用现有的发展基础，通过港口改造、功能完善等，提高港口综合竞争力，应逐步向国际航运中心发展。

3. 京津冀及中国北方地区新的经济增长极和辐射源

京津冀是我国北方经济密集度和投资强度最高、交通网络最发达的地区。尤其是北京—天津—滨海新区发展轴，将成为京津冀的经济核心区。北京作为我国首都，人口已逾千万，环境容量已经不大。今后发展的方向主要是要打造成为一个国际城市、文化城市和宜居城市，很大一部分经济功能要向外转移。随着区域经济一体化进程的不断推进，滨海新区将凭借其优越的区位条件和良好的经济基础，成为京津冀地区经济发展的重点区域，发挥窗口和辐射作用。滨海新区经过十几年的发展，具有了相当的产业基础，已经成为京津冀地区重要的工业集聚地，各项基础设施建设和支撑条件也相对成熟，紧紧依托京津冀乃至我国北方地区的经济社会发展的各种有利条件，滨海新区的优势将进一步充分发挥，成长为我国北方地区新的经济增长极和辐射源。

（二）滨海新区的发展方向

滨海新区在未来的发展和建设中，要注意以下四个方面：一是要全面落实科学发展观，构建和谐社会；二是要统筹兼顾，做到"五个统筹"；三是要有高起点，高起点就是要有国际竞争力，要有世界品牌；四是要注意人与自然的和谐发展，保护自然环境。要以提高区域创新能力和综合竞争力为中心，改善发展环境、提高经济质量、优化空间布局，实现资源的合理配置和有效利用，大力发展循环经济，促进经济社会和环境的协调发展。要立足天津和京津冀，依托三北，面向世界。努力将新区建设成为实现现代化的先行区，经济发展的带动区，深化改革的创新区，与国际接轨的开放区,可持续发展的示范区。

伴随着新区的重新定位和功能的重塑,滨海新区的经济发展与对外开放将会有新的面貌,新区的城市功能今后将由当前天津市的一个功能区向综合性的多功能区及新城区转变,而经济功能则将由天津市的一个开发新区向整个北方地区的经济中心转变,这就要求滨海新区不仅限于承接天津老城区的工业东移,而应有更远大的发展眼光和发展布局。从远期来看,滨海新区将发展成为一个能够承载300万~500万人口的现代化大都市。

四、促进滨海新区加快发展的保障措施和政策建议

促进滨海新区发展的关键是将滨海新区开发提升为国家战略,以建设京津冀、环渤海乃至整个北方地区的"龙头"为目标,进行规划和建设。像当年开发浦东和深圳那样,给予政策和资金支持。要尽快研究出台国家鼓励支持天津滨海新区发展的优惠政策。一方面,参照现有经济特区和国家级开发区的优惠政策,结合滨海新区的实际赋予相应的优惠政策;另一方面,要研究符合WTO规则的新政策,重点在体制、科教、人才、财税、金融、投融资、土地等各方面给予支持和帮助。

(一)进一步理顺滨海新区行政管理体制

虽然滨海新区现行管理体制对滨海新区的发展起了巨大作用,但是这种管理体制与滨海新区未来发展的要求和面临的新的环境不相适应。目前,滨海新区的管理机构为滨海新区管委会。它作为天津市政府的派出机构,负责组织、协调新区内跨行政区和功能区建设项目的实施,对新区内各行政区和功能区的经济建设工作进行指导和协调,直接对天津市人民政府负责。但是它在新区的规划、管理和协调等方面缺乏权威性。滨海新区内部仍然存在各自发展、过度竞争的局面,在很大程度上影响了新区运行效率和经济效益,限制了新区内资源整合和配置的合理化,造成较大的管理成本和内部消耗,影响了新区的快速发展。因此,必须改革滨海新区行政管理体制,要建立适应新形势下新区发展的新的行政管理体制,增强区域内聚合效益,建立统一的行政管理模式,形成合理的利益分享机制,加

强区域内的统筹规划和协调。

(二) 提高支撑产业发展的要素保障能力

首先，国家对于滨海新区的盐碱荒地、滩涂等的开发，在确保不破坏生态环境的基础上，可以赋予更加灵活的政策，以为将来的产业发展提供必需的空间；其次，加强水资源的保障能力。通过海水资源综合利用、海水淡化、节水、充分利用南水北调水源等综合措施缓解滨海新区用水紧张的局面；最后，加强能源保障能力，今后除了要在当地合适的地方建设电厂，满足当地不断增加的用电需求外，更重要的是加强大电网建设，在更广的地域范围内配置能源，通过加强输变电网路建设，充分利用我国内蒙古、山西、陕西等地丰富的煤电资源，通过"西电东送"北通道，解决当地的能源保障问题。

(三) 完善滨海新区的城市功能

应贯彻以人为本、全面、协调、可持续的发展观，把创造适宜人居住的环境作为滨海新区的重要目标，在发展第二产业的同时，完善综合服务功能，使其成为经济繁荣、人民富裕、社会和谐、环境优美的现代化新城，在经济发展、改革开放、结构调整、经济增长方式转变、科技教育、构建和谐社会等方面发挥带动作用。

(四) 完善港口功能

首先，要对天津港、京唐港、秦皇岛港、黄骅港等港口进行统筹规划，形成分工合理、相互促进的港口群；其次，要加快天津港建设进度，实施"南散北集"的空间布局结构调整；最后，要加快疏港道路建设及通向广大腹地的铁路、公路建设，进一步完善交通骨架，建立综合交通运输网络，增强港口的集疏运能力，拓展经济腹地。天津港集疏运交通与目前发展及未来港口的规模、职能要求不相适应。由于目前的进港通道穿过塘沽城区，致使港口集疏运交通对城市的干扰比较大，城市对集疏运交通的畅通也存在干扰。滨海大道的交通压力过大，大部分的疏港交通需要利用滨海大道再接东西向的疏港路，而目前交叉口大部分为平面交叉，交通压力比较大。

（五）加强生态建设和环境保护，促进资源节约

利用滨海新区的生态环境比较脆弱，同时还要承接来自海河流域上游的污染。滨海新区的生态环境建设，需要统筹兼顾，既要统筹当地产业的发展，也要由国家统筹上游地区的产业发展，要以防为主，防治结合，走新型工业化道路。通过防污、治污、节水、开源等措施，促进滨海新区生态环境的不断改善。在滨海新区生态环境保护过程中，要以预防为主，上下游结合，改变过去那种污染末端治理的治污模式，实行"经济建设、城乡建设、环境建设同步规划，同步实施，同步发展"和经济效益、社会效益、环境效益统筹考虑的发展模式，这是滨海新区防治污染的根本举措。同时，抓住国家进行京津冀区域规划的机遇，将天津滨海新区流域上游污染治理问题纳入区域规划，进行重点治理。

要促进人与自然和谐发展，建设全面、协调、可持续发展的生态型新区。加大环境整治和监督力度，严格控制企业"三废"排放，监督企业达标排放，实行清洁生产，提高废物处理率，从源头上控制污染的发生。对进驻企业要设置环保门槛，对新建项目实施严格的环境评价，以新区的环境容量和净化能力为限度，综合考虑控制废物排放量，坚决杜绝高污染企业落户新区。

要促进资源节约利用，大力发展循环经济。充分利用海水、当地雨水资源及再生污水，用于企业冷却、城市水循环、农业灌溉、绿地灌溉、冲厕、消防等。

推广低投入、高产出、低污染、可循环的发展模式。提高资源和能源的利用效率，降低每万元产值资源和能源的消耗量，实现生产过程的生态化和绿色化。大力开发使用风能、太阳能、潮汐能、地热等清洁型能源，减少污染型能源的消耗量。

（六）尽快出台加快滨海新区发展的政策

滨海新区开发建设十几年来，发生了很大的变化，取得了令世人瞩目的成就，但所拥有的优势尚未充分发挥。20世纪80年代深圳、珠海的发展得益于经济特区政策，90年代上海的发展得益于浦东新区政策，21世纪滨海新区的发展同样离不开国家的政策支持，需要国家从体制政策、财

税政策、金融政策、投融资政策、土地政策等各方面给予支持和帮助。

建议批准天津滨海新区作为国家综合改革试验区，比照深圳和浦东，授权滨海新区行使相应的行政审批、经济协调与管理等职能；赋予滨海新区政府管理体制和制度创新的先行试验权；将滨海新区的发展纳入国家经济社会发展"十一五"规划，明确滨海新区在全国经济社会发展格局中的战略地位。

建议中央财政以设立滨海新区发展基金的方式支持滨海新区建设。将天津经济技术开发区所享受的投资税收优惠政策扩展到整个新区，滨海新区企业（不包括外商投资企业）生产自用的进口物资、设备等比照经济特区和浦东新区政策实行免税额度管理。

在环渤海区域内确定有关石化、装备制造、汽车制造和船舶制造等产业的重大建设项目时，优先考虑滨海新区。

建议在滨海新区设立东北亚银行；批准在滨海新区开办离岸金融业务；批准滨海新区在"十一五"期间，发行适量的市政建设债券，用于基础设施建设；批准在滨海新区进行创业投资基金试点工作；鼓励在滨海新区范围内设立外资银行分支机构，降低外资银行经营人民币业务的准入条件。

（七）专项资金支持

（1）建设生态环境保护工程。滨海新区是海河流域五条河流的入海口，为治理来自上游的河水污染，搞好防灾减灾，新区正在积极筹建多座大型污水处理厂和垃圾处理场，疏通河道、提高海挡和河堤的防御能力，综合治理海河水系，改善和恢复海洋生态环境，保护自然湿地等。这些项目资金投入量很大，国家应给予专项资金支持。

（2）支持海水淡化技术开发和项目建设。滨海新区正积极兴建大型海水淡化项目，同时配套建设风力发电、污水处理、中水回用等项目。这是一项区域型、综合型、产业化的循环经济示范工程，国家应给予更大的资金支持。

（3）对重大交通设施项目给予重点支持。支持建设25万吨深水航道项目和30万吨级原油码头，建设京津塘高速公路北通道、津晋高速和环渤海湾高速公路（唐津黄高速），建设京津塘城际高速铁路、蓟港铁路复线和黄万铁路，扩建滨海国际机场等，另外还需要规划建设天津港直通西部的铁路。

（本文原载《宏观经济研究》2005年第6期，在天津滨海新区发展战略研究课题报告的基础上修改成文。课题负责人：肖金成；成员：史育龙、李忠、李青、解三明、汪阳红、贾若祥、黄征学、李军培等；执笔：肖金成）

促进海峡西岸经济发展的基本思路

海峡西岸的发展既关系到福建及福建周边地区的经济发展,也关系到祖国和平统一大业。"十一五"规划纲要提出"支持海峡西岸和其他台商投资相对集中地区的经济发展,带动区域经济发展"。为此,要深入研究加快海峡西岸经济发展和两岸合作的思路、政策和措施。

一、加快发展海峡西岸经济区的重要意义

海峡西岸经济区以福建为主体,包括广东北部、浙江南部和江西东南部地区。《意见》中明确:发挥闽浙赣、闽粤赣等跨省区域协作组织的作用,加强福建与浙江的温州、丽水、衢州,广东的汕头、梅州、潮州、揭阳,江西的上饶、鹰潭、抚州、赣州等地区的合作,建立更加紧密的区域合作机制。海峡西岸经济区东与台湾地区一水相隔,北承长江三角洲,南接珠江三角洲,是我国沿海经济带的重要组成部分,在全国区域经济发展布局中处于重要位置。海峡西岸经济区和祖国宝岛台湾既有血缘、地缘、文缘联系,也有人缘和商缘联系,其经济互补性也非常强。在加强合作、加快发展的基础上,可构建包括台湾地区在内的更大范围的海峡经济区。

改革开放20多年来,福建得益于政策、区位、资源优势,经济得到长足发展,年均经济增长率在10%以上,人均收入水平也随着经济的发展而增长。但与台湾的差距还很大,与珠三角、长三角的经济发展相比也存在一些不足。

2004年8月,中共福建省委批准实施《海峡西岸经济区建设纲要

（试行）》。2005年1月，福建省十届人大三次会议作出了《促进海峡西岸经济区建设的决定》。这一决定既是加快福建全省经济社会发展，也是立足福建、服务全国发展大局的重大举措，具有重要意义。

加快海峡西岸经济区建设，有利于福建树立新理念，拓展新思路，充分发挥沿海港口、外向带动、对台合作等优势，实现经济社会又好又快发展，迅速缩小与台湾省的经济发展差距，实现和珠三角、长三角经济社会的一体化发展，以达到中央提出的沿海地区经济社会率先发展的目标，使广大人民群众共享改革开放和经济发展的成果。

加快海峡西岸经济区建设，将有力推进福建省与长江三角洲和珠江三角洲的区域合作，避免在长三角和珠三角之间出现一个区域断裂带和"经济洼地"，逐步形成从环渤海到海南岛整个沿海一线的均衡化发展格局，在此基础上，实现东、中、西良性互动。

加快海峡西岸经济区建设，将进一步促进海峡两岸经济联系、人员往来、互补合作、互利共赢，增强两岸人民的了解和互信，使福建成为海峡两岸经贸合作和文化交流的先行区和平台，提高台湾同胞对祖国的向心力和认同感，为发展两岸关系，推进祖国统一大业做出贡献。

加快海峡西岸经济区建设，将台湾地区的劳动力短缺和劳动力价格的迅速上升已成为其国际竞争力降低、阻碍其经济发展的严重问题。台湾的劳动密集型和次劳动密集型企业都有迁往岛外寻求廉价劳动力资源的愿望，其中就有相当一部分企业出于人缘、地缘和语言相同等原因来福建投资。今后，福建在接受台湾企业转移方面仍然具备独特的优势。台湾的劳动密集型产业向福建转移，能够成为增强台湾厂商竞争力的有效途径，也能够成为增加福建就业，促进福建发展的有效途径之一。

福建省土地面积12.14万平方公里，台湾面积不及福建省的1/3，人口密度是福建的2倍，台湾地区的土地承载强度（平均每平方公里承载的国民生产总值）超过福建省15倍，土地资源紧缺已成为制约台湾经济发展的重要因素。虽然福建在大陆也是一个土地资源紧缺的省份，但相对台湾而言，土地资源就要丰富得多。福建沿海有大量台地和海湾围垦滩地，适宜于作为工业用地。且福建海岸线曲折，多港湾，具备较好的建设港口工业区的条件，目前台商投资较为集中的也正是在厦门湾、闽江口、湄州湾等后方的港口工业区里。福建目前的工业地价与台湾相比相差十几倍，厂房和其他基础设施建设的费用也比台湾低廉，能够为各类产业的发展提供广阔的空间。海峡西岸经济区和台湾应着眼于两岸要素禀赋、经济结构、产业的互补性，通过优势互补、产业整合，加强经济合作，共同构建海峡经济区，就能够突破各自经济发展的"瓶颈"，提升区域经济的整体竞争力。

二、海峡西岸经济区的功能定位

我们应从祖国统一大业的大局出发，高度重视海峡西岸经济区在促进祖国统一大业中的重要地位和作用，发挥其血缘、地缘、文化等方面的优势，倾力打造海峡两岸合作交流的平台，加快建设对外开放、协调发展、全面繁荣的海峡西岸经济区。

海峡西岸城市群现由福州、厦门、漳州、泉州、莆田、宁德六个地级市所构成，分布在沿海一线，经济比较发达，但腹地较小。这是城市群规模不大，实力不强的重要原因。扩大城市群的腹地，加强经济区的经济联系和合作，有利于提高城市群的整体实力，既能够发挥城市群的辐射带动作用，也可使这些城市提高对台商台资的吸引力，将台湾的经济要素尽可能多地吸引到福建沿海。

海峡西岸经济区是东部沿海地区重要的先进制造业基地和自然文化旅游中心，两岸合作交流的主要平台。福建沿海制造业有很好的基础，通过借助台商，先进制造业将会突飞猛进地向前发展。应积极发展装备制造业，培育发展高新技术产业，用先进适用技术提升改造传统产业，坚持加快发展与提升水平并举，产业集聚与优化布局互动，着力建设信息产业、汽车及零部件生产、船舶工业、电机工业、工程机械等，走出一条科技含量高、经济效益好、资源消耗低、环境污染少、人力资源优势得到充分发挥的新型工业化路子，使之成为东部沿海地区重要的先进制造业基地。

海峡西岸经济区内旅游资源丰富，武夷山、三清山、鼓浪屿、雁荡山等风景名胜以及以妈祖文化、闽南文化为中心的文化资源对台湾人民有很大的吸引力。同时，到台旅游对祖国大陆人民也有很大吸引力。应充分发挥福建独特的旅游资源和到台旅游的区位优势，突出"海峡旅游"主题，积极培育一批具有竞争力、影响力的旅游品牌，延伸旅游产业链，打造海峡西岸旅游产业，使之成为海峡两岸共同关注、两岸同胞加强交流的自然文化旅游中心。

服务祖国统一大业是建设海峡西岸经济区的重要立足点。应把握海峡两岸关系出现新变化的机遇，充分发挥闽台"五缘"优势，打造两岸合作交流的平台，在更大的空间范围内进行交流与合作。要加强与台湾的产业对接，密切与台湾相关行业协会、企业的联系，扩大对台直接贸易，切实保护台商的正当权益，为台胞来西岸经济区投资兴业、交往交流提供便利条件和优质服务，推动两岸经贸合作向更高层次、更大规模发展。凡对台的政策与措施都可以在海峡西岸"先行先试"。

三、加快海峡西岸经济区建设的基本思路

21世纪头20年是加快海峡经济区合作的重要时期，也是推进福建和海峡西岸经济区建设的关键时期。应把握机遇，应对挑战，制订和实施正确的发展战略，在国家政策的支持下，紧紧抓住"发展"与"合作"两大主题，努力开创海峡西岸经济区建设的新局面。

（一）培育增长极，打造城市群

海峡西岸经济区的范围比较大，不可能同时快速发展，只能选取范围较小的一块区域到两块区域，给予重点培育，使之成为世人瞩目的焦点，在短时间内集聚大量的经济要素，成为一个能够带动区域经济发展的增长极。建议海峡西岸经济区也实施增长极战略，在厦（门）漳（州）一带和福（州）莆（田）一带分别划出一块地方，面积不应太大，通过完善基础设施和体制创新，创造优良的投资环境，吸引台商和其他投资者来区内投资。与长三角、珠三角相比，海峡西岸城市群城市数量比较少，城市规模比较小，对周边区域的影响不大，对台湾的影响也比较小。必须加强城市群的联系、提高实力和扩大影响，影响带动经济区的经济发展，努力对台湾产生比较积极的影响。

促进海峡西岸经济发展的基本思路

(二) 接轨长、珠两三角，构筑大平台

针对海峡西岸的发展情况，今后应提高与台湾经济对接的能力以及参与珠江三角洲、长江三角洲分工协作的能力，加强东南沿海地区的区域合作，使海峡西岸积极主动接受两者的辐射，聚集发展所需的要素，壮大经济实力。通过与珠三角、长三角的对接，实现东南经济板块资源整合、优势互补、联动发展，整体提高海峡西岸的经济社会发展水平。

(三) 依托西岸，加强交流与合作

福建省应加强与浙江省温州、台州、金华市和广东省汕头市以及与江西省毗邻地区的合作。推进专业市场建设与产业集群发展，建设区域共同市场，打破地区封锁，促进人流、物流、资金流、信息流的无障碍流动。加快推进与周边地区间的铁路、高速公路等干线通道和能源建设项目的对接，使福建港口成为周边地区的出海便捷通道。建立健全促进海峡西岸经济区整体协调发展的市场机制、协作机制和扶持机制，促进产业跨区域对接和协作配套，在基础设施、产业发展等方面加大对经济欠发达地区的扶持，促进特色资源开发和特色经济发展，加强山海联动，以海峡西岸整体优势共同对接台湾地区。

台湾地区的经济优势在于：(1) 资金充裕；(2) 产业技术手段和管理水平较先进；(3) 外贸能力强，营销网络辐射面广，经济外向度高。海峡西岸的经济优势在于：(1) 劳动力资源充沛，劳动成本低；(2) 区域面积大，自然资源丰富，土地成本低；(3) 消费结构呈现多样化和多层次化。因此，两岸经济具有很强的互补性。只要双方扬长避短，就能够大大提升海峡两岸的区域经济竞争力。两岸经济交流与协作将有力地促进本区域市场与国际市场的互相衔接，带动外向型经济的发展。

海峡两岸经济合作，无论是对于台湾还是海峡西岸、东南沿海乃至整个大陆都是互利互惠的，呈现具有积极意义的效应。通过海峡经济区的合作，能够提升整个区域的总体竞争力。通过合作，实现多赢，扩大合作，共同发展；同时，充分发挥福建与台湾的地缘关系、亲缘关系和改革开放以来建立的合作基础，全面提升两岸合作水平，构建开放型经济新格局。

四、推进海峡西岸经济区建设的政策建议

（一）设立对台经济特区，对台资继续实行优惠政策

建议在厦漳一带和福莆一带辟建对台经济特区，分别对应台湾的台南和台北地区，对入区台资企业给予特殊的优惠政策。建议对台特区按照自由贸易区的模式进行管理。通过吸引台商投资，并通过再投资免税等措施使资金不再回流台湾，鼓励和吸引台资企业移根大陆。对台商不仅要给予经济上的税收优惠，还要给予愿意随企业搬迁的管理人员和员工以大陆居民的待遇，欢迎台湾民众来大陆台资企业就业和全家移居大陆。

（二）对海峡西岸经济区进行规划

海峡西岸经济区跨越福建、广东、浙江、江西四省，建议组织编制区域规划。目前，长三角和京津冀区域规划已编制完成，可在总结经验的基础上着手海峡西岸经济区规划的编制工作。区域规划的重点是：增长极的培育、城市群的发展、基础设施的建设、资源的合理开发、生态环境的保护、流域的治理、区域的合作等。通过区域规划，一方面，促进区域合作和经济健康发展；另一方面，凸显海峡西岸经济区在全国区域发展格局中的重要地位和作用。

（三）建设现代化基础设施

要统筹规划，合理布局，进一步推进海峡西岸交通、能源、信息网络等基础设施建设。加快构建和完善适度超前、功能配套、安全高效的现代化基础设施体系，服务、引导和促进整个区域的经济发展。应加快建设以港口为依托，连接高速公路、快速铁路、国家及省级干线公路和民航机场的客货运综合交通枢纽，形成对接国内外大枢纽和大通道的海峡西岸现代综合交通网络，增强对外对内交流能力和国防交通保障能力。

（四）推动两岸直接"三通"，实现旅游双向对接

发挥福建在促进海峡两岸合作和交流的通道和平台作用，扩大福建沿

促进海峡西岸经济发展的基本思路

海与金门、马祖、澎湖直接的往来,加强口岸基础设施和查验设施建设,健全两岸人流、物流往来的有效管理机制,以及便捷通关入境渠道,争取更多台湾民众和大陆赴台民众循"两门(厦门、金门)"、"两马(马尾、马祖)"和泉(泉州)金(门)航线往返两岸。推动闽台空中直航,增强福建作为两岸交流交往的通道功能。

(本文原载《宏观经济管理》2007 年第 10 期)

中部崛起中山西振兴之策略

山西既是我国最重要的以煤炭资源开采为主的资源型工业省份，目前以至将来相当长一段时期内这一大的格局不会发生根本改变。新中国成立以来特别是近20多年来，山西省按照国家生产力总体布局的要求，进行了以煤炭资源开发为主导的大规模能源重化工基地建设，既成为推动本地经济社会发展的主要力量，也通过能源及有关高耗能原材料输出为整个国家的工业化快速推进做出了重大的历史性贡献，特别是在缓解我国长期存在着的能源供给瓶颈方面发挥了不可取代的主体性作用。但是，也同时出现了诸如煤炭资源日趋枯竭、煤炭市场变化速率和频度加大、国有煤炭企业改革出现严峻阵痛、生态环境问题日益突出、三农与贫困地区较多等问题。需要在中部崛起中找到治本之策。

一、城市转型之策

全国可以称谓资源型城市的共计118座，山西省有11座，占全国的9%。全国典型资源型城市共计60座，山西省有8座，占全国的13%，但是占全国同类31个典型资源型城市的27%。因此，在实施中部崛起战略过程中，应按照我国全面建设小康社会的目标，推进资源型城市的经济转型，并且还要在这一过程中不断创造新鲜经验。

山西省内，可以列为典型资源型城市的主要是指大同、阳泉、晋城、朔州、古交、霍州、孝义、介休8个煤炭城市，其中4个为地级城市，4个为县级城市。与其他资源型城市相比，煤炭城市有如下几个显著特点：一是城市的发展对大型煤炭企业——矿务局有很强的依赖性，城市与煤炭企业同兴共衰；二是城市的支柱产业为煤炭采掘及电力工业，这类产业在整个产业链中位于上游环节，在国民经济体系中居基础地位，在不完全市场竞争条件下，处于相对不利地位，所以国际上许多国家都将其列为政府政策扶持的对象；三是传统煤炭产业已经越来越面临着资源保障和市场销售两大风险，具有显著的不稳定性和脆弱性；四是煤炭行业在自身发展壮大的同时，由于劳动对象和作业方式的特殊性等，容易出现地面沉陷、水资源破坏和环境污染现象，需要各级政府部门研究相应合理的补偿机制。

（一）在促进经济转型的指导思想上加快实现"三个转变"

推进资源型城市经济转型不是一个简单的将资源产业转换为其他产业的事情，而是一个包括资源配置的观念、制度、机制、重点、方式和方法都要实现更新和转换的整个过程。因此，首先就需要解决指导思想上的"转型"问题。

一是要实现由被动型转型向主动型转型的根本转变。山西的资源型城市的发展历史短则十数年长则几十年，人们在产业发展上的思维观念和发展定式，常常自觉和不自觉地围绕资源开采和加工作文章。只要还有一点资源，或者只要企业还能够得到最基本的成本补偿，一些政府主管部门和企业并且包括投资者就往往习惯于继续做这样的"资源利用文章"，除非万不得已，他们是很难主动去加大经济转型力度的。但是，综观国际和国内大量资源型城市兴起、兴旺、衰退和转型的经验和教训，资源型城市一定不能够等到经济增长乏力和产业结构的刚性问题突出时、更不能等到资源衰竭和城市发展衰退时再去考虑经济转型问题。近几年，山西省在主动型转型方面已经做了许多工作，但是从总体上讲，这一个根本转变还没有完成。

二是由单一产业圈内转型向城市综合经济转型的转变。很长时期以来，山西的资源型城市发展可以表述为"其兴也煤炭，其衰也煤炭"，对我们开展经济转型工作至少带来两个主要方面的影响。其一，这种以煤炭开采及其初加工为基础而建立起来的主导型产业结构过于单一的现状，已经成为在现代市场经济条件下很容易引发当地经济增长剧烈波动的主要因素，如果我们继续将主要精力放在这个主导产业圈内进行转型，那么在一定技术条件下（"技术瓶颈"导致仅仅靠延长产业链的转型成本太高）是很难真正实现有效的经济转型任务的。其二，由于历史上大多数资源型城市都是采取的"依矿建城"的城市发展道路，在计划经济体制下矿区大企业往往成为独立于所在城市的一个超级经济体。即使现在这种体制已经发生了很大改变，但是长期遗留下来的"两张皮"的现象依然还没有完全解决。为此，在当今城市经济快速增长和区域经济一体化趋势加剧的大背景下，考虑这样的资源型城市转型的大方向时，就必须统筹考虑主导产业内部转型和整个城市经济综合转型两个方面。以做活、做大、做强主导产业推动当地城镇发展，以全面推进城镇化进程来促进当地产业振兴、企业增效和居民得利。

三是要由企业负责为主向企业、政府和社会各界共同努力转变。众所周知，山西资源型城市形成目前的比较单一的产业结构、国有企业为主的所有制结构和常规性产业技术为主的技术结构，在很大程度上是计划经济下的产物（虽然市场经济实行多年但某些体制特别是国有企业体制上的惯性仍然在继续），大多数国有企业在为国家不断提供资源性产品、创造税收（很大时期内还包括利润）和安排就业的过程中逐步积累下来许多深层次矛盾和重大问题，这也正是我们现在在全国上下都开始关注和重视资源型城市经济转型的主要原因。但是，我们在具体工作中就常常忘掉了这一综合成因，因而也经常不适当、也不合理地夸大了市场调节的作用，简单地将经济转型的任务主要压在了国有企业的身上。显然，在许多国有企业连维持简单再生产都面临着巨大困难的情况下，很难有余力和资金组织经济转型。关于这一点，中央政府和各级地方政府已经有了深刻认识，需要继续抓紧组织制定和落实一些政策措施，以更大的力度推动资源型城市的经济转型工作。

（二）始终强调走可持续发展之路

实现可持续发展是人类社会近几十年来不断成熟的对于工业化的深刻反思，其基本要点就是，一个国家或者地区在经济发展中如果不能正确处理好与资源和环境的关系，这种经济增长将是不可持续的，而且还将必然在某一个时段反过来影响经济发展。不幸的是，我国的许多资源型城市发展史也证明了这一点。如山西省的一些煤炭城市，由于长期存着不合理的开采利用方式已经导致的生态破坏和环境污染问题可以说全国之最。现在，这些地区既要补过去留下来的欠账，又要防止发生新的生态破坏和环境污染，困难很大，任务艰巨。另外，还由于一些地区的资源开始进入衰竭阶段，经济开采价值逐步降低，使得这些地区经济转型压力更大和更为迫切。为此，这些资源型城市必须避免继续走过去的老路，按照可持续的发展观念和行为来指导和贯穿经济转型的整个过程。特别是要把合理开发利用现有煤炭资源与生态恢复建设、环境污染治理紧密结合起来，把资源型产业发展与企业稳定增效、职工逐步增收、财税持续增加密切结合起来，把当前城市经济转型与培育城市未来可持续竞争力密切结合起来。

(三) 要将培育和壮大区域性中心城市放在更加突出的位置

山西省煤炭城市的形成过程基本上是建设国家能源基地的过程，在当时这种单一功能既与国家要求山西省承担能源产业的地域分工有关，也与在计划经济条件下不考虑市场需求单纯生产能源产品的体制有关。其结果，这些城市本身既没多少发展其他产业的动力，也缺乏不断创造就业岗位的压力，更很少考虑建立与周边城镇和农村协调发展的经济联系和合作关系。因此，现在许多城市实际上更像一个大的工矿区，城市功能很不完善，特别是承担为生产和流通提供基础设施和为居民生活提供高质量服务的城市功能远远没有形成。为此，在当前研究和组织城市经济转型时，必须坚持把握住由能源基地向现代工业城市转变和有条件的城市向区域性中心城市转变这一思路。

实现上述转变至少包括两方面的涵义，一是指工业产业应在主要提供资源性产品的基础上加快拓展高附加值加工工业产品和产业多元化；二是指要进一步完善以城市服务业为主体的城市功能，大力增强城市对工农业产品生产和流通活动的服务水平、人口聚集和就业扩张的能力、拉动农业发展和吸引外来投资者的能力。

(四) 按照市场导向尽量"拉长煤炭产业链条"，大力提高资源性产品的附加值

由于体制因素，许多煤炭企业的卖原煤的比重非常高，煤炭加工转化率低，煤炭产业链条短，在不合理价格下既影响企业经济效益，也容易在市场需求变动激烈时造成企业生产经营剧烈波动。因此，需要即使在煤炭

产品好销时就开始紧紧盯住市场需求，发展与煤炭相关的系列产品和配套产品。如发展可以简单提高产品价值又可以改善环境的洁净煤系列产品（洗煤、选煤、配煤、型煤等），发展科技含量高的以煤炭作为原料的高附加值能源加工类系列产品（水煤浆、煤转化油、煤化工产品等），发展与煤炭产品紧密相关的高耗能、综合效益高的系列产品（煤电联产、煤焦联产、煤电铝联产、煤焦化联产和煤矸石发电、电厂粉煤灰制砖等）。值得提出的是，在发展上述产品时必须时时考虑两个主要因素：一是水资源平衡条件；二是对生态环境的影响。

（五）充分挖掘当地具有比较优势的特色资源，逐步培育起来有区域特色的优势产业和产品

几千年的自然进化和历史演变也为山西省带来了除煤炭以外的优势自然资源和体现中国人杰地灵特点的"三晋文化"历史资源，而且不同的城市和地区具有不同的特点。因此，各个资源型城市在推进经济转型时都要科学评价和认真研究自身的比较优势，采取多种措施和形式吸引各类投资者来开发利用这些资源，从而逐步实现有效益的、可持续的经济转型任务。这些年来，山西省一些地区已经在这一方面做了大量工作，取得了显著的成效。如朔州市充分利用境内集中分布有丰富的石英、长石、粘土等建材资源优势和地处北纬41度适宜发展奶牛业的气候优势，通过政府引导和政策扶持鼓励和引导民营企业大力发展陶瓷产业和奶牛产业，在发展非煤产业方面取得了非常可观收益。又如，大同市利用世界文化遗产的云冈石窟和我国五岳之一的北岳恒山，举办旅游文化节，推动了旅游业的蓬勃发展，取得了良好的经济和社会效益。

（六）加快发展就业岗位扩张速度快的第三产业和现代服务业

山西省一些煤炭城市近些年第三产业发展势头较快，特别是交通、商贸、餐饮等传统服务业发展层次和水平稳步提高，金融保险、房地产、社区服务业等新兴第三产业也明显增长。但从总体上看，还难以充分满足资源型城市加快经济转型的要求，如传统第三产业所占比重过高，适应新型商贸流通业态的支柱性企业少，新兴服务业的企业数量少和规模小。因

此，在大批资源型企业特别是煤炭开采企业面临职工分流压力时，就很难为下岗职工提供更多可供选择的就业岗位，更谈不上为当地农村富余劳动力进入城市提供就业岗位。在这种情况下，就迫切需要一方面在鼓励发展服务业方面进一步具体落实国家的有关政策措施，发展多层次、多水平、多形式的商贸流通业和社区服务业。另一方面，则需要在一些具有区域性中心城市功能的大中城市，集中发展主要为开拓土地市场、资金市场、资产转让市场、技术市场、劳动力市场服务的新兴服务业或者新型的流通业态，如信息咨询业、研发、电子商务、成人教育和培训业教育金融业、物流配送中心、中高档房地产业等在内的现代服务业。

（七）帮助和支持一些非煤重点企业尽快发展成为当地的支柱产业

即使在一些非常典型的煤炭资源型城市，多年来各级政府也陆续布局建设起来了一些重要的非煤重点工业企业（如大同机车厂、大同齿轮厂、大同制药厂以及一些军工企业等），在企业拥有资产、人才和技术设备等方面有的仍然具有比较大的优势。现在主要问题是，要紧跟市场需求依靠科技创新和管理创新，充分调动各类人才和全体职工的积极性，加快调整产品方向和先进生产技术及其工艺，条件成熟的还要加快引进包括外资在内的各类资金来推动现有国有企业资产重组的力度，逐步实现企业产权多元化的、比较规范的现代企业制度，大力提高企业的经济效益，逐步形成当地有竞争力、可持续发展的支柱产业。

二、企业振兴之路

山西省的煤炭企业尤其是大型国有煤炭企业多数是计划经济时期建立的，虽然规模很大，但包袱沉重，产业单一，加工链条短，市场竞争力弱。改革开放以来，虽经多次改革，但至今仍和传统体制相比没有产生根本的变化，机制僵化、活力不足的问题仍不同程度地存在。由于生产成本高，受到小煤矿的剧烈冲击，体制机制未有大的改变。山西省煤炭企业应在深化改革、结构调整、加强管理等方面迈出新的步伐，才能使企业走上振兴之路。

(一) 在理顺产权归属的基础上,建立煤炭国有资本管理和经营体系

山西省煤炭企业数量多,部分企业规模很大,甚至成为一个城市的支柱。如大同煤业、阳泉煤业等,其资产高达数百亿元。这些企业一部分是由中央政府出资建设的,一部分是由山西省政府出资建设的,也有一部分是由各地级市出资建设的。中央投资的企业除平朔的安太堡煤矿和安家岭煤矿之外,绝大多数下放给山西省管理。也就是说山西省政府可以代表国家履行出资人职责,可将中央投资部分和山西省投资部分统一纳入煤炭国有资产管理体系,各地级市投资建设形成的资产可由各市国有资产管理机构履行出资人职责。

我们建议山西省煤炭行业成立若干家资产经营公司,中央和山西省政府投资建设的煤炭企业的净资产分别划给这三家公司,每个公司的资本在100亿元左右。划分的原则既可按产品类型如动力煤、焦煤或电煤,也可按地域划分,如晋南、晋中、晋北。也可跨区域划分,根据企业效益好坏,优劣搭配,以保证公司成立后可持续良性化经营。

资产经营公司的资本经核定后须到工商局登记注册,成立具有民事权利和民事义务的企业法人,不具有任何的行政权力。但其作为煤炭企业的股东,依法享有股东的权利。各煤炭企业成为资产经营公司的控股子公司和参股子公司。资产经营公司对其所持有的子公司的股权有处分权、收益权并可派出董事和监事参与子公司的经营决策和对子公司进行监督。

资产经营公司的人员虽然是由各行政部门和各煤炭企业抽调而来的。但应极力避免行政化倾向,公司职工应尽可能具有投资、财务和企业管理方面的专业知识。专业知识欠缺的应通过培训,尽快实现专业化。资产经营公司的人员应少而精,根据业务发展的需要逐步吸收符合专业要求的人员,切不可滥竽充数。

资产经营公司成立后,应对所控股权进行整合。对优质股权可通过企业改制出售一部分,实现资产变现收回资金。并把实现的资金投入经营比较困难和资金比较缺但可以扭亏为盈的企业。对那些资不抵债,连年亏损,扭转无望的企业实施破产,资产拍卖后清偿债务。在产权整合的过程

中,应保证按市场原则通过竞争交易,不可进行暗箱操作,并在保证资本重组的过程中国有资产不流失。

(二) 依托大公司组建大集团

企业集团是企业发展到一定阶段的必然趋势,也是经济全球化时代的必然产物。但企业集团并非是几个企业的联合,也非将几个车间分拆为几个独立法人,更不是由政府合并同类项,而是一个大公司为了降低管理成本,并充分利用市场的优势组建起来的在产业上关联,并通过产权和契约纽带相互联系的企业群体。企业集团的核心企业一般是混合控股公司,即除了本身进行某种产品的生产之外,还通过资本运营对其他企业参股或控股。达到一定的数量和规模后,该企业便成为集团公司。企业集团中除了控股参股为联系纽带的企业,也有由于存在某种业务关系,通过契约而成为企业集团的成员,前者称为紧密层或半紧密层企业,后者称作松散层企业。

发展企业集团有利于形成规模经济,提高经济效益。大多数企业集团是以发展名优新产品为主要特征的,它对增加有效供给起到了不可忽视的保证作用。

发展企业集团有利于经济结构的调整和优化。调整和优化经济结构,既要对资产增量采取倾斜政策,又要使资产存量进行合理、有效地流动,通过专业化分工,有效地防止"大而全"、"小而全",促进企业购并和联合,使资产的集中和重组适应于市场经济发展的需要。

发展企业集团还有防止低水平竞争的作用,便于发挥整体优势,降低交易成本。企业集团是企业联合的一种组织形式,是社会生产过程中存在一定经济技术联系的经济组织之间,为了发挥群体优势而建立的比较固定、更加紧密的经济联系与合作关系,具有经济利益的一致性、经营战略的统一性、协作关系的稳定性。既避免了企业规模过大导致管理成本过高,又不同程度地避免了通过市场进行专业化分工与协作导致交易费用过高。

由于企业不可能将相关的交易环节完全纳入自身之中,因而企业之间保持一定的分工,实行专业化生产是必要的,企业可以通过市场交换,与相关企业共享规模经济效应。但企业之间通过市场协调不可避免地会受到交易费用的困扰，为了既保持专业生产与协作和独立企业的活力，又减少交易费用，核心企业就不得不考虑与不同的生产企业建立各种不同的关系，以保证企业运行的经济合理性，从而逐渐形成了以大企业为核心的企业集团。企业集团通过利用市场协调部分替代了企业行政协调，降低了企业管理成本；由于企业集团中核心企业与紧密层企业存在着事实上的母子公司关系，母公司可以通过人事参与等形式决定子公司的大政方针，从而在市场协调中利用了行政协调功能，大大降低了市场交易费用。这样，通过企业集团来协调生产，就有可能充分利用市场协调和行政协调的优势，将二者有机结合起来，使交易成本降低。

组建企业集团应具备的条件主要包括以下几个方面：
（1）要以主导企业为核心，有完善的法人治理结构和运行机制；
（2）要以主导产品为"龙头"，促进专业化协作；
（3）要有健全的管理制度，形成紧密的利益共同体；
（4）要着眼于提高企业素质，加强企业基础建设；
（5）要有明确的发展方案和战略目标；
（6）要形成多元化、多层次的联营格局。

企业集团中至少要有一个能起主导、骨干作用的核心企业，这个企业要有比较强大的经济实力、技术实力以及比较先进的经营管理方式，有名牌产品、优新产品作为生产经营的"龙头"，并以自身的实力对其他相关企业产生吸引力、影响力。若是两个以上的骨干企业，则它们要建立起较好的互助合作关系，形成一个同心协力的核心，引导整个集团前进，可以说，没有坚强的核心，就没有真正的企业集团。核心企业是企业集团的灵魂，也是企业集团的凝聚力所在。

地方煤炭企业可整体加入企业集团，即地方煤炭企业的资产经评估后作为企业集团公司的子公司，地方资产经营公司则成为企业集团公司的股东。这样可将省、市两级的利益融合在一起，共同将企业集团做大做强。企业集团公司也可从市资产经营公司将地方煤炭企业或其他有产业关联的企业的股权收购一部分，从而成为地方煤炭企业的控股股东或参股股东。市资产经营公司通过出售股权使资产变现，以解决其他所属企业的生产和经营问题。

在企业集团组建和整合过程中，要发展交叉持股，通过产权联系形成一个庞大的产业网络,逐步改变"股权单一"和"一股独大"的状况。各企业集团既要在生产经营上围绕核心能力取得竞争优势,掌握生产和销售的主动权,又要在资本运营上通过增量资本的优化配置和存量资本的合理流动,为产业创新、升级和结构调整创造条件,构建企业网络体系,实现跨行业,跨区域甚至跨国经营,成为在国际上有一定影响的公司。

(三) 建立现代企业制度,走社会化融资之路

建立现代企业制度是企业改革的核心环节,也是山西省煤炭企业走向振兴的必由之路。山西省煤炭企业虽在企业改革中不断深化,但成效不是很大,现代企业制度并未普遍建立起来。要通过国有资产经营公司的建立和企业集团的整合,完成产权清晰、责权明确、政企分开、管理科学的现代企业制度建设,建立责权统一、运转协调、有效制衡的公司法人治理结构,要强化科学管理,建立健全行之有效的激励机制和约束机制。

现代企业制度的基本组织形式是股份有限公司。因为只有成立了股份有限公司,多元筹资、相互制衡、依法管理和经营的体制结构才能最终建立起来。从调查的情况看,每个企业集团都已组建了一家以上的股份公司,一般将集团公司中的优良资产剥离出来,通过包装达到上市的目的。其可行之处一是满足上市的苛刻条件;二是甩掉企业的不良资产和企业办社会的包袱;三是起示范和样板的作用;四是自行塑造一个国有股份的所有者。一般都是将股份有限公司的国有股份由集团公司持有,以解决国有企业所有者缺位的问题。所以鲜有将整个集团公司上市的情况。企业部分资产剥离上市方式也有其严重弊端:一是剥离之后剩下的部分包括大量的不良资产,其生产经营更加困难,可谓"大船搁浅,舢板逃生";二是公司的控股母公司经营状况不好,必然与新组建的公司形成摩擦,恶化新公司的经营环境;三是母公司利用控股的有利地位,挪用上市公司的资金,使广大自然人股东的利益受到损害;四是上市公司职工的工资收入高,而非上市公司的收入低,将导致职工之间产生矛盾,不利于企业之间的合作。国有资产经营公司成立以后,企业集团公司有了现实的所有者,再不需要自行塑造一家持股机构,就可以整体改制上市。只有整体上市,现代企业体制才能根本确立。山西省应抓住煤炭市场状况转好的时机,加大力度将符合条件的企业集团公司整体改制。改制之后,再创造条件实现上市

融资的目的。

(四)彻底卸下煤炭企业的沉重包袱,提高企业的市场竞争力

据我们调查,大同煤矿集团、阳泉煤业集团和平朔安太堡煤矿与其说是一个企业,倒不如说是一个城市,有学校、有医院、有居民区、有公安,几乎居民和社会所需要的服务,全部由企业来提供。如大同煤业集团公司,职工总数10.7万人,办社会的人员有2万多人,占职工总人数的19.45%。办社会的固定资产15亿元,占总量的10.87%;每年为办社会所支付的费用近5亿元,吨煤成本15.78元,比小煤矿挖一吨煤的生产成本还要高。除社会包袱之外,债务负担也很重。退休职工人数3.7万人,为在职职工总数的34.58%,即2.89个在职职工需奉养1个退休职工。阳泉煤业集团在职职工8.5万人,离退休人员2.8万人,3个在职职工奉养1个退休职工。有8所职工医院、28所中小学。平朔煤矿虽是20世纪80年代新建的企业,但同样承担了一大部分社会职能,如学校、医院、道路、保安、消防等。企业税费却要照交。企业办社会问题、债务负担过重的问题、富余职工问题像三座大山一样压在企业身止,制约了企业的发展,制约了企业的转型,也影响了企业的效益,影响企业通过资本市场筹集资金。

煤炭企业振兴的重要一环是卸掉企业的历史包袱。由于企业规模过大,包袱过重,靠一个城市所难以办到,因此省政府应做统筹考虑。资金来源有以下几条渠道;一是每年财政安排一部分资金用于解决企业办社会问题,专项补贴给各市政府,用于接管学校、医院、公安、消防的支出增加部分。二是资产经营公司从产权变现中拿出一部分用于解决退休职工的养老保障问题。三是各市政府用税收增加部分支付接管企业办社会的支出增加问题,因为,企业负担解除以后,向地方政府的纳税额也会有所增加。凡离城市较远,城市无法为其提供社会服务的矿山,地方政府应通过税收返还或财政补贴的方式还给企业。四是资产经营公司可通过注资降低所属企业的负债率。

卸掉了包袱,企业就可以轻装上阵,市场竞争力就能够相应增强,其经济效益也会相应提高,就有条件通过改制,从资本市场中筹集资金,实

现企业的结构升级和转型。资源型城市的转型既要靠地方政府，也要靠企业，而企业的良性化发展更加符合市场化原则。各个城市政府应十分明确自身承担的责任，再不能抱着"吃大户"的想法，应主动为企业排忧解难。

（五）以煤为主，多元发展

煤炭企业应以煤为主业。从山西煤炭企业的情况看，各大企业无论从企业管理、技术人员，还是销售网络，都是以煤为中心建立和发展的。这是企业的优势所在，任何时候都不应放弃或削弱采煤业。但以煤为主并非放弃非煤产业的发展。作为大的集团公司，应考虑多元化发展，以避免煤炭市场低迷时的被动局面。因此，省市政府应促进各大煤炭企业的产业结构调整，正确处理煤与非煤的关系。

以煤为主就是继续做好采煤和加工这篇文章，并尽可能向下游延伸，把产业链拉长，增加科技含量和辅加值。要实现两个转变，一是由重数量速度向重质量效益转变；二是由生产初级产品向综合开发利用转变。如发展洗煤、选煤、配煤、型煤等洁净煤产品；发展水煤浆和煤化工产品；发展煤电联产、煤焦联产、煤电铝联产、煤焦化联产等。

多元化发展就是依托企业集团公司资金实力雄厚、技术力量强及具有完整营销网络的优势发展非煤产业，如冶金、化工、建材、医药和第三产业，形成一到几个支柱产品。但值得注意的是：首先，不可涉足产业过多，应在科学论证的基础上选择两到四个产业或产品，从小到大，从弱到强，逐步发展，不能盲目上马，遍地开花。阳泉煤业集团公司1998年以前在发展非煤产业方面目标不太明确，开发了许多项目，经营内容涵盖方方面面，导致有限的资金分散使用，规模小、效益差的问题突出。后来他们总结了经验教训，确立了有资源优势、产业关联优势、市场前景好的4个非煤产业作为主导产业来发展，通过主导产业发展带动相关产业，使资金集中、精力集中，有力地促进了主导产业发展，加快了经济结构调整步伐。其次，要认识到发展非煤产业是一种发展战略，是企业的一次重大战略调整，应有致胜的把握，不是随意性的侥幸捞一把，因此，应投注很大精力和财力。最后毕竟是涉足不熟悉的行业，应坚持同其他企业、科研机构、大专院校合资或合作，共同投资、共同开发、共同建设、共同发展。

（六）跨区域投资，低成本扩张

企业和城市的最大区别是前者可跨区域流动，而后者却不能。我国在计划经济时期建立的企业往往画地为牢，面对资源枯竭和开采成本增加，只在那里坐等关闭破产。而市场经济条件下的企业随时随地谋求发展，因为不发展就很难生存下去。不仅要在本地发展，而且可在外地发展，在外国发展。对企业来讲，不存在资源枯竭问题。生活在地球上，东方不亮西方亮，北方冷了有南方，应像游牧民族那样逐水草而居，而不能在一棵树上吊死。具体到山西省的煤炭企业，应冲破地区间的藩篱，大同煤矿集团可到朔州、太原、临汾兼并煤矿和企业，阳泉也可到晋城、阳城办电厂。最近，大同煤矿集团收购了朔州的一个矿山企业，开了跨地区购并中小型矿山企业的先河，这种做法值得提倡。未来多数国营或民营小矿应逐步整合进入大型煤炭企业集团中去。

把中小矿山企业整合进入大型企业集团中，既能保障中小煤矿投资者的权益，又能在短期内提高技术和管理水平，还能使大型矿山企业降低投资成本，实现低成本扩张。对保护资源，防止滥采滥挖也能起到重要作用。

低成本扩张是企业迅速发展壮大的主要方式。靠国家投资和靠自身积累来发展企业已变得相当困难甚至不可能。通过兼并、收购、重组将成为扩大企业规模的主要方式。山西省很多民营的煤炭企业其规模发展到一定程度，已不再具有成本优势和营销方面的优势，相反随着规模的扩大，管理水平、技术水平已不能适应企业的要求。因此，大型矿山企业将其收购、兼并便可实现规模扩张。而且这种兼并重组并不需要马上支付资金，而只需要明确其原投资者的股东权益和承担银行债务即可。

未来5～10年，是企业结构大变动时期，无论是产业结构、所有制结构和产业结构都将发生巨大的裂变和聚变，单一所有制的企业越来越少，代之以混合的所有制结构，国有企业与民营企业各有其优势和弊端，二者具有互补性。通过融合，可发挥二者的优势，消解二者的劣势，确不失为一条正确的道路。在产业结构方面，有的企业向专业化方向发展，有的企业向多元化和综合化方向发展，向专业化方向发展的企业需要进行主辅分离，由自行提供生产服务系统转而寻求社会服务，面向市场，企业的辅助性机构和部门将剥离出去，独立出来，继而被别的企业所兼并，如运输、修理、销售等，不再每个企业自搞一套，"大而全，小而全"的问题将彻底得到解决。另一些企业尤其是市场波动比较大的企业需要向多元化和综合化方向发展，以保证企业收益稳定，因此，跨区域和跨行业兼并和收购中小企业是必要的。未来的产品结构也会向两个方向发展。一个方向是随着集群企业和企业集团的发展，很多企业不再以最终产品为发展目标，多数将以中间产品为发展目标，生产氧化铝不一定生产电解铝，生产电解铝不一定生产铝型材。另一个方向是延长产业链条，搞煤的转向发电，炼铁的接着炼钢，炼钢的继续向轧钢和型材方向发展。山西省的煤炭企业应在企业结构调整方面根据自身的特点和优势，选准结构调整的方向，做出及时出击的准备，不能固守原有的区域和已定的规模和结构。

在跨区域投资，低成本扩张的过程中，要十分注意：一要按照双赢和多赢的原则确定投资项目和实施购并行为；二是量力而行。在资金能力允许的范围内实施扩张性的投资行为，千万不可盲目扩张；三是最好取得当地政府的支持，省政府、省资产经营公司应进行指导和协调。

（七）走产学研相结合之路

振兴煤炭企业不仅靠体制创新，管理创新，而且要靠科技创新。要转变煤炭行业是劳动力密集型而非技术密集型的旧观念，要增大煤炭企业的技术含量，提高先进设备和技术的应用能力，要探索利用先进设备和技术降低生产成本的途径。

1. 先进技术改造煤炭行业

围绕增加品种，改进质量，提高效益和扩大出口，加强对企业的技术改造。职工技术素质低，企业科技创新能力差，是煤炭行业普遍的现象，必须从技术改造入手，使煤炭行业的装备和职工的素质有大幅度提高。

2. 大型企业要建立研发中心

企业必须成为技术创新的主体，大型企业或集团公司应按照销售收入的一定比例提取科研基金，作为研发中心的资金来源。努力增加对科研的投入，建立多层次、多元化的科技投入体系，支持技术研发和新技术推广。

3. 加强产学研合作

为了弥补科研力量不足的问题，要大力推动产学研合作，企业要积极与科研机构、高等院校联合协作，根据优势互补、利益共享的原则，建立技术协作机制，把最新的科技成果推广到实际生产中去。

4. 建立技术创新的激励机制和奖励政策

对开发新产品做出贡献的技术人员和企业职工，应进行奖励。对个人独创的技术和专利，并在生产中得到应用并取得显著经济效益的，应给予重奖或效益分成。

（八）培育企业家队伍，支持优秀企业家健康成长

企业家是企业的灵魂，没有优秀的企业家就没有有市场竞争力的企业。必须把培育企业家队伍作为振兴企业的重要途径。一要建立企业家的选择机制。选择企业家关键要看其有没有策划运筹能力、资本的运营能力、市场的把握能力以及综合管理能力，要引入竞争机制，要打破所有制、地域、行业和个人身份界限，真正放宽视野，从全省全国甚至全世界选聘企业家。二要健全企业家的激励机制。实行企业家收入与企业的经营业绩挂钩，应实行年薪制和效益工资制，有条件的企业可采取股权奖励制，鼓励企业家持有本企业的股票。要真正让企业家成为人人羡慕的职业。要提高企业家的社会地位，在全社会提倡，营造一种重视和尊重企业家的氛围，淡化官本位。要赋予企业家组织生产和经营的必要权力，一般来讲，除财务主管和投资决策之外，企业的产、供、销、人、财、物应由总经理独立行使权力。三要加强对企业家的监督和约束。没有监督的权力必定会产生腐败。对企业家的监督其实也是对企业家的保护，要加强股东大会、董事会、监事会的监督约束和职工的民主监督。资产经营公司和集团公司对下层控股企业要派出财务总监，随时随地了解企业的经营状况。要建立企业领导人员的失误追究制度，实行企业领导人的任期经济责任审计和离职审计制度。四要对企业家进行培养。现代化的企业需要高素质的企业家。要建立并形成培养造就企业家机制，尽快培养造就企业家队伍。

中部崛起中山西振兴之策略

因此，对企业家应有一定的素质要求，并通过考试进行选拔和资格认定。既要重视实践经验和业绩，也要重视基本素质的培养，这是培养造就高水平企业家的必然过程。

（2003 年，笔者所在单位接受山西发改委委托，研究资源型城市转型，本文系笔者执笔完成的研究报告的一部分）

重庆渝西地区空间布局的基本思路

重庆渝西地区总面积 18828 平方公里，占全市土地面积的 22.8%。地形地貌以平坝、浅丘、低山为主，地势相对平缓。该区距离主城区近，工业基础较好，在发展为大工业配套服务和以农副产品加工业为主的中小企业以及承接主城"退二"企业等方面优势突出。区内人文和生态旅游资源比较丰富，可开发性较强。渝西地区区位条件很好，位于成渝、渝黔高速公路线上，可同时承接重庆主城区和成都的经济辐射，是连接南贵昆经济带的重要通道，通江达海，具有得天独厚的区位优势。加快工业化和城镇化进程，不仅具备良好条件，而且对于构建都市发达经济圈的强大经济腹地，快速培育新的增长极具有十分现实的意义。

一、渝西地区的功能定位和发展战略

渝西地区处在成渝产业带上。以成渝两市为核心构成的成渝地区是我国较发达的经济区之一。通过成渝高速公路、成渝铁路和与之配套的公路水路交通的支撑，近几年来成渝地区的城市化进程加速，成为西南最大的城市密集带，也是中国初具规模的城市群。重庆经济实力最强，工业基础雄厚，科技力量强，有发展高新产业的基础和实力，城市基础设施较好，市场条件最优，有较好的金融中心基础，具有较好的旅游资源和能矿资源优势，是西南和长江上游的水陆空交通枢纽，是西南最具发展潜力的中心城市。成都是西南第二大城市，商贸发达，科技力量强，文化氛围好，拥有富庶的成都平原腹地，有较好的城镇体系基础，有较强的工业基础和电子信息产业基础。成都在城镇体系规划中，提出了向东向南方向发展的基

重庆渝西地区空间布局的基本思路

本主导方向，基本是向加强与重庆联系的方向发展。对重庆来说，城镇空间的拓展，也要借势成渝城市群，积极促进与成都的经济整合，加强与成都方向点轴系统开发和城镇发展。成渝空间经济整合，不仅可以提高基础设施的共享程度，而且有利于大经济圈的培育和发展。渝西地区将是重庆未来工业尤其是制造业转移和发展的主要方向。渝西地区要突出工业化、加快城镇化，逐步发展成为全市的现代制造业基地。应充分利用与都市发达经济圈地理接近性和产业集聚性的优势，推动企业之间的合作，形成产业集群，推动产业整体竞争优势的提升。

渝西地区的发展方向是：通过20年的建设，使合川、永川、南川成为全市国民经济新的增长极，使江津市成为重庆市主城区的重要组成部分。城镇化和工业化水平大幅度提升，二元经济结构日趋融合，成为以特色产业园区为支撑，与都市发达经济圈产业紧密联系的城郊型产业密集带，成为成渝两大城市之间的经济走廊。要瞄准城镇化和新型工业化，重点发展城郊经济，尽快成为重庆经济新的快速增长地区和新的支撑，加快实现全面小康社会。

基于渝西地区在全市发展中的功能定位和发展方向，应实施集聚发展、带状发展和渐进发展战略。在空间布局上要形成沿成渝高速公路和成渝铁路轴线、渝黔高速公路及渝黔铁路轴线、渝合高速公路和遂渝铁路轴线"三线"展开的带状发展格局。支持渝西每个区县（市）发展1个重点特色产业园区，强化提升合川、永川、南川3个区域性经济中心，以点带面，大力培植具有加快发展条件的渝蓉经济带、渝合经济带、渝黔经济带，推动渝西工业化、城镇化进程，构建渝西地区产业密集带，促使渝西成为重庆市快速发展的重点地区。依托和服务于城市群的经济一体化，使一、二、三产业同步发展，加快农业人口向非农业人口的转移，加快发展城镇经济和产业园区，加速形成城郊型产业密集带和大中小城市协调发展的经济体系。

1. 集聚发展战略

集聚能提高经济效益或带来成本的节约是区域经济学的一般原理。生产的空间集中，是现代化大生产发展的基本要求，也是现代化大生产发展的必然趋势。产业的空间集中，可以产生组合效应，从而产生规模经济效益。由于我国长期实行计划经济或曰行政控制下的经济，分散化现象十分严重。具体到渝西地区，这种现象更为严重，至今没有一个人口超过50万人的大城市，即使像合川、永川这些区位优势十分明显的城市的规模也很小，和首府重庆市形成非常大的落差。改革开放后，由于城市功能不完善，虽然城市得到了发展，但发展速度并不快，分散化倾向依然十分明显。从渝西经济发展水平来看，虽然高于重庆东部三峡库区和黔江地区，甚至高于四川一些地区，但仅相当于我国西部地区的平均水平，因此离城市连绵化的阶段还很遥远。因此，应先享受集聚效应的种种好处，优先发展四个区域性中心城市，促使要素向这些城市加速流动。这样，既减轻城市主城区的人口快速膨胀的压力，实现建立山水生态园林城市的目标，也能使渝西地区有了几个能带动区域经济发展的中心城市。集聚发展战略的要义是：点不要多，面不要大，线不要长。

为了实现集聚发展，重庆市应在规划、政策、资金及其他方面进行扶持。尤其是在渝西地区甚至在整个重庆市，由于行政体制的原因某种程度上影响了区域内部的集中化过程，在行政作用尚十分强烈的情况下，市场的作用相对被削弱，因此，应采取措施予以解决。

2. 带状发展战略

在"十五"规划中，重庆市制订了建设渝西经济走廊的规划，从发展情况来看，这一势头已十分明显，产业发展沿渝蓉、渝黔、渝合交通干线展开，小城镇发展较快。可望在20年内成为以特色产业园区为支撑，与都市发达经济圈紧密联系的产业密集带。

带状发展是点状发展的延伸，主要是依托中心城市，沿交通干线向外辐射，既借助了中心城市的优势，也借助了交通基础设施的优势，尤其在经济较为发达的地区这种现象比较普遍。重庆渝西地区在渝蓉、渝合、渝黔三大交通干线上已形成了一定数量和一定规模的小城镇，这些小城镇将成为三条产业带上的重要节点。大量生产要素将向三大产业带上集聚。

3. 渐进发展战略

根据区域经济和城镇发展的规律，工业总是首先集中在少数条件较好的城市或工业发展的优势区，呈点状分布，随着城市规模的扩大，将沿交通干线向外扩散，大量的人口和经济单位往沿线集中，成为一个大的密集产业带，扩散在一般情形下是渐进式的，不是大跨度跳跃式的，而且扩散强度在各个方向并不是相等的。区域发展形态一般由"点"状向"带状"再向"网状"转化。不同的形态也分别表明一个区域的发展水平和发展阶段。根据渝西地区经济发展水平，正处于点状集聚向带状扩散转化这样一个阶段，因此，应采取渐进发展战略，首先培育区域性中心城市，再适时促进三大轴线的发展，争取2015年之前，形成较大规模的产业带，在此基础上，开展"网状"开发，实现不平衡到相对平衡的发展。

二、渝西地区主要城市的发展方向

1. 合川市

合川市位于重庆市区西北部，嘉陵江、涪江、渠江合流处，面积2356平方公里，辖39镇、8乡、6个街道办事处。丘陵地区占总面积的80%以上。嘉陵江自北向南流贯全境，工业有采煤、电力、化工和食品加工等部门。南接重庆市北碚区和铜梁县，西接潼南县，北邻四川武胜县。

合川市具有一定的区位优势。紧邻北碚区，距主城区仅60公里。渝合高速公路的开通，特别是遂渝快速铁路、渝南高速公路建成后，立体交通网络将逐步形成，合川将成为渝西经济走廊二号发展轴上的重要节点。合川市农业基础雄厚，是国家商品粮、蚕丝绸、商品鱼、速生丰产林基地。工业实力逐步增强，初步形成以农副产品加工为主的食品业，以水泥为重点的建材业，以丝绸棉织为主的轻纺业，以生化制药为重点的医药业4大支柱产业，商贸流通业也比较发达，重百、新世纪、国美等名店先后落户合川。合川拥有丰富的水资源，每年地表水流量为730多亿立方米，相当于黄河流量的1.5倍，人平拥有水量是全国人均的19倍，可用于发电的水力资源达70多万千瓦。除重庆市外，合川周边城市的规模都不大，铜梁、潼南、武胜等县将成为商贸业发展的腹地，区域周边人口1600万，构成了庞大的消费群体和人力资源，有利于产业的聚集和人口规模的扩张。

根据合川市的区位条件、经济基础和产业发展现状，合川市未来的发展方向是建设成为重庆西北部地区的区域经济中心、重庆市的卫星城和渝遂产业带上的重要节点，成为既接受重庆市主城区的辐射，又能辐射带动周边县市的大城市。

为达到上述目标，合川市必须实施集聚发展战略，改善投资软硬环境，通过建立工业园区积极承接重庆市的产业转移，使更多的企业向市区集聚，走先集聚后扩散的城市发展道路。合川市大企业不多，产业优势不甚明显，使城市难以快速发展。当务之急，是优化投资软硬环境，加大招商引资力度，争取有若干家大型企业甚至特大型企业到合川落户。合川处于重庆上风上水，不可上污染大的项目。应按照国家产业政策，坚决淘汰一批技术工艺落后，浪费资源，污染严重，质量低劣的企业。大力引进高新实用技术、先进工艺、先进设备，重点改造食品、轻纺、轻工机械等传统产业，大力开发科技含量高、市场竞争力强的产品。建成重庆北部的食品城、轻纺城、特色轻工、建材、医药生产基地。应大力发展商贸流通，强化重庆北部商贸中心的集散辐射功能。大力开拓市场，扩展流通领域，发展现代化流通体系，尽快使合川成为重庆北部地区的人流、物流、资金流和信息流的集散中心。

合川市的建制镇数量太多，要选择基础条件比较好，沿交通干线的城镇扶持其发展，使之成为小区域的中心，摒弃分散化和全面开花的发展思路，除城市周边的大石、云门、盐井可与合川市一体化发展之外，未来重点发展的城镇不应超过10个。

2. 永川市

永川市位于重庆市西南部，长江上游北岸，东靠璧山县、江津市，南邻四川合江县、泸县，西接荣昌县、大足县，北与铜梁县毗邻。永川土地面积1576平方公里，地势北高南低，丘陵占总面积的70%以上，有煤、铁、天然气、石灰石等矿藏，有食品、采煤、化工、建材、丝绸、机械等工业。永川处在成渝经济走廊的腹心地带，具有独特的区位优势。交通便捷，成渝高速公路、成渝铁路、成渝公路横贯全境，水陆交通四通八达。

永川原是地区所在地，历史上形成的商品流向和地处成渝中间的特殊地理位置，给这里创造出商贸中心的条件。近几年，永川在商贸物流方面

重庆渝西地区空间布局的基本思路

增大了投入，建成了农副产品、家电、建筑装饰材料三大专业批发市场，在周边有一定的辐射力。

在永川设有一个市级经济技术开发区，建立以来发展很快，成为渝西地区的重要增长点。区内重点企业有：中美合资重庆市新型防水材料有限公司、与香港合资的重庆海通机械制造公司、与香港合资的川龙生物化学有限责任公司、重庆通威饲料有限公司、渝永电力股份有限公司等。形成了以机械、化工、电子、建材、丝绸、食品为支柱的工业体系。主要工业产品有汽车摩托车零部件、机床、氮肥、脱氨酸、新型防水材料、丝绸、牛皮糖果。

永川市的城市定位和发展方向是：通过20年的建设和发展，发展成为第二、三产业发达和经济实力较强的重庆西南部的区域性中心城市，重庆市主城区的卫星城和物流中心。城区人口将超过60万，成为渝西第二个城区人口超过50万人的大城市。

物流业将发展成为永川市的主导产业。永川在作为地区所在地时，就形成了以工业品和农机产品批发和零售为主体的区域交易中心地位。目前这种传统优势仍然存在。随着主城区地价的提高，占地较多的物流业必然向外转移，而永川市必然成为理想的转移之地。永川应在保持传统优势的基础上，按照现代物流产业的运作法则，做大区域市场，形成围绕主城区的渝西地区的物流中心和基地。

永川市的工业发展应遵循与重庆市主城区工业结构互补和协作配套为基本原则，以加工制造为工业发展重点。积极创造条件承接重庆市传统产业的转移，并利用重庆市主城区先进的高新技术和雄厚的技术力量，促进永川工业结构升级。应充分利用和发挥永川在汽车摩托车零部件工业方面已形成的基础，力争成为渝西地区新兴的汽车摩托车工业零部件加工基地。充分利用永川市现有存量工业资产，加大资产重组力度，探索和开辟多种资产重组途径，尤其是和重庆市区的大企业形成利益共同体，既是提高永川工业生产规模的现实途径，也是提高永川市企业经济效益的主要方式。

重庆市政府和永川市政府应促进永川市的产业集聚和人口集聚，力争将其培育成为重庆新的经济增长极，通过改善投资环境，不仅有利于承接重庆市主城区、本市乡镇、周边县市的产业转移、技术扩散和产权联接，而且有利于吸引外商和东部地区企业的投资。

永川市的建制镇过多，不利于生产要素向永川市主城区集聚，不仅使基础设施成本成倍扩大，也导致工业布局的分散化，对于经济尚不发达的永川市来讲是不适宜的。建议从方便农民生产、生活和商品流通的角度，重点发展若干有一定经济基础的能够起到区域中心作用的建制镇，中心镇的数量不应超过10个。成渝公路沿线的建制镇有可能同永川市实现一体化发展，成为成渝发展轴线上的一个个节点。

3. 江津市

江津市位于重庆市西南，紧邻大渡口区和巴南区，西与璧山县、永川市东与綦江县为邻，南与四川省、贵州省接壤。面积3200平方公里。南部多山地，北部以丘陵为主，有煤、铁、磷、天然气、石灰石等矿藏。有机械、化工、纺织、建材、食品加工等工业。交通发达、铁路、公路和长江航运相连成网，江津市区坐落在长江几字型转弯处，长江从城区环流而过，成为独特的城市景观。

江津市的功能定位和发展方向是成为重庆市的功能区。江津市和合川市、永川市的发展方向有很大不同，江津市除了本市南部若干城镇外，没有更大的腹地可供依托，靠近城区的几个实力雄厚的城镇如珞璜镇、双福镇已划入都市圈，江津市区发展余地不大，不太可能发展成为一个区域性经济中心，而从江津市的基础条件和经济发展状况来看，也有条件成为重庆市的功能区。一是和大渡口区、巴南区毗邻，产业互补性强。二是江津处于长江上游，环境保护直接关系到重庆市的生态环境质量，因此，江津的产业发展、城镇规划必须纳入重庆市区的总体规划之中。三是重庆城区外环线从江津擦肩而过，和重庆已实现交通一体化，因此无必要由江津市自求发展。四是江津市域范围内的六大企业珞璜电厂、腾辉地维水泥公司、四维瓷业公司、江津酒厂、江津增压器厂、重庆齿轮箱公司等已成为重庆市的重点企业。江津的GDP已超百亿元，撤市设区不仅对这些企业有利，也有利于重庆市的产业整合。五是江津市具有很丰富的旅游资源，四面山是国家级风景名胜区，骆来山和临峰山森林公园是省级风景名胜区，聂荣臻元帅陈列馆是全国爱国主义教育基地。还有陈独秀故居和陈独秀墓等。旅游业发展的潜力很大，旅游资源应由重庆市统一规划，由重庆市组织开发，才能成为重要旅游区。我们认为江津市应撤市设区，采取行政手段对产业、资源、城镇进行整合，进一步完善江津市的城市功能乃至重庆市的城市功能，优化重庆市的生产力布局，发挥重庆市的聚集和辐射效应。

江津市撤市设区后，应根据重庆市的统一规划，提高城市建设的品位，加强产业整合，增强与主城区其他各区的联系，克服布局散、规模小、效益低和低层次重复建设、投资分散的现象，实现工业结构优化和生产要素的有效合理配置。

江津市还要重点抓好生态环境的保护工作，一方面加快开发旅游资源，另一方面要保护好自然环境。长江沿岸的城镇发展要禁止建设污染性企业，并对城镇污水进行有效处理，以免影响三峡库区水质。

江津市要合理解决小城镇数量过多的问题，把部分基础条件好、发展潜力大的镇如白沙、杜市、四面山、石蟆、李市等城镇建设成为区域性经济中心。

4. 南川市

南川市位于重庆市区南部，北邻涪陵区，西接巴南区、綦江县和万盛区，南与贵州省为邻，东与武隆县接壤，渝黔公路从市区穿过，铁路延伸到市区，但尚未与渝黔线接轨。面积2602平方公里，全境以山地为主，地势大致自东南向西北倾斜，矿藏丰富，尤以煤和铝土储量最大。

南川在渝西四个城市中是最小的，城区人口10万人左右，全市经济总量偏小，经济运行质量不高，区域经济特色不明显，城市化水平低，城市功能和品位亟待提升。但城市发展的空间很大，城市建设条件好，是重庆市南部为数不多的不受发展空间制约的城市。南川市腹地较大，除綦江县外，尚有贵州北部的一些县市。

南川市距万盛区不远，未来可实现产业一体化发展。应优化壮大现有支柱产业，大力发展精细化工，力争把南川建成重庆南部的化工基地；拓展机械工业，巩固提高纺织业。大力培育和发展铝工业，力争使其成为南川新兴的支柱产业。南川市旅游资源丰富，市域内的金佛山是国家级风景名胜区，随着高速公路的修建，必将大大提升旅游资源的价值，将旅游资源优势转化为经济优势，并拉动整个第三产业和旅游型小城镇更快更好地发展。

南川市的城市定位和发展方向是成为辐射重庆市区南部和贵州省北部的区域经济中心、重庆市的卫星城、旅游业基地和铝工业基地。

南川市也存在乡镇数量过多的问题，除市区外，重点发展的小城镇不应超过8个，建议把现有的乡统统并入相邻各镇，扩大镇的总人口规模，使每个镇的人口规模达到5万人以上。应制订市域总体规划，在生态环境保护、农业发展和产业结构调整、科技教育等方面取得重大突破。要强化城市基础设施建设，完善城市功能，不断扩大城市规模，增强城市的辐射力，强化城市管理，提高城市质量，促进全市经济发展。

三、加快渝西地区城镇发展的若干对策

（一）在对渝西地区经济进行深入研究的基础上，制订科学的城镇体系规划

渝西地区受到重庆市主城区强有力的辐射，未来20年内，经济发展速度会不断加快，经济发展水平也会有所提高，这是渝西经济走廊或曰产业带形成的根据，但由于多方面原因，在很长一段时期内，仍处于重庆市主城区的极化过程之中，大量生产要素向主城区聚集，而使三个城市的区域性经济中心地位受到不同程度的威胁，其发展速度不会很快，但卫星城和副中心的地位会不断增强。各个县城尤其是处于三大轴线的县城会有所发展，但规模不会太大。县以下的小城镇只有一部分能够形成一定规模，绝大多数发展不会太快，因此，应根据现有基础和区位条件确定一部分中心城镇，有重点地扶持其发展。在制订城镇体系规划时，一定要深入研究区域经济的发展水平、发展阶段及未来的发展趋势。城镇规划应将其放到一个大系统中去，不能离开区域经济大系统，而谋求一城一镇的发展。

要合理进行规划，加快城镇基础设施建设，促进人口、企业向城镇集中，创造就业岗位，扩大现有城镇规模。把规划布局特色产业园区与发展现有城镇有机结合起来，采取灵活多样的方式招商引资，发展第二、三产业，推动城镇化和发展城市经济。努力提高产业集中度，用就业岗位聚集

重庆渝西地区空间布局的基本思路

人口，加快完善城镇功能，以产业兴城、兴镇，尽快形成几个新的充满活力的增长极。

（二）建立渝西地区合理的城镇体系

渝西地区不是一个独立的区域经济单元，它是重庆市的远郊区，因此，合川、永川、南川既是重庆市主城区的卫星城，又是小区域的经济中心。合川周边的潼南、铜梁、武胜等县既是合川的腹地，又是主城区的腹地，这些县的县城多半不在三大轴线上，不太可能成为重庆市的卫星城，而只能成为县域的经济中心，永川市周边的大足、荣昌、璧山县、双桥区，只有荣昌处在渝蓉发展轴线上，受到重庆市和永川的双重吸引。南川西侧的綦江县，处在渝黔高速公路和渝黔铁路、渝黔公路轴线上，且西邻江津市，北接巴南区，东靠万盛区，但县域分布在綦江河两侧，两侧多山，适合城市发展的土地少，城市发展的限制很多。因此，上述县城只能成为次一级的区域中心，到2020年发展成为10万~20万人的中小城市。县城以下，可规划发展6~10个中心镇，使之成为更小区域的政治、经济、文化中心，为农民、农村经济发展服务，成为农产品和工业品贸易的集散地和富裕农民的居住区。

（三）根据区域经济发展的客观需要，调整行政区划

重庆市的行政区划，既有设立直辖市之前遗留下来的，也有成立直辖市后新确立的，如各县原隶属于地区或市，现在则都隶属于重庆市政府，从有利之处讲，减少了中间层次，使下情可直接上述，上情直接下达，办事效率有所提高。但某种程度上增加了成本，割裂了区域间的联系，大量经济要素流向主城区，使区域性中心城市的发展受到了影响。从有利于经济发展的角度，行政区划应服从于区域经济发展，促进区域经济一体化。

（四）制订促进城镇化发展的政策

城镇化是中国21世纪经济社会发展的大战略，也是促进经济社会发展的有效措施。但城镇化不是一场运动，它是漫长的、有着十分具体内容的发展过程，必须在规划的约束下和政策的引导下有条不紊地进行。

1. 制订促进产业集聚的政策

由于大中小城市土地级差地租的不同，越是大城市土地使用权价格越高，越是小城镇土地使用权价格越低，虽然给大城市的产业向中小城市的转移提供了动力，但也助长了产业的分散化。因此，政府应通过某些政策进行引导和利益调整。如禁止农村大面积的非农占地，禁止中心镇以外的乡镇建立工业园区；鼓励投资者到大中小城市和中心镇的工业园区投资创办企业，并给予一些优惠政策等。

加快建设以特色产业园区为支撑的城郊型产业密集带。依托现有工业基础，积极承接成渝两个特大城市的辐射带动作用，承接我国沿海地区以及跨国企业的产业转移，加大高新技术改造传统产业力度，加大招商引资力度，大力发展为大工业配套的装备制造业，培植一批骨干企业，依托合川、永川、南川及各县县城及中心镇建设一批工业园区，成为建设重庆装备工业基地的主体力量。

2. 制订鼓励人口向城镇转移的政策

虽然户籍制度已不同程度被打破，户口已不成为农民进城的绝对障碍，但无形约束还是不同程度地存在着，如农民到城市和中心镇购房和农民子女在就学方面在一些地方还受到歧视，应通过明确的政策规定打消农民的疑虑。只要有正当职业都应和城市居民一样购买住房或在城市租赁房屋，政府应保障他们的权益不受侵害。

加快消除城镇建设、户籍制度、土地承包经营权流转等有关城镇化方面的制度障碍，加快城镇住房、就业、医疗、教育和社会保障制度改革，为进城农民提供公平的就业和生活环境，引导农村富余劳动力向非农产业和城镇转移。

3. 制订促进第三产业发展的政策

第三产业是增加就业，活跃城乡经济和提高人民生活质量的部门。第三产业层次多，范围广、产业链长。高层次的第三产业有金融业、物流业、中介业等，低层次的第三产业有餐饮业、房地产服务业（物业管理）、美容业、娱乐业等，是吸纳农村人口的重要产业。但从事第三产业的企业普遍规模小，管理不规范，因此，应制订促进发展的政策和可行的管理办法，既要促进发展，又要严格管理，即税费要低，管理要严，程序要简。

4. 制订促进区域经济一体化和城乡经济一体化的政策

在市场经济条件下，区域经济一体化是必然趋势。但在目前，行政分割和地区壁垒随处可见，通过调整行政区划可获得部分解决，但行政区划调整难度很大，不可能一朝一夕就能完成。因此，要通过制订政策促进实现，如促进市场一体化、交通一体化、电信一体化、环保一体化、教育一体化、社会保障一体化等。促进城乡经济一体化，首先，要打破城乡人口的身份限制，实现城乡劳动力的双向流动；其次，在中心镇普遍建立农产品贸易市场，农民进市场销售农副产品免收税费等；最后，建立以中心镇为中心的种植养殖服务体系和医疗防疫体系。把中心镇建设成为为农民服务的中心。

用高新技术和先进实用技术改造传统农业，改善农业生产条件，扶持龙头企业发展，建设一批现代农业产业园区，延长农业产业链，推进农业产业化，建设城郊型绿色、生态、观光农业，提高农业和农村经济整体水平。以满足城乡需求为主要方向，大力发展商贸流通业和城郊旅游业，提升综合服务业。城镇化与新型工业化和城镇服务业相互推动，农村经济结构调整与城镇发展相互依托，加快形成城乡一体化的局面。

(本文原载《开发性金融研究》2007年第4期)

促进新疆经济发展的若干思路

中共中央、国务院2010年5月17～19日召开了新疆工作座谈会，全面、系统地论述了中央对于未来新疆社会、经济、文化等领域的发展指导思想，以求推进"新疆的跨越式发展和长治久安"。座谈会指出：促进新疆发展是提高新疆各族群众生活水平、实现全面建设小康社会目标的必然要求，是深入实施西部大开发战略、培育新的经济增长点、拓展我国经济发展空间的战略选择，是我国实施互利共赢开放战略、发展全方位对外开放格局的重要部署，是加强民族团结、维护祖国统一、确保边疆长治久安的迫切要求。笔者多次去过新疆，近日又去新疆调研与考察，和新疆同志多次讨论新疆的发展问题，深刻认识到加快新疆发展的现实意义及选准发展路径的重要性。基于此，提出若干建议供参考。

一、集群发展，打造天山北坡城市群

新疆地域辽阔，人口较少，属于中国少数地广人稀的省区之一。依托天山雪水的滋润，形成了若干环境优美、物产丰富的绿洲。新疆多数城市分布在天山南北，尤其是天山北坡分布有乌鲁木齐、昌吉、石河子、五家渠、吐鲁番、奎屯、克拉玛依等城市。城市规模虽不是很大，但相距不远，经过一段时间的发展，将成为中国西部有一定规模的城市群。

所谓城市群是指在特定的区域范围内云集相当数量的不同性质、类型和等级规模的城市，以1个或几个特大城市为中心，依托便捷的交通条件，城市之间的内在联系不断加强，共同构成1个相对完整的城市"集合体"。由此可见，城市群由若干城市组成，彼此的联系越来越紧密，共同对区域发展产生影响。在城市群中，无论是大城市，还是小城镇，都承担一定的功能，相互服务，相互支撑。基础设施共建共享，依托各城市形成若干产业集群。

国家"十一五"规划纲要明确：要把城市群作为推进城镇化的主体形态；具备城市群发展条件的区域，要加强统筹规划，以特大城市和大城市为龙头，发挥中心城市作用，形成若干用地少、就业多、要素集聚能力强、人口分布合理的新城市群。天山北坡的城市沿天山东西分布，故也称天山北坡城市带，其中：乌鲁木齐市规模最大，和昌吉市、五家渠市距离均在30公里左右，3市的一体化速度很快，将共同成为城市群的核心。处于乌鲁木齐市西部的奎屯、乌苏及克拉玛依市的独山子区，呈品字形布局，可作为城市群的西翼。加上东部的吐鲁番、中部的石河子、北部的克拉玛依，呈"北斗星"状布局。未来的产业应向天山北坡城市群集聚，人口规模可达到千万人以上，成为我国西部最发达的地区之一。

二、集中发展，培育经济增长极

除天山北坡之外，其他城市均相距较远，城市之间的联系也不是很密切。如库尔勒、阿克苏、喀什、和田、伊宁、哈密、塔城和阿勒泰等基础设施建设较完备，产业有一定基础，均是一定区域的经济政治中心，有几个城市已达到中等城市规模。未来应依托这些城市，形成较为完整的相互配套的产业体系，辐射带动整个区域的发展。应选择具有交通优势、水资源丰富、环境条件好的地方作为经济增长极进行培育，使之发展成为支撑新疆经济发展新的增长点。

增长极理论最初由法国著名经济学家弗朗索瓦·佩鲁（Francqis Perroux）于20世纪50年代提出。增长极理论的基本观点是："增长并非同时出现在所有的地方，它以不同的强度首先出现于一些增长点或增长极上，然后通过不同的渠道向外扩散，并对整个经济产生不同的最终影响。"也就是说，经济增长并不是在每个地区按同一速度平衡增长，而是在不同地区按不同速度不平衡增长。增长极通过其吸引力和扩散力作用不断增大自身的规模，对所在地区产生支配性影响，从而不仅使所在地区获得优先增长，而且带动其他地区迅速发展。增长极恰似物理学上的"磁极"，能够产生吸引或辐射效应，形成地域经济综合体，产生"凝聚经济效果"。区域要实现工业化和加快经济发展，必须建立增长极，通过增长极的自身发展及对其他地区的影响，推动整个地区的经济发展。增长极的形成既可由市场机制的自发调节引导企业和行业在某些地区聚集发展而自动产生增长极，也可由政府通过经济计划和重点投资来主动建立增长极。

改革开放以来，一个重要经验就是通过设立特区和开发区，在国家支持下，建设比较完善的基础设施，制定优惠的政策，强化服务和管理，使投资者能够有利可图。在短时间内崛起一个又一个经济增长极，如广州的深圳、上海的浦东、福建的厦门、天津经济技术开发区、大连经济技术开发区、青岛经济技术开发区等。加快发展新疆，也应采取这一行之有效的模式。

新疆总体上属于欠发达地区，通过市场机制形成经济增长极的可能性不大，应当通过重点投资来实现，也就是说通过"培育"来形成新的经济增长极。通过设立"特区"来培育经济增长极是我国改革开放以来最成功的试验，如深圳和浦东等。建议国家在新疆地区选择一到两处设立经济特区，国家给予重点支持，实行深圳、浦东的政策，吸引国内外投资者来此地投资兴业。2010年5月，新疆工作会议已批准喀什设立经济特区。喀什有着悠久的历史、灿烂的文化，是维吾尔族的发源地。喀什作为祖国最西端的一座城市，周边与塔吉克斯坦、阿富汗、巴基斯坦、吉尔吉斯、印度5国接壤，有红其拉甫、吐尔尕特、伊尔克什坦、卡拉苏4个口岸对外开放，是祖国向西开放的重要门户。喀什水土光热、旅游、矿产、石油天然气、农副产品资源十分丰富，发展潜力巨大。喀什与周边经济互补性强，对内地投资者来说喀什是进入中亚南亚市场有利之地。周边国家轻工纺织、食品工业滞后，中亚国家每年进口大量蔬菜、肉制品，对机电产品需求也十分广阔。相信不久的将来，"特区"效应即可显现出来。

根据笔者的考察研究，还可考虑在霍尔果斯建立经济特区。霍尔果斯位于伊利州，毗邻哈萨克，有国家一类口岸和中哈经济合作区。伊犁州水资源丰富，土地资源丰富，矿产资源丰富，农产品资源丰富，气候宜人，是名副其实的"塞外江南"。精河至霍尔果斯的铁路已经通车，交通条件根本改善。一张白纸，平地起家，好画最新最美的图画。随着投资者涌入，产业聚集，人口也会向此地集中，用不了多久，就能发展为名副其实的"经济增长极",一个在边境崛起的现代化大城市,一个保卫边疆、防止国家分裂的坚强堡垒。此外可在和田、塔城、克拉玛依、哈密、博乐、库尔勒、阿克苏等地建立国家经济技术开发区,实行特区政策,完善基础设施建设,实行招商引资、管理服务一条龙服务。

三、东西合作,共建边境经济合作区和开发区

笔者在考察中发现,新疆很早就成立的边境经济技术合作区,基础设施建设仍非常薄弱,招来的项目寥寥无几,根本原因是基层政府缺乏资金投入,政策优势无法发挥。改革开放尤其是西部大开发以来,国家批准在边境地区规划建设了若干个经济技术合作区,对当地招商引资起了重要作用,但也给当地财政带来了越来越大的压力。由于资金不足,基础设施建设缓慢或不完善,不同程度地制约了招商引资的进程。笔者认为,比较有效的方式是东、西部合作建设合作区和开发区。可以采取政府和企业、行政手段和市场手段相结合的办法,对口支援共建合作区和开发区。东部地区办的比较成功的开发区可以到西部边疆地区合作建设国际经济合作区。边境地区的政府以优惠价格提供土地,东部地区开发区提供资金和管理人才,按照东部地区开发区那样的体制进行管理,税收和利润分成,做到互利双赢。伊犁清水河江苏工业园对此进行了卓有成效的探索。清水河江苏工业园位于伊犁霍城县境内,2005年启动建设,规划面积3平方公里。该园区以规划为龙头、标准厂房建设为着力点,全力打造在集约用地、产业聚集、吸纳投资、配套服务等方面的特色和优势。2006年,利用江苏援疆资金3000万元启动了15000平方米的标准化厂房、园区服务中心、污水处理厂和垃圾处理站4大配套工程。不到1年,即引进太湖钢构、懋盛棉业、亚太肠衣等14家江苏企业入区投资,投资总额2.7亿元。这种模式已显现出良好的效果。建议通过进一步研究,总结经验,制订办法,鼓励东中西共建合作区或开发区,推动东、中、西合作。

四、链条延伸,化资源优势为经济优势

新疆的突出优势在于两方面,一是处于中国与中亚地区经贸合作的前

沿；二是具有重要的、高品质的、具有特色的矿产资源、农牧产品资源和旅游资源。新疆是中国相邻国家最多、国境线最长的省区，与8个国家接壤，有5600公里的边境线，它也是我国批准开放陆路口岸最多的省区。已与哈萨克斯坦、吉尔吉斯斯坦、塔吉克斯坦、蒙古、巴基斯坦5个周边国家开展了直达运输，共有直达国际道路运输线路101条，其中客运线路50条，货运线路51条，有16个公路口岸。此外，连云港至霍尔果斯全长4395公里的高等级公路完成建设，它已成为国内重要的东西运输走廊。与这条公路基本并行的是全长1.1万公里的新欧亚大陆桥，可辐射30多个国家和地区，覆盖世界人口约75%。土地资源丰富，人均占有量大；水土光热资源特殊，能生长养育许多特色农产品；矿产种类全，储量大，目前发现的矿产有138种，其中，9种储量居全国首位，32种居西北地区首位。新疆旅游资源丰富而独特。在中国旅游资源68种基本类型中新疆至少拥有56种。新疆的生物资源种类繁多，品种独特，特性优良，开发利用和保护的潜力很大。新疆的矿产资源非常丰富，但在当地深加工的比重较小。原油、原煤开采后运到东部，附加值较低，也不利于增加就业。中央决定，在新疆率先进行资源税费改革，将原油、天然气资源税由从量计征改为从价计征，新疆资源丰富地区的财政收入将大幅度增加。但缺少资源的地区将难以从此政策中受惠。新疆离内地距离遥远，资源尤其是煤炭不适于长距离运输，因此应尽可能在当地深加工，但当地市场狭小，加工制造业企业少。目前新疆引进的多数是资源开采型企业，煤矿开采居多，开采后将原煤运出去，不仅加剧交通运输压力，其经济效益也不明显。未来，新疆应大力引进面向中亚、欧洲及南亚市场的制造业，通过制造业的发展增加就业，吸引高素质人才进入新疆，扩大在当地的需求。应加大向西开放的力度，开拓中亚、南亚和欧洲市场，发挥新亚欧大陆桥的作用，积极解决现存的通而不畅问题。通过需求市场的扩大拉动制造业企业进入新疆，化资源优势为经济优势，将新疆打造成为我国向西开放的桥头堡。

(本文原载《中国投资》2010年第6期)

资源型城市如何实现可持续发展

——云南省个旧市调研报告

云南省个旧市，凡知道它的人都能和锡划上等号，因为它是蜚声海内外的"锡都"。个旧市因锡而生，因锡而兴，锡矿开发的历史始于汉代以前，是典型的矿冶资源型城市。2002年7月10日，课题调研组来到了个旧，调查资源型城市面临的问题，却想不到在这里看到了资源型城市转型的曙光。

一、个旧概况

个旧市位于云南省南部，距省会昆明市299公里，距毗邻越南的国家级口岸——河口165公里，是红河哈尼族彝族自治州人民政府所在地，1988年经国务院批准国民经济和社会发展计划在省单列，行使地州级经济管理权。全市土地面积1587平方公里，常住人口45.33万人，其中城镇人口30.95万人，占总人口的68.3%，有产业工人近10万人。特大型矿冶联合企业云南锡业公司及个旧市地方矿冶企业共同开发百里矿区，现已成为全国最大的现代锡生产、加工、出口基地。2000年，10种有色金属产量占全省的17.7%，其中精锡占全国的42.8%，世界的18.2%。

新中国建立以来，国家累计在个旧投入12.5亿元，同期个旧累计生产有色矿产金属量190万吨，其中锡92万吨，锡产量约占全国锡产量的70%，为解放前60年总产量的3倍。20世纪90年代，锡产量约占世界锡金属产量的1/4，产品形成以精锡为主的11个系列100余种，远销世界47个国家和地区。

2000年，个旧市国内生产总值25.61亿元，人均国内生产总值5650元，一产比重为9.3%，二产比重为55.5%，三产比重为35.2%。财政收入1.87亿元，人均财政收入412.5元。"九五"时期平均经济增长率7%，低于全国平均增长水平。采选业产值34亿元，占全市工业总产值的比重为75%，采选业从业人数5.2万人，占全部工业从业人数的比重为63%。由此可见，采选业仍是个旧市的主导和支柱产业。

云南锡业公司是总部和生产基地都设在个旧的特大型矿冶联合企业，是国家520户重点企业之一。该企业的前身是成立于1940年的云南锡业股份有限公司，1949年仅产精锡610吨。解放后，该公司收归国家所有，改名云南锡业公司，1952年公司采选生产能力从1950年的日产300吨提高到1500吨，锡年产量提高到3331吨。"一五"计划时期，云锡建设被国家列入苏联援建的156个重点项目。1957年年末，锡产量已达1.06万吨，为1949年的17.5倍。2000年云锡公司工业总产值已达14.07亿元，占全市的31.29%，年末职工人数4万多人，另有退离休职工3万多人，加上家属共计13万人左右，占个旧市非农业人口的一半左右。现公司总资产47亿元，注册资本8亿元，有全资公司7个，控股子公司——云南锡业股份有限公司已在证交所上市。近年来国际市场锡价忽高忽低，因此，企业经济效益也很不稳定，为深化企业改革，增强企业的活力和国际市场竞争力，云南锡业公司已将公安、学校、医院整体移转至个旧市。个旧锡资源尚未枯竭，现探明储量尚有200万吨，保有储量104.91万吨。如何对资源进行有效利用、有序利用、合理利用是摆在云锡公司面前也是摆在个旧市政府面前的重大问题。

二、个旧市实现可持续发展的基本经验

对于已开采2000多年的矿冶城市来说，资源枯竭的阴影时时笼罩着他们。虽然个旧市资源尚未枯竭，但资源日渐减少却是不争的事实，如何避免矿竭城衰的命运，个旧市进行了不懈的探索。中共个旧市委提出的"一二三"工作思路，即"抓住资源型城市提升改造这一突破口，实施'立足有色，超越有色；立足老城，超越老城'两大战略，实现建成云南

省最大的有色金属冶炼中心、重要的生物资源加工业基地、一流的精品城市",就是他们多年来的经验总结。

(一) 促进产业结构战略性调整

"九五"期间,个旧市进一步加大了经济结构和所有制结构调整的力度,国内生产总值中一、二、三产业比例关系日趋协调。1995年三次产业的比重为9.7∶58.17∶32.11,到"九五"末,其比重已调整为9.32∶55.49∶35.19。一次产业降低0.38个百分点,二次产业降低2.68个百分点,三次产业提高3.08个百分点。从业人员在三次产业中的比重变化更为明显,1995年就业人员在三次产业中的比重为:33.99∶46.69∶19.32,到"九五"末,其比重已调整为35.78∶38.17∶26.05。在就业人员总量上升的情况下,二产下降8.52个百分点,三产上升6.73个百分点。在所有制结构调整方面,制定了比较宽松的政策,加快个体私营经济的发展,引导乡镇企业在稳步发展有色金属业的同时,逐步向种、养殖业和农产品加工业转移。从工业总产值来看,非公有制经济的比重从1995年的10.5%,上升到2000年的30.3%,非公有制经济已成为个旧市经济发展的重要力量(见表1、表2)。

表1　　　　　　"九五"时期三次产业结构变化情况

GDP	1995年(万元)	比重(%)	2000年(万元)	比重(%)	2000~1995(比重)
第一产业	19074	9.7	23880	9.32	-0.38
第二产业	114322	58.17	142117	55.49	-2.68
第三产业	63116	32.11	90116	35.19	+3.08
合计	196512		256113		

表2　　　　　　"九五"时期三次产业从业人员情况

	1995年(万人)	比重(%)	2000年(万人)	比重(%)	2000~1995(比重)
第一产业	7.28	33.99	7.76	35.78	+1.79
第二产业	10	46.69	8.28	38.17	-8.52
第三产业	4.14	19.32	5.65	26	+6.73
合计	21.42	100	21.69	100	

(二)"两大战略"见成效

"九五"初期，中共个旧市委提出了"立足有色，超越有色；立足老城，超越老城"两大战略。"立足有色"就是保持矿山稳定生产，扩大规模，降低成本，增加效益，增强集约化程度，提高对资源开采和加工的综合利用水平，保持有色金属产量稳定增长，并进一步强化地质勘探，抓好矿山资源持续接替工程。"超越有色"就是发展医药、化工、机电、轻纺、建材等行业，并注重以市场为导向，以效益为中心，提高产品的科技含量和市场占有率，尤其是把生物资源加工工业作为新的经济增长点加以培植。"九五"期间，完成有色矿产金属总量37.36万吨。比"八五"增长64.5%，精锡完成13.78万吨，增长66.2%，其他行业也获得了不同程度的发展。"十五"期间，个旧市将努力建成云南省重要的生物资源加工基地。以现有两个制药企业和引进企业、引进项目为基础，大力发展生物制药和生化制药，重视生物资源项目开发研究和引进，加大内联改组和外引开发的力度，重视科技对生物资源开发的支撑，积极开发新产品，并带动生物资源基地建设。

通过实施"立足老城，超越老城"战略，城市建设和市容市貌发生了显著变化，城市服务功能明显增强。"九五"累计完成固定资产投资37.21亿元，比"八五"增长1.83倍。建成了污水处理厂，个旧湖排洪排污隧道全线贯通，完成了市汽车客运站建设等，对外交通通讯条件进一步完善。个旧市已决定在距离市区15公里左右的大屯镇规划建设科技工业园，力争建成生物工程等高新技术产业为主的新城区。为加强个旧市区与大屯科技工业园的交通联系，正在进行个旧至大屯的公路隧道工程的前期准备工作。

(三)打造精品城市，改善城市软硬投资环境

个旧市是一个典型的资源性城市，因此具有资源性城市的许多典型特征，城市靠近矿区，依山而建。在计划经济时期，片面强调先生产后生活，城市基础设施落后，环境污染严重，职工患职业病的很多。20世纪60年代，周总理曾派卫生部负责人率医疗队进驻个旧，为职工医治职业病。"九五"初期，个旧市提出了建设一流的精品城市的目标。除加大基

础设施建设投资外，还采取了燃气化，地面绿化，建立烟尘控制区和市区禁止燃煤等一系列措施，市区环境空气质量有明显好转，二氧化硫和氮氧化物浓度已达国家一级标准。已两次荣获"全国卫生城市"称号，部分严重危害人民健康的疾病已得到控制或基本消灭，人民的健康保障条件得到了进一步改善。个旧湖环湖截污工程完成后，湖水碧波荡漾，成为个旧一大景观。随着投资软硬环境的改善，已有若干来自东部的投资者来此投资设厂，如个旧圣比和实业有限公司，是由一批留学归国人员联合个旧市新建矿业公司创办的企业，生产手机电池中的材料——二次球钴酸锂，具有较高的科技含量。个旧市药业有限公司原是一家国有企业，因机制僵化，陷入困境，后由来自于广东的一名企业家收购，该企业家投资2000多万元，购设备、修厂房、搞认证，在很短的时间内，使企业焕发一新。由于环境改善，个旧市商贸业也比较繁荣。

三、个旧实现资源性城市转型面临的困难和问题

个旧虽不像别的由于资源枯竭而陷入困境的资源型城市，但也面临严重的困难和问题。我们认为应从现在开始，着手解决过分依赖资源、产业单一、企业机制僵化、设备老化、包袱过重等资源型城市所共同面临的问题，使其保持可持续发展，不要等到资源枯竭以后，积重难返的时候才寻求解决。

（一）过分依赖锡资源的问题仍很严重，锡市场对个旧经济具有决定性影响

在个旧，采选业产值占工业总产值的比重高达75%，锡的市场价格对个旧市的经济有着决定性的影响。以初级产品为主的有色冶金工业受市场的制约较大，企业抵御市场风险的能力较弱。1996年，由于国际市场锡价下跌，严重影响企业的经济效益，致使个旧市GDP仅比上年同期增长4.7个百分点。2001年4月以来原材料价格上涨，锡产品价格大幅度下跌，锡精矿每吨产品价格下降了近7000元，采矿成本增加近3000元。受锡价下跌影响，个旧市2001年经济增长率仅4.64%。低于2000年达

4.45个百分点,比全国平均增长率低2.36个百分点(见图1)。

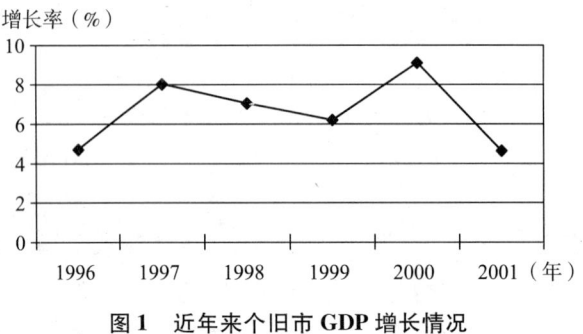

图1 近年来个旧市GDP增长情况

(二)裸岩采空区对城市造成巨大威胁

大规模的露天开采,成片的土地被占用,裸岩采空区不断增加。地表采矿留下的采空区约数万亩,屡屡出现险情,多次酿成灾害,据我们现场查看,整个采空区已成一个巨大的深坑,岩石裸露,草木不生。1998年闭库的牛坝荒尾矿库,位于城南,占地9970亩,蓄尾矿3000多立方米,高出城区250米,已被国家经贸委确定为险库,并列入云南省十大安全隐患。城区西南面山上5400亩的采空区每逢雨季,洪水夹着泥沙直泻城区,对城区及邻近乡镇居民和工厂构成严重威胁。由于长期矿冶生产造成的严重污染,生态环境亟待综合治理。

(三)不少企业由于资源减少,包袱沉重,陷入困境

个旧锡矿原多采用露天开采,现矿山地表易采矿减少,开采深度和难度加大。由于资源日渐减少,生产成本增加,设备和产品老化,缺乏技改资金投入,不少企业经营困难,停产半停产企业增加,待岗、下岗职工逐年增多,国有企业下岗职工规模已达2.5万人,占职工总数的20%以上,尤为特殊的是个旧市几十年来为安置有色金属产业的职工家属就业兴办的街道集体企业、集体劳动服务企业由于生产不景气,隐性失业情况严重,放假及下岗职工近2万余人。个旧市促进矿冶有限责任公司,是一家1958年建矿的老企业,现有职工595人,离退休职工346人,抚恤人员99人,由于矿山资源减少,新增资源接替不上,企业生产经营陷入困境,

2002年上半年亏损248万元，下岗职工达到200名。个旧市鸡街冶炼厂是一家大型二类企业，始建于1958年，拥有铅冶炼、锌冶炼、锡冶炼和综合利用四大生产系统。该企业曾为国家做出很大贡献，但由于债务包袱沉重，资源枯竭，已濒临破产边缘，企业已经全面停产，职工1872人全部待岗在家。职工集资550万元，企业已无力偿还，如处理不好，很可能成为社会问题。

（四）市区空间狭窄，人口规模小

个旧市市区在两山之间，城市用地紧张。市区人口不到20万，从市区人口来看和滇东南区域性中心城市不太相称。市区面积仅10平方公里，人均城市占地55平方米，人口密度很大。城区道路狭窄，人均拥有城市道路仅为2.35平方米。城市居民住宅人均约为10.5平方米，配套率为65%。虽然市委市政府提出了"立足老城，超越老城"的战略，在大屯镇规划了几个平方公里的工业园区，但并未将其纳入个旧市城市统一规划之中。红河州政府鉴于个旧市城市空间拥挤已决定将政府迁自距个旧市30多公里的蒙自县城，并规划建设个开蒙产业带，在方圆不到百里的范围内，将出现结构相同、规模相近的三个城市，笔者认为这将加剧资源的分散化和无序竞争，必然削弱个旧市在滇东南的经济中心地位。

四、个旧市实现可持续发展的对策与建议

几十年来，个旧市对国家做出了巨大的贡献。目前虽未达到资源枯竭的程度，但决不能等到资源枯竭后才考虑城市发展问题。要避免矿竭城衰的结局，就应在资源处于鼎盛时期，考虑其可持续发展问题，在政策和资金上给予重点支持。要在技术改造、资产重组、结构调整以及国有企业下岗职工安置和社会保障资金等方面，加大支持力度，充分发挥其基础雄厚、人才集聚的优势，努力提高产出水平。

（一）国家对个旧市应加大支持力度

个旧市是典型的资源型城市，又是为数不多的在转型方面具有成功经

验在未来能够完全走出资源型城市阴影的城市。个旧的城市转型尚存在许多困难，通过政策扶持和宏观指导，有可能走出一条资源型城市转型的成功之路。

1. 加大国家对个旧的投资力度

个旧由于大规模露天采矿，国土整治的任务很大，国家应安排资金用于采空区、陷落地、尾矿坝治理及生态植被恢复。国家还应安排资金加强矿产资源勘探。

2. 加大财政转移支付，争取税收全部返还或部分返还

为了使个旧市城市基础设施建设加快，完善个旧市的城市功能，国家和云南省以及红河州政府应加大财政转移支付的力度，争取税收全部返还或部分返还。这些资金应主要用于城市基础设施建设、离退休职工和困难职工的生活保障以及为企业解除办社会的负担。

（二）把个旧市建设成为滇东南的区域性中心城市

个旧位于滇东南的中心位置，也是滇东南城市人口最多、经济实力最强的城市，随着交通干道的建设，个旧将成为滇南主要的交通枢纽，因此个旧已具备成为滇东南区域性中心城市的基本条件。但作为区域性中心城市，个旧经济实力尚不够强、市区人口尚不够多，城市功能尚不够完善，其对滇东南地区甚至对红河州各县市的带动作用尚且很小。

把个旧建设成为区域性中心城市，对云南来说，具有重要的现实意义。云南东南部至今无一座超过 20 万人口的中等城市，可以说是无中心的地区。省会昆明和玉溪的辐射力有限，与滇东南地区难以形成双向的交换关系和互济作用。

把个旧建设成为区域性的中心城市，有利于加快资源型城市的转型。无论在外国还是中国，资源型城市转型比较成功的均是在资源优势的支撑下发展成为区域经济中心，随着人口的集中、其他产业也将发展起来，形成了比较合理的产业结构和经济结构。即使原来依托的资源枯竭了，依托其他资源和产业，仍能够保持繁荣和兴旺发达。

把个旧建成区域性中心城市，对边疆的政治稳定、民族团结、经济繁荣具有重要的保障和促进作用。个旧地处多种少数民族聚居的红河区域，又距离边境较近。越南边境城市——老街经济发展很快，个旧如不加快发展，其吸引力和发展势头有可能不如老街。

将个旧建设成为滇东南区域性中心城市，除加速城市建设完善城市功能外，还应扩大其腹地，即扩大管辖范围和人口。根据区域经济理论，区域增长极的出现首先体现在要素的集聚，先有极化效应，尔后才会出现辐射效应。

（三）个旧应开辟新的城市发展空间

个旧夹在两山之间，城市用地严重不足，现已把工厂和居住区布局在高山之上。如果把个旧市发展成为滇东南甚至是滇南的中心城市，必须开辟新的城市空间。

1958年，个旧曾编制过城市总体规划。规划规定个旧城市性质是滇东南中心工业城市，规划期末达到35.8万人。考虑到老个旧市区地形狭窄，难以布局，决定将市中心设在距离老市区14.5公里的大屯坝。大屯坝地势平坦，是发展城市的理想用地。但由于行政区划变更，开远、蒙自两县从个旧市划出，此规划未予实施。根据我们的考察，1958年的规划是富有远见的，城市布局比较合理，不仅将矿区与城区分开布局，而且为城市发展留下充足的空间。1982年，个旧又编制了一个总体规划。规划确定个旧是以产锡为主的有色金属冶金工矿城市。城区人口规模近期不突破10.5万人，远期（2000年）不突破13.5万人。而从现在看来，城区人口已远远突破规划控制人口数。毋庸置疑，这是一个没有远见的、不科学的、制约了个旧经济发展的规划。

我们建议，个旧市的城市总体规划应重新编制。新的城市规划应参考1958年的规划。在大屯坝开辟新的城市发展空间。据个旧市负责同志介绍，他们正在规划设计个旧市区至大屯的隧道，近期即准备开工。若隧道打通，市区距大屯坝只有4.5公里，市区和大屯坝将实现一体化发展。

（四）继续发挥个旧市的资源优势，开发利用新的资源

个旧市除继续利用锡的资源优势，利用高新技术，提高冶炼的深加工水平，深化企业改革，使产品上档次、上水平、创名牌，进一步提高产品

市场占有率之外，还应开发利用当地很有开发前景的霞石矿资源。

个旧市白云山蕴藏着丰富的霞石资源。霞石矿中含铝、钾、钠等元素，是一种综合利用价值很高的矿物，可生产氧化铝、钾、钠产品和水泥。如综合利用，无固体废弃物排放。苏联利用霞石资源，创造了巨大的社会效益和良好的经济效益。生产实践证明，霞石矿综合利用所得的各项产品的成本，比各单项产品用其单一的原料生产所花的成本要低。但霞石矿在我国是一种尚未开发的资源，必须利用俄罗斯的技术，为了减少污染，又必须综合利用。因此，一次性投资比较大。开发霞石矿资源，仅靠个旧市是难以办到的。国家政策性投资公司和政策性银行应给以支持。国家有关部门应积极参与，促进其尽快立项，进行项目可行性研究和项目评估。

霞石矿的开发利用，不但可以提供成千上万的就业岗位，同时还将带动个旧市乃至红河州的能源、建筑、机械、运输等相关产业的发展，并为个旧市的经济发展起到带动和支撑的作用。

（本文原载《宏观经济研究》2002年第8期）

将攀枝花市建成云贵川
交界地区的中心城市

攀枝花市地处长江上游的金沙江与雅砻江交汇处，与四川省的凉山州和云南省的楚雄州、丽江地区交界。全市面积 7440 平方公里，辖三区、两县。2002 年全市总人口 105 万人，其中城市人口 55 万人。攀枝花是因资源开发而形成的典型资源型城市，经过 38 年的资源开发，为国家的经济建设做出了重要贡献。与此同时，经济社会发展面临着一系列矛盾与困难，要从根本上解决这些问题，实现可持续发展，必须加快经济转型，将其建设成为云贵川交界地区的区域性中心城市。

一、成就与贡献

攀枝花从一个没有一点工业基础和几乎没有人烟的地方，建成了一个以钢铁、钒钛、能源产业为主的大中型城市，这是我国经济建设史上的伟大创举。攀枝花的建设，为提高我国钢铁供给能力、调整我国钢铁工业布局和促进欠发达地区的经济社会发展做出了重要贡献。

攀枝花位于攀（枝花）西（昌）古裂谷中南段，自然资源十分丰富，被誉为"金峪谷"、"富甲天下的聚宝盆"、"未来的工业天府"、"钒钛之都"等。攀枝花的面积占全国面积不到千分之一，而已探明钒钛磁铁矿保有储量已达 100.16 亿吨，预测储量可达 364 亿吨，占全国铁矿石的 20%，为全国三大铁矿区之一。其五氧化二钒的保有储量 1578 万吨，占全国的 87%，钛矿保有储量 8.7 亿吨，占全国的 90.54%，同时还伴有钴、镍、铬、锰、镓、钪、硒、铂等 20 多种稀有金属。优质焦煤和动力煤保有储量15亿吨。水能资源高度富集，境内可开发量达492.9万千瓦，占全国的18%。

攀枝花以其储量丰富、配套完整的资源优势和位于西南腹心易隐蔽、易与祖国南大门连接的地理优势，被确定为国防三线建设最理想的钢铁工业基地，列为大三线的重点建设项目。但攀枝花钒钛磁铁矿属多元素共生矿，是炉渣含二氧化钛高达30%以上的高钛型矿，从19世纪初开始，许多工业发达国家一直在进行钒钛磁铁矿的高炉冶炼试验。低钛型钒钛磁铁矿的高炉冶炼，用普通矿的冶炼方法可以解决，而高钛型钒钛磁铁矿在普通高炉冶炼遇到的矿渣粘稠、渣铁不分等问题，始终没能够解决。解决钒钛磁铁矿冶炼问题是攀枝花开发建设的关键。为了解决这个难题，冶金工业部在1964年年底集中了科研、设计、生产和高等院校的科技人员100多人，在冶金专家周传典的带领下，在承德、西昌、北京等地进行了1000多次的试验，取得了3万多个数据，基本摸清了矿石的高炉冶炼特性，成功地研制出普通高炉冶炼钒钛磁铁矿的方法。这项新的冶炼技术获得了国家重大发明一等奖。

攀枝花从1965年开始建设，主要建设内容包括：一是1150万吨铁矿石、200万吨铁、150万吨钢的主体工工程；二是装机总容量33.5万千瓦发电厂、煤321万吨、水泥30万吨以及木材、机修等配套工程；三是医院、学校、商场等服务设施；四是包括成昆铁路在内的交通、道路等基础设施。一期工程于1974年建成，1980年全面达到和超过设计生产能力。攀钢的设备95%以上是我国自行设计、自行制造的，其中一部分大型设备的机械化、自动化程度较高，制造难度较大。攀钢的成功建成，是我国工业建设史上的一个奇迹。1986年党中央、国务院决定开工建设攀枝花钢铁基地二期并决定全面建设装机容量330万千瓦的二滩水电站。1996年，攀枝花钢铁基地二期工程全面建成，1999年，二滩水电站建成发电。

目前，攀枝花市形成了年产生铁410万吨、钢360万吨、钢材260万吨、钒制品14.5万吨、钛精矿13万吨、原煤478万吨、电力装机400万千瓦的综合生产能力。攀枝花已成为我国最大的铁路用钢生产基地、最大的钒制品生产基地、最大的钛原料和钛白粉生产基地、我国西部最大的钢铁生产基地。

攀枝花钢铁工业基地建成以来，为国家创利税120多亿元，向全国及国外输出钢铁、能源、建材、机电等产品6000多万吨，输送各级各类专业技术人才4万多人。对全国特别是对西部和长江上游地区的经济发展做出了重大的贡献。

二、困难与问题

与一般城市相比，资源型城市在发展过程中会遇到许多特殊问题，这些问题的存在严重制约着资源型城市经济结构转型和可持续发展的实现。作为典型的钢铁工业城市，尽管攀枝花市的问题还没有严重到因资源枯竭而陷入困境，但形势不容乐观。要想持续地生存和发展下去，急需解决以下几个方面的问题。

（一）产业结构单一，过于依赖资源

攀枝花是以资源开采为主的城市，其经济发展高度依赖资源。2001年攀枝花市完成国内生产总值138.09亿元，三次产业的比例为6.2:68.5:25.3，第二产业比重过高，其中，以钢铁为主的冶金工业占主导地位。而第三产业多是为工矿区服务的商业、餐饮等，金融、保险、物流、中介咨询等新兴第三产业所占比重还很低。由于攀钢等大型企业主要是跟国家工业体系相联系，与地方中小企业和乡镇企业之间的分工联系很小，没有形成带动地方工业发展的配套体系和产业集群。这种以资源开采为主、单一、初级的城市经济结构对资源具有高度依赖性，局限性也越来越明显。

攀枝花市是按照"一矿一城"的模式发展起来的，即依托一个大型的国有企业建立了一个城市。攀钢集团是城市经济中最重要的经济主体，经济总量占全市的60%左右。尤其需要指出的是，目前攀枝花市的经济发展主要依赖攀钢，一旦攀钢出现困难，攀枝花市各行各业都将不可避免地受到影响。

（二）交通和城市基础设施滞后，城市功能有待完善

攀枝花市是1965年国家三线建设时期开发和建设起来的，城市缘矿而建。当时的一切设施都是围绕钢铁企业的生产、生活设计的。此外，攀

枝花市的地形地貌特征决定了城市交通和基础设施建设较一般城市难得多。人们形象地比喻当时的景象为"两山夹一江，百里无平川，走路靠双脚，运货凭肩驮"。目前攀枝花的交通和城市基础设施建设有很大改善，但是由于受早期建设指导思想和城市规划滞后的影响，历史欠账太多，加之区位条件、建设成本等因素的制约，造成了攀枝花交通和城市基础设施的落后，影响了中心城市综合功能的发挥，制约了对外开放和吸引外来投资的能力。

（三）企业办社会负担沉重，当地政府力不从心

攀枝花市是一座先有企业、后建城市的典型资源型城市，所依托的攀钢集团、攀煤集团均是国有大型企业，成立于计划经济时期，当时为了服务矿工生产生活，企业不得不投入巨资兴办学校、医院、幼儿园、公安、消防等社会公益型事业，承担了多种社会服务功能。攀枝花市的企业办社会在当时特定的历史条件下，为保障企业的正常生产做出了巨大贡献。但随着市场经济体制的逐步建立，企业办社会规模不断扩大，费用支出非常庞大，已经成为影响企业竞争力的巨大包袱。尤其是攀钢集团现有在岗职工 7.5 万人，包括家属 20 余万人，约占全市城镇人口的一半，其社会职能的"大而全、小而全"特征更加突出，承担的社会的职能更多、非经营性资产所占比重更大、办社会的程度和负担更高。1998～2000 年，攀钢企业办社会的年平均支出达 3.4 亿元。当地政府本应为企业卸下办社会的沉重包袱，无奈包袱太沉重了，当地政府也心有余而力不足，时至今日，也没有拿出可行的办法。

（四）人才结构性矛盾突出，社会保障问题严重

攀枝花市国有企业共有职工 22.9 万人，其中资源型产业 10.5 万人，占 45.9%。目前面临的困难：一是目前条件比较好的企业，存在大量的富余人员，如攀钢现有职工约 8 万多人，按实际只需要约 3 万人。富余人员的存在，影响了企业的经济效益，制约了企业的发展，同时也给社会带来极大的隐患。如果企业经营状况不好，这些富余人员，就会给社会带来冲击。二是目前比较困难的企业，下岗失业人员集中，拖欠职工工资数额巨大，急需要进行转产安置。如十九冶，现有职工 1.4 万多人，处于任务

不饱满状况，下岗职工达到4000人，拖欠各种费用达到6000多万元；攀煤集团公司现有职工2.56万人，下岗职工6000多人，轮岗、待岗职工约3000人，收入在贫困线以下的达到11838人。攀枝花市是从无到有建设起来的，初期的城市建设者到现在基本已经到了退休年龄。20世纪五六十年代建设的国有矿山，已有2/3进入中老年期。一则离退休人员所占比例高，与在岗职工之比有的达到1:1，有的甚至比例更高；二则下岗失业人数多，有的矿山下岗失业率已达到30%以上。

近年来，人才结构性矛盾日益突出，一方面职工的基数大，另一方面技术人才又极度匮乏。专业人才不愿到矿山工作，现有人才流失严重，在吸引外地人才方面存在不少现实困难，人才短缺现象比较严重。攀枝花市矿区人口占到市区人口的80%，绝大多数劳动力除了具备基本的煤炭生产技能外，其他技术和知识十分匮乏，很难在短期内获得从事其他行业的生产技能。另外，由于资源性行业的不稳定，原有专业人才流失严重，技术水平得不到有效改进和提高，职工素质不断下降。

城市这种过于依赖行业的技术和劳动力结构，随着市场经济体制的建立，特别是技术和知识要素在市场经济中作用的不断增强，越来越成为阻碍资源型城市进行经济转型的关键。人才结构严重失调已成为制约攀枝花市经济转型的关键。

三、方向与思路

攀枝花市是一座依托资源兴建的工业城市，几十年来，经济发展十分迅速，对国家经济建设做出了重大贡献，但在可持续发展方面遇到比较严重的困难和问题。比较突出的是产业比较单一，同周边区域的经济联系不很密切，城市功能薄弱，经济带动作用不强。攀枝花市应借助西部大开发和资源型城市转型的机遇，借助各方面的合力，加快城市经济结构转型，通过发展接续和替代产业，逐步减少对资源的依赖程度，实现经济结构多元化和城市经济的持续发展。

（一）打造云贵川交界地区的区域性中心城市

攀枝花市经过30多年的建设，现已成为西南地区重要的钢铁钒钛原材料工业基地，随着金沙江和雅砻江梯级电站的建设，将成为我国最大的水电能源基地。在此基础上，必须以资源利用为基础，坚持可持续发展，尽快实现产业结构转型和城市转型，使攀枝花成为云贵川交界地区具有综合功能的现代化区域性中心城市。

建设云贵川交界地区的区域性中心城市，攀枝花具有比较多的优势和条件。第一，攀枝花已发展成为云贵川交界地区最大的城市。攀枝花市位于我国西南四川和云南交界、金沙江和雅砻江汇合处，北距成都749公里，南离昆明351公里，区位优势十分明显。从城市人口来讲，其城市人口已有55.45万。在其北面的西昌市，城市人口不足20万；在其东部的云南昭通市，城市人口只有13万；在其南部的楚雄市人口仅有15万人，大理市城市人口约为22万；在其西南的云南丽江地区和迪庆藏族自治州至今没有一座城市。第二，从产业集聚程度来看，攀枝花市已形成以采矿、冶金、能源和建筑为主的经济体系，年产生铁410万吨、钢365万吨、钢材260万吨、钒渣15万吨、钛精矿15万吨、钒钛加工产品2.4万吨、原煤478万吨、电力装机400万千瓦（其中火电65万千瓦）、水泥120万吨、黄磷6万吨、白砂糖3万吨的生产能力。2002年全市完成国内生产总值138.09亿元。第三，从交通条件来看，成昆铁路和108国道公路纵贯全境，机场正在建设，于本年内可以建成，规划建设的成昆高速公路正在分段施工。第四，从生态和气候来看，攀枝花市降水量随海拔升高而递增，气温随海拔升高而递减，有"一年有四季，十里不同天"之说，山地气候显现出南亚热带至北温带和多种热量条件组合，有利于发展立体生态农业。充分利用独具特色的气候资源，种植热带、亚热带水果和蔬菜，其综合开发前景广阔。第五，攀枝花市的旅游资源比较丰富，这里具有奔腾浩荡的金沙江、雄浑高耸的巍巍群山及分布其中的茫茫林海，多姿多彩的溶岩洞穴、温泉、瀑布等，还有独具特色的二滩电站高坝平湖和周边的泸沽湖、香格里拉等著名景区。

建设区域性中心城市，也面临一些不利条件。一是市域面积小，对周边区域带动能力不强。攀枝花市域总人口104.84万，仅辖3区2县，而相邻的凉山彝族自治州总人口400多万，云南昭通市总人口近500万。在行政控制力较强的时期，市域面积过小仍是一个重要的制约因素。二是产业结构不十分合理。第二产业比重过大，第三产业比重过低。在二次产业中，重工业比重过重，轻工业比重过轻。三是通往周边城镇的道路等级低，通达性差。公路现状是量少、质差、服务水平低、结构不合理，除与西昌、昆明、楚雄有国道相通外，与昭通、大理、丽江、迪庆虽有公路相通，但道路等级很低，需时很长，即使周边地区的旅游资源难以开发利用，也削弱了与周边地区的经济联系，使中心城市的吸引力和辐射力遭到严重削弱，也不同程度地影响了城市的竞争力。四是城市处于高山峡谷之中，可利用土地较少，导致城市布局分散，基础设施建设成本高，对今后城市规模扩大带来一定影响。

综上所述，在攀枝花建设云贵川交界地区的区域性中心城市的优势大于劣势，有利条件大于不利条件。建设区域性中心城市是促进该区域经济社会发展的需要，是攀枝花市产业结构调整和城市经济结构转型的需要，是攀西、昭通、六盘水区域经济合作的需要，也是西部大开发的重要着力点。

（二）努力实现产业多元化

把攀枝花市建成区域性中心城市，既要立足冶金，也要跨出冶金。否则，一旦钢铁市场出现波动，整个城市经济也将随之波动。通过调研，我们认为攀枝花市应注意发展以下产业：

1. 高耗能工业

水电能源是攀枝花的一大优势。随着雅砻江的滚动开发和金沙江水能资源的开发，攀枝花将成为我国最大的水电基地。已建成的二滩电站装机330万千瓦；正在建设的观音岩电站，可装机280万千瓦；即将开工建设的锦屏电站装机容量可达750万千瓦。这些电站的陆续建成，为攀枝花市提供近距离廉价的水电，这是发展高耗能产业无可比拟的优势。随着电力体制的改革，这一优势将凸显出来，并能抵销距海岸线较远的劣势。大量高耗能的金属制品可通过南昆路出口海外。在发展高耗能产业的过程中，要注意保护环境，治理污染，绝不能"先污染，后治理"。

2. 钒钛工业

攀枝花市的钒钛资源异常丰富。钛资源占全国的91%，居世界已探明储量的第一位。钒资源占全国资源的69%，占世界储量的6.7%，分别居全国储量的第一位、世界储量的第四位。钒和钛的用途十分广泛，随着科学技术的进步，钒钛的开发利用将更先进更广泛。通过拉长产业链条，不仅能够增加附加值，而且可增加就业，成为与钢铁业并驾齐驱的支柱产业。

此外，攀枝花钒钛磁铁矿中伴生的钪、钴、镓资源储量，分别为23万吨、152万吨、21万吨，均居全国第一、世界前列。这些元素的回收利用，将对我国的高新技术材料工业以及对我国的国防建设和经济建设产生极其巨大的影响，并成为攀枝花市的新的经济增长点。

3. 绿色产业

攀枝花市以其在国内同纬度地区独具特色的光热条件和世界罕见的农业资源，展现了农业生物资源开发的良好前景。充足的太阳辐射能为提高本区的粮食、蔬菜、水果、经济作物的产量和质量提供了良好的条件。攀枝花市具有北方的阳光、南方的温度、印度洋的气候，具有南亚热带气候且不受台风侵袭的全世界唯一的地区，尤其是芒果、葡萄、石榴、蚕茧质量上乘。因此农业的种植和深加工应成为攀枝花市的重要产业。

4. 旅游业

朱镕基总理视察攀枝花时曾指出："我希望攀枝花变成花园一样的城市，成为一个很漂亮的国际化的旅游城市，向着开放的路子走下去"。攀枝花市的旅游资源比较丰富。二滩电站及库区、苏铁林、攀钢、温泉都是极具特色的旅游资源，但缺乏富有强烈吸引力的旅游目的地。如能打通直接通往泸沽湖、中甸、丽江的公路，提高道路的等级，使之更安全更便捷，借助机场，可使旅游业快速发展。另外，可利用这里冬季干燥、气温高的气候条件，吸引国内外游客到这里度假、疗养和休闲。发展旅游要开发与宣传并举，道路建设和景区建设同步，政府投入和民间投资相结合，尽可能通过吸引外资和民间资金进行旅游开发。

（三）逐步完善城市功能

完善攀枝花市的城市功能是打造区域性中心城市的基础和条件。城市

将攀枝花市建成云贵川交界地区的中心城市

功能包含多方面内容，其核心是服务功能，就是为居民服务，为企业服务，有利生产，方便生活。要为居民和企业创造良好的生产、生活、社会和生态环境。攀枝花市要在完善城市基础设施、扩大产业和人口集聚的空间、发展新型服务业和房地产业等方面加大力度。

1. 完善城市基础设施，扩大产业和人口集聚的空间

攀枝花市的基础设施还十分薄弱，市政府支配的资源也十分有限，资金短缺，基础设施欠账很多，道路不畅。应通过多种渠道筹集资金加快城市建设。城市建设应坚持高起点规划，要留足发展的空间，为未来城市管理科学化、信息化、生态化奠定基础。要建立公园、广场，增加绿地面积；建立图书馆、展览馆、博物馆和体育馆，提高城市的文化品位，但也不能追求奢华，那些不惜血本搞大广场、大商厦、大场馆的做法是不足取的。

2. 发展起能推动地区经济发展的主导产业和竞争力强的相关企业

应通过改制或重组帮助企业摆脱困境，并设法减轻企业的社会负担。改善投资软硬环境，招商引资，大力发展非公有制企业，尤其要重视把本地区内有竞争力的企业吸引到城市来，一是为其创造更好的发展环境，二是促进城市自身的发展，使经济尽快活跃起来，繁荣起来。

3. 发展金融、信息和中介服务业

金融、信息业和中介服务业的发达程度是测定一个城市功能是否健全的重要标志。传统的城市是政治中心、工业中心和文化中心，真正成为金融中心和信息中心的城市很少。金融业、信息业的发达既是经济发展的结果，也是推动经济发展的重要手段。这两个行业是高素质人才聚集的领域，两大行业的发展等于和外界建立起更为灵通的管道，能够极大地促进商品贸易和工业的发展。要鼓励和吸引各类金融机构、保险机构来设立分支机构，并为这些机构的发展提供有利的条件和良好的服务。要欢迎各方人士设立中介咨询机构。中介咨询机构不仅能够增加就业，还能为企业和政府提供高效率低成本的服务，可部分替代政府某些部门的职能，促进政府部门的职能转变。

4. 建立完善的高水平的文教卫生设施

随着城乡居民对子女教育的重视，不仅城市居民希望自己的子女到好的学校去就学，农村居民也希望自己的子女到城市去就学。很多农村居民为使自己的子女受到良好的教育，不惜花巨资到城里去购买商品房。随着居民收入水平的提高，对教育的需求越来越大。与此同时，受过高等教育的人也希望到信息发达、基础设施完善、服务体系比较健全的城市去就业和居住。攀枝花市应创办教育水平一流的初、高中和各种各类职业学校，大量接纳农民子弟入学。这样，不仅大幅度提高教学质量从而提高学生的素质，而且为城市带来新的需求，还可接纳一批学成归来的大学生到各类学校就业。

5. 加快建设攀枝花市的对外高等级公路建设

攀西地区被四川定为实现可持续发展战略的两大区域之一，在近几年，攀枝花经济将突飞猛进的发展，城市面貌将有大的改善，攀枝花作为云贵川交界地区的中心城市的地位将更加突出，而交通的发展远远不能满足经济发展的需要、不能满足城市发展的需要、远远不能满足人们对畅通快捷、方便出行的交通路网的渴求。目前，攀枝花的南北通道只有成昆铁路和108国道，而东西通道多为低等级公路或者一些断头路。北面与四川的西昌、雅安、成都，南面与昆明，东西两侧与云南的昭通、大理、楚雄，目前还没有形成通达的交通网络，极大地限制了与周边区域的经济联系和交往。攀枝花市滞后的对外通道建设，不仅由于自身的财力有限，而且还因为这个地区特殊的地形地貌特点，加大了对外通道的建设和维护成本。攀枝花市的对外通道建设需要进一步分阶段加快实施，首先贯通和完善南北高速公路通道的建设，然后提升和改善东西通道的公路等级和质量，尽快形成通达顺畅的交通网络，基本打通与周边地区的经济交流与合作通道。目前正在或即将建设的雅攀高速公路以及攀枝花机场，将进一步加快攀枝花的对外大通道建设，尤其是攀枝花到昆明的高速公路建设对于发展攀枝花市经济和促进整个攀西地区的商贸物资流通具有重要意义，国家和四川省、云南省都应给予支持。攀枝花市也可尝试采用BOT方式，以求尽快开工建设。

（四）立足市域，辐射周边

攀枝花市城市人口已超过 50 万，经济实力较周边城市要强很多，但只带两个县，属于"大马拉小车"，而西昌市城市人口不到 20 万人，却带了 16 个县，属于"小马拉大车"。二者对区域经济的发展都带来不利的影响。从有利于区域经济发展考虑，可从凉山州划出 5～6 个县给攀枝花市。这样既能够充分发挥攀枝花市的辐射带动作用，又能减轻凉山州的压力。至于划到攀枝花市的县难以享受少数民族的待遇，可把划过来的县包括米易和盐边都改为彝族自治县。

攀西昭通六盘水地区以及丽江、迪庆地区的经济具有互补性，因此应加强城际之间和城乡之间的联系和合作。国家应鼓励并支持这些城市加强联系并开展协作，在交通通讯方面给予重点支持，在适当时机设立中央派出机构，以加强经济协调的力度。攀枝花市和所属各县镇的交通通讯应尽可能一体化，市镇公路应由市统一规划和建设，形成有利于加强城乡联系的公路网和通讯网，尽可能减少运输成本和通讯成本。

（五）进一步扶持攀枝花工业基地做强做大

攀枝花市拥有丰富的钢铁、钒钛、煤炭等资源，而且位于金沙江和雅砻江汇合处，水能资源开发潜力巨大。目前拥有西南最大的钢铁企业攀钢集团以及攀煤、十九冶等多家大型国有企业，城镇人口位居四川省第二，已经成为我国西南重要的钢铁能源工业基地。而且，建成投产的二滩水电站以及今后陆续上马的金沙江、雅砻江流域各个梯级电站将进一步凸显攀枝花的能源比较优势。因此，应立足于攀枝花市的资源和能源优势，进一步加快以攀钢为龙头的西南钢铁企业的联合与重组，实现西南钢铁行业的资源合理高效配置，不断提高其国际国内的市场竞争力。同时，针对目前攀枝花市作为资源型城市面临的一些突出问题和困难，积极争取国家、省级政府的政策和资金扶持，尽快缓解攀枝花市在下岗失业、社会保障、生态保护等方面的困难和矛盾，为把攀枝花市培育成为一个现代化的工业基地提供有效地保障和支撑。攀枝花工业基地的进一步做强做大，不仅为攀枝花市的经济转型和可持续发展提供重要的物质基础和条件，而且也是进一步把攀枝花市发展成为云贵川交界地区区域性中心城市的重要支撑和前提。

　　为进一步做大做强攀枝花工业基地，应重点从扶持工业行业和城市本身两个方面加快制定相关政策措施。（1）加快以攀钢为龙头的西南钢铁企业集团的培育，建议在对四川境内钢铁企业优化重组的基础上，把攀钢和昆钢、水钢的联合提上议事日程。各级政府及有关部门应进行政策引导和扶持。（2）国家应优先重点考虑金沙江、雅砻江流域的水能资源开发，并制定相关政策对水电资源的利用分配进行协调，优先保证攀枝花市以高耗能工业园区为主的用电需求，并发展通过水电站为攀枝花市的企业直接供电。（3）加大中央和省两级财政对攀枝花市的财政转移支付规模，重点用于解决企业办社会问题和弥补下岗失业人员、离退休人员以及低保人口的社会保障资金缺口。（4）积极鼓励通过多种方式大力发展职业和技术培训，为下岗职工转岗和再就业创造条件。对于吸纳下岗职工达到一定比重的企业实行税收方面的优惠，鼓励企业吸收下岗失业人员。（5）国家应继续加大对攀枝花市长江上游天然林保护及退耕还林工程的支持力度，在政策上扶持森工企业的转产及人员分流，为整个长江流域创建生态屏障。

　　（2002年，国家发展改革委国土地区研究所组成调研组，对攀枝花市进行调研，调研组成员：周传典、姚恩树、杜平、肖金成、王青云、高国力、王君，肖金成执笔撰写了调研报告，并发表在《宏观经济研究》2003年第4期）

后　　记

　　我从1994年开始师从陈栋生教授研究区域经济，在此之前，我一直从事投资业务管理。从投资管理到区域经济研究，确实是一个很大的转折，我苦苦地寻找切入点。映入我视野的是越来越多的进城务工经商的"农民工"。我身边就聚集了不少"农民工"，不断地寻求我的帮助。1995年，我开始研究这一越来越大的群体。我收集文献，并到北京聚集"农民工"较多的"浙江村"考察和调研，于年底写出了我就读博士学位以来的第一篇研究报告：《农民进城的正负效应分析》，两万多字，发表于国家计委经济研究所内刊《经济理论与实践》，此文未引起什么反响，但我所的司机边师傅细致阅读了我的报告，并在我的报告上"批示"：建议出书。我的报告于1996年以《疏导民工潮的新思路》为题分两期在《中国市场》杂志发表，但边师傅的建议直到今天才成为现实。

　　1998年，我进入南开大学博士后流动站，我的合作导师逄锦聚教授分配给我一项任务，就是为他所主编的《中国财政50年》执笔写一章，题为《中国城市化道路》。写这一章我用了将近一年的时间，这是我系统研究城镇化的开始。当时，我国受到东南亚货币危机的影响，外贸出口下滑，经济增长减速，全国上下均为促进经济增长出谋划策，我便趁热打铁写了《城镇化：牵动经济社会发展的牛鼻子》一文，文中提出：城市化是解决"三农"问题的钥匙，是牵动经济社会发展的"牛鼻子"，应成为我国21世纪的大战略。正当我为自己的观点自鸣得意之际，此文却受到一位领导的质疑，理由是城里还有那么多的下岗职工，你还鼓吹让农民进城来。写好的文章报不上去，只好发表在《河北经济》杂志1998年第5期上。

　　2002年，我主持"完善区域性中心城市功能研究"课题，课题报告由中国水利出版社出版，书名为《打造中心城市》。2007年，主持"中国城市群研究"课题，研究报告由经济科学出版社出版，书名为《中国十大城市群》。2008年，主持了"中国特色的城市化道路"课题，2010年，参与研究"农民工市民化"课题。这些都是集体研究的成果，是集体智慧的结晶，而我只承担了其中一小部分研究任务，我个人的研究成果发表在不同的杂志上。

在"中国特色的城市化道路"课题中，我们提出了"农民工市民化"的观点，被社会各界所认同。我们提出的中国特色的城镇化道路就是：以农民工为主体，以城市群为主要载体，大中小城市和小城镇协调发展，积极稳妥推进城镇化。

2012年，我和中国社会科学院研究员党国英博士合作撰写了《城镇化战略》一书，由学习出版社和海南出版社联合出版。在书的封面写下这么一段话：城镇化是农民从农村向城市转移的自然历史过程，是工业化的伴生物，是世界性的普遍现象。在我国特殊的历史背景下，城镇化成为解决"三农"问题的钥匙，成为牵动中国经济社会发展的"牛鼻子"，不仅有利于实现城乡统筹，有利于实现区域协调发展，更有利于建立扩大消费需求的长效机制。因此，其成为21世纪促进中国经济社会发展的大战略是必然的。这本书从写作到出版历时两年，但我对城镇化的研究用了18年时间。为了让读者了解我18年来对城镇化研究的历程，了解我不同时期所发表的观点，我把18年来所发表的有关城镇化的文章汇集起来，呈现在读者的面前。

我的专业领域是区域经济。我从1993年开始学习区域经济，我的博士论文选题是《西部发展战略研究》。经过一段学习和研究，我发现我进入了一个"迷宫"，眼花缭乱，使人不辨东南西北。一直到1996年，也就是我读博士学位的第三个年头，还未写出一篇关于区域经济的文章来。这令我异常气馁，只好回到我的老本行，研究国有企业改革。历时一年，写出了我的博士论文《国有企业改革的难点与对策》，论文由经济科学出版社于1999年出版，书名为《国有资本运营论》。对此，我感到对不起我的博士生导师，所以，我向他表示，毕业后将继续研究区域经济。1998年5月，我进入南开大学博士后流动站，我的合作导师是逄锦聚教授，他是研究政治经济学的著名经济学家。但我向他表示，我在博士后期间，重点研究区域经济，他表示理解和支持。我的博士后报告题目是《西部发

后 记

展战略与布局》，我写的第一篇文章是《东西部的差距与中西部的发展》。1998年6月，我应聘到国家发展计划委员会国土开发与地区经济研究所任所长助理，告别了我长期从事的比较熟悉的财政、金融、投资领域，正式到了我不太熟悉但决心投身其中的区域经济、地区发展领域。从搞业务到从事职业研究，是我职业生涯的第一个转折，从研究财政、金融、投资到研究国土规划、区域经济是我职业生涯的第二个转折。我本想坐几年冷板凳，全面、深入、系统地研究西部，探索西部发展之路。但没有想到，我又一次坐到了热锅上。第二年，也就是1999年，国家实施西部大开发战略。我参与主持了国家发改委重点课题"西部发展战略研究"，带领调研组从西安一直到新疆，进行考察调研。几年时间，我跑遍了西部12省市，参加了许多会议，发表了许多文章，但我的博士后报告却未来得及出版。好在我的许多观点都在报纸杂志上发表了。发表了多少篇文章，接受了多少次访谈，我自己也记不清了。借本书出版之际，我收集整理了一下，选择几篇，放到书里，以备同仁们翻阅评析。这些文章，均未修改过，一是没有太多时间，二是保留历史原貌，正所谓原汁原味。

近几年，我所也为地方提供咨询服务或为地方政府进行发展战略方面的研究，我执笔写了其中的一部分并付诸发表。我也选了几篇，提供给读者参考。

上述是本书中一些文章或报告的背景情况。本书既是18年来我发表的有关城镇化、区域协调发展、城乡统筹方面的文章的结集，也是我的基本思路和观点，愿意通过本书与读者讨论并就教于从事该领域研究的同仁们。

在论文汇集过程中，张燕博士和申现杰博士花费了很多精力帮助我收集资料，书中有多篇文章是和我的同事合作完成的，经济科学出版社吕萍总编辑给予了有力的支持，借本书出版的机会，我表示衷心地感谢！

肖金成

2013年12月12日